KB189322

에세이
선종사

禪宗史

에세이
선종사

禪宗史

보경 지음

고대인도에서 중국을 거쳐 한국에 이르기까지
불교와 선종의 장대한 사상 전개

불광출판사

선을 말할 때 말하고 싶은 것

삶은 한 사람이 살았던 것 그 자체이지만 그 삶을 비춰주는 것은 온전히 그의 기억이다. 따라서 삶을 이야기하려면 자신의 삶을 스스로는 어떻게 기억하고 있는지 생각해 봐야 할 것이다. 나는 비교적 일찍부터 출가를 꿈꿨다. 그래서인지 노란 숲속에 두 갈래 길이 있었으며, 나는 사람이 적게 간 길을 택하였고, 그로 인해 모든 것이 달라졌다는 로버트 프로스트의 시를 가슴에 품고서 학창시절을 보냈다. 그렇게 갓 스물이 되던 겨울에 산문에 들어 오늘까지 살아온 것이다. 군대를 다녀온 것도 출가 후의 일이고 선방에도 10년을 다니면서 내가 세운 삶의 목표를 향해 차근차근 나아갔다. 그리고 마흔이 되던 해부터 송광사 서울 분원인 법련사 주지를 십수 년 살면서 뜻하지 않게 학문을 병행하여 동국대에서 석·박사를 마쳤고 열 권이 넘는 책을 써볼 수도 있

에세이 선종사

었다. 아마 논문을 써보지 못했다면 오늘의 이 책이 가능할 것 같지 않다. 나는 독서와 글쓰기, 그리고 대중법문으로 인생의 후반부를 살고 싶은 오랜 다짐과 바람 외에도 절집의 이야기를 기록하여 후대에 전해 주고 싶은 열망이 있다. 가난할 때 좋은 시간을 가지라는 말이 무심한 게 아니어서 내가 7년 전에 환지본처하여 송광사 산내 암자격인 탑전에서 로빈슨 크루소처럼 혼자 끓여먹고 살다 보니 지금까지의 독서와 공부를 정리해 볼 수 있는 뜻밖의 시간이 주어졌다.

이때가 나에게는 나이로도 오십을 넘어선 것이어서 삶을 원숙하게 살아내는 내공 정도는 보여줘야 하는 단계에 접어들고 있었다. 그렇게 시작된 산중생활에서 맞게 된 첫 겨울은 이른 한파로 천지가 꽁꽁 얼어붙고 있었다. 그런데 연말의 어느 초저녁에 난데없이 꼬리가 잘린 노란색의 고양이 한 마리가 먹을 것을 달라며 방 앞에서 울어대는 일이 있었다. 추운 겨울의 산중암자에서 상상도 할 수 없는 것이었지만 겨울이 지나면 갈 거라 여기고 대수롭지 않게 받아들였다. 그렇게 야지의 고양이와의 이야기가 시작되어 차례로 겨울 이야기, 여름 이야기, 가을·봄 이야기를 세 권의 '고양이 사계' 시리즈로 완성하고 나니 꼬박 여섯 해가 지나 있었다. 평소에도 하나의 주제를 가지고 연작으로 책을 써보고 싶은 생각이 있었는데 뜻밖에도 이 책은 나의 바람을 충족시켜 준 셈이었다. 소득이라면 절집이야기를 남기는 것에 대한 스스로의 약속을 지킨 것, 그리고 나 자신도 모르는 사이에 글쓰기에 대한 자신감이 길러졌다는 것을 들 수 있겠다.

자연 속에서 살아가려면 일이 있어야 하고 일을 해야 한다는 것을 깨닫게 되면서 냥이 책의 성취감에 계속 머물러 있을 수는 없는 노릇이었다. 그래서 항상 머릿속은 '다음 책은 뭘 쓰지?' 하는 생각으로 골 똘해 있었다. 그 시점으로 몇 해 전에 은사스님은 "고양이 책 그만 쓰고 불교사에 대한 책을 한번 써보지?" 하며 자극을 주셨다. 생각해 보면 내가 잠시도 머뭇거리지 않고 그러겠습니다, 했던 것은 내 수행과 공 부의 정리 차원에서라도 그 용광로 속으로 들어가야 한다는 책임감 같 은 것이 식지 않고 있었기 때문이다.

　　나는 비교적 일찍부터 다양한 독서를 하였고 동국대 대학원에서 선종사에 대한 자료를 읽어가기 시작했다. 하지만 나란 사람이 영민하 지 못하며 몇 번을 봐도 맥락이 와닿지 않는 책들이 적지 않았다. 나의 박사논문이 「수선사 연구」라는 송광사 800년 산문의 역사에 대한 것 이어서 동아시아의 역사를 어느 정도는 이해하고 있었다. 특히 내가 선방 출신이라 선종사에 대한 각별한 관심에 비례하여 의문도 큰 것이 어서 틈틈이 다양한 전적을 섭렵해 온 공력이 점차 쌓여갔다. 여기에 작금의 산중생활의 무력증에 빠지지 않기 위해서라도 가열차게 책은 읽어야 했다. 차분한 정신세계가 그런 것인지는 몰라도 불교 발원으로 서 인도불교철학을 정리하고 중국불교의 전개와 선종사의 줄기를 잡 고 나니 보다 선명하게 집필의 체계가 세워졌다. 동아시아의 불교는 중국인들이 이해한 불교이자 중국이라는 나라의 문화 속에서 수용되 고 숙성을 거친 것이다. 그리고 선종이라는 한 떨기 꽃이 피어나 선종 의 오종가풍으로 분화하여 선의 황금기를 열었던 것은 온전히 그들 문 화역량의 결실임을 이야기하고 싶었던 오랜 바람이 서서히 영글어갔 다. 한 사람의 일생에서 과연 몇 권의 책을 읽을 수 있으며 실참까지 해 볼 수 있겠는가. 불교사는 차치하고라도 전문적으로 수행하거나 참선하는 출가자 외에도 참선에 관심을 가진 사람이 선종사를 이해한다는 것이 쉽지 않다. 그래서 간략하게나마 인도의 고대사상과 불교철학에서 시작하여 중국불교를 거쳐 한국의 보조국사 지눌의 수선결사에 이르는 과정을 써보기로 한 것이다. 만약 책 한 권으로 불교와 선종의 흐름을 파악하는 일이 가능할 수만 있다면 불교와 선종의 공부에 관심 있는 이들에게 좋은 일이기도 하고, 이는 나의 오랜 갈망이기도 하다.

주지하듯이 중국사상계는 선진 경학 → 위·진 현학 → 수·당 불학 → 송·명 이학으로 구분된다. 따라서 불교 중국전래 이후의 불학을 전제로 하여 위·진 현학과 송·명 이학의 사상사적 의의를 반드시 기술해야 하는 난제가 있다. 현학은 불교유입 시기의 격의과정 속에서 어떻게 반야사상과의 융회가 이뤄졌는지에 대한 실마리를 제공하며, 유학은 불학과의 각축 속에서 체득한 현실과 이상세계, 형이상학과 형이하학적인 사변을 제공한다. 불교철학을 원용하여 현세치세와 수양의 실제론으로 안착시키기 위한 유학의 노력은 결코 간단한 것이 아니었다. 개인적인 생각이지만 중국사상사를 논하는 일은 유학과 현학의 바탕 위에서 이해하고 설명되어야 하지 않을까 한다. 여기에 불교에 국한하여서는 역경사와 불성사, 그리고 선종사의 전개가 그 대강이다. 특히 선종은 오종가풍의 흐름 속에서 간화선의 화두법이 풍미하고 그 화두마저 조주의 무자화두(無字話頭)라는 백척간두에서 그 절정을 이루는 장대한 서사시가 되는 것이다. 그리고 중국선종의 간화선에서 응축된 대혜종고의 선사상이 고려에 전해져 보조지눌은 조계산 수선사에서 정혜쌍수와 교단의 자기정화를 이념으로 하는 수선결사를 결행하며 선교일치와 요익중생의 본분사를 주창한 것이 전체 흐름이다.

결론적으로 이 책의 집필목적은 불교와 선종사의 바른 이해를 돕기 위한 것이다. 따라서 지정학적으로는 인도 → 중국 → 한국으로 이어지는 BUDDHA-ROAD이고, 시간적으로는 고대 중앙아시아 초원의 유목민이었던 아리안들의 남하부터 인도 내에서의 불교사상의 형성을 먼저 소개하였다. 그리고 중국으로 넘어와서는 역경사를 중심으로 한 불교사에서 보여주는 불성사와 선종사, 그중에서도 오종가풍의 절정을 거쳐 고려의 보조지눌에 전해지기까지의 3,000여 년을 넘는 TIME-ROAD라고 할 수 있겠다. 여기에 중국문화의 이해를 돕기 위해 중국 고대사를 시작으로 하는 역사와 사상의 흐름을 소개하고 특히 현학과 유학을 정리한 점이 기존의 전적에서 잘 다뤄지지 않는 특이점이 되지 않을까 한다. 한 가지 아쉬운 점은 한국불교를 스치듯 언급하는 정도에서 그친 것이다. 이야기의 전개에 비춰볼 때 번쇄하게 느껴질 우려도 그 한 이유이지만 선종사에 대한 집중감을 떨어뜨리고 싶지 않았던 마음이 더 컸기 때문이다.

이 책의 집필이 가능했던 이유는 다방면에서 연구한 분들의 탁견이 있었기 때문이다. 나의 집필이라 해야 그저 정리한 정도에 지나지 않는다. 따라서 다소 정제되지 않은 거친 논변이 있더라도 내 자신 공부의 한계로서 겸허히 받아들일 것이다. 덧붙여 말씀드릴 것은 참고했던 논문과 수많은 단행본을 일일이 명시하지 않음은 제목 자체에서 보듯이 에세이적으로 쓴 선종사이기 때문에 가독성을 위하여 결정한 것임을 밝히며 아량으로 섭수해 주실 것을 앙망하는 바이다.

이 책은 단적으로 나의 출가 40년의 정리이자 결정판이다.

이 책은 지난겨울 동안 정확히 86일 동안 매일 A4 용지 2장 이상

씩을 기계적으로 쓰다 보니 겨울이 끝나갈 무렵엔 전체 200장 넘는 분량이 되었다. 일찍이 어느 방외지사로부터 교과서적인 책을 한 권 쓸 것이다, 라는 예언 같은 말을 들은 적이 있다. 그리고 집필을 마친 다음 날 새벽에는 조사당에 걸려 있을 법한 옛 고승의 얼굴을 한 어린아이를 누군가 품에 안겨주는 현몽을 받았다. 얼굴이 점점 둥글게 커지더니 흡사 달을 품은 듯한 원만하고 완벽한 모습이어서 한편으론 이 세상 사람의 것으로 생각되지 않았는데, 옆에서 누군가 그가 바로 문수동자라고 일러주었다. 그 새벽의 벅찬 광희를 잊을 수가 없다.

돌이켜 보면 내 인생의 꿈 같이 흘러가 버린 40년의 세월 동안 진 빚이 차고 넘친다.

불법에 감사하고 내가 만난 모든 인연과 불광출판사에 감사하다.

그리고 조용히 나 자신에게도 고맙다 해본다.

2023. 11. 1
탑전 일로향실에서 보경

III 중국의 역사와 사상

IV 불교사 속의 중국역경사

V 중국불성사

VII 한국선불교의 전개

I

인도사상의
연원

이 책은 이해하기 쉬운 선종사를 위해 집필하는 것을 목적으로 하고 있다. 사상은 변천과정에서 그 출발의 단서가 되는 실마리가 있기 때문에 필연적으로 그 사상의 연원을 살펴볼 필요가 있다. 오늘날 우리가 알고 있는 선은 불교의 한 분야이면서 불교가 태동한 인도의 문화와 사상을 시작으로 하여 중앙아시아를 거쳐 중국에 안착하였으며 중국인이 이해한 종교로 발전해 간 것이다. 따라서 올바른 불교공부를 위해서는 인도와 중국이라는 거대한 두 대륙에 대한 이해가 선행되어야 함은 물론이다.

　한국불교는 인도에서 발생하고 발전하여 중국의 한문으로 번역되고 중국적 사고방식에 의해 변형된 중국불교를 들여온 것이다. 불교는 본래 유연하고 동화력이 강한 종교이므로 지역과 시대에 따라 다양하게 발전하면서 사상이 풍부해지는 경향을 보인다. 그렇다고 불교의 본질과 뿌리까지 달라지지는 않는다. 따라서 간략하게나마 인도사상의 근원을 밝히는 것으로부터 선종의 귀결까지 장대한 강줄기를 따라 써 내려가려고 한다.

B.C. 6~5세기경 석가모니 부처님께서 태어나 활동했을 때 인도는 이미 인도-아리안족의 베다문화가 1,000년 가까운 세월 동안 발전해 있었다. 아리안족은 흑해와 카스피해 사이의 중앙아시아에 살던 유목민들로서 그들의 남하가 지금의 중동 지역부터 인도에까지 연쇄적으로 영향을 미쳤다. 중앙아시아에서 발원한 아리안족은 인도유럽어족(Indo-European)에 속하는 하나의 인종 집단이다. 그들은 이미 철제무기를 사용하고 마차를 타고 다닐 정도로 앞선 문명을 구가하고 있었기 때문에 인도원주민들을 정복하기는 그리 어려운 일이 아니었다. 이 아리안들이 B.C. 1500년경부터 서북부의 인도로 이주해 오기 전에 이미 인도는 1,000년이 넘도록 하라파와 모헨조다로에서 발달한 도시문명인 인더스문명이 자리하고 있었다. 인더스문명의 쇠락은 자연재해 외에도 아리안들에 밀려 갠지스강 유역이나 남인도로 퍼져나가면서 시작되었다. 이 과정에서 기존의 인더스문명과 아리안의 베다문화가 서로 융회하고 서로의 사상에 녹아드는 긍정적인 변화도 함께 이루어졌다. 즉 불교가 발생하기 이전에 이미 2,000여 년이 넘는 오랜 문화전통이 전승되어 온 그런 문화·사회적 토대 위에 불교가 탄생한 것이다. 부처님의 교설은 기존의 사상들을 비판적으로 보면서 차별화를 꾀하는 것이 주된 것인데 불교의 발생이 이같은 충분히 성숙된 문화와 환경 속에서 태동

한 이유를 들 수 있다.

아리안 종교철학사상의 원천은 그들의 경전인 『베다(Veda)』이다. 다음 장에서 문헌에 대해 자세히 설명할 것이기에 간단히 기술하자면 베다는 인도-아리안족 종교문화의 총화다. 이들은 오늘날의 이란이나 러시아, 그리고 유럽인과 같은 조상을 가진 민족으로서 모두 인도유럽어족에 속하는 언어를 사용한다. 인도문화의 주류는 베다를 원류로 하는 산스크리트 문화이며 산스크리트는 희랍어·라틴어·페르시아어와 더불어 가장 오랜 형태의 언어구조를 가진다. 아리안은 이란에 들어가 아리안계 이란인의 선조가 되었고, 다른 무리는 B.C. 1500년경 힌두쿠시 산맥을 넘어 인도 서북부의 펀잡 지방에 들어갔다. 이들이 바로 베다문화의 주역인 인도-아리안족이다. 이들은 거친 유목민으로서 육식과 술을 하고 춤과 노래를 즐겼던 현실적이고 낙천적인 기질의 민족이었다.

에세이 선종사

고대인도사상

인류문명사를 살펴보면 전쟁이 이질적인 민족 사이에 서로 다른 문화를 퍼트리는 뜻밖의 역할을 한다. 아리안족이 힌두쿠시 산맥을 넘을 때 따라 들어간 것은 사람뿐만이 아니라 그들의 문화 몇 가지도 있었다.

무엇보다 베다를 들 수 있다. 베다는 인도의 가장 오래된 고전이면서 지구상에서 문헌으로 기록된 경전 가운데 인류 최초의 경전이다. 우주는 어떻게 시작되었는지에 대한 문제의식으로부터 출발하여 신들의 모습을 통해 고대인들의 세계관을 잘 보여준다. 서양인들의 우주관이 그리스·로마 신화에 반영되어 있듯이 고대인도인들의 우주관을 여기에서 읽을 수 있다. 베다는 우주·세계관에서 시작하여 인간 영혼의 본성이 무엇인지, 그 마음을 어떻게 지녀야 하는지를 펼쳐보인다. 신들에 대한 찬가 모음집인 『리그베다 (Rigveda)』는 베다시대로부터 시작하여 그 후 1,000여 년 이상의 세월을 거치면서 차근차근 골격을 갖춘 방대한 문헌이다. 그 후 노래집인 『사마베다(Samaveda)』, 제례의식문인 『야주르베다(Yajurveda)』, 실생활의 문제를 풀어주는 주문이자 만트라집인 『아타르바베다 (Atharvaveda)』 등이 형성되었다.

이 제문들은 B.C. 600년까지 브라만들에 의해 암송으로 구전되다가 완전한 책의 형태로 편집된 것은 B.C. 300년경으로 추정한다. 이들 베다는 본집이라는 뜻의 상히따(samhita)로 통칭된다. 베다의 권위가 상당했던 것은 각 만뜨라마다 초월적 투시 능력을 가진 성자(rsi)들의 이름이 기록되어 있는 것에서 알 수 있듯이 이 성자들이 명상상태에서 신들의 말씀을 그대로 받아쓴 것이라는 절대적인 믿음 때문이다. 즉 인도인들은 이 상히따들이 인간이 지은 시가 아니라 신들의 진리에 대한 말씀이자 경전으로 받아들인 것이다.

이 네 가지 베다에 이어 나타난 것으로는 각 베다에 나오는 제례의 내용을 풀이한 제의서인 『브라흐마나(Brahmana)』, 제의의 지침서로 경의 범위에 드는 『수트라(Sutra)』가 있다. 브라흐마나에는 상징성에 대한 해석과 철학적 성격이 강한 삼림서인 『아란야까 (Aranyaka)』, 베다의 끝을 의미하는 베단타로서 시간을 달리하여 신비적 사상의 결정체인 『우파니샤드(Upanisad)』가 포함되어 베다의 맥을 잇는다.

이 세계에서 철학이 시작된 것은 B.C. 6~5세기의 그리스로 여겨진다. 철학적이라는 용어 자체가 신화적인 세계관에서 인간이성을 신뢰하는 철학으로의 전환이라는 의미도 있다. 신화는 신들의 행위나 세계의 시작 외에도 인간의 탄생에 관하여 말한다. 세계에 관한 사건을 신들의 사업과 결합하여 설명하는 것이 신화적 사고다. 반면 철학적 사고는 세계의 배후에 보편적인 원리의 활동을 인정하고 추상적인 개념과 논리적인 언어 사용으로 세계의 성립을 설명하는 것이다. 우파니샤드에서는 우주의 원리나 인간의 본질에 관한 탐구가 보이기 때문에 인도의 철학적인 사고는 이 문헌에서 시작한다고 보는 학자들도 있다.

다시 정리하여 말하면 문헌상의 인도신화를 시대별로 구분하여 크게 베다·브라흐마나·우파니샤드 시기로 나눌 수 있다. 베다 시대에는 자연을 경외하여 신을 위한 제의행위가 중시된 반면 브라흐마나 시기에는 제의보다는 신 자체가 더 중요한 위치를 차지한다. 이 시기를 거쳐 철학의 시기인 우파니샤드가 생성되어 신 자체보다는 인간이 신적으로 상승될 수 있다는 생각을 하기에 이르렀다. 이 구분이 중요한 이유는 고대인도가 불교나 자이나교가 발흥하여 새로운 사상을 맞이하는 상황으로 접어들기 때문이다. 또한 초기우파니샤드가 형성된 B.C. 8세기~B.C. 3세기 사이는 세계 철학사상에 있어 매우 중요한 시기였다. 이 시기에 그리스·인도·중국 등 당시 세계의 주요 문명권에 살고 있던 철학자와 사상가들은 자신들이 살고 있는 세상과 우주의 원리에 관하여 깊이 사고하고 있었다. 카를 야스퍼스는 이 시기를 가리켜 '축의 시대(Axial Age)'라고 명명하기도 했다.

이상의 종교적인 분위기와 달리 인도고전문학을 상징하는 대

서사시이자 인도의 정신문화를 지탱하는 두 기둥인『마하바라타』
와『라마야나』를 언급하지 않을 수 없다. 그들은 "마하바라타에 있
는 것은 이 세상에 있고, 마하바라타에 없는 것은 이 세상에 없다"
라고 할 정도로 인도인의 정신과 사상, 지식과 지혜, 신화전설과 역
사, 사랑과 죽음, 윤리와 형이상학, 세계와 우주관 등 인간사고로 가
능한 모든 상상이 이 책에 담겨 있다. 고대그리스의『일리아드』와
『오디세이아』를 합친 것의 여덟 배가 넘는 방대한 양이다(나는 개인
적으로 이 책을 보지 않고서 아트만에 대한 이야기를 하는 것은 공허하게 들린다. 현
재 번역물은 8권짜리 두꺼운 책들이 있는데 그것이 1/4에 해당하는 분량이라니 그
방대함을 짐작해 볼 수 있다).

　　『마하바라타』는 오늘날 인도 북서부에 위치한 고대왕국을 중
심으로 한 바라타족에 속한 사촌지간 까우라와와 빤다와들 사이의
불화로 인한 왕권다툼을 다룬 서사시이다. 이 서사시 전반에 걸쳐
가장 풍성하고 끈질기게 다루어지는 문제 중의 하나가 카스트와 스
와다르마에 대한 것이다. 카스트는 태어날 때부터 정해진 계급이고
스와다르마는 그에 따른 책무와 본분을 말한다. 인도에서의 계급구
분은 흰 피부의 아리안들과 검은 피부의 원주민들로 구분되다가 리
그베다 후기에 4성계급(브라만·크샤트리아·바이샤·수드라)으로 굳어졌
다. 브라만은 학문과 제사에 열중하고, 크샤트리아는 무사로서 전
쟁을 피하지 말며, 바이샤는 농사나 장사를 하면서 상위계급을 받
치고, 수드라는 이 모두를 위해 일하는 것이 본분으로 정해진다. 서
사시는 인간에게 삶의 방향을 우회적으로 제시하는 기능을 한다.
고래로 인도인들은 이『마하바라타』에서 인간이 궁극적으로 추구

해야 하는 가치를 네 가지로 말한다. 그것은 삶의 목적(puruartha)으로서의 정의(dharma)·번영(artha)·사랑(kama)·해탈(moksa)의 길을 읽어 내려 했다는 것을 떠올릴 필요가 있다.

『라마야나』는 불교와 비슷한 B.C. 6세기경 태동하여 A.D. 1세기경 완성되었다. 무대는 북인도 서쪽 아요드야이며 주인공은 왕자 라마이다. 저자는 왈미끼로 알려져 있다. 내용은 비슈누신의 화신인 라마가 아수라 라와나에게 납치된 아내 시따를 찾아 지금의 스리랑카로 떠나는 모험담이다.

이상에서 아리안족이 인도로 밀려들어 사회의 지배적인 위치를 점하면서 그들의 문화가 인도사회에 스며드는 과정을 고찰해 보았다. 그것은 아리안들이 그들의 신들에게 바치는 찬가인 베다와 그 찬가를 암송하며 제의를 담당하는 전문가, 제의 때에 마시는 환각성분의 음료인 소마, 가부장적인 부계중심의 가족제도, 사제·무사·서민으로 구성된 계급구조, 그 외에도 정교하고 과학적인 산스크리트라는 언어도 함께 힌두쿠시를 넘어 인도사회에 얼굴을 내밀었던 과정이기도 하다. 다음 장에서는 불교사상의 형성과 그 발생과정, 그리고 아트만에 대한 인식을 살펴보도록 한다.

베다사상과 제의
—

불교를 이해하기 위해서는 불교 태동 이전의 인도종교사상을 알아야 한다. 불교 이전 사상과 문화는 베다가 핵심이다. 베다는 '알다'

라는 의미의 어근 vid에서 파생한 명사로서 지식을 뜻하므로 베다 문헌을 '지식서'라고도 한다. 베다는 이 세계와 인간에 대한 인도-아리안족의 탐구와 이해의 결과를 집성한 것이다. 힌두교도들은 그 것을 인간의 저작이 아니라 신비적 직관력을 가진 르쉬(성자)가 하늘의 신들로부터 받은 계시서, 즉 쉬루티(Sruti)로 여긴다. 4베다는 제사행위에 직접 사용되는 찬가·노래·제문·주문들의 집록으로서 상히따로 부른다고 기술한 바 있다. 그렇다면 그들에게 제사는 어떤 의미가 있는 것일까?

베다는 곧 제사의 종교다. 베다적 세계관에서 보면 모든 사건과 행동은 제사에 바탕을 두고 있다. 제사에 참여한다는 것은 존재의 근원으로 돌아가는 방법이다. 그리고 우주의 원천으로 돌아감으로써 그 근원적 힘에 의지하여 삶과 세계를 재창조하고 재생한다는 의미를 둔다. 따라서 제사란 인간과 신과 자연의 친교행위라고 할 수 있다. 이 친교는 삶을 유지하고 갱신하는 데 필수적인 요소다. 제사에는 존재가 가진 힘을 경축하고 생성의 바탕으로 돌아감으로써 존재를 갱신하여 자기를 바쳐 새로운 존재를 창조한다는 의미가 부여된다. 즉 단순히 복을 받는 차원을 넘어 존재를 이루는 모든 자연법칙에 참여하여 영원한 존재를 획득한다는 믿음이다. 그러므로 우주적 신들과 소통하는 존재인 르타를 숭앙해야 하는 합당한 이유를 찾을 수 있게 된다.

우파니샤드사상

—

베다의 마지막 부분을 차지하며 베다의 궁극적 취지라는 의미에서 베단타(Vedanta)로도 불리는 우파니샤드는 어원적으로 '제자가 스승의 무릎 가까이(upa-ni) 앉는다(sad)'는 뜻이 있다. 존재의 기본적 힘을 찬탄하고 존재의 근원에 회귀하여 세계와 삶의 재창조에 참여하는 행위가 베다의 제사에 배태된다. 구체적으로 아란야까에선 내면화되고 상징화되기에 이르렀으며 우파니샤드 시기에 들어서면 그 근원적 존재인 브라흐만이 외적인 제사행위에 의해서가 아니라 존재의 기본적인 힘에 의해 내면화된다는 의미로 달라진다. 그것을 나의 근원적인 자아인 아트만에 대한 명상과 신비한 지식을 통해 실현하고자 하였다. 다시 말해 제사라는 외형의 제의가 직관과 지식이라는 자기 내면의 각성으로 방향이 바뀌게 된다는 의미가 있다. 그 같은 변화의 요인은 초기의 희생제의에서 신들의 축복을 바라는 단순하고 낙관적인 관점에서 점차 변화하여 개인에게 속한 윤회와 삶의 고뇌를 벗어나는 문제에 대하여 해답을 구하기 시작했다는 점이다.

인간으로 태어난 이상 고는 필연적인 것이고 이것이 윤회라는 굴레 속에서 영원히 반복된다면 존재 자체가 괴로움이 된다. 따라서 어떻게 하면 윤회를 멈추고 영원한 해탈을 얻을 수 있을까 하는 것이 우파니샤드시대에 확립된 이래 인도의 모든 종교와 철학을 특징짓는 요소가 되었다. 결국 해탈의 문제는 인도종교철학의 최고의 가치로 자리 잡게 된다. 우파니샤드의 철인들은 만물이 생성되고 돌아가는 근원을 '모든 것'이라는 뜻의 '브라흐만(梵)'이라 불렀다. 이것만이 윤회와 상관없는 불변·불멸의 존재로서 인간이 브라흐만과 하나가 되어 인간 또한 생사윤회에서 벗어나 영원의 자리에 들 수 있다. 베다의 중요한 사고 중 하나는 '없음(nasat)'이라는 개념이다. 『리그베다』의 경구에서 볼 수 있듯이 이 개념은 눈에 보이는 현상 너머로 의식을 확장시킨다.

> 세상이 창조되기 전에는 죽음도 불멸도 없었고
> 밤도 낮도 드러나지 않았다.
> 그러나 어떤 한 존재가 있어
> <u>그는 스스로의 힘으로 호흡했으며</u>
> 그 외에는 아무것도 없었다.
>
> - 『리그베다』

브라흐만은 어근 브리(brh: 펼쳐지다, 커지다)에서 파생된 것이다. 넓게 퍼져 존재하지 않는 곳이 없는 것이다. 아트만의 어근은 아트(at: 항상 일정하게 움직인다, 퍼진다)로서 우주의 나를 브라흐만이라 한다면 개체로서의 나는 아트만이다. 전체와 개체는 확장이 가능한 동일의 성질이므로 둘은 하나이며 하나는 둘이 될 수 있다는 근거가 마련된다. 인간의 가장 깊은 내면의 일점인 아트만을 안다면 바로 브라흐만에 들게 된다. 범아일여의 사상은 이렇게 만들어진 것이다. 결국 우주의 근원인 브라흐만에 대한 합일은 아트만에 대한 탐구가 아니면 불가능하지 않겠는가? 왜냐하면 브라흐만은 우주적인 것이라서 설명하기 어려워도 아트만은 나의 존재 안에 있는 것이어서 실제적으로 느낄 수 있기 때문이다. 아트만은 현대물리학에서 말하는 원자에 대입하여 이해하면 도움이 된다. 개체아에 대한 생각은 다음의 경문에서 잘 드러난다.

"저 보리수나무에서 열매 하나를 따오너라."

"여기 따왔습니다."

"그것을 쪼개보거라."

"예, 쪼갰습니다."

"그 안에 무엇이 보이느냐."

"씨가 보입니다."

"그중 하나를 쪼개보거라."

"쪼갰습니다."

"그 안에 무엇이 보이느냐."

"아무것도 보이지 않습니다."

그는 아들에게 계속해서 말했다.

"총명한 아들아, 네가 볼 수 없는 이 미세한 것, 그 미세함으로 이루어진 이 큰 나무가 서 있는 것을 보아라. 보이지 않는 것이지만 그것이 있음을 믿어라. 아주 미세한 존재인 그것을 세상 모든 것들은 아트만으로 삼고 있다. 그 제3의 존재가 곧 진리이다. 그 존재가 곧 아트만이다. 그것은 바로 너이다, 슈베따께뚜야."

– 『우파니샤드』「찬도기아」

이 경문은 깨달음의 주체는 다름 아닌 개체아이지만 아트만과 브라흐만이 둘이 아님을 말하고 있다. 인도의 여타 사상은 인간과 우주 만물의 근원으로서 아트만을 설정하여 전체를 포괄하는 브라흐만과 합일하여 해탈하는 주체인 불멸의 자아를 말한다. 그러나 불교의 교설은 아트만 자체의 고정된 실체를 부정하고 모든 물질의 근원은 공을 기반으로 하여 설정된 것이라는 교설의 차이가 있다. 우파니샤드의 가르침인 아트만은 영원히 존재한다는 사상을 체계화하고 발전시킨 것이 베단타철학이며 그중에서도 샹카라(A.D. 8세기)의 아드와이타(不二) 베단타는 오늘날까지도 인도에서 영향을 미치고 있다.

베다사상과 불교

—

인도가 갖는 다른 민족과의 차이점이라면 문화의 다양성을 들 수 있다. 일단 인도대륙에서 사용하는 언어의 종류만도 100여 가지가 넘고 공인된 주요 언어만 해도 14가지나 된다. 인도와 중국 사이에는 히말라야 산맥이 가로막혀 있어서 서로의 침입으로부터 자유로웠지만 서쪽 이민족들의 침입은 많았다. 그 침략과 교류를 기술해 보면 대략 다음과 같다.

B.C. 3000년경 이래:
인더스문명을 건설한 문다족과 드라비다족의 인입

B.C. 1500년경:

인도-아리안족의 베다문화 전래

B.C. 6세기 말:

다리우스 1세의 서북인도 정복에 따른 페르시아 문화의 영향

B.C. 4세기 후:

알렉산더 대왕의 페르시아 정복과 서북인도 침입 이후 희랍미술
의 영향

남인도와 로마 제국 간의 무역

회교도의 박해를 피해 인도로 망명한 조로아스터교도

로마의 박해를 피해 남인도로 도피한 유대인

실크로드를 통한 중국과의 무역

B.C. 2세기 이후:

침입한 중앙아시아의 파르티안·스키티안·쿠샨족의 영향

회교도의 침략과 무굴 제국 지배

그 외에도 가깝게는 18세기 이후 포르투갈·프랑스·영국의 침입과
150년간의 영국통치 등 전 세계의 문화가 인도와 만났다. 그 결과
세계의 종교들이 이 대륙에서 조우할 수 있었다.

인도인은 다른 어떤 민족들보다 종교적이다. 힌두교·불교·자
이나교·시크교 등이 인도에서 기원하고, 그중 불교는 인도를 넘어

세계의 종교가 되었다. 이는 유교가 정한 사회적 명분과 질서를 중시하는 현세윤리 지향적인 중국이 진정한 의미의 종교적 토양은 되지 못한다는 지적처럼 두 대륙의 문화는 여러 가지 면에서 결을 달리한다. 종교는 과학과도 다르고 철학과도 다르다. 현세에 모든 것을 걸지 않고 나란 존재와 세계 너머의 초월을 생각한다. 이생에서의 완성을 추구하는 것이 아니라 세상을 등질 수도 있다는 자세가 종교성을 자극한다. 왜 인간은 보이는 세계에서 완벽을 추구하지 않고 저 확인 불가능한 세계에 시선을 두는 것일까? 그것은 이 현실이 매우 불안정하고 변화하며 현상의 모든 것이 생멸하는 것을 경험한 이상 인간세의 무상함은 더 이상 우리가 기댈만한 의지처가 되지 못한다고 생각하기 때문이다. 그래서 불안정할수록 더 모여들고 달려든다. 알 수 없는 일이다.

B.C. 1500년경부터 시작된 베다문화는 불교가 태동하는 시점인 B.C. 500년경엔 이미 1,000년 가까운 전통을 이어오고 있었다. 그런 영향 탓에 인과응보·윤회사상·고·해탈·요가·명상 등의 사상과 실질수행의 방법까지 불교 이전에 널리 퍼져 있었고 진리나 가르침 등을 뜻하는 다르마(dharma)나 범천(브라흐마)·제석천(인드라) 등의 신들까지 불교사상에 스며들었다. 불교와 베다의 관계에 대하여 불교가 우파니샤드의 전통 위에 서 있다는 견해가 있고, 아트만을 유아적으로 보는 베다와 달리 불교는 무아적으로 보는 이질적인 사상이라는 견해가 있다.

불교가 인도전통의 베다사상을 배제하는 것이 가능하지 않은 이유는 동일한 토양에서 벌어진 일이기에 시간이 달라졌다고 하여 훈습된 사상이 소멸되지는 않기 때문이다. 다만 베다의 전통은 브라흐만과 아트만을 기본골격으로 하여 시설되고 이 주장을 포기하지 않고 견지한다. 하지만 불교는 형이상학적인 문제에 대하여 침묵하고 대신 경험적이고 현상적인 영역을 일체법이라 하여 오온·십이처·십팔계·십이연기 등의 기본교설을 세웠다. 이는 고정된 실체로서가 아니라 인연화합하는 연기적인 관점에서 존재와 우주의 법칙을 설명하는 입장이었다. 그리고 세계는 아트만이라는 고정된 실체가 아닌 오온이라는 현상과 경험으로 인지된다는 가르침을 통해 개인의 존재를 설명하고 고·집·멸·도의 교설을 깨달아 해탈열반에 이른다는 관점을 제시했다. 다시 말해 아트만에 대한 부정이나 공격이 아니라 연기라는 개인과 세계의 법칙으로 무아론을 이끌었다는 것이 무아론에 대한 완곡한 변이 되지 않을까 한다. 왜냐하면 불교의 교설이 무아 → 연기 → 공 → 유식 → 밀교 등으로 개념이 진화한 예가 그 반증이며 이런 개념들은 인도와 세계 사상계에 불교가 기여한 것이기도 하다.

2

불교의 발생 배경

석가모니 부처님이 정각을 이룬 후 불교가 태동한 시기인 B.C. 6세
기경의 인도는 정치·경제·사회적 변화와 사상계의 전환의 시기였
다. 갠지스강 상류 지역에 카스트와 희생제의를 신봉하는 바라문 문
화가 확립되어 가는 중이었고, 철기문화의 등장으로 갠지스강 중하
류까지 농지가 개간되어 가면서 이 지역이 인도문화의 중심지가 되
었다. 농산물의 수익증대는 상공업과 화폐경제의 발달로 이어졌다.
또한 인구의 증가와 도시의 형성은 바라문의 절대권위와 제식주의
에 따른 베다를 신성시했던 영역에도 변화의 바람을 불러일으켰다.
제사행위가 우주의 근원적인 힘인 브라흐만을 통제하고 획득하는
방법이며 제사행위를 주관하는 바라문만이 그 힘의 비밀을 쥐고 있
다는 것은 전통적 신념이다. 그런데 이런 신념에 대한 회의와 붕괴

가 우파니샤드 시기인 B.C. 800년 무렵부터 일기 시작했다.

우파니샤드의 철인들은 그 절대적 힘과 지고의 가치인 브라흐만이 외적인 제의행위에 의해서가 아니라 인간 내면의 참 나(진아)인 아트만에 대한 인식과 자각에 의해서 실현된다고 생각하였다. 이는 기존 베다중심사회의 전통적 믿음의 변화이자 사고의 전환이었다. 그러다 B.C. 6세기에 이르러서는 이런 사상운동이 더욱 활기를 띠면서 불교나 바라문에서도 사문이라는 진보적 사상가들이 등장하기 시작하였다. 그들은 탁발을 하면서 세속으로부터 벗어나 자유로이 유행하고 다니며 진리에 대한 탐구와 논쟁을 주도하였다.

이제 시대는 브라흐만과 아트만의 실재를 전제로 한 믿음과 제의의 중심에서 아트만과 형이상학적 세계에 대한 부정까지 가능한 분위기로 접어들고 있었다. 마침내 당시로서는 혁명적인, 아트만과 4성계급제를 부정하며 평등과 자아존엄의 세계관을 주창한 불교의 맹아가 싹틀 수 있을 만큼 사상계가 무르익어가고 있었다. 불교교설은 정치적으로는 부족장중심에서 군주들이 영토를 둘러싸고 각축을 벌이며 큰 세력으로 통합되어 가던 시기에 탄생했다. 부처님 당시엔 마가다·코살라·밤사·아반티 등의 큰 나라와 그 외 작은 군소규모의 나라까지 16개국 정도가 존립하고 있었다. 부처님의 카필라 왕국도 코살라 왕국에 의해 멸망한 것이다. 이런 혼란기에는 온건한 사상이나 종교철학은 힘을 잃기 마련이어서 카스트를 기반으로 한 기존의 질서가 점차 퇴색하기 시작하였다. 반면 불교와 더불어 흔히 육사외도라고 하는 사상가들이 나름의 세력을 유지하던 시기였다.

각 사상가들은 대략 업과 윤회에 대한 사상적 차이에 집중되어 있었고 교단으로 발전되지는 못하고 있었다. 그러나 출가수행주의를 표방한 불교는 교단의 형성과 함께 고등종교로서의 면모를 갖춰갔다. 불교의 성공적인 안착은 무엇보다 부처님의 수준 높은 교설과 불교철학의 정립이 가장 큰 이유가 될 것이다. 불교는 부처님의 깨달음이 그 시작이다. buddha라는 말 자체가 깨달은 분이라는 뜻이다. 대승불교는 깨달음을 세상에 구체적으로 시현하는 보살사상이 근간을 이루며 그 주체를 보디사트바(bodhisattva)라 한다. 어근 bodhi가 '깨달은'이라는 의미이고 동사형인 bud는 '바닥까지 꿰뚫어 알다'라는 뜻이다. 그래서 궁극의 최상적인 깊은 깨달음을 얻은 분의 가르침이 곧 불교인 것이다. 불교는 우리를 둘러싸고 일어나는 세계의 법칙을 연기적으로 본다. 연기는 인연생기의 준말로서 산스크리트어 프라티티야삼무파다(pratitya-sammutpada)이다. 조건에 의해 함께 일어난다는 뜻이다. 한편 인연은 산스크리트어로 헤투-프라트야야(hetu-pratyaya)로 말하기도 한다. 인연에는 직접적인 원인과 간접적인 원인이 작용하기 때문이다.

이것이 불교의 세계관이고 불교에서 보는 세계의 법칙이 그렇다는 의미다. 여기까지는 연기의 일반적인 해석인데 『화엄경』에 "인은 과를 부른다"는 말이 있다. 다시 말해 연기의 보다 깊은 작용은 어떤 시작이 있다면 그것은 결과를 맺으려는 방향으로 프로세스가 만들어진다는 데에 착안해야 한다. 연기는 '결과를 위해~(굴러간다)'의 뜻이 있기 때문이다. 역사도 그것의 의지가 있다고 말한 헤겔이 있듯이 연기의 본질이 이와 같다. 연기에도 어떤 굴러가고 프로

세스를 만들려는 의지가 있다고 이해하면 되겠다. 『화엄경』에 "보살이 자비심이 없으면 그것이 보살의 마장이다"라는 말이 나온다. 이는 보살이라면 당연히 자비심을 발해야 한다는 뜻으로 인과의 연장선상에서 원용해 볼 수 있는 말이 된다. 연기가 불교의 세계관이라면 불교의 중심사상은 무엇인가.

나의 가르침은 고와 고의 소멸에 대한 것이다.

불교의 중심사상은 이 세상이 생멸하는 유한한 존재로서 짊어져야 하는 고의 세계이고, 그 고는 소멸이 가능하다는 것이다. 소멸이 가능한 이유는 나의 몸과 의식의 총체인 오온(panca-skandha)이 본래 공함의 기반 위에 있기 때문이다. 여기서 온(蘊)은 무더기, 유위법의 화합을 뜻한다. 인간은 오온(색·수·상·행·식)의 덩어리와 같기 때문에 그 덩어리는 풀어헤칠 수 있게 된다. 따라서 나라는 실체를 오온의 덩어리로 볼 수 있어야만 고의 소멸로 들어갈 수 있기 때문에 이것이 불교교설의 핵심철학이 된다. 중생의 고는 오온이 중생의 미혹함에서 비롯된 실질이라 고집하는 것에서 일어나는 현상이라는 것이다. 고의 소멸단계는 고·집·멸·도의 사성제이고 더 나아가 팔정도를 실행함으로써 열반을 증득할 수 있다. 중생의 세계는 오온·십이처·십팔계로 설명되며 오온이 공하다는 것은 불교교설의 첫 시작인 아트만의 실질을 부정하는 것을 전제로 하여 모든 교설이 펼쳐진다. 그래서 아트만이 실재하지 않는다는 무아론에 대한 이해가 불교이해의 모든 것이라고 말하는 것이다. 그렇지만 부처님 열반 후에 무아론은 힘을 잃고 설일체유부 같은 부파불교가 등장하여 불성으로서 아의 근간을 인정하는 방향으로 나아가게 된다.

그러다 대승불교의 발흥 이후에 중국불교의 전개에 이르러서는 불성론이 확고부동한 위치를 점하면서 무아나 유아의 근원적 의문보다는 수행의 성취방법론인 돈·점 논쟁으로 치닫기 시작한다. 어떻게 하면 금생에 깨칠 것이며 더욱 빨리 단박에 이룰 방법은 무엇인가에 몰두하는 선종의 무대가 펼쳐진다. 물론 이 과정에는 아비달마→중관→유식→인명→여래장→밀교로 이어지는 정교한 논리가 각각 한 시기를 풍미하며 거쳐갔기 때문에 불교사의 이해는 진폭이 넓을 수밖에 없다. 이 전개과정을 모르고서는 불교를 말하기 어렵다. 현시대를 살아가는 우리는 장구한 역사 속에서 불교의 사상변천이 어떻게 이루어졌는지를 이해할 수 있어야 하기 때문이다. 선종이라 하여 참선수행만 중요한 게 아니라 선종사도 있고 학문으로서 선학도 있다는 것을 유념해야 한다.

다시 정리하여 말하자면 불교의 세계관은 연기라는 인과법칙으로 파악한다는 것, 그리고 불교에서 말하고자 하는 실천수행은 어떻게 하면 고를 제대로 인식하고, 그 고에서 벗어나 대자유를 얻을 것인가에 있다고 말할 수 있다.

불교는 부처님 열반 후에도 뛰어난 인물들이 나타나 아비달마·중관·유식·불교인명론·여래장사상·밀교에 이르기까지 사상변천을 이루어냈다. 여기서는 부처님의 일대기나 중심교설, 나아가 불교가 당시 사회에 끼친 영향 등의 내용은 기술하지 않으려고 한다. 대신 인도불교철학에 관하여 살펴봄으로써 부처님 열반 후 중앙아시아를 거쳐 중국으로의 사상전이가 어떤 형태를 갖춰갔는지 개관해 보고자 한다. 이 과정의 이해가 이루어지면 불교가 중국에 안착하여 번성하는 과정 또한 흥미롭게 고찰해 볼 수 있다. 중국불교사는 역경사가 필연적으로 등장하며, 이는 유교와 도교라는 인간사회의 윤리와 질서를 절대시하여 어떠한 분열도 용납하지 않는 중화민족이 이해하고 발전시킨 하나의 문화이기도 하다. 중국은 국가 우선주의의 통일지향적인 특유의 대륙문화라는 특징을 보이는 나라다. 그 중심엔 황제라는 절대권력자가 있고 그 주변을 체제수호 세력인 유교와 그를 신봉하는 관료이기도 하고 식자층이기도 한 사대부가 에워싸는 형국이다. 그리고 무병장수라는 인간의 약한 고리를 쥐고 도술을 펼치는 도교가 있다. 이것은 무엇을 말하는가. 불교 같은 출세간주의를 표방하는 종교가 국가와 가족을 중시하는 세속윤리 중심의 두 거대 세력과의 사이에서 어떻게 교세를 확장시켜 나아갔는지, 그리고 그 정점의 선종으로 치닫는 과정을 이해하고 넘어가야 한다는 것이다. 중국불교에 대한 이야기는 중점적으로 다루어야 하는 주제이니 더 말할 나위도 없지만 인도불교의 전개과정을 세심히 봐야 하는 이유를 말하려는 것이다. 이제 인도불교철학의 중심주제들을 하나씩 알아보도록 하자.

II

인도불교철학의 전개

1

경전의 결집

불교는 깨달음을 얻은 이의 가르침이다. 그렇기에 불교를 알기 위해서는 그 교설에 대해 알아야 할 것이다. 흔히 경전은 결집(samgiti)의 과정을 거친 것으로 이해된다. 상기띠가 합송이라는 의미를 갖는 것에서 알 수 있듯이 암송에 의지하던 당시에는 합송을 하면서 그릇 알고 있는 내용을 바로잡을 수 있었다. 부처님 재세시나 열반에 든 후에 문자로 바로 기록되지는 않았다. 문자로의 기록은 B.C. 1세기경에나 이루어진 일이다. 상좌부의 팔리어 경전이나 한역된 『아함경』 등이 이런 역사에 기반하는데 이 경전들이 얼마나 부처님 친설에 부합하는지는 단언하기 어렵다. 다시 말해 불교 초기의 교설은 오직 암송에 의해 전달되고 기억되는 형태라고 할 수 있겠다.

고대그리스의 여러 서사시나 호메로스의 것들도 그렇게 암송

에세이 선종사

되어 전해졌듯이 종이가 등장하기 전까지는 각 문화권의 모든 지식 서들이 극히 제한적인 공간에서 기억에 의존하여 구술로 전해지는 방식이었다. 그러나 갑골문에서 볼 수 있듯이 중국은 일찍부터 문자로 기록되어 왔기 때문에 비교적 정확하면서도 보편화하기 쉬운 사료를 보유해 온 문화적 특색이 있다. 그리고 한자는 글자 형태의 변화가 적어서 아무리 고문이라도 누구나 쉽고 정확하게 읽는 것이 가능하다는 장점이 있다.

인도에서의 불교경전은 4차례에 걸쳐 결집되어 전해졌다. 그 과정 자체가 교리발달사와 맥을 같이 하기 때문에 이에 대한 이해가 중요하다. 결집의 내역을 간략히 기술하자면 다음과 같다.

제1차 결집 - 부처님 입멸 후 마하가섭이 중심이 되어 칠엽굴에서 500여 명의 비구가 참여했다. 아난존자는 부처님을 가까이 보좌하면서 다문제일이라는 별칭이 있을 만큼 기억력이 비상하여 모든 경을 외우고 있었다. 그가 먼저 암송을 해보이고 다른 비구들이 동의하면 다시 함께 외우는 것으로 통일을 시키는 방식이었다. 계율부분을 담당한 이는 우바리 존자였다.

제2차 결집 - 인간사회의 사상은 같은 것을 두고서 지역에 따라서도 달라지지만 세대 간의 차이도 무시할 수 없다. 관점의 차이는 해석의 차이를 만들어낸다. 종교가 분파하는 대부분의 경우는 결국 계율이나 율법·행동윤리에 있어서 근본주의와 수정주의의 간극이 달라지는 것이 하나의 이유가 된다. 그 단초는 10사 논쟁이라 하여 재물을 소유하는 등의 열 가지 계율에 대한 주장이 엇갈리면서 그 갈등이 원로그룹과 신진그룹의 두 분파로 이어졌다. 당시는 부처님 열반 후 100여 년이 지난 시기였다. 불교에서는 그 두 그룹을 상좌부와 대중부로 칭한다. 바이샬리에서 야사가 중심이 된 700여 명의 상좌부가 율장의 정비와 교단 정비에 주력하였다면 젊고 진보적인 비구들은 초기계율에 대하여 다소 유연한 입장을 취하면서 대결집을 열었다.

제3차 결집 – 부처님 열반 후 200여 년이 지나 아쇼카왕시대에 이르러 1,000여 명의 비구들이 모여 경·율·론의 삼장결집을 하였다고 전한다. 아쇼카왕은 불교 전파에 진력하여 곳곳에 불사리탑을 세웠다. 현재 전하는 부처님 탄생 같은 불교연대기나 당시의 시대상황은 아쇼카왕 석주에 새겨진 명문에 근거를 둔 것이다.

제4차 결집 – 2세기 무렵에 이루어진 대승불교 최초의 결집이다. 카니슈카왕이 카슈미르의 쿤달바라나 환림사에서 협존자와 마명존자를 위시하여 설일체유부 500여 비구를 모아 결집을 했다. 이때 불서의 필사본을 수집하여 토론하고 20여 개로 나눠진 각 종파의 상이점을 찾아 표준교설을 세우는 작업도 이루어졌다. 당시 집성된 문헌이 총 30만 송과 660만 언에 달하는 대주석서 『아비달마대비바사론』이다. 이 결집 이후로 경전은 산스크리트어로 공식화되고 문자화되었다. 중국에 전해진 경전이 모두 산스크리트로 표기된 이유가 여기에 있다.

불교는 오랜 시간에 걸쳐 여러 방향으로 전파되어 퍼져나갔다. 남쪽으로는 스리랑카·미얀마·태국·캄보디아·라오스·베트남 등지로 퍼져나가 남방불교를 이뤘다. 이들 나라는 기후가 인도와 비슷하여 아직까지도 탁발문화가 실천되고 비교적 원형에 가까운 승가 운영이 되고 있다. 북으로는 중앙아시아·티베트·네팔·부탄·중국·몽골·만주 등이며 극동으로는 한국과 일본이 중국불교의 연장선상에 있다. 정리하여 말하자면 불교는 초기불교 → 부파불교 → 대승불교 등의 변화를 거쳤다. 초기불교는 나란 존재가 오온의 화합으로 인식되는 비아(非我) 또는 무아이며 무상하고 고의 근원이라는 입장이었다. 그러나 불교가 중국으로 전해진 이후에는 깨달음의 실천에 중점을 둔 보살사상이 등장하여 상구보리 하화중생이라는 대승의 이념을 표방하였다. 또한 불교전통의 무아론에 대한 초기교설과 달리 아(我)는 불성으로서 실재한다고 보기 시작한다. 이런 배경에서 선은 불립문자라 하여 교리와 경전의 가르침을 초월하여 오직 정좌하여 마음을 닦아 최대한 빠르게 깨달음을 얻을 수 있느냐에 더 집중하였다. 어찌 보면 속도전과 같은 돈·점 논쟁과 함께 이번 생에서 깨달음을 얻는다는 다소 극단적인 선종사를 목도하게 되는 것이다. 경전결집사와 더불어 불교전파의 경로를 개괄하였으니 이제 인도철학의 시작과 전개를 서두에 소개하고 인도불교가 철학사상으로서 변모해 가는 과정을 살펴보도록 한다.

2

인도철학의 시작과 전개

철학은 만물의 보편법칙과 존재의 근원을 모색하는 것이 중요 주제다. 존재의 근원을 알면 존재의 원인도 알게 되고 인간의 가치도 드러난다. 결국 삶의 안정과 이해를 위해서는 철학적 논리를 무시할수 없다. 이 모든 철학활동에 필수적으로 수반되는 것은 언어가 지시하는 바를 이해하는 일이다. 그 언어를 통해 명칭과 형태를 구분해 내는 일이 가능해지기 때문이다. 더 나아가 우리가 알 수 없는 우주의 시작이랄지 이 세상이 어떤 목적에 의해 존재하는 것이며 어떻게 변용되어 가는지에 대한 고찰도 함께 진행된다. 우선 인도철학의 출발점에 관하여 고찰하기 위해서는 우파니샤드의 문헌들을살펴볼 필요가 있다.

우리가 어떤 것에 대하여 설명하려면 그것은 ~이다, 라고 한

에세이 선종사

다. 이 문장구조에서 주어의 위치에 오는 것은 개체이며 술어의 위치에 오는 것은 보편이다. 예를 들어 '이것은 꽃이다'라는 문장의 경우 '이것'은 하나의 개체이고 '꽃'은 보편을 가리킨다. 이 말속에는 자기가 주장하려는 것을 지시대명사를 통해 명시하고 그것이 꽃이라는 형태의 구분을 할 수 있다는 뜻이 담겨 있다. 따라서 사물의 형태와 구성의 질료를 안다면 더욱 효과적으로 논리를 펼 수 있다. 예를 들면 우파니샤드에 이런 논거가 있다.

> 아들이여, 가령 모든 흙에서 만들어진 것은 하나의 흙무더기에 의해서 알려진 것이 될 것이다. 변용은 언어에 의한 파악이며, 언어에 의한 명명이다. 흙이다, 라는 이것만이 진실이다.

우파니샤드에 설명되어지는 이것은 다음의 논리구조로 분석할 수 있다.

> 주장: 항아리는 흙이다.
> 이유: 흙으로 만들어진 것이기 때문이다.
> 유례: 모든 흙으로 만들어진 것은 흙이다. 하나의 흙무더기와 같이.

이처럼 우리가 눈으로 보는 현상계의 모든 사물이 '어떤 것'의 변용으로서 일자(근원)와 다자(현상)의 관계로 세계의 성립을 설명하는 것이 인도철학의 중요 주제다. 흙으로 많은 것을 변용하여 만들어내는 것이 가능하듯이 현상계에서 벌어지는 것이 근원의 일자에서 일어난 변용이다. 하지만 변용된 것일지라도 근원이 달라지는 것은 아니라는 논리다. 모든 문화권의 신화에서 태초의 시작을 나름대로 설명하려고 하는데 그 시작을 이해하는 관점이 그들의 우주관을 만들어낸다. 시작이란 자체가 어떤 것도 일어나지 않은 상태이기 때문에 당연히 없는 것에서 출발하지만 없는 것이 아예 없는 것이 아니라 '없는 것'이 '있는 것'이 된다. 예를 들면 가을에 산에 단풍이 들었다가 떨어지고 나면 단풍이 사라져도 숲은 그대로 남기 때문에 단풍이 없는 것이 있다, 라고 하는 것과 같다. 그래서 우주의 근원에 대한 의문은 어떻게 해서 '없는 것'으로부터 '있는 것'이 생겨날 수 있을까에 주목한다. 바로 이 세계는 아직 변용되지 않았을지라도 있는 것과 다름이 없다는 등가적인 논리가 세워지게 된다. 다시 말해 그 '어떤 것'이 있긴 하겠지만 아직은 미발의 상태여서 없음 이후의 일이 눈에 보이지 않을 뿐이다.

그때(태초에) 유도 없었고 무도 없었다. 허공계도 없었고 그 위의 하늘도 없었다.

- 『리그베다』

세계의 시작에서 이 세계는 '없는 것'이었다. 그것이 '있는 것'이었다. 그것은 성장했다.

- 『우파니샤드』

이것은 기독교 신학적인 무로부터의 창조, 즉 신만이 있었고 그 외는 없었다는 유일신적인 일자와는 다르다. 아직 결정화되지 않은 혼돈으로서의 실체를 설정하는 것이다. 다시 말해 이 세상의 모든 것은 아직 때가 되지 않아 수면 위로 드러나지 않았을 뿐 플라톤의 이데아처럼 이미 진본이 있기 때문에 카피도 세상에 종균처럼 퍼져 있는 것이다. 이것은 동시적일 수도 있고 시간차를 두고 진행될 수도 있다. 그런데 시간이 흐르면서 만물은 변화가 일어난다. 물리학자 파인만의 유명한 말 "Everythings are made of atoms"처럼 모든 것은 원자로 되어 있기 때문에 물질은 시간이 지나면 반드시 꿈틀대고 변화가 일어난다. 다시 우파니샤드의 말을 들어보자.

> 그것(있는 것)은 다음과 같이 사려했다. 나는 다자가 될 것이다. 나는 증식하고 싶다. 그것은 열을 낳았다. 그 열이 사려했다. 나는 다자가 될 것이다. 나는 증식하고 싶다. 그것은 물을 낳았다. 그러므로 사람은 뜨거운 곳에서는 반드시 땀을 흘린다. 그것으로부터 다름 아닌 열에서 물이 나오게 되는 것이다. 그들 물은 사려했다. 우리들은 다자가 될 것이다. 우리들은 증식하고 싶다. 그것들은 음식물을 낳았다. 그러므로 비가 내리는 곳에는 어디서든 음식물이 풍부하게 자란다. 그것으로부터 다름 아닌 물로부터 음식물 일반이 생겨나게 되는 것이다.
>
> — 『우파니샤드』

고대그리스의 엠페도클레스는 일자와 다자 사이에 불·공기·물·흙의 네 가지 기본원소를 둔다. 인도에서도 이 네 가지 원소를 말한다.

다만 중국에서는 기본물질에 금을 더하여 목·화·토·금·수 오행으로 자연의 질서와 운명을 읽어내려 한다. 어떤 생명체가 준동하는 근거로 열·물·음식물이 제시되어 이제 생명이 그 장대한 모습을 드러내어 살아갈 수 있게 되었다. 드디어 조건이 갖춰졌다. 이 세 개의 요소는 더욱 굴러가며 명칭과 형태가 주어지면서 현상계의 사물이 골격을 갖추게 된다. 브라흐만과 아트만의 관계에 대한 글을 보자.

> 실로 그 신격(있는 것)은 사려했다. '그런데 나는 이들 세 개의 신격(열·물·음식물)에 개체의 생명인 이 자기(아트만)를 가지고 진입하여 명칭과 형태(명색)를 다양하게 구분하여 만들어낼 거야.' '나는 그들 세 개의 신격 하나하나를 세 개의 요소에서 이루어지는 것으로 만들어낼 거야.' 거기서 이 신격은 그들 세 개의 신격에 개체의 생명인 자기(아트만)를 가지고 진입하여 명칭과 형태를 다양하게 구분하여 만들어냈다. 그리고 그들 세 개의 신격 하나하나를 세 개의 요소에서 이루어진 것으로 만들어냈다.
>
> - 『우파니샤드』

증식하려고 사려했던 태초의 '있는 것'은 이미 생긴 열·물·음식물의 세 요소에 각각의 생명인 본질이자 아트만을 가지고 진입하여 세 개의 요소로부터 구성된 것으로서 이 현상계의 사물들을 만들어낼 수 있다. 만약 아트만이 스며들지 않으면 존재의 주체이자 근거가 없으니 모습도 갖출 수 없다. 그래서 아트만의 원리가 작동한다. 나라는 영혼이 없는 이 육신을 생각할 수 있겠는가. 원래 아트만은 원자를 뜻하는 atom에서 나온 말이다. 이 뜻은 atomos로서 더 이상 나눌 수 없는 가장 작은 단위의 물질을 의미한다. 현대의 물리나 화학에서 밝혀진 원자론을 공부하면 우주의 원리나 기본입자에 대한 명쾌한 이해를 얻을 수 있다. 왜 인도철학과 불교에서는 극미의 물질을 규명하려 했던 것일까? 돌턴이 초기의 원자설을 말한 것이 19세기 초이고 원자핵과 원자의 구성 물질에서 운동의 성질까지 밝혀진 것이 불과 100년도 되지 않는다. 과학문명이 발달하지 못한 그 고대에 이런 사고들을 했다는 것이 경이롭기만 하다. 결국 아트만은 브라흐만과 더불어 극소와 극대의 연관 속에서 개체, 그것 자신 같은 존재의 근원을 제시하였다. 그렇다면 이 두 원리 속에서 벌어지는 갖가지 변용을 파악하고 구별하기 위해 명칭과 형태가 어떻게 설명되는지를 봐야 한다.

　　명칭과 형태는 구분되는 것일까, 만들어지는 것일까. 앞에서 '이것은 꽃이다'라는 예를 통해 주어인 개체와 술어인 보편물로써 사물이 설명되는 원리를 적었다. '구분하여 만들어낸다'의 동사 원형은 '비-아-크르(vy-a-kr)'다. '만든다'를 의미하는 동사 '크리'에 '구분'을 의미하는 접두사 '비'와 '아'가 붙은 형태다. 원래 명령형은 명령을 받는 2인칭인 타자가 있어야 한다. 그러나 이 kr라는 동사는 1인칭 단수의 명령형이지만 산스크리트 용법에서는 '자기 자신이 ~하려고 한다'라는 의미로 사용된다. 개체가 스스로에게 의지를 표명하고 움직임을 이끌어내는 방식이다. 다음의 경문을 보라.

실로 그때 세계는 아직 분화되지 않았다. 그것(세계)은 명칭과 형태에 의해서 구분되었다. 그것은 이러이러한 명칭을 가지며 이러이러한 형태를 하고 있다고, 그러므로 이 세계는 명칭과 형태에 의해서 구분되는 것이다. '그것은 이러이러한 명칭을 가지며, 이러이러한 형태를 하고 있다'라고. 그리고 그것(아트만)은 이 세계에서 손톱 끝만큼이나 미세한 존재까지 진입했다.

- 『우파니샤드』

덧붙여 설명하면 이 아트만이 명칭과 형태에 의해 세계와 자기 자신을 구분하고 극미한 작은 곳으로 들어가 명칭과 형태로부터 이루어지는 세계를 만들어냈다는 뜻이다. 우리는 자연계를 종·속·과·목·강·문·계로 구분하면서 각각의 고유명칭을 부여할 수 있다. 왜냐하면 사물 각각의 다름이 고유한 성질을 띠면서 언어로의 설명도 가능한 까닭을 들 수 있다. 이런 사고는 왜 필요한 것일까? 바로 우리가 살아가는 세계를 이해하고 읽음으로써 존재의 의미를 드러낼 수 있기 때문이다.

불교가 아비달마 시기에 접어들면서 중관·유식에 이르기까지 의식의 생성과 유전에 대하여 분석하기 시작한 것은 나와 나를 둘러싼 세계의 구조를 밝히기 위함이며 종국엔 고에서 벗어나기 위해서이다. 이제 불교철학의 진수를 펼쳐보자.

3

아비달마철학

아비달마는 범어 abhidharma, 팔리어 abhidhamma의 음역어이다. 부처님 사후 100여 년이 지난 시점에 등장한 여러 부파는 부처님의 설법에 대한 이해방식의 차이에서부터 등장하였다. 부처님의 가르침을 어떻게 하면 정확하게 이해하고 설명할 것인가 하는 논점이 그 핵심이고 그로 인해 생겨난 것이 아비달마논장이다. 엄밀하게 말해 설법은 깨달음에 대한 것이지 깨달음 자체인 것은 아니다. 깨달음에 이르고 고(苦)로부터 벗어나도록 하기 위한 방편을 설한 것이다. 그리고 그 설법은 질문자에 대한 답변으로 이루어진 것이기 때문에 그 깊이가 일정하지도 않다. 마치 공자의 제자들이 인(仁)에 대하여 물을 때, 그에 대한 답은 묻는 사람에 따라 달랐던 것과 같다. 상수제자인 안회의 질문에는 극기복례라고 했지만 번지의 질문에는 사람을 사랑하는 것이라고 하는 식이다. 마찬가지로 설하신 바를 분석하고 해석하지 않으면 그 뜻을 알기 어렵기 때문에 설법의 근본취지와 뜻이 어떤 표준적 근거에 의해 이루어진 것인지에 대한 정리와 해석은 반드시 필요하다.

아비달마논서는 세 단계의 발전과정을 거쳤다.

첫째 단계: 교의의 분석과 해설을 위한 것이지만 경의 범주에 둔다.

둘째 단계: 경으로부터 독립된 논서를 형성하지만 경문을 자세히 해설하는 정도다.

셋째 단계: 교설의 해설에 머무르지 않고 독자적인 교의체계를 구축한다.

불교가 부파불교의 시기에 접어들면서 나타난 두드러진 특징이라면 부처님의 가르침에 대한 학문적, 체계적 연구결과인 아비달마문헌의 등장을 들 수 있다(접두어 abhi는 '~에 대한'이라는 의미로서 '뛰어난', '더 높은'이라는 뜻을 가진다. 그리고 dharma란 부처님의 가르침인 법을 말한다). 따라서 아비달마란 설일체유부(說一切有部, 이하 유부)학파에서는 부처님의 법에 대향(對向)하는 것이라는 대법의 뜻으로 사용하며 모든 것이 있다는 관점으로 만법을 이해한다. 어떤 존재가 있다면 존재 자체의 실질이 있어서 자신(또는 사물)이 존재하고 있다는 느낌을 갖는다.

이것이 일차적이라면 이차적으로는 내 존재는 사람이라는 개념 속에서 파악되는 것이고 책상은 사물로서 파악이 될 것이다. 장미가 꽃이라는 말은 장미가 꽃이라는 개념으로 들어온다는 것이다. 따라서 개념으로서 무엇이 있다고 말할 수 있을 때 이를 다르마라 한다. 그런데 물질을 더 해체하여 들어가면 그 자체도 여러 구성요소가 있고 궁극으로는 원자까지 추적이 가능하다. 나라는 존재를 우리는 존재하는 사람으로서 확고부동하게 느낀다. 하지만 부처님은 아는 다만 가설일 뿐이고 아는 색·수·상·행·식이라는 오온의 화합으로 이루어졌다고 설하신다. 아트만! 실체로서의 아는 이렇게 해서 인정되지 않는다. 그렇기 때문에 일체(법)의 모든 것이 인연생멸이라는 연기법으로 설명된다.

이처럼 모든 것은 분석될 수 있으며 그 이해가 곧 반야지혜다. 경전이 보다 쉽게 풀이되고 논리적으로 명쾌하게 조직된 뛰어난 다르마가 곧 아비달마인 것이다. 경전의 뜻은 보통의 사람이 알기 어렵기 때문에 이해를 돕기 위해 쉽게 풀어야 할 필요가 있다. 우리가 문장을 쓰거나 논리를 전개하려면 육하원칙에 의하여 쓰는 거라고 일찍이 배워서 안다. 누가·언제·어디서·무엇을·어떻게·왜가 그 여섯 가지다. 문장은 주어를 시작으로 하여 행위당사자를 밝힌다. 무엇은 목적어이다. 경전은 함축적인 언어로 설해진 것이고 부연설명이 붙지 않는다. 말씀마다 해설을 곁들여서는 문장의 묘미도 없거니와 암송이 어려워지기 때문이다. 노래에도 후렴구가 있듯이 게송이나 싯구도 후렴구가 있어서 외우기 좋고 합송도 할 수 있게 된다.

그래서 그 말씀이 무엇을 말하는지 모르겠다면 그것이 무엇을 말하는지 이해한 사람의 해설을 들어야 한다. 그래서 불교뿐만이 아니라 모든 종교나 사상에는 유명한 주석가가 있다. 노자의 『도덕경』의 주석은 24살에 세상을 뜬 비운의 천재 왕필의 것을 최고로 치고 우파니샤드에 관해서는 베단타학파의 대사상가인 8세기의 상카라의 해석을 따른다. 그 '무엇'을 말해주는 사람의 식견을 모두가 인정할 수 있느냐의 여부에 따라 안목의 깊이가 드러난다. 물론 더 뛰어난 사상가가 나온다면 그 무엇은 달라질 수 있다. 또 육하원칙에서 왜는 유일하게 논리의 영역이다. 왜인지 문장에서 그 이유를 밝힌다는 것은 논리적으로 합당한 설명을 할 수 있다는 뜻이다. 따라서 모든 주장이나 문장에서 그 뜻하는 바의 목적과 논리적 근거를 찾아내는 것이 가능하다. 언어활동에서 그 사람의 말이 맞는지는 명제적 분석을 통해 참과 거짓을 판명해 내면 된다. 여기에는 학문적으로 주석의 개념도 있고 해설로서의 가치도 있다. 텍스트만 가지고는 풀이가 되지 않으니까 논에 의지하지 않으면 함축적으로 표현된 경문을 이해하기가 쉽지 않다.

북방불교와 달리 남방상좌부에서는 이 해석을 채택하고 있다. 따라서 대향의 의미와 뛰어난 법이라는 승법의 뜻으로도 사용한다. 이를 일반적으로 통칭하여 논장이라고 일컫는다. 이 논장의 성립으로 경장과 율장을 포함한 불교의 삼장이 성립하게 된다. 아비달마는 곧 설일체유부의 학설이고 그 핵심논서로 티베트와 동북아에 불교기초교리의 교과서로 귀하게 여기는 『아비달마구사론』이 있다. 『구사론』을 보지 않으면 불교초기교설의 진수를 맛볼 수 없다.

이러한 교학체계는 불교철학 또는 불교학 형성의 근간을 이루며 후대에 발달된 중관학이나 유식학은 아비달마를 바탕으로 하여 다르마를 재해석한 것이다. 그러므로 부파불교의 아비달마를 무시하고선 중관이나 유식에 대한 올바른 이해가 불가능하다고 할 수 있다. 대승의 교학체계인 유식학은 부파 특히 유부의 아비달마를 중관의 공으로 설정하고서 그것을 대승적으로 변용시킨 대승의 아비달마이다. 실제 강학에서는 유식 3년 구사 8년이라는 말이 있다. 그처럼 불교교학에 뜻을 둔 사람이라면 세친의 『아비달마구사론』을 그냥 넘길 수 없는 이유가 있다. 그만큼 중요하고 방대심오하기 때문일 것이다. 그럼 아비달마불교의 핵심논서인 『구사론』과 세친의 『오온론』에 대하여 자세히 살펴보자. 이는 뒤에 전개될 선종의 불성에 대한 이해를 위해서도 그렇고 불교교설의 거의 모든 것이라고 할 수 있는 오온에 대한 바른 이해를 위해서도 공부할 필요가 있기 때문이다.

『구사론』에 대하여

—

이 논서는 4세기 인도의 서북부에서 활동했던 세친이 지은 것이다. 원제목은 『아비달마구사론』인데 줄여서 『구사론』이라 한다. 아비달마는 dharma(부처님의 가르침)에 대한 체계적이고 논리정연한 연구의 결과물로서 불교사에서 최초로 성립된 논장이다. dharma는 부처님께서 설하신 가르침이고 그것을 담아서 전승한 것이 아가마(아함) 혹은 수트라(경)이다. 『구사론』의 내용은 당시의 불교교학 전반을 참조하여 설일체유부의 교학을 비판적인 입장에서 분석하여 저술한 것이다. 그래서 『구사론』을 제법분별로 함축하여 말한다. 불교공부에 있어서 교설의 정확한 내용이나 그 의미를 알려면 『구사론』을 반드시 봐야 하고 여기에 근거하여 교설을 이해해야 한다. 이런 연유 때문에 『구사론』은 4세기경 부파불교 중 최대교파였던 설일체유부의 7대 아비달마논서에 대한 입문서이자 논설을 정리하여 모은 창고라는 의미가 있다. 600편의 각 게송에 도합 8,000연의 산문주석시와 그에 대한 설명으로 되어 있다. 그의 속가 친형인 무착은 중기대승불교인 유식불교를 창시한 천재집안이다. 설일체유부에 있을 때 이 논서를 지었지만 나중에는 대승불교로 전향하여 그곳에서도 대승경전에 대한 많은 주석서를 저술했다.

『구사론』이 중요한 이유는 후대에 발달한 중관·유식도 아비달마의 바탕 위에서 다르마를 다른 관점과 입장으로 재해석하기 때문이다. 그러므로 아비달마에 대한 이해가 없으면 중관·유식을 제대로 알기 어렵다. 대승의 교학체계인 유식학은 부파 특히 설일체유부의 아비달마를 중관의 공사상으로 변용시킨 대승의 아비달마에 다름 아니다. 그렇기에 유식학 이후의 교리발달사를 공부하기 위해서는 아비달마교학의 꽃이자 열매인 『구사론』을 거치지 않을 수 없음을 기억해야 한다. 『구사론』이 중국·한국·일본·티베트 등 북방불교의 입문교리서로서 권위를 인정받았던 것은 그만큼 교단 내에서 중시되었기 때문이다.

여기서는 『구사론』의 「계품」의 내용을 개괄해 보려고 한다. 왜냐하면 이 품은 초기불교부터 전통적으로 경험적 세계를 분석하는 세 가지 방식인 오온(skandha)·십이처(ayatana)·십팔계(dhatu)의 구조가 명확하게 설명되고 있기 때문이다. 인간에게 경험되는 모든 것

(일체법, sarva-dharma)을 위의 세 가지로 분석한 후에 궁극적으로 유루법을 무루법으로 전환시키고 유위법에서 무위의 열반으로 나아가도록 하기 위함이다. 이에 대한 이해가 중요한 이유는 각종 논서나 선종의 전적에서 미혹과 깨달음, 중생심과 불성을 설명할 때에 초월로 넘어가는 그 경계가 유루와 무루, 유위와 무위 등으로 표현되기 때문이다.

계품은 첫 송에서 일체법을 유루법과 무루법으로 구분하는 것으로 논의를 시작한다. 유루법(sasrava-dharma)란 '누(漏)를 가진 것'이다. 그릇에 구멍이 나면 물이 새듯이 번뇌에 오염된 법으로서 중생의 생각에 의도하는 바가 있는 유위법과 비슷하다. 그래서 유루·무루법이 유·무에 대한 구분이라면 유위·무위는 행(samskara) 혹은 인과의 업에 의한 생멸의 유·무에 의한 구분이다. 중생은 생각과 행위가 카르마가 되어 윤회하면서 그 과보를 받는다고 한다. 하지만 깨달음을 얻으면 일체의 행위가 무루·무위의 법이라서 찌꺼기가 남지 않는다.

탐진치 삼독은 각자의 삶에서 집착과 욕망을 낳는다. 갈구하면 할수록 욕망이 자극받기 때문에 중생의 마음 자체가 결국 고의 원인이 된다. 불교의 궁극적 목표는 고의 소멸(nirodha)이고 열반의 성취다. 고의 원인은 갈애(trsna)이며 갈애와 집착을 일으키는 것은 우치다. 그리고 갈애와 집착의 가장 집요하고 뿌리 깊은 대상은 나와 나를 둘러싼 조건들이다. 중생은 나를 실체로 생각하고 욕망을 채우기 위해 골몰하지만 갈애와 집착의 밑바닥에 놓인 자아가 어떻게 인식되는지를 알면 자아의 해체를 통해서 이 굴레를 벗어날 수 있다는 것이 불교교설의 중심이다.

고에서 벗어나기 위해서는 세상은 무상하다는 유한한 존재로서의 나의 한계를 인정하고 이 세계는 여러 조건들이 연기적으로 함께 화합하여 이뤄지는 것임을 우선 이해해야 한다. 그런 후에는 해탈을 향해 나아가는 프로세스를 만드는 것이 중요하다. 중생의 고라는 게 마음의 그릇된 생각과 미혹에서 일어나는 일이므로 마음이 바로 서면 삼독은 연기처럼 사라진다. 불교는 이 세상이 고라는 것을 인식하고 고로부터 벗어나는 길을 나아가기 때문에 초기교설의 사성제(고집멸도)인 네 가지 성스러운 진리의 이해가 선행되어야 한다. 지금부터 설명할 오온·십이처·십팔계는 나와 나를 둘러싼 세계를 이해하는 공식과 같다. 이를 잘 이해하면 나머지 교설은 저절로 풀린다.

오온·십이처·십팔계
—

그렇다면 이 셋이 함께 묶여서 설명되는 이유는 무엇일까. 그 의미부터 알아보도록 하자.

온(蘊)은 여러 가지 유위법의 모임·적취(rasyaya)이다.
처(處)는 심과 심이 의탁하는 바인 소(所)가 생장하는 문(aya-dvara)이다.
계(界)는 종성(gotra)이다.

산에 갖가지 광물이 있으면 광산이라고 하듯이 심신이 작용하는
데에는 18가지 생성시키는 것인 gotra가 있다. 종성으로 번역되는
gotra는 종족의 성, 또는 혈통과 같은 것이다. 계는 류(jati)로서 종류
라는 의미다. 부처님은 미혹의 차이, 능력의 예리함과 우둔함의 차
이, 그리고 개인의 기호 차이에 따라 온·처·계로 설하였다. 그래서
영리한 이에게는 오온을, 중근기의 사람에게는 십이처를, 둔근기에
게는 십팔계를 설한다고 한다. 또 간명한 것을 좋아하는 이에게는
오온을, 적당한 것을 선호하는 사람에겐 십이처를, 상세한 것을 좋
아하는 자에게는 십팔계를 설한 것이다. 그런데 오온보다 더 간단
한 것은 명(nama)과 색(rupa)의 두 범주다. nama·rupa는 본래 우파
니샤드에서 현상계 전체를 나타내는 용어이다. 현상계를 이름과 그
것에 의해 지시되는 대상·사물·형체의 두 가지로 본다.

　　앞에서 명칭과 형태로 세상의 모든 것을 나누고 구분하여 선
명하게 드러낼 수 있다고 설명한 바 있다. 불교에서는 nama를 심
(mind), rupa를 물질(matter)의 의미로 바꾸어 사람을 명색으로 구성
된 존재로 보았다. 오온설에서 명을 수(느낌)·상(개념)·행(의지)·식
(의식)의 네 가지로, 색은 물질을 대입하여 설명한 근거가 이와 같
다. 마음을 나타내는 불교용어는 심(citta)·의(manas)·식(vijnana)인 6
식·7식·8식의 셋인데 초기불전에서는 이 셋을 동의어로 보았다.
이처럼 경전이나 논서를 볼 때에 용례나 용어의 정확한 개념을 알
면 이해가 쉬워진다. 이제 오온·십이처·십팔계를 차례로 정리해
보자.

오온

오온은 색온(色蘊)·수온(受蘊)·상온(想蘊)·행온(行蘊)·식온(識蘊) 등이다. 먼저 온의 의미는 적취다. 뭔가가 모여서 쌓인 덩어리가 그 뜻이다. 『반야심경』은 서두에 "관자재보살이 반야바라밀다를 행할 때 오온이 공한 것을 비추어보고 온갖 괴로움에서 건넜다"라고 시작한다. 오온이 공한 것을 보는 것이 큰 깨달음이다. 우리가 하는 공부나 수행이 결국은 오온이 공한 것임을 알기 위해서다. 나라는 존재가 오온의 화합물이며 그 다섯 요소 하나하나도 다시 여러 요소로 분해되어 설명된다. 오온은 불교초기교설에서 우리가 경험하는 모든 것을 설명하는 다섯 가지 기본범주이다.

● 색온

색이 있는 것은 무엇이나 색이다.

색은 rupa의 한역으로 사대와 사대소조의 모든 것이다. 색은 일반적인 의미로는 물질이 되겠지만 눈이 보는 대상으로서 색깔과 형태(color and form)이다. 『구사론』에서 말하는 오온의 색으로서는 시간적으로 변천하고 장애를 가진 것으로 정의하고 있다. 우리의 감각적 인식과 연관된 개념이다. 불교에서 말하는 다르마(일체법)는 우리의 인식범위에 들어오는 모든 것을 유위와 무위로 2분하여 설명한다. 그중 유위는 물질과 비물질인 유색(rupin)과 무색(arupin)으로 다시 나뉜다. 유색은 다시 극미취와 비극미취로 나눠지고 극미취는 표색(vijnapti-rupa)과 무표색(avijnapti-rupa)으로 구분된다.

여기서는 물을 색으로 이해하는 정도인데 물리학적으로 존재한다고 말할 수 있으려면 물질은 질량을 가져야 하기 때문에 색 또한 질량을 가진 물질이어야 할 것이다. 질량이 없으면 무엇이 있다는 말이 성립되지 않는다. 현대물리학에서는 거시적인 세계와 미시적인 세계를 탐구하여 연구성과가 인간의 세계에 대한 이해를 돕고 있다. "Everything has its origin." 만물은 그 자체의 근원을 가지고 있다는 것이 현대물리학의 물질에 대한 정의이다. 우리의 눈에 보이지 않지만 원자와 원자핵, 그 속의 소립자(elementary)인 쿼크까지 물질의 근원에 대해 밝혀지고 있다. 원자핵은 양자와 중성자로 구성되어 있다. 이 양자와 중성자를 결정하는 것이 쿼크로서 up쿼크와 down쿼크가 결합하여 만들어낸다. up쿼크 쪽으로 더 붙어 uud가 되면 양성자이며 down쿼크 쪽으로 더 붙으면 udd인 중성자가 된다. 우주의 근원적인 네 가지 힘 중에서 가장 강하게 작용하는 힘이 원자의 핵을 결성하는 강력(strong force)이고 힘이 작용하는 근원인 쿼크는 각각 Red·Green·Blue의 세 가지 컬러를 보인다. 너무나 극미하여 형체를 설명하기 어려운데 과학자들은 이 쿼크들이 고유한 컬러가 있다는 것을 알았다. 이 3가지 소립자 쿼크가 모여 입자를 구성하며 색의 성질이 소멸되어 중성이 된다. 미술에서 색은 자주·노랑·청록을 섞으면 검정이 되므로 감산혼합이라 하고, 빛은 빨강·녹색·파랑을 섞으면 가산혼합이라 하여 흰색이 된다고 하는 것을 들어보았을 것이다. 우리는 원소주기율표를 배워서 원소의 종류를 안다. 그런데 그 원소들은 각자 고유한 색을 가지고 있어서 우리가 물질을 구분하는 데 유용한 도구가 된다.

오온에서 물질의 세계를 색이라는 표현을 쓴 것이 경이롭기만

하다. 물질세계가 고정된 실체가 아니라 변화의 과정임을 불교는 일찍이 설하고 있었다는 사실 때문이다. 인간의 몸은 대략 10가지 원자로 되어 있고 우리가 사는 세계는 대략 20가지의 대표적인 원자들로 구성되어 있다고 한다. 원자들 사이사이에는 공간이 있다. 인간 몸에서 공을 뺀다면 물질이 얼마나 남을까? 과학자들은 공이 없어진 몸은 먼지 한 톨밖에 되지 않으며 80억 인구의 몸을 다 합해도 사과 한 알밖에 되지 않는다고 한다. 색과 공은 동시적으로 화합하여 있는 것이다. 하물며 인간의 마음은 더욱 실체가 없어서 아무리 채워도 깨진 독에 물을 채우듯이 채워지지 않는다. 왜 그럴까? 마음 자체가 공하기 때문에 안심도 어렵고 만족도 어렵게 되어 있다. 그래서 만족을 알고 행복을 느끼려면 우선 멈춰야 한다. 욕망의 프로세스를 중단하고 의식의 흐름을 끊어야만이 존재의 고마움도 느껴지는 것이다. 구하려면 멀어진다는 것이 공의 교설에서 얻을 수 있는 교훈이다. 이런 관점에서 오온이 공함을 이해해야 한다.

다시 본론으로 들어가서 무엇을 색이라고 하는지 알아보자.

색은 사대와 사대소조의 모든 것이다. 고대그리스나 인도는 똑같이 이 네 가지가 우주의 기본질료라고 보았다. 사대는 지계·수계·화계·풍계 등이다. 그 고유한 성질은 지계는 견고성, 수계는 습성, 화계는 열성, 풍계는 동성이다. 설명을 덧붙이자면 땅은 만물의 무게를 견디기 때문에 견고하다고 한다. 물의 성질은 습하고 축축함이다. 불의 성질은 온기다. 그리고 바람의 성질은 움직임이다. 논에서는 사대의 성질을 이와 같이 설명한다.

또 사대의 작용을 보면 땅은 지탱해 주고, 물은 윤택하게 하고,

불은 숙성하고, 풍은 변화를 만든다. 땅이 있어야 만물이 설 수 있다. 물은 잡아주고 붙드는 역할을 한다. 밀가루가 날리지 않게 하려면 물에 치대놓아야 가루가 흩어지지 않는다. 불은 익히고 숙성시킨다. 음식을 한 번 끓여놓으면 잘 상하지 않는 것도 발효와 숙성의 원리 때문이다. 그리고 바람이 있다. 『구사론』에서는 풍의 요소가 아니면 이 우주에는 변화가 일어날 수 없다고 한다. 사람의 인생도 바람이 불면 멀쩡하던 사람도 움직이고 변화가 생긴다. 따라서 변화를 일으키려면 바람을 일으켜야 한다.

불교논서에서는 항상 A가 있으면 B를 응대하여 논리를 전개한다. 우리가 우주공간에 있으면 소리를 듣지 못한다고 한다. 소리를 반사시켜 줄 물질이 없는 진공의 상태라서 그냥 뻗어나가기만 한다. 그래서 대응논리를 위해서는 거울처럼 비춰주는 것이 필요하다. 이것을 교리적으론 능(能)과 소(所)라고 한다. 움직이는 주체가 능이라면 인식되는 모든 것이 소의 영역이다. 거울이 비춰줌으로써 그 모든 것을 인식할 수 있듯이 능을 가능케 하고 받쳐주는 기능이 소이다. 눈이 만물을 보는 주체로서의 능이면 눈에 띄는 모든 형태와 색이 소이다. 여기에 다시 사대에는 사대를 만드는 조건인 사대소조가 있다. 다음의 설명을 보면 능·소의 원리를 쉽게 이해할 수 있다.

안근: 색(안근의 대상으로서 색깔·형태·표색)

이근: 성(이근의 대상으로서 소리를 수집하는 유집수와 무집수)

비근: 향(비근의 대상으로서 향취·악취, 그 어느 것도 아닌 냄새)

설근: 미(설근의 대상으로서 단맛·신맛·짠맛·매운맛·쓴맛·떫은맛)

신근: 촉(신근의 대상으로서 부드러움·거칠음·무거움·가벼움·차가움·배고픔·
목마름)

육근은 신체구성의 여섯 가지 근본요소이기 때문에 뿌리라는 뜻으
로 근(根)이라 한다. 또 육근은 육경을 대상으로 삼는 것이라서 경
(境)이라 한다. 색에는 무표색이 있어서 눈에 보이지 않거나 보이지
않기 때문에 장애가 되지 않는 것이 있다. 사대인 지의 견성, 수의
습성, 화의 난성, 풍의 동성은 모두 신근에 의해서만 인식된다. 소조
는 이들 사대에 의존하여 생성되는 요소다. 신체 내부에서 수·풍의
힘이 강하면 차가움으로 감촉되고 풍대의 힘이 강하면 배고픔이며
화대의 힘이 강하면 목마름으로 느껴진다고 한다.

● **수온**

수는 느낌이다.

　낙과 고와 낙도 아니고 고도 아닌 것[捨]의 세 가지다. 낙은 그
것이 없거나 중지될 때 얻고자 하는 욕망으로 일어난다. 우리가 어
떤 것에 즐거움을 느끼고 있다면 거기에는 경험으로서 무엇이 나에
게 즐거움을 주며 무엇에서 즐거움을 얻을 수 있는지 내가 인식하
고 있다는 전제가 깔려 있다. 요즘 사람들에게 기호를 물으면 음료
수 한 잔에도 각자 좋아하고 싫어하는 것이 있다. 그런데 원하던 것
이 없거나 중지되었다면 얻기 위해 더욱 갈망한다. 다르게 말해 원
하는 바를 얻지 못하니 괴로움이 된다. 만약 무엇이든 원하는 대로

얻게 된다면 우린 괴롭다는 생각을 하지 않을 것이다. 행복의 적은 더 큰 행복이라는 말이 있듯이 이미 누리고 있는 행복에 지루해하거나 질려한다면 이런 자세는 바람직하지 않다. 반대로 고는 그것이 발생할 때 느끼는 괴로움 외에도 피하려는 생각까지도 포함된다. 결국 낙은 좋으니 구하려 들고 고는 싫으니까 피하려는 것이니 그 사람의 카르마가 어떻게 작용하느냐에 따라 기호도 다르고 일을 대하는 자세도 일정하지 않다. 사란 즐거움도 괴로움도 아닌 것으로 낙이나 고의 감정이 일어나지 않는 느낌의 상태라고 하겠다. 아예 없는 감정이 아니라 극복하여 능동적으로 받아들이는 감각을 말한다.

● 상온

상은 대상에서 특징을 추상하는 것이다.

상에는 청·황·장·단·남·녀·원·친·고·락 등의 모습이 있어서 이를 집착하여 취하려 한다. 수온은 외부로부터 자극받은 후에 나의 의식 속에 나타나는 느낌으로서 어떤 형태의 결과에 의한 것이라면 상온은 눈으로 본 대상에 대한 생각이다. 흔히 상을 머릿속에서 그리는 상상으로 생각할 수 있다. 세친은 대상에서 특징을 추상하는 것 외에도 미움·친함·괴로움·즐거움 같은 마음의 상도 포함하여 설명한다. 대상은 안근이라는 눈과 눈에 비친 대상으로서 알게 되는 형태를 가진 것이다. 우리는 사물을 볼 때 우선적으로 크기를 생각하고 넓이를 생각하며 수량으로서 갯수나 무게 등을 떠올린다. 또 남녀처럼 상이한 외물을 구분하여 보는 일체의 감각도 가지고 있다. 이 장의 앞부분에서 명·색이라 하여 일체가 이름이나 형태로 구분이 된다고 했듯이 대상은 그 특징을 드러낼 수 있어야 한다고 했다. 추상 자체가 특징을 끄집어낸다는 의미로서 이건 어떠어떠한 것이다, 이것은 어떠어떠한 것이라고 말할 수 있다, 등의 논리전개가 가능하다.

● **행온**

행이란 오온에서 색과 수와 상과 다음에 설할 식온을 제외한 그 밖의 일체의 행을 말한다.

심소법과 심불응상행법이 행온의 영역이다. 심소법은 심과 연합된 법이자 모든 것이다. 마음이 행에 이르면 어떤 행위를 하려는 욕망과 함께 진행하여 나아가려는 의지도 작용한다. 마음에 떠오르는 것은 점차 프로세스가 만들어진다고 이해하면 된다. 행은 마음으로 얻어지는 모든 것을 결합시켜 유지하는 마음작용의 덩어리다. 우리는 마음에 어떤 대상들이 떠오르면 그 생각에 집착하여 더욱 골몰하는 버릇이 있다. 그러므로 행이라는 근저에는 생각이 흩어지는 것을 막고 유지하려는 의지가 작동되고 있음을 이해해야 한다. 『아함경』에서는 행온에 대하여 이렇게 설해진다.

> 비구들이여, 그러면 왜 행온이라고 부르는가.
> 형성된 것은 계속해서 형성한다고 해서 행온이라 한다.
> 그러면 어떻게 형성된 것을 계속해서 형성하는가.
> 물질이 물질이게끔 형성된 것을 계속해서 형성한다.
> 느낌이 느낌이게끔 형성된 것을 계속해서 형성한다.

생각이 생각이게끔 형성된 것을 계속해서 형성한다.

행들이 행들이게끔 형성된 것을 계속해서 형성한다.

분별이 분별이게끔 형성된 것을 계속해서 형성한다.

비구들이여, 그래서 형성된 것을 계속해서 형성한다고 해서 행온 이라고 한다.

행온의 이해는 중요하다. 마음이 어떤 생각을 지음으로써 그 생각 은 구체화되기 시작한다. 따라서 카르마의 성질로서 조작의 뜻이 강하기 때문에 행온은 수승하다고 설명된다. 중생심인 유루와 유위 를 조작하는 것이 모두 행온의 영역이다. 생각이 생각에서 멈추지 않고 의지적으로 뭔가를 취하고 싶어 한다. 생각은 더욱 구체화되 어 행위의 방향으로 나아가는 단계라서 행온이 마음을 이해하는 중 요한 요소라고 하는 이유다.

『구사론』에서 46심소, 유식학에서는 51심소를 말한다. 유식학 파의 심소에 따르면 다섯의 변행·다섯의 별경·열한 개의 선·여섯 의 번뇌·스무 개의 수번뇌·넷의 부정 등이 51심소를 이룬다. 여기 에 심불상응행법의 14가지가 있다. 이렇게 해서 행온이 된다. 여기 에서는 심소법과 심불상응행법을 구체적으로 나열하지는 않겠지 만 공부인은 반드시 찾아봐야 한다.

● **식온**

식은 불교의 교학이나 철학에서 중요한 주제다. 오온의 다섯 번째 인 식온은 생각으로 헤아려 분별하고 취사선택하는 요소다. 우리가 알고 생각하고 판단을 내리고 추론해 내는 모든 것이 식온의 범주에 든다. 앞에서 색온이 사대와 사대소조로 구분되듯이 마음은 심왕(citta)과 심소(caitta)로 나뉜다. 오온·십이처·십팔계는 삼법인·사성제·연기법과 더불어 초기불교의 기본골격을 이루는 핵심교설이다. 특히 오온·십이처·십팔계는 초기불교 존재분석의 기초로서 후대에 아비달마의 5위 75법, 유식의 5위 100법 등으로 전개된다. 초기교설에서는 아트만은 실재하는 것이 아니라는 가르침을 통해 중생의 미혹된 마음을 깨닫게 하는 것이 주목적이었다. 그중에서도 오온이 가장 빈번하게 설해지며 가장 난해한 부분이 바로 식온이다. 이런 전개과정을 알아야 심층의식을 이해할 수 있고 반야·중관·유식·여래장으로 넘어갈 수 있다. 이처럼 교학의 변천에 따라 우선 용어부터가 달라지기 시작한다. 그래서 용어가 무엇을 지시하는지 가려낼 줄 알아야 한다.

식은 오온의 하나이고 십이처에서는 의(意)처, 십팔계에서는 7심계(안식·이식·비식·설식·신식·의식·의)에 해당한다. 마음을 나타내는 용어는 심(citta)·의(manas)·식(vijnana)의 셋으로 초기불전에서는 이 셋을 동의어로 본다. 그런데 점차 분리하여 별도의 뜻으로 해석된다. 다양한 것(citra)의 모임이므로 심(citta)이라 부르고, 사량(manas)의 바탕이므로 의(manas)라 이름하고, 대상을 식별(vinapti)하므로 식(vijnana)이라고 한다. 이처럼 구분 없이 같은 의미로 쓰일 수 있는 개념어들이 점차 달리 해석되기 시작하면서 유식에서는 8식을 심이자 아뢰야식, 7식을 의이자 말나식, 나머지 오식과 육식을 식이라고 구분하여 쓰여졌다. 마음은 심왕과 심소로 구분된다. 논에서는

왕과 왕의 명령을 받는 신하의 관계로 설명한다. 식온에서 다뤄진 6
식과 저장식인 8식이 심왕의 자리에 놓이고 상호인과관계를 갖고
뒤따라 일어나는 것이 심소가 되는 것이다. 따라서 심소법이 동반
하여 일어나는 것이라서 심소법을 심상응법이라고도 한다. 『구사
론』에서는 46심소, 유식학에서는 51심소를 인정한다.

　　다시 정리하여 말하면 식은 대상을 인식하는 것이고 심과 의도
마찬가지다. 심은 여러 가지 법이 모여서 일어나고 사고작용의 토
대인 의가 되며 대상을 인식하기 때문에 식인 것인데 이 셋은 동의
어로서 함께 쓰였다. 그러다 6·7·8식이 별개로 해석되기 시작한다.
특히 이 8식은 아뢰야식이라 하여 윤회의 근거가 되는 종자식이자
심층의식이 훈습되는 저장식으로 설해진다.

십이처

십이처는 육근인 안·이·비·설·신·의에 육근이 작동하는 대상
인 색·성·향·미·촉·법 등이다. 눈은 형태가 있는 사물을 보고, 귀
는 소리를 듣고, 코는 냄새를 맡고, 혀는 맛을 보고, 몸은 촉감을 가
지며, 의는 법이라 하여 모든 분별을 가진다. 처(ayatana)는 문(aya-
dvara)의 뜻이다. 무슨 문이냐면 심과 심의 대응인 심소법이 생장하
는 곳으로서의 장소이자 들어가는 문이다. 육근은 불교이해에 있
어서 매우 중요하다. 따라서 다시 한번 쉽게 설명을 해보자. 나는 남
과 구별되는 독립적인 개체다. 이 개체는 신체가 있고 신체는 감각
기관이 있어서 신체 밖인 외부에서 오는 다양한 요소들을 수집하여

신체 내부에서 스스로 분석하고 판단하여 외부의 환경에 대응한다. 그것이 개인의 기호와 성격에 따라 깊게 잔상을 남기기도 하고 어떤 것은 접하고서도 그냥 쉽게 스쳐지나가기도 한다. 현대는 뇌의 영역이 연구됨에 따라 다양한 각도에서 의식과 감정이 밝혀지고 있어서 이해에 도움이 될 것이다.

흥미로운 점은 6근이 안근부터 설해지는 순서에 대한 이유도 논에 나온다는 점이다. 눈과 귀는 먼 거리에 있는 대상을 인식할 수 있고 그중에서도 눈이 귀보다 더 멀리 더 빠르게 인식할 수 있으므로 처음에 왔다. 코는 혀처럼 맛을 보지 않아도 빠르게 냄새로 음식을 짐작할 수 있어서 혀보다 앞에 왔다. 또 신체상으로 위치한 위쪽의 눈부터 혀까지의 순서로 배열되었다고 한다. 논에서 주석이란 이같은 세심한 부분까지도 설명되어진다는 것을 기억할 필요가 있다.

십팔계

십팔계는 다음과 같다.

안계: 색계: 안식계
이계: 성계: 이식계
비계: 향계: 비식계
설계: 미계: 설식계
신계: 촉계: 신식계
의계: 법계: 의식계

6식 중에서 마지막 의계는 법으로 대치된다. 법이란 말은 불교에서 세계를 설명하는 의미로 항상 나오는 말이기 때문에 잘 이해해야 한다. 법은 보통은 다르마로서 일체 모든 것을 말하지만 여기에서는 어떤 성질의 특성이나 범주를 뜻한다. 예를 들면 불성은 여래장과 같은 의미로서 중생의 성품이 여래와 다르지 않다는 뜻과 부처님처럼 깨달을 수 있다는 동일성으로 말해진다. 이때 불성을 산스크리트어로 buddha-gotra 또는 buddha-dhatu로 음역한다. 십팔계에서의 법은 종족이며 계의 뜻이다. 산이 하나 있으면 그 속에 갖가지 광물이 있는 것을 설하여 다양한 광물의 세계 또는 다계라고 이름할 수 있다. 하나의 몸과 의식을 둘러싸고 일어나는 18가지 종류의 법의 종족이 있는 것을 십팔계라고 이름하는 것이다. 여기에서 종족이란 생의 근본이 된다. 그래서 중생은 십팔계에 산다고 말한다. 계는 다른 것과 구분되는 자기만의 특성을 가지고 있다. 연기적으로 상호작용을 할 수는 있지만 무엇에 종속되는 요소는 없다. 모든 감각의 주체는 자기 자신이고 내 안에서 수집되고 분석되어 일어나기 때문이다.

이상으로 인도불교철학의 의의와 함께 아비달마와 『구사론』에 대하여 알아보았고 오온·십이처·십팔계에 대한 아비달마의 교설을 살펴보았다. 다음은 중관학파의 사상에 관하여 알아보도록 하자.

4

중관학파

인도불교의 주요 학파로는 아비달마학파(설일체유부), 중관학파, 유
식학파, 그리고 여래장사상을 들 수 있다. 각 학파는 키워드를 가지
고 있다. 아비달마는 다르마, 중관학파는 공(sunya, sunyata), 유식학파
는 식, 여래장사상에서는 진여(tathata) 등이다. 공은 초기불전에서도
등장하는 것이지만 의미를 부여한 것은 초기대승경전이자 후대의
대승사상의 바탕이 된 반야부의 경전들을 들 수 있다. 부파불교가
수행의 목표를 아라한에 두어 사성제와 팔정도를 설하는 데 반하여
『반야경』은 이상적 인간상으로서의 보살의 개념이 등장하며 수행
방법으로는 육바라밀을 설한다. 육바라밀 중에서도 마지막의 반야
바라밀이 나머지 다섯 바라밀(보시·지계·인욕·정진·선정)의 바탕이자
모든 바라밀의 핵심이 되므로 『반야바라밀경』으로 명칭이 정해졌

다고 한다.

　중관사상을 창시한 이는 최초의 대승불교학자인 용수다. 그의 본 이름은 Nagarjuna로 인도 태생이다. 그의 생애는 자세하지 않다. 중관이라는 대승반야사상을 창시하였기에 제2의 석가모니, 대승불교의 아버지로 불린다. 출가하여 상좌부불교를 배우다가 히말라야로 들어가 대승불교를 익혔다고 한다. 그는『반야경』을 기본으로 하여 공의 철학을 확립하였고, 그중 육바라밀을 사상적 기초로 하여 쓰여진 것이『대지도론』이다. 이는『구사론』,『대비바사론』등과 함께 불교철학의 대표적 논서로 꼽힌다. 그 외에도『중론』,『십이문론』이 있고 제자인 제바보살이 지었다는『백론』이 중관의 사상을 대변하는 논서다. 또 후대에 일어나는 유식사상과 유가행파, 그리고 밀교에도 영향을 끼쳤다. 마명보살의『대승기신론』의 여래장사상도 용수의『대지도론』에 영향받은 것이다.

　부처님 열반 후 시간이 흐르면서 경과 율 외에도 최초의 불교학자들인 아비달마논사들에 의하여 별도의 논장이 형성되었음은 앞에서 설명하였다. 이들은 해석의 차이에 따라서 여러 분파로 나뉘었고 그중에서 가장 큰 부파가 설일체유부였다. 이들 사상의 핵심은 과거·현재·미래의 삼세에 걸쳐 법의 본질이 변함없이 존재한다는 것이다. 아비달마에서 논리적 분석과 구분을 중시하여 교설을 합리적으로 이해하기를 추구했다면 반야부의 경전은 직관과 명상을 중시함으로써 신비주의적 측면이 강조된다. 옛날에 여행을 하면 나침반과 지도에 의지하듯이 공 또한 반야바라밀에 의지하거나 이를 행할 때 함께 작용한다. 지혜의 완성을 뜻하는 반야바라밀은 모든 사물의 개념과 언설의 참 모습을 직관하는 지혜로서 공이 드러난다. 이와 같이 공을 아비달마의 논설에 대치하여 일체가 공성이어서 연기적으로 일어날 뿐이라는 불교교설을 바르게 가르칠 필요가 있었다. 주지하듯이 아비달마에서는 자아가 오온·십이처·십팔계로 분석되고 초기불교교설에서는 삼법인·사성제·연기에 집중되어 설해지고 있다.

불교공부를 하거나 법문을 듣는 신도들의 입장에서 아무리 들어도 실감 나지 않고 이해하기 어려운 것을 들라면 연기나 공을 빼고 말하기도 어려울 것이다. 스님들의 경우도 마찬가지여서 알긴 하겠는데 설명하려면 또 그림 속의 떡처럼 이상하게 배부르지가 않다. 그렇지만 이것을 빼면 불교철학의 핵심이라고 할 것이 사라진다. 불교는 종교이면서도 단순히 믿고 따르는 유일신의 신앙과 달리 논서를 통해 경전의 뜻을 분석하고 이해하는 사변적인 능력이 필요하다. 왜냐하면 불교는 이유에 대한 답을 내놔야 하기 때문이다. 그래서 불교는 철학이라는 말이 붙을 수 있다. 그렇다면 이제부터 중관사상을 살펴보도록 하자.

앞에서 용수의 중관학파는 "반야바라밀이 실재하는 모든 것이다"라고 할 정도로 『반야경』의 공에 대한 사상이 바탕이자 핵심을 이루는 것이라고 설명하였다. 그렇다면 공은 무엇일까?

공은 산스크리트어 sunya의 한역이다. 이는 팽창하다(to expend), 부풀다(to swell)를 뜻하는 어근에서 파생된 것으로 '~이 없는', '~이 결여된'이라는 형용사와 공·무·비존재를 뜻하는 중성명사로 사용되며 여성명사 sunyata로도 사용된다. 한역에서는 공, 영어에서는 void, emptiness로 번역되지만 적확한 의미는 아니라고 한다. 그렇다면 공은 어떠한 의미로 쓰였는지 그 용례를 보면 공에 대한 이해가 될 것이다.

초기교설과 용수의 연기철학
—

부처님의 교설은 아픈 사람에게 적절한 약을 처방하여 낫게 하듯이 사람의 근기와 필요에 따라 비유를 들어 설해졌다. 응병여약이나 대기설법이 그런 뜻이다. 설법은 연기법·사성제·삼법인 등으로 그 내용을 압축할 수 있다.

연기법
삼법인 : 제행무상·제법무아·일체개고(·열반적정)
사성제 : 고성제·집성제·멸성제·도성제

삼법인의 진리란 우리가 사는 이 우주와 세상에 독립된 실체는 없어서 상호의존하여 생겨나는 연기적인 존재이기 때문에 제행무상하고 제법에는 아의 실체가 없다는 것이다. 그런데 우리는 실재하는 것으로 생각하여 영원히 살고 싶고 욕심을 채우려고 하기 때문에 이에 대한 불충족이 고통이자 괴로움이 된다. 삼법인에 열반적정을 더하면 사법인이 된다. 나의 근원을 여실히 보고서 무상·무아이며 집착과 탐욕을 소멸하면 바로 괴로움의 소멸과 함께 열반적정의 세계에 든다. 번뇌의 본래 뜻이 부적정이라 하여 마음이 고요하지 않음을 의미하기 때문에 마음을 고요히 할 수 있느냐가 고의 소멸에 중요한 요소가 되겠다.

네 가지 성스러운 진리인 사성제는 일체가 고이며, 고는 원인이 있으며, 고는 소멸가능하며, 소멸로 가는 진리로서 8정도가 제시되는 원리에 기반한다. 『보성론』에서는 사성제를 병을 치료하는 단계로 설명한다.

고: 병을 진단　　　 → 고가 있음을 알게 되고
집: 병의 원인 제거　 → 고의 원인을 인식
멸: 건강한 상태　　 → 고의 소멸
도: 치료가 완성　　 → 수행의 완성

결국 삼법인이나 사성제 모두 고를 인연생기하는 성질로서 생멸하는 것임을 일깨우고 있다. 이 모든 고의 근원은 무상이고 그로 인해 삶의 불만족인 두카(dukkha)에 휩싸인다. 만약 불만족이 바뀌어 충만한 행복이 되면 수카(sukha)의 길로 드는 것이다.

공성과 중도로서의 연기철학
—

부처님은 "연기를 보는 자는 곧 법을 보는 자이고, 동시에 나를 보는 것이다"라고 했다. 마찬가지로 용수는 연기가 곧 공성이고 공성은 연기를 떠나 존재할 수 없음을 말한다. 용수는 『중송』에서 다음과 같이 말한다.

연기, 그것은 공성이라고 우리들은 말한다.
공성은 연기에 대한 가설이며 그것(공성)이야말로 중도다.

연기를 공의 성질이라 하는 이유는 연기는 여러 조건이 화합하여 일어나기 때문이다. 옛날에는 몰라도 현재의 우리는 과학이 밝힌 사실에 의거하여 이런 이치를 어렵지 않게 이해할 수 있다. 물질의 가장 기초단위인 원자들의 상호화합하는 작용은 잠깐도 멈춰지지 않는다. 그렇게 해서 원자는 분자가 되고 분자는 물질이 되어 우리 눈에는 고정된 덩어리로 보인다. 하지만 그 속에서 물질을 구성하는 원자들은 끊임없이 움직인다. 우주의 물질은 상호연기적으로 작용하지 않는 것이 없다. 이것이 불교가 미시적인 세계의 극소물질들의 운동하는 규칙성을 보는 관점이다.

앞에서 지적했듯이 인간의 몸은 열 가지의 대표적인 원자로 구성되었다고 했다. 우리가 죽음에 이르러 세상을 뜨면 육신을 구성했던 원자들은 어떻게 되는가. 그 무량한 숫자의 작은 알갱이들이 나를 아는가. 원자 하나하나에 내 것이며 내가 소유했었다고 새겨지기라도 했는가. 영혼이 뜨고 나면 육신은 지탱 가능한 시간까지 버티다가 서서히 흩어지기 시작한다. 원자는 원자대로의 존재하는 길을 갈 것이다. 이를 안다면 육신에 대한 집착은 허무한 일이다. 모든 것이 잠깐의 일이고 고맙게도 잠시 내가 의탁하여 내 것으로 삼왔다가 공의 세계로 돌려보내면 그만이다. 내가 달리 할 수 있는 게 없다. 다음에 나의 영혼이 지구라는 행성에 돌아온다면 그때는 그때대로 인연화합물이 생겨서 나를 만들지 않겠는가. 이렇게 여실히 보면 집착과 탐욕에서 오래 머물 일이 아니다.

우주의 구성을 지·수·화·풍의 사대로 파악하는 것이 고래로 인간세의 우주관이 되었다. 그렇다면 각 물질들은 어떤 힘에 의해 굴러가는 것일까? 현대물리학에 의하면 우주에 작용하는 힘은 4가지라고 한다.

중력(gravitational force)

전자기력(electromagnetic force)

강력(strong force)

약력(weak force)

중력은 두 물질 사이에 끌어당기는 힘이다. 전자기력은 (+)(-) 전하를 띤 전자 상호 간에 당기거나 밀어내는 힘이다. 강력은 원자의 핵을 구성하는 양성자와 중성자를 붙들어 주는 힘이다. 약력은 원자핵 내에서 쿼크의 방사성붕괴를 일으키는 힘이다. 우주는 기본적으로 이 네 가지 힘에 의해 존재한다. 흥미로운 점은 힘의 크기로 한다면 강력〉전자기력〉약력〉중력의 순이다. 보충설명을 해보면 약 138억 년 전에 우주의 한 점이 뜨거워지면서 폭발을 하여 빛과 에너지를 내뿜으며 가장 기초원자인 수소와 헬륨이 생성되었다. 그렇게 3분이 흐르자 최초의 원자핵이 형성되었다. 그리고 38만 년이 지나 원자핵에 전자가 붙기 시작하면서 차례로 여러 원자들이 만들어지기 시작하여 우주공간에 떠돌던 (-)전자에 방해받던 빛이 퍼져서 우주가 투명해지기 시작했다. 지금도 첫 빅뱅 당시의 빛이 우주배경복사라 하여 증명되고 있다. 이렇게 우주의 기원을 살펴보면 우주에 상호작용하는 연기적 존재 아닌 것이 없다. 여러 조건들이 화합하여 일어난다는 인연생기의 원리를 벗어나서 존재할 수 있는 것은 어디에도 없다. 이것은 우주의 법칙이고 법칙이 적용되어 일어나는 규칙의 세계다. 규칙을 벗어난 존재는 단언컨대 생겨날 수 없는 것이다. 이렇게 변화하고 진행될 수 있다는 사실 자체가 고정되어 있지 않다는 뜻이다.

예를 들면 사이클링 경기장 안을 계속해서 빠르게 돌고 있는 자전거가 있다고 하자. 우리는 자전거가 그 속에 있다는 것은 알지만 어느 특정 순간을 지정하여 있다고 할 수는 없다. 왜냐하면 빠르게 움직이기 때문에 시간과 공간을 지정하기 어렵기 때문이다. 그래서 그 자전거가 있다는 것을 시간이 지난 다음에 점을 찍어서 표시를 해보이려면 확률적으로밖에 표현할 길이 없다. 마찬가지로 원자핵을 돌고 있는 전자를 설명할 때 발견된 지점에 점을 찍어보면 어느 부분에 가장 많이 출몰하는지를 아는 것과 같다.

다시 설명하자면 연기적이라는 말은 우주의 모든 것이 인연생기의 과정에 있는 것이고 고정되어 있는 것은 없기 때문에 실재하는 것은 아니라는 반증이 된다. 변화 속에서 실재하는 것으로 느껴질 뿐이고 변화의 과정에 있지 않다면 그것은 존재한다는 말을 할 수 없다. 따라서 만물은 변화물로서 변화과정 속에 존재하고 있다는 것이 엄격한 표현이 되겠다. 그래서 공성이라는 것이지 공 자체도 공으로서 존재하지는 않는다. 공의 기반 위에서 물질은 생멸하는 것이다. 가설이란 말은 어떤 상황을 설명하는 장치로서 사용된다는 뜻이다. 왜냐하면 있다고 하면 공에 위배되고 없다고 하면 색에 위반되기 때문이다. 그래서 그 어디에도 치우치지 않고 균형을 세울 수 있는 딱 한 자리가 바로 중이고 중도이다. 물리적인 중심점이 아니라 색과 공의 인연생기하는 규칙을 동시에 품을 수 있는 자리다. 배척하면 한쪽에 떨어져 버리기 때문이다.

희론적멸과 파사현정
—

중도는 윤리적 교설로서도 원용이 된다. 부처님은 그것이 설사 수행의 문제일지라도 극단적인 방식은 위험하다고 본다. 쾌락과 고행에 치우치지 않는 수행, 교설에도 나오지만 거문고 줄을 다루듯이 균형감 있는 삶을 권하였다. 용수는 중도를 연기적 관점으로 해석하는데 생과 멸, 유와 무, 단과 상, 일(一)과 이(異)의 극단적 하나에 치우치지 않고 양변을 넘어서서 삶과 세계를 조망하듯 보는 것이다. 단은 끊기는 것이고 상은 항상하다는 생각이며 일은 오직 하나를 고집하는 것이고 이는 다르게 보는 것을 말한다. 따라서 어느 한 변에 치우치지 않고 양 변을 초월하는 자는 연기와 공성과 열반을 보는 것이고, 이런 견해를 일러 '여실히 본다'라고 한다.

등식으로 보면 연기=공성·공성=중도·중도=연기가 된다. 즉

a=b : b=c 따라서 a=c가 되는 이치다. 용수가 말하는 중은 연기에 대한 다른 명칭이어서 그의 철학은 연기의 철학이라고 할 수 있다. 또 용수는 희론적멸(prapanca-upasama)이라 하여 우리의 분별작용이 만들어낸 언어와 개념을 깨트린다. 희론적멸은 여덟 가지 중도(불생·불멸·불상·부단·불일·불이·불래·불거)를 연기적으로 해석하여 공성에 의거하여 희론적멸을 통해 대해탈에 이르는 길을 제시하고 있다. 희론을 적멸한다는 것은 파사현정이라 하여 삿된 것을 파하고 바른 것을 드러내기 위함이라는 뜻을 갖고 있다. 연기=공성이 아니면 그 외의 견해는 파사현정의 대상이 됨으로 이를 통해 정법을 밝히려는 것이다.

이제설

—

다음에 배울 유식학에선 우리가 사는 세계를 변계소집성·의타기성·원성실성의 3성을 중심으로 하여 풀어간다. 반면 용수는『중송』에서 이제(二諦)인 세속제(loka-samvitti-satya)와 승의제(paramartha-satya)로 세계를 설명한다. 용수가 파악하기에 부처님은 이 두 가지 차원의 진리로써 가르침을 폈다고 이해했다.『중송』을 보자.

제불의 법을 설하심은 세속제와 승의제의 두 가지 진리에 의존한다.

- 제8송

이 두 진리 사이의 차이를 알지 못하는 자들은 부처님의 가르침에 있어 깊은 진실을 이해하지 못한다.

- 제9송

언설에 의지하지 않고 승의는 지시될 수 없다. 승의에 의지하지 않고 열반은 증득되지 못한다.

- 제10송

공의 설법은 누구나 비슷한 의문이 생긴다. 일체가 비어 있다면 존재하는 모든 것을 어떻게 설명할 것이며 비어 있는 반대는 어떻게 생겨날 수 있는지 알기 어렵다. 그래서 부처님의 설법도 세상사람들이 이해하기 쉽도록 그들의 일상적인 언어로 표현되는 진리가 있고 세간의 언어로 표현될 수 없는 진리가 있다. 그래서 세속제를 언설제(vyavahara-satya)로 부르기도 한다. 세속제는 경전의 설법 대부분이 해당되고 승의제는 언설이 닿지 못하는 세계가 된다. 『중송』의 내용을 보자.

마음의 활동영역이 멸할 때 말해야 할 것도 끊어진다.
생하지도 멸하지도 않는 법성은 열반과 같다.

이는 선종의 법문인 언어도단 심행처멸과 같다. 언어도단은 말로 설명되기 어려운 지점에서는 말이 끊어진다는 뜻이다. 길로 닿을 수 없다면 길로는 가기 어렵지 않겠는가. 이럴 때는 방법을 찾아야

에세이 선종사

하듯이 말로 표현될 수 없는 세계인 승의제가 있다. 말의 길도 끊어지지고 마음이 갈 곳도 사라져 버리면 어떻게 할 건가. 말이 끊어지면 말이 없어지고 마음이 행할 곳이 없어지면 번뇌망상의 괴로운 길도 사라져서 그 자리가 해탈열반의 자리가 된다. 그런데 세속제·언설제로써 설명하지 못하면 승의제를 밝히지 못하니 적절한 방편을 이용하여 그 의미를 드러낼 수 있어야 한다. 그래서 나온 비유가 달을 가리키는 손가락이다. 달이 진리 그 자체인 승의제라면 손가락은 언설제요 세속제다. 승의제로 가려면 그 지시하는 바를 반드시 알아야 한다. 우리가 경전을 배우고 논서를 보는 이유가 여기에 있다.

『주역』「계사전」에는 언설의 한계에 대하여 "서부진언 언부진의"라고 나온다. 글은 말을 다할 수 없고 말은 뜻을 다할 수 없다는 것이다. 그래서 사물을 살펴 그 뜻을 취하고 상을 세워서 뜻을 다한다고 한다. 『도덕경』에도 "지자불언 언자부지"라 하여 아는 자는 말하지 않고 말하는 자는 알지 못한다는 비슷한 예가 있다. 인간사회는 언설로써 살아가는 세계이기 때문에 달과 달을 가리키는 손가락을 놓고 이런저런 주장을 한다. 하지만 이것을 부정적으로 볼 일이 아니라 그렇게 해서라도 달을 생각하고 달을 꿈꾸며 살아야 하지 않겠는가. 또한 중송에는 색과 공이 둘이 아니고 윤회와 열반이 둘이 아니라는 불이에 관한 설명이 나온다. 다르게 보는 것이 중생의 세계이지만 진리의 눈에는 차별이 없게 보이는 것이다.

중관사상이 인도불교에서 차지하는 역할은 선종이 중국불교에서 차지하는 비중에 비교될 수 있다. 용수의 사상은 인도의 아비달마교학이 극치에 이르렀을 때 등장하였다. 마찬가지로 선종도 여러 종파의 교학이 만개하고서야 기치를 들었다. 용수의 중관이나 선종 모두 부처님의 진실한 가르침은 교리나 사변체계에 있는 것이 아니라 직관과 통찰에 있다고 보았다. 중관의 언어도단 심행처멸이 그들의 구경에 다다를 세계라면 선종은 불립문자·교외별전·직지인심·견성성불을 강령으로 하여 교종과 구별되는 대초월의 세계를 시설했다. 물론 여기에는 인도적 사유와 중국적 사유 사이의 메우기 어려운 간극이 있을 것이다. 인도인은 전통적으로 논리와 분석의 도구를 사용하여 진리로 도약하는 방식을 선호한다. 반면 중국인은 현세적이며 직관적인 세계관을 가진 민족이어서 현생에 깨달음을 성취하겠다는 결기를 선수행에 접목했다는 차이도 있다. 이제 중관이라는 강물을 흡수하여 유식학으로 넘어가는 과정에서 불교는 또 어떤 모습을 보여주는지 살펴보도록 하자.

5

유가행파

인도불교의 사상계는 초기불교인 아비달마교학의 시기를 지나 일체가 공의 성질을 바탕으로 이루어진 것이라는 중관사상이 풍미한 것은 앞에서 기술한 바다. 그렇다고 사물을 보고 인식하는 존재의 내면에 대한 이해가 풀린 것은 아니었다. 그래서 이 세상과 나의 관계는 어떻게 형성되는지에 대한 물음이 일었다. 공성이 세계의 바탕이라면 작용하는 현상은 어떻게 인식해야 하는지에 대한 이해가 요구되었다. 이 의문을 안고 등장한 것이 유가행파 혹은 유식학파이고 그들은 이 세계를 식(識)의 현현이라고 주창했다. 유가행파는 용수의 중관파와 더불어 대승불교의 양대축이다. 선종의 세계를 알려면 중관과 유식, 다음에 이어질 여래장사상을 이해하지 않으면 안 된다. 이 흐름을 통해서 논사들이 마음을 어떻게 이해하게 되었는지를 알 수 있기 때문에 선수행에 있어서도 중요한 주제다.

유가행파란 유식설을 주장하는 사람들을 말한다. 유가행은 산스크리트 요가차라(yogacara)의 한역으로 요가의 실천을 기반으로 하는 학파, 요가체험을 바탕으로 유식이라는 독자적인 가르침을 편 학파 등의 뜻을 갖는다. 이는 4세기 굽타왕조 시기 정통 브라만의 여섯 철학체계 중의 하나인 요가학파와 구별하기 위함이라고 한다. 즉 유식은 요가수행과 불가분의 관계가 있다. 인도불교의 역사에는 부파불교시대부터 불법을 철학적·논리적으로 분석하고 체계화하는 아비달마논사들이 있었고 선정수행을 전공으로 삼는 유가사의 오랜 전통이 있었다.

이들 가운데 『화엄경』의 삼계유심(trai-dhatukam citta-matram)사상을 수용하였던 대승의 유가사들에 의하여 체계화된 일련의 이론과 실천체계가 곧 유식학이다. 아울러 『해심밀경』의 "유식무경 심외무경"은 오직 마음과 식만 있을 뿐 대상은 실재하지 않는다는 사상을 담고 있다. 이는 "삼계는 오직 마음이라는 화공이 그리는 그림과 같아서 실재하는 것이 아니다"라는 『화엄경』의 유심사상과 비슷한 맥락이다. 유식(唯識)이라는 용어도 『해심밀경』에서 처음 쓰일 정도로 유식은 대승의 경전을 흡수하여 발전한 학파이론이다. 여래장·화엄·천태의 사상이 모두 유식의 전개와 함께 정립된 체계이고 『대승기신론』도 이의 연장선상에 있는 만큼 불교사나 선종사에 있어서 이 맥락을 반드시 숙지해야 한다.

다시 말해 유식이라는 대승의 수행법과 그 이론적 바탕은 유가행·유식학파에서 처음으로 체계화되었고 부파의 아비달마체계에 대응하는 대승적 아비달마가 바로 유식학이기도 하다. 불교가 마음을 중시하는 유심론적 경향이 점차 강해지면서 인간의 심층의식을 탐구하기 시작하여 결국 윤회의 주체로서 아뢰야식이라는 근본식을 제시할 수 있게 되었다.

초기불교가 오온의 무아, 부파불교가 아공법유(아는 공하나 세계는 실재한다), 중관이 일체개공을 설했다면 유식은 일체가 식의 현현이라는 학설을 내세웠다. 유식의 핵심사상은 삼성설(변계소집성·의타기성·원성실성)로서 아뢰야식론과 유식관을 통합하여 세워진 철학이다. 이 사상은 미륵보살, 무착보살, 세친보살 3인에 의하여 확립되었다. 무착은 세친의 형이고 세친은 『구사론』의 저자로 알려진 인물이다. 미륵보살은 『중변분별론』·『대승장엄경론』·『유가사지론』을 지었고, 무착은 『섭대승론』·『아비달마집론』·『현양성교론』·『순중론』·『금강반야경론』을 지었다. 또 세친은 『구사론』 외에도 『유식이십론』·『유식삼십송』·『섭대승론석』·『대승장엄경론석』·『삼성론』·『오온론』 등 많은 저작이 있다. 티베트 출신의 출가승인 부톤의 『인도불교사』에는 무착과 세친 형제에 대한 이야기가 실려 있다. 이야기의 대강은 이렇다.

어떤 여성이 불교의 쇠퇴를 걱정하고 있었다. 여자의 몸으로는 어렵다는 생각을 하고 남자아이를 낳아 불교의 흥기를 맡기고 싶었다. 그래서 왕족 계급의 남자를 만나 낳은 아들이 무착이다. 또 바라문의 남자와의 사이에서 아들을 얻어 세친이라고 이름 지었다. 홀어머니에게서 자란 두 아들은 부친의 직업을 이어야 하는 당시의 사회관습이 있었기에 어머니에게 여쭸다.

"저희들도 직업을 가져야 합니다. 아버지의 직업을 가르쳐주십시오."

그러자 어머니가 단호히 말했다.

"너희들을 낳은 것은 아버지의 직업을 이어받기 위함이 아니다. 오직 불교를 세상에 퍼뜨리기 위해 너희들을 낳았다. 그러니 출가하여 불교를 배우고 불교를 전파하기 바란다."

그리하여 형제는 출가를 하기에 이르렀다.

유식사상은 중국에 전해지는 변천과정에서 두 종파로 나뉜다. 하나는 안혜보살을 거쳐 진제에 의해 중국에 전해진 섭론종이다. 다른 하나는 호법보살과 계현을 거쳐 그 유명한 삼장법사인 현장에 전해진 후 제자인 자은대사 규기에 의해 세워진 법상종이 있다. 현장이 활동하던 7세기경에는 많은 경전과 논서들이 번역되어 있었지만 유식에 대한 의문을 풀기 위해 현장은 직접 인도로 떠나 18년을 유학하였다. 이 과정을 담은 것이 『대당서역기』이며 『서유기』의 창작 모델이 되었다. 현장에 대한 이야기는 중국불교사로 넘어가 역경사에서 더 자세히 다루어질 것이다. 다만 그의 천재적인 제자 규기에 대한 이야기만 덧붙이고 넘어가겠다.

　자은대사 규기는 현장의 제자가 되어 출중한 식견을 보였다. 그는 외출할 때도 수레 세 대를 대동하고 다녔다. 첫째 수레에는 불교경전, 둘째 수레에는 자신이 타고, 셋째 수레에는 음식과 기녀들을 태우고 다녀서 사람들은 그를 '삼거화상'이라 하였다. 자은대사의 행동을 보고 문수보살이 늙은 아버지로 화하여 불법을 전했다. 그는 크게 발심하여 스승인 현장을 도와 역경에 더욱 정진하였다. 유식의 총정리라 할 세친의『유식삼십송』에 호법보살이 주석서인 『성유식론』을 지었다. 현장과 규기는 이들 논서의 역경을 하였고 규기는『성유식론술기』를 저술함과 아울러 법상종을 개창했다. 이 『유식삼십송』,『성유식론』,『성유식론술기』는 중국·한국·일본에서 유식공부의 중요 필독서로 중시된다. 유식종파인 법상종은 중국과 한국에서는 사라졌지만 일본은 그 명맥을 유지하고 있다. 지금도 자은대사를 추념하는 법회가 법상종의 본찰인 홍복사, 약사사, 교토의 청수사 등에서 열린다고 한다.

유식무경
—

유식을 한마디로 정의하여 "오직 식뿐이요 달리 밖의 경계(artha)는 없다"는 유식무경(唯識無境)이 유식사상을 단편적으로 드러내는 말이다.『유식이십론』에 "유식은 부처의 경계이다"라는 말이 나온다. 그것은 현상계에 모든 것이 펼쳐져 있는데 어떻게 식의 현현이 되는 것인지 그만큼 헤아리기 어렵다는 뜻이기도 하다. 그래서 유식무경에 대한 논증으로 쓰이는 예가 있다.

어떤 사물에 대하여 그것을 인식하는 주체가 다르면 그 사물이 다른 모습으로 인식되는 경우다. 유식의 일견사수(一見四水)라는 유명한 예를 하나 들어보자. 하나의 물을 놓고도 아귀는 피나 고름이 가득한 강으로 보고, 물고기는 살아가는 집으로 보며, 인간은 물 또는 파도로 보며, 천상의 신들은 유리로 본다는 것이다. 일본 흥복사에는 비슷한 예가 전해진다. 손뼉을 치면 물고기는 먹이를 주는 것으로 듣고, 새는 놀라서 날아가며, 여관에서 시중드는 아이는 차를 재촉하는 소리로 듣는다는 이야기다. 이처럼 우리는 각자의 판단이 대단히 주관적이고 자의적임을 상기할 필요가 있다. 어떤 사물과 일의 참 모습이라 할 실상은 알기 어렵기 때문이다. 세친의 『유식이십론』에는 유식무경을 논증하는 데 있어 일반적으로 갖기 쉬운 의문들이 설명된다.

예를 들면 지각은 장소에 한정되어 있다는 전제에 대한 의문이다. 우리는 송광사를 얼마든지 상상하고 떠올릴 수 있다. 그래도 진짜 송광사를 보려면 순천에 가서 송광사를 봐야 한다. 그렇지만 실제 송광사에 가지 않아도 감동을 받을 수도 있고 반대로 현장에 가 보아도 별 감흥이 일지 않을 수도 있는 문제가 있다. 같은 음식을 두고도 사람에 따라 느끼는 맛이 전혀 다르기도 하는 것처럼 하나의 사건과 사물을 놓고도 인식되는 세계는 전혀 다를 수 있다. 또 꿈인데도 실제처럼 흥분하거나 놀라는 경험은 누구나 있다. 꽃 한 송이를 예로 들면 상상만으로도 행복한 경우도 있지만 손에 쥐고도 무감각할 수도 있는 것이다.

이처럼 외물과 세계가 주는 감각은 각자 다르게 인식되기 때문에 고정된 세계로 파악하는 것은 맞지 않다. 세계는 우리가 느끼는 대로 보이고 만들어지기 때문이다. 빵이 있다면 아주 맛있게 먹는 사람도 있지만 빵을 싫어하는 사람은 구미가 당기지 않는다. 이렇게 각자 다르게 느끼고 자기만의 상상으로 이루어지는 이 세계는 각자의 기호와 업에 따라 전혀 다른 세상에 살고 있다고 논증된다. 이것을 이해해야 바른 견해로 살아가는 즐거움을 누릴 수 있다. 왜냐하면 이 모든 게 고의 원인과 소멸로 이어지기 때문이다. 이제 우리의 심층의식이 어떻게 구성되어 있는지 유식의 설명을 들어보자.

제8 아뢰야식
—

알라야 혹은 아뢰야는 저장하다라는 뜻을 따라 창고와 같은 '장식'이라고 한다. 유식에서는 우리가 하는 모든 생각과 행위가 심층인 제8식에 저장된다고 본다. 이것은 시간에 따라 현재와 관계하는 아뢰야식, 과거와 관계하는 이숙식, 미래와 관계하는 일체종자식 등의 세 가지로 구분한다. 8식은 이숙과 종자의 측면으로 비유를 들어 설해진다. 이숙은 과거 행위의 원인과 나중의 결과가 다르게 익는다는 뜻이다. 논에서는 인시선악(因是善惡) 과시무기(果是無記)라고 한다. 사람이 무슨 생각이나 행위를 할 때는 최초의 시작단계가 있다. 행위는 반복적으로 행해지는 성질이 있어서 일단 행위가 이루어지면 카르마가 형성된다. 그래서 어떤 행위의 시발점에서는 선악의 구분이 분명하지만 나중에 그 행위가 우리의 심층의식에서 숙성을 거쳐 돌아올 때는 선악의 구분이 모호해진다. 결과적으로 선 아니면 악이었을 행위의 동기가 나중에는 선악으로 구분하기 어렵게 된다는 것이다. 어떤 관계에 있어 나의 동기를 잘 이해하지 못하거나 좋게 받아들이지 않는 경우라면 선악의 개념도 심하게 뒤틀리지 않겠는가. 이숙식은 어렵게 생각하지 않아도 일상에서 얼마든지 되새겨 볼 수 있는 덕목이다. 이는 시간이 지나면서 상황에 대한 이해나 강도가 달라진다는 정도로 이해하면 무난하다.

다른 하나는 종자의 측면이다. 종자는 bija의 한역으로 식물의 씨앗을 말한다. 아뢰야식이 땅이라면 식물의 씨앗은 인간의 행위의 결과물에 비유하여 설명된다. 씨앗을 심고서 물과 햇빛 등의 조건이 만들어지면 씨앗은 싹을 틔울 수 있다. 마찬가지로 우리의 심층의식에 저장되었던 업도 때가 되면 발동하여 과거 행위의 결과를 가져온다. 이를 유식의 용어로는 훈습이라고 한다. 보존하다·두다·머무르다 등의 뜻을 가진 이 말은 경험한 모든 것이 아뢰야식에 축적되어 때를 기다린다는 의미이다.

종자와 훈습에 이어 습기가 있다. 습기에는 명언습기·등류습기·이숙습기의 셋이 있다.

명언습기는 언어 행위가 만들어내고 축적하여 나에게 입혀진 습관이자 카르마다. 한 사람이 사용하는 언어습관을 보면 어렵지 않게 그 사람을 파악할 수 있다. 이처럼 바른 언어생활도 삶을 좌우한다. 팔정도에서도 정어가 나온다. 바른 언어생활이 좋은 삶을 만든다는 사실이다.

등류습기는 원인과 결과가 닮았다는 의미다. 선은 선의 결과로 악은 악의 결과로 귀결되는 경우다. 즉 내가 선한 행위를 하고 그 행위에 의해 훈습된 종자가 선한 성질이면 결과도 선한 것으로 나타난다. 이 습기는 선이 악이 되거나 반대의 경우로 나타나는 일은 없다.

그리고 이숙습기다. 이는 다르게 익는다는 뜻으로 등류습기와 대비되는 개념이다. 이렇게 8식에서 결과를 만들어내는 힘을 공능이라 한다. 공능은 sakti의 한역으로 힘, 작용 등의 뜻이 있다.

제7 말나식
—

제7식인 말나는 사량한다, 생각한다는 의미다. 이 제7식이 제6식과 제8식을 오가며 전달하고 이것저것 따져보는 영역이다. 그런데 어떤 방향으로 사량하느냐 하면 자아를 무조건적으로 우선하여 사량하는 마음이다. 생명체들은 이 7식 때문에 본능적으로 이기적이 된다. 무엇이건 자기본위와 나에게 이로운 방향으로 나아가는 게 이 식의 특성이다. 『성유식론』에 말나식은 어떻게 사량하는지에 대한 답이 "항심사량"이라고 주석에 나온다. 매사를 항상 깊이 살피고 자기중심적으로 집요하게 생각하는 마음이다. 인시선악 과시무기가 되는 이유도 제7식에서 자기에게 유리한 방향으로 필터링이 되는 까닭이다. 여기서 나와 대상의 관계에 굴절이 일어나고 심히 왜곡이 생긴다. 그래서 제7식을 오염의라고도 한다.

제8식은 마치 거울과 같아서 의식 깊은 곳에서 반추해 주는 역할을 한다. 우리가 소리를 들을 수 있는 것은 소리가 공기와 충돌하여 반사하여 되돌아오기 때문이다. 물질은 대응하는 것이 없으면 홀로 존재하지 못한다. 따라서 논사들이 생각할 때 우리의 의식도 아주 깊은 심층에서 되비추어 주는 것이 없으면 인식되기 어렵다는 것을 생각했을 것이다. 그래서 아뢰야식은 어떤 색이나 모양이나 특징이 없는 거울처럼 항상 자신을 비춰주는 기능으로 이해했다. 선이나 악으로 나타낼 수 없기 때문에 무기라고 하듯이 아뢰야식은 무부유기에 해당한다. 무엇을 덮을 것이 없다는 뜻이다. 그러니 장애도 없다.

그런데 제7식은 오염의여서 자기중심적으로 움직이기 때문에 마음에 흔적이 있다. 그래서 유부무기라고 한다. 덮을 것이 있다는 것은 마음의 꾸밈이 있으니 순수하지 않는 상태다. 제7식이 강하면 번뇌가 많을 수밖에 없다. 자기애가 강하면 모든 것과 부딪친다. 서로의 이익이 충돌하기 때문이다. 그래서 양보하고 겸손한 마음은 어디서나 대접받고 아름다워 보인다. 제8식이 선도 악도 아닌 무결정의 순수한 위치라면 제7식은 모든 것을 분별하고 좋고 나쁨을 따진다. 마음 가볍게 여행하듯이 홀가분하게 사는 일은 제7식을 어떻게 다스리느냐의 여부에 달렸다.

말나식에는 4번뇌라 하여 모든 것을 자기중심적으로 생각하는 아치·아견·아만·아애 등이 있다. 4번뇌 중에서 중심은 아치다. 나의 어리석음이 모든 문제를 만든다. 아견은 중생심이자 삿된 견해다. 아만은 남을 경시하고 자신을 높이는 심리이며 아애는 무조건적인 자기애이다. 자기애는 탐욕의 또 다른 얼굴이다. 말나식은 자기가 현재 처해 있는 시간과 공간에 얽매이는 경향이 있다. 그러니까 과거의 나를 잊어버린다. 고생했을 때나 어려웠을 때를 잊어버리고 교만해지는 마음이 지배하는 이유도 제7식이 현재적으로 작동하기 때문이다.

불교에서는 수행의 단계에 따라 오르는 경지가 다르다. 『금강경』에는 수다원·사다함·아나함·아라한이라는 네 단계가 나온다. 수다원과에 들면 이미 깊은 경지라서 다른 미혹에 빠지지 않는다. 마치 물이 한강에 합류하면 그 흐름에 따라서 저절로 서해의 바다에 틀림없이 들어간다고 예견할 수 있는 것과 같다. 그리고 아라한은 제7식이 공한 경지라고 한다. 제7식이 없으면 어떻게 되겠는가. 상상해 보라. 나를 우선으로 생각하거나 나에 대한 집착이나 욕심이 사라진 나는 어떤 모습일까?

제6식

앞에서 아비달마를 설명하면서 『구사론』의 다르마에 대한 논증을 예로 들었다. 다시 언급하자면 다르마는 존재(有)한다. 즉 실유한다고 했다. 이는 무엇이건 존재하는 것은 자기만의 독특한 특성(svalaksana)을 보유한 것(svalaksana-dharana)임을 말한 것이다. 따라서 나라는 특정의 특성을 보유한 아(我)는 타자에게 속할 수 없고 특성을 가진 자신에게 포섭된다. 그래서 최소한의 아는 긍정을 하고서 논설을 편다. 이것이 설일체유부에서 말하는 다르마이자 실유다. 일체가 있다, 라고 할 때 일체란 일체의 다르마이며 그런 다르마는 존재한다는 주장이다.

그런 다르마가 무엇인가를 밝히기 위해 아비달마에서 즐겨 쓰는 방법이 분석(vibhanga)이라는 도구다. 화학자가 물질을 분석하는 것을 생각해 보라. 데카르트는 정확한 논리적 판단을 위해서는 명석판명(clear and distinct)한 자세가 필요하다고 말한다. clear는 의혹이 사라져야 하며, distinct는 그 명제가 무엇을 의미하는지 구별해 내는 판단이다. 불교를 어렵다고 생각하는 이유 중 하나가 이처럼 분석을 통해 나와 세계를 이해하는 사유전통 때문일 것이다. 하지만 이런 분석이 아니면 우리가 믿고 생각하는 모든 것이 결국 맹목적일 수밖에 없지 않겠는가. 그래서 아비달마교학 이후에 중관과 유식으로 그 전통이 이어지고 있음을 생각하고 공부하면 되겠다.

제6식에서의 식은 내가 인식하는 각각의 대상에 대한 인식(prativijnapti)이다. 그리고 그것은 의처(manas-ayatana)이며 마음을 떠나서는 있지 않다. 마음을 나타내는 용어는 심·의·식이라는 세 가지이고 초기불교에서는 이 셋을 동의어로 보았다는 설명을 한 바 있다. 초기불교에서 마음이란 십이처의 6처(안·이·비·설·신·의)가 전부였으나 유식에선 이 6처를 전6식이라 부르고 거기에 제7 말나식과 제8 아뢰야식을 추가하여 모두 8식으로 분류한다. 그리고 각 식에는 다른 기능과 명칭을 두었다. 그렇게 셋이 같은 의미로 출발하였으나 뜻을 달리하면서 별개의 것으로 인식되기에 이르렀다. 물질이 사대와 사대소조로 양분되듯이 마음도 심왕(citta)과 심소(caitta)로 구분된다. 6식과 8식은 심왕이며 상호인과관계에 따라 일어나는 것이 심소다. 심이 생성할 때는 반드시 심소가 동반하기 때문에 심상응법이라 이름하였다. 내가 꽃이 예쁘다는 생각을 했다고 하자. 그 생각은 꽃을 보고 마음이 일어난 까닭이므로 꽃이 심소요, 감각의 주체인 나의 6식과 8식은 심왕이 된다. 6식이 8식과 더불어 심왕이 되는 이유는 감각의 주체이며 나의 의식 안에서 일어난 생각이기 때문이다.

의식은 안식·이식·비식·설식·신식의 전오식과 제6식을 말한다. 안·이·비·설·신을 전오식이라 하는 이유는 제6식의 의식 앞에 위치하여 다섯 감각기관으로부터 모든 정보를 수집하기 때문에 의식에 선행하여 작용하는 까닭이다. 우리가 대상을 인식할 수 있는 것은 제6식이 있기 때문이다. 세친은 6식을 요별경식이라 하여 별도로 대상[별경]을 인식하는 마음으로 분석했다. 유식에서는 전오식부터 제8식까지 각 식을 통달하면 얻어지는 지혜를 네 가지 지혜로 구분하여 설명한다. 전오식은 성소작지·제6식은 묘관찰지·제7식은 평등성지·제8식은 대원경지 등이다. 이를 전식득지라 하여 식을 바꿔 지혜가 되는 것으로 단계마다 얻는 지혜가 다르게 표현되는 것을 알 수 있다. 십팔계가 작동하는 방식을 다시 정리해 보면 다음과 같다.

안계: 색계: 안식계
이계: 성계: 이식계
비계: 향계: 비식계
설계: 미계: 설식계
신계: 촉계: 신식계
의계: 법계: 의식계

오근이 오경을 파악하는 것을 전오식이라 하여 어떤 판단까지 하지는 않기 때문에 6식 전의 단계이므로 그렇게 부른다. 제6식인 의식은 의근을 바탕으로 하여 대상[법경]을 종합하여 생각하는 마음이다. 법은 물질로 된 모든 것을 뜻한다. 그런데 사람에 따라 사물을 보고 이해하는 것이 다른 이유는 그 사람의 지식이나 경험, 삶의 자세 등이 세상을 다르게 보이도록 하기 때문이다. 그러니 우리는 한 세상에 사는 듯이 보여도 사실은 각자 전혀 별개의 세상에 산다. 먹는 것, 입는 것, 꿈꾸는 것이 모두 다르다. 그리고 그 세계를 고집하고 남에게 잘 드러내지 않으려고 한다. 혼자 상상하고 혼자 괴로워하는 일이 얼마나 많은가. 사실과 상관없이 말이다. 이 6근·6식·6경을 잘 이해하면 세상이 모두 이해된다. 그래서 자꾸 반복하여 말하는 이유도 십팔계가 불교이해의 핵심이기 때문이다. 이런 마음의 구조를 이해하면 생소한 용어가 나와도 어렵지 않게 공부할 수 있다. 이제 6식에 대해 더 자세히 알아보도록 하자.

유식론의 종파인 법상종에서는 제6 의식을 오구의식과 불구의식으로 나눠 설명한다.

오구의식은 제6 의식이 전오식과 함께하는 의식이다. 오구의식은 다시 오동연의식과 부동연의식으로 구분한다. 오동연의식은 전오식과 의식이 동일한 대상에 집중하는 의식이고 부동연의식은 전오식과 동일한 대상에 집중하지 않는 것을 말한다. 한 몸 안에서 우리는 모든 감각과 생각이 함께 움직이고 동일한 대상에 대응하고 있다고 생각하지만 눈 따로 귀 따로 생각 따로 산만하게 있는 경우가 얼마나 많은가. 그래서 중생의 의식은 깜박깜박한다. 불교에서 산만한 생각을 원숭이에 비유하여 설명하는 이유가 여기에 있다. 생각이 오래가지를 않고 부산하기 때문이다. 최근에 어느 책을 보는데 원숭이는 한 곳에서 하룻밤 이상 지내지 않는다고 한다. 애써 나무 위에 잠자리를 만들고는 다음 날이면 다른 곳으로 이동하여 다시 자리를 만드니 얼마나 이 동물이 피곤한지 상상이 간다. 명리학에서 원숭이를 고독으로 보는 이유가 있다. 성격이 자유분방한 사람을 집에 붙들어 놓으니 무척이나 심란하지 않겠는가. 불구의식은 말 그대로 제6식이 전오식과는 별개로 활동하는 것이다. 이것은 다시 오후의식과 독두의식으로 구분된다. 오후의식은 전오식이 활동한 이후에 작용하는 의식이다. 우리가 누구를 만나거나 어디를 다녀와도 여운이 남아서 머릿속에 맴도는 경우가 있다. 유난히 집착이 강한 사람도 있고 쿨한 성격도 있지만 그래도 생각이 남고 어떤 일은 두고두고 잊히지 않는 것도 있다.

독두의식은 정중의식·몽중의식·독산의식 등의 셋이 있다.

정중의식은 기도나 참선 같은 선정의 상태에서 어떤 상을 보는 경우다. 환영·환각 등이다.

몽중의식은 꿈속에서 보이는 것이다. 잠재의식·욕구 등이다.

독산의식은 전오식과 상관없이 오직 제6식만이 자유롭게 활동하는 경우다. 상상·사고·판단 등이다.

아뢰야식이 무부무기, 말나식이 유부무기라면 제6 의식은 선·불선(악)·무기 등의 모든 것에 기초적으로 작용한다. 일상의 거의 모든 의식활동이 여기에 해당한다. 그래서 의식은 처음 대상을 보고 정보를 수집하여 감각을 분류하여 판단하는 단계로 깊어지기 전에 자신의 마음을 선제적으로 다스려야 한다. 유식에서 말하는 선은 이 세상이나 저 세상에서 이익을 주는 마음이나 행위를 뜻한다. 반대로 불선은 이 세상이나 저 세상에서 손해와 불편을 초래하는 마음이나 행위이다. 또 무기는 이 세상이나 저 세상에서 이익도 손해도 가져다주지 않는 마음이나 행위이다. 호법보살은 『성유식론』에서 무기를 이렇게 설명하였다.

선과 불선의 이롭고 해로운 뜻 중에서 기별
즉 선인지 악인지 별도로 나타낼 수 없기 때문에 무기라고 한다.

우리가 일상에서 어떤 논쟁에도 끼어들지 않으면 시비에서 벗어날 수 있는 것과 같다. 결국 자신의 주장은 곧 자신의 탐욕이고 어리석음이기 때문에 주의할 필요가 있다. 선·불선·무기는 지금의 삶에만 국한되는 것이 아니라 미래나 다음 생에도 영향을 미친다는 사실이다. 다시 정리하면 다음과 같다.

안식			
이식			
비식	전오식	표층에 작용	감각기관으로부터 정보를 수집
설식			
신식			
제6식(의식)	요별경식	표층에 작용	전오식의 활동으로 얻은 정보를 판단 분석
제7식(말나식)	사량식·염오식	심층에 작용	6식까지의 활동으로 얻은 것은 이기적으로 생각
제8식(아뢰야식)	이숙식·종자식	심층에 작용	존재의 근원이자 종자의 저장과 이숙이 되는 것

지금까지 전오식과 제6식·7식·8식을 설명하면서 인간의식은 심층과 표층으로 작용의 깊이가 달라진다는 것을 밝혔다. 과연 의식을 그렇게 구분할 수 있는지 의문을 가질 수 있다. 예를 들어 물을 가열하면 임계점에 다다라서 수증기로 변한다. 물이 기체로 변하는 현상은 표층에서 일어나지 물속에서 일어나지는 않는다. 마찬가지로 제6식인 의식은 7식·8식에 비해 표층의 의식작용임을 비유할 수 있다. 이들은 마음의 중심과 주변인 심왕과 심소의 구분에서 감각주체인 심왕의 부분에 대한 것이었다. 그러면 마음이 대상으로 삼는 것은 무엇이며 어떻게 마음은 하나하나 분석하고 구분되는지에 대하여 알아보도록 하자.

심소
—

이 우주에 존재하는 모든 물질은 고유한 특색이 있다. 존재한다는 것은 질량이라 하여 무게를 가져야 한다. 그래서 강도가 다르고 색이 다르고 반응하는 온도가 다르다. 물은 100도에서 끓지만 모든 액체가 그런 것은 아니다. 우유를 흔들면 버터와 치즈로 구분되듯이 성질은 같은 것끼리 뭉치고 다른 것은 분리된다. 불교는 부파불교를 지나면서 세밀하게 분석하기 시작했다. 그래서 안·이·비·설·신·의 6식에 아뢰야식을 합하여 존재를 이루는 주체로서 심왕으로 부른다. 왕이 명령하면 신하가 움직이고 주인이 시키면 하인이 심부름을 하는 것과 같은 관계다. 신하나 하인처럼 지시를 받은 다음에 움직이기 때문에 마음에 소유되어 작용한다는 의미에서 심소라고 한다. 『성유식론』에서는 "항상 심왕에 의지하여 일어나고 심왕과 상응하며 심왕에 묶이고 구속되기 때문에 심소라고 이름한다"라고 하였다.

세친보살은 『유식삼십송』에서 심소를 6위 51심소로 구분하여 설명한다. 좀 번거롭지만 이 기회가 아니면 어느 때에 이런 교설을 만나볼 수 있겠는가. 그래서 간략하게나마 심소를 나열하여 대략적인 이해를 돕도록 하겠다.

변행 (5)		촉·작의·수·상·사	여덟 가지 식 모두에 작용
별경 (5)		욕·승해·념·정·혜	각각 별도의 대상을 가짐
선 (11)		신·참·괴· 무탐·무진·무치· 근·경안·불방일·행사·불행	선한 마음
번뇌 (6)		탐·진·치·만·의·악견	인간의 마음을 괴롭힘
수번뇌 (20)	소수번뇌 (10)	분·한·복·뇌·질· 간·광·첨·해·교	번뇌로부터 파생
	중수번뇌 (2)	무참·무괴	
	대수번뇌 (8)	도거·혼침·불신·해태· 방일·실념·산란·부정지	
부정 (4)		회·면·심·사	선, 번뇌, 그 둘도 아닌 무기에 작용

이상과 같이 유식에서 마음을 어떻게 분류하는지 알아보았다. 자세한 설명은 생략하겠지만 번뇌도 그 특징을 구분하여 작용의 원리를 밝히고 있는 것이 경이롭게 생각된다.

에세이 선종사

유식삼성
—

유식사상은 인간의 마음을 안·이·비·설·신·의·말나식·아뢰야식 등의 여덟 개와 마음이 작용하는 51개 원리를 심왕·심소의 관계로 분류하였다. 이를 심식론이라 하는데 다시 삼성론이라 하여 마음의 성질을 크게 셋으로 설명한다. 그리고 수행의 실천적 측면에서 설한 다섯 단계로써 유식의 세 가지 대강은 모두 드러난다. 유식의 삼성설은 변계소집성·의타기성·원성실성 등이다. 이제 우리는 사물을 어떻게 인식하고 받아들이는지 알아보도록 하자.

첫째, 변계소집성(parikalpitasvabhava)이다.

사전적으로는 두루 사유분별된 것을 실재하는 것으로 받아들인다는 뜻이다. 『해심밀경』에서는 이것을 언어의 왜곡된 활동과 연결시킨다. 우리가 대상을 인식할 때, 경험의 주체인 내가 있고 경험된 객체가 있다. 사과 한 알을 예로 들면, 나는 경험상 사과를 아는 주체이고 사과는 인식되는 대상이기 때문에 객체가 된다. 이를 유식의 용어로는 능취(grahaka: 파악하는 것)와 소취(grahya: 파악되는 것)로 구분한다. 사람은 모든 의식활동에서 언어로 일체를 구분하여 이해하고 설명한다. 실내에 앉아 대화를 한다고 했을 때 엄밀하게 모든 것은 서로의 경험과 인식, 언어의 약속에 따라 가설로서 전개된다. 가설이란 그곳에 없는 것이 그곳에 있는 것으로 은유적으로 적용되기 때문에 바탕이 되는 것(adhara)이 없이는 불가능하다. 『유식삼십송』에서는 다음과 같이 말한다.

분별에 의해 분별되어지는 것은 어느 것이나 모두 변계소집의 자성이며, 그것은 실재하는 것이 아니다.

비를 예로 들어보자. 비는 허공에서 내리는 중에만 존재한다. 수증기로서 상공에 모일 때도 비는 아니고 비가 그쳐 물이 바닥에 흘러갈 때도 더 이상 비는 아니다. 그런데도 우리는 비를 알고 비를 말하고 비를 알아듣는다. 이렇게 비를 가정하여 말할 수 있는 것도 언어의 가설 때문이다. 언어의 의미를 전문적으로 알지 못하더라도 누구나 언어의 기능을 이해할 수 있다. 그래서 변계소집은 언어의 가설로 존재하는 세계다. 여기에서 그릇된 착각이나 오해가 생긴다. 남의 설명만 듣고서는 그 말이 사실인지 아닌지 판단하기가 어렵다. 그런데 내 의식의 방향에 따라 본질과 상관없이 동의되기도 하고 부정되기도 한다.

유식삼성에서 가장 많이 드는 비유가 있다. 한 사람이 밤에 길을 가다가 기다란 뭔가를 밟았다. 그는 그것이 뭉클거리는 기분이 들어서 깜짝 놀랐다. 뱀을 밟았다는 생각이 들었기 때문이다. 등에서는 땀까지 흘렀다. 사실로 인식하여 반응하는 단계로서 여기까지가 변계소집성이다. 그는 횃불을 구해와서 자신이 밟은 것을 비춰보았다. 그런데 그것은 긴 새끼줄 토막이었다. 자신이 그릇 알았음을 비로소 알게 되었다. 새끼줄 때문에 뱀이라는 생각을 한 것이니까 의지한 근거를 찾을 수 있다. 즉 뱀은 개인의 경험상 연상작용으로 그릇 아는 것이고 오인한 것이며 이것은 새끼줄 때문에 일어난 일이기에 근거라는 뜻으로 의타기성이 된다. 그는 이 모든 정황을 파악하고 안심을 하면서 다음에 같은 상황이 일어나더라도 놀라지 않을 거라는 생각을 할 것이다. 나아가 모든 전말이 드러났고 진실을 알기가 매우 어렵다는 것도 깨달았다. 이 단계가 원성실성이다. 다시 정리해 보자.

변계소집성:
밤에 뱀을 밟고 매우 놀랐다.

의타기성:
횃불을 비춰보니 뱀이 아니고 새끼줄 토막이었다.
놀란 것은 새끼줄 때문이다.

원성실성:
자신이 뱀을 밟은 게 아님을 알게 되어 그로 인해 놀랐던 마음이 사라져서 평온해졌다.

변계소집은 일상의 활동 중에 일어나는 모든 감각의 수집 자체다. 그렇지만 스스로의 오류를 모른다. 분명히 보고 느꼈으니까 사실로 생각한다. 뭔가를 밟았고 그것이 뱀이라는 생각을 하고 무척 놀란 것도 사실이니까. 그런데 알고 보니 그것은 뱀이 아니라 새끼줄이었다. 그가 놀란 것은 새끼줄 때문이었고 새끼줄을 밟지 않았다면 뱀으로 착각할 이유도 없었을 것이다. 어떤 판단의 근거가 있었다는 뜻이다. 이제 모든 정황을 알았으니 더 이상 놀라지 않아도 된다. 우리가 얼마나 많은 그릇된 판단을 확신에 차서 주장하는지 단적으로 보여주는 예다. 중생의 미혹은 변계소집에서부터 시작되며 이 또한 중생에게 괴로움의 하나가 됨을 이해할 필요가 있다. 변계소집성에 대한 이해를 쉽게 하기 위해 공자님의 예를 하나 들겠다.

공자님이 제자들과 함께 주유천하하시던 때의 일이다. 기근이 들어 먹고 살기 어려운 어느 때였다. 공자님은 진과 채의 두 나라 사이에서 곤경에 처해 있었다. 마침 안회가 먹을 것을 구해 밥을 짓기 시작했다. 모두 여러 날 굶은 터여서 밥 익는 냄새가 더욱 향긋했다. 모두 밥이 익기를 기다리고 있었고, 안회가 솥뚜껑을 열었다. 공자님도 시선이 그곳을 향해 있었는데 갑자기 안회가 솥 속에 손을 넣어 밥을 떠먹는 것이 보였다. 공자님은 상수제자의 행동을 보고 무척 실망스러웠으나 표현을 하지 않고 식사를 기다렸다. 이윽고 밥이 다 되었다는 말을 듣고는 간밤에 조상을 봤는데 간단히 밥을 떠놓고 재를 올리고 싶다고 우회적으로 말했다. 제사음식은 먼저 손을 대면 안 되는 것을 짚은 것이다. 그러자 안회가 불가함을 말했다. 밥이 다 익었는지 솥을 열었을 때 큰 티가 하나 날아들어서 그것을 집어내던 와중에 손에 묻은 밥알 몇 개를 버릴 수가 없어서 입에 넣었다는 것이다. 이때 공자님이 하신 말씀이 이랬다.

눈은 보고 믿을 수 있는 것이지만 눈도 믿을 수 없고, 마음은 믿고 의지하는 것이지만 마음도 의지할 수 없구나. 너희들은 명심하거라. 사람을 안다는 것은 본래 쉽지 않은 일이다.

이 이야기는 『논어』에는 없고 『여씨춘추』에 소개되어 있다. 내 30대 때 애독서가 『여씨춘추』였다. 공자님은 인간의식의 허구를 어려운 논리보다는 이렇게 심리에 입각하여 가르침을 펴셨다. 변계소집성에 딱 들어맞는 이야기다. 우리가 세상의 모든 관계에서 얼마나 진실을 안다고 할 수 있을까, 하는 사유를 할 때마다 이 이야기가 떠오른다. 아름다운 이야기다.

둘째, 의타기성(paratantrasvabhava)이다.

변계소집이 언어에 의해 가설적으로 존재할 수 있는 것과 달리 의타기성은 언어를 넘어선 단계다. 실제적으로 확인을 하였기에 더 이상 말이 필요하지 않다. 오해가 풀리면 다 된 것이다. 의타기성은 존재하는 모든 것(전오식·제6식·제7식·제8식·51개 심소)은 다른 것을 의지하여 일어나는 것을 본질로 한다는 뜻이다. 앞에서 배웠던 인연생기의 연기법이 곧 의타기성이다. 연기는 원자의 화학반응처럼 자기 성질이 바뀌는 것과 같다. 만약 자기의 성질을 고집하면 화학반응이 일어나지 못한다. 변할 수 있다는 것은 자기 고유의 성질인 자성이 기본적으로 공이기 때문에 가능하다. 그래서 변하는 것은 자성이 없는 공이라고 하는 이유다.

백화점에서 옷을 한 벌 샀다고 해보자. 그곳에서는 예쁘고 맘에 들었는데 집에서 다시 입어보니 생각만큼 예쁘지 않았다. 왜 그럴까. 시간이 지나면서 마음이 바뀌기도 하고 조명이랄지 기분이 백화점에 있을 때와는 여러 가지로 변했기 때문이다. 그래서 엄밀하게 말하면 일체의 모든 조건은 변하기 때문에 어느 특정의 시점은 의미가 없어진다. 불교에서 마음의 집착을 내려놓으라고 하는 이유가 여기에 있다. 모든 것은 흘러가고 있으니까.

셋째, 원성실성(parinispannasvabhava)이다.

『해심밀경』에 따르면 원성실성은 선정 중에 발견되는 존재들의 진실한 본성인 진여(tathata) 혹은 여여함이다. 변계소집과 의타기성의 근거가 되는 대상들이 완전히 없어진 상태다. 따라서 완전하게 성취된 것을 본성으로 하는 것이다. 변계소집성은 옳지 않고 의타기성은 근거가 존재하고 원성실성은 깨달음에 의해 알게 된다. 의식의 표상들의 흐름은(의타기성) 고정된 실체가 없는(변계소집) 까닭에 주관도 대상도 단지 흐름 속에서만 떠오를 뿐이다. 『섭대승론』에서는 삼성설을 신기루로 나타난 물에 비유를 든다. 나는 미국 서부사막과 중국의 고비사막에서 신기루를 보았다. 안내자가 아무리 신기루라고 해도 농담으로 들렸다. 너무나 분명하게 바다가 출렁이고 있었으니까 말이다. 사람에게 진짜 물로 보이는 게 변계소집성이고, 진짜 물이 아닌 물로 인식된 아지랑이가 의타기성이고, 신기루로 나타난 까닭을 깨닫는 것이 원성실성이다.

따라서 완전한 깨달음에 이르지 못한 상태에서는 이 세계가 무엇인지 말하기 어렵다. 왜냐하면 무명번뇌로 덮인 우리의 분상에서의 생각이란 한갓 허망하고 그릇되기 때문이다. 다시 정리하여 말하면 변계소집성은 언어의 가설에 존재기반을 두고, 의타기성은 연기적 존재이며, 원성실성은 그 연기적 존재의 본성이다. 그래서 변계소집성은 언어에 의해 세워진 명언소계, 의타기성은 여러 조건의 화합에 의해 생긴 중연소생, 그리고 원성실성은 있는 그대로의 진여라고도 한다. 결론적으로 말하면 변계소집과 의타기는 잡념의 상이라고 알아야 하며 원성실성은 청정의 상을 갖는 것으로 생각하면 되겠다.

유식수행의 5단계

—

흔히 불교를 깨달음의 종교라고 한다. 따라서 교설의 핵심은 어떻게 깨달음에 이르며 깨달음에 이른 사람은 어떻게 살아가는지에 대한 가르침이라고 할 수 있다. 그 길은 시대마다 학파마다 선종의 종파마다 다르다. 유식은 삼성설 세 가지를 말한다. 그런데 중관은 변계소집성과 의타기성을 하나로 묶어 세속제로 보고 원성실성을 승의제로 본다. 불교공부를 하는 사람은 이런 표현에 유념하여 체계적으로 학습해 나가는 것이 좋다. 언어로 표현하자니 다르게 보이는 것인지 실제로 방법 자체가 다른 것인지는 여기서는 논외로 하겠다. 다만 표상적인 특징을 이야기하고 싶을 뿐이다. 세상의 모든 학문이나 종교가 그렇겠지만 불교도 이론과 실천에 따라 완성의 길에 이른다. 용수보살은 "지목행족으로 청량지에 이른다"라고 하셨다. 지목은 지혜로운 안목이고 행족은 발로 간다는 뜻으로 곧 이론과 실천을 말한다. 청량지는 깨달음의 세계다. 유식에서는 이 단계를 다섯으로 구분한다.

자량위: 양식처럼 수행에 도움이 됨
가행위: 더욱 가열차게 정진에 힘을 쏟음
통달위: 목적지의 입구에 거의 다다름

수습위: 반복해서 닦음

구경위: 궁극에 이름

자량위는 다시 인력·선우력·작의력·자량력의 넷으로 나뉜다.

인력은 자기 자신의 힘이 시작이므로 자신의 능력과 경험을 늘리도록 한다.

선우력은 좋은 벗을 만나는 것이다. 부처님은 좋은 벗의 필요성을 많이 설하셨다.

작의력은 마음을 한 곳에 집중하는 힘이다. 호모사피엔스는 밖으로의 상상력과 안으로의 집중력을 키울 수 있다. 상상력은 지식의 크기에 비례한다. 아는 만큼 상상할 수 있다. 그리고 내면의 집중력이다. 집중력을 키워야 파워가 커진다. 명상수행의 원리도 내면의 집중이듯이 이 집중을 통해 마음의 비밀한 영역이 열린다.

자량력은 자신의 먹을 양식을 자신 속에 심어가는 시작이다.

자량위는 또 지혜자량과 복덕자량으로 나뉜다. 지혜는 지식을 쌓는 것부터 시작하여 향상되고 복덕은 장애가 없이 살아갈 수 있는 근본이다. 모든 일이 그렇듯 그 시작은 믿음이다. 용수는 『대지도론』에서 "불법의 대해는 바른 믿음만이 들어갈 수 있고, 지혜만이 피안에 이를 수 있다"라고 하였다.

가행위는 수행에 힘을 더해가는 단계다. 『성유식론』에서는 가행위를 사신근이라 하여 네 가지 선을 생기게 하는 힘인 난위·정위·인위·세제일법위로 설명한다.

난위는 따뜻함을 말하는데 나무를 마찰하여 뜨겁게 하면 불을 얻을 수 있다. 곧 변계소집성처럼 대상이 실재하지 않음에도 불구하고 마음에 집착이 일어 뜨거워지려는 것을 알아차리는 단계다.

정위는 수행이 절정에 이른 단계다.

인위는 대상이 실재하지 않음을 확실하게 아는 단계로 인식의 지혜가 더욱 강해진다.

세제일법위는 대상은 물론 그를 인식하는 주체도 공함을 아는 세간중생의 최고의 단계다.

여기에서 다시 난위와 정위를 합하여 사심사(명·의·자성·차별), 인위와 세제일법위를 합하여 사여실지라 한다. 명은 명칭이나 이름, 의는 언어에 의해 나타나는 대상, 자성은 모든 것이 각자 자기만이 가지는 특성, 차별은 그 특성의 차이를 변별해 내는 것이다. 사여실지는 이 넷을 여실하게 확실히 앎을 말한다.

통달위는 일체가 식의 작용으로 인하여 나타나는 바임을 아는 단계로 거의 목적의 입구에 다다른 경지다.

수습위는 반복하여 닦음으로써 수행에 방해가 되는 번뇌로부터 벗어난 단계다.

구경위는 마침내 구경각을 증득하여 완전한 열반에 이른 경지다.

이제 마지막으로 유식에서 전오식부터 시작하여 제6식·제7식·제8식의 성질을 어떻게 설하는지 알아보도록 하자.

성소작지

궁극의 깨달음을 얻으려면 모든 감각의 수용단계인 전오식을 통해 성취해야 한다. 그 성취해야 할 바는 중생을 향한 이타행이다. 이타행이 있어야 선한 마음이 확장된다.

묘관찰지

제6식인 의식을 잘 활용하면 오묘하게 관찰하는 지혜가 생긴다. 의식은 요별경식이라 하여 대상을 잘 변별하는 지혜이기도 하다. 이것을 보면 제6식이 보통의 사람에게도 굉장히 의미 있는 부분임을 알 수 있다. 꼭 수행으로서의 관찰이 아니라도 일상에서 심사숙고하고 신중히 처신하면 많은 이익이 있다. 여기서의 관찰의 대상은 무상·고·무아라는 초기교설에 따라 살피는 것이다.

평등성지

제7식인 말나식의 전환으로 일체를 차별 없이 평등하게 보는 지혜다. 인평불어 수평불류라는 말이 있다. 난 이 말을 좋아해서 법련사 입구현수막에 적어 항상 걸어놓았었다. 사람이 공평하면 말이 없고 물이 평평하면 흐르지 않는다는 뜻이다. 사람은 마음이 평온하면 말을 잊는다. 시비가 사라지니까 그렇다. 물은 땅의 기울기에 따라 흐르는 속도가 다르다. 물은 땅과 상관없이 평형을 유지하려는 성질 때문에 법문에 나왔을 것이다. 그리고 자비심이 커지면 또 이런 경지의 습득이 빨라진다.

대원경지

크고 둥근 거울과 같은 세계다. 진리의 세계가 원으로 표현되는 것은 그 안에서는 시작과 끝이 사라지기 때문이다. 동국대 도서관의 3층 불교학 열람실에 가면 입구의 높은 곳에 틱낫한 스님의 'I'm home. I've arrived…' 친필 액자가 걸려 있다. 나는 집에 있네, 나는 도착했네! 나는 스님의 글을 좋아해서 갈 때마다 한 번씩 올려다보곤 했었다. 대원경지는 영원한 생명을 찾는 구법여행의 대단원이다. 둥근 거울처럼 일체를 비춰주지만 자신은 없다. 그래서 거울이다.

물은 생명의 시작이요 불은 인류문명의 시작이며 전기는 현대문명의 시작이라는 말이 있다. 나는 출가하여 지금까지 일체가 식이라는 유식의 언명에 대해 딱히 뭐라고 설명하기가 어려웠다. 그런데 최근에 물리·화학에 대해 틈틈이 공부하면서 깨달은 바가 있었다. 전기를 예로 들어 유식을 설명해 볼 수 있다. 앞에서 우주의 물질 간에는 네 가지 힘이 있다고 했다. 그중에 전자기력은 유일하게 인력과 척력(배척한다는 뜻)을 가지고 있다. 같은 극(+ : +)은 밀어내고 다른 극(+ : -)은 당기는 힘이다. 인력과 척력의 원천적인 힘이 전하(electric charge)다. 전하는 밀당을 가능하게 하는 힘이어서 밀당을 통해 전기와 자기가 만들어진다. 전기가 나에게 오기까지는 구성요소가 여럿이다. 전기가 발전소에서 방 안까지 오려면 전기가 흘러야 하는데 그것을 전류라고 한다. 그러면 전기에 관한 모든 요소가 서로 통하여 작동하려면 전체를 하나로 묶어주는 뭔가가 있어야 한다. 전기적인 모든 것을 하나로 묶어주는 것이 전기적인 성질인 전하다. 전하가 움직이거나 활동하지 않으면 전기는 존재하지 못한다. 우리가 전기를 만나는 것은 전기의 가장 근원적인 힘인 전하 덕분이다. 전기를 사용하려면 전하를 만들어야 한다. 다시 말해 전하는 양전하와 음전하의 밀당을 가능하게 하는 힘이고, 그 힘의 증폭에 따라 전압도 달라지는 것이다.

전기에 전하가 있다면 내가 작동하는 힘, 나와 타인, 사회의 모든 존재가 서로 연기하여 우리는 존재하고 있음을 느낀다. 그렇게 사람이 알고 행하고 관계하는 핵심은 무엇일까. 전하가 전기의 근원적인 근거이듯이 생명체의 근원이 바로 식이다! 식이 없으면 우린 존재하지도 않거니와 파헤쳐진 시계부품처럼 서로에게 아무 의미가 없게 된다. 식이 있어서 우리는 알고 느끼고 생각하며 살아간다. 유식에서 일체가 식이라고 하는 이유를 전기와 전하의 관계에 대입하여 이해하면 되겠다. 간단히 생각하자. 전기의 모든 것이 전하이듯이 존재의 모든 것은 식이다. 유식철학에서는 경이롭게도 그것을 본 것이다!

에세이 선종사

6

인명론

불교철학을 포함한 인도철학을 하는 전통적인 방법은 문(聞)·사(思)·수(修)의 세 가지로 말할 수 있다. 인도종교철학에는 요가와 선정 수행 같은 삼매를 추구하는 신비주의 전통이 있어서 이것이 정신적 특징이기도 하지만 어떤 주제에 대한 논증을 즐기는 전통도 있다. 논증은 논제가 논리적이며 합리적인지를 밝혀 참 명제를 드러내는 논리의 영역이다. 서양의 경우 종교는 철학적 사유가 배제된 셈족이 있고 철학은 신화나 종교를 벗어나 논리적·과학적 사고를 중시하는 희랍으로부터 기원한다. 종교와 철학이 분리됨으로 인하여 때론 대립과 갈등의 긴장관계를 갖는다. 반면 인도는 종교는 철학적이고 철학은 종교적인 분위기가 있어서 철학 없는 종교는 맹목이고 종교 없는 철학은 공허하게 생각한다.

불교의 시작은 부처님의 깨달음으로부터 기인한다. 불교는 '나'라는 존재와 세계는 어떤 관계로 성립되며 세상이 고통인 이유를 밝혀 중생을 해탈열반에 들게 하는 것을 목적으로 한다. 그러기 위해서는 반드시 분석을 통해 그 합당한 원인과 이유를 알아야 함은 물론이다. 그 사유방식이 바로 문·사·수이다. 서양철학에서 만물의 근원법칙이나 원리에 대한 학문으로 간주되는 논리학과 인식론이 인도의 불교나 철학에서는 생의 가치나 목적실현의 수단으로서 그 의의가 찾아진다. 현세의 고를 해결하는 실질적인 면이 불교 논리학의 색다른 면이기도 하다. 다시 말해 불교철학의 목적은 지혜를 증득하고 진리를 완성하여 삶의 궁극적 가치를 실현하는 것이다. 그 셋은 이렇게 설명된다.

문: 깨달은 분의 agama(성언·경전)를 듣고 이해하는 이론적 방법
사: 삼장 중에서도 논장으로 지혜를 터득하는 방법
수: 아가마에 따라 실참하는 유가행법이나 선정수행

위에서 알 수 있듯이 지혜와 선정을 함께 닦아가는 인도적인 방법과 달리 실제적이고 현세에 기반한 사유방식을 추구하는 중국에서는 초기수행의 유가행법이 선수행으로 변형되었다. 논리적이고 분석적인 불교적 전통이 한국불교에 이르러서는 교학보다 선종 우선의 분위기로 흘러가 버린 경향이 강하다. 이것이 한국불교가 유독 교학전통이 확립되지 못한 한 변이이기도 하다. 인명론은 선종의 법문을 이해하는 데에도 요긴하다. 선종법문도 나름의 공식이 있기

때문에 이 같은 논리구조의 지식이 필요하다. 이를 이해하면 선종의 말을 걸러서 들을 수 있는 귀가 열린다. 어떤 법문이건 언어문자로 나타나기 때문에 언설을 분석하면 그 말의 뜻을 어렵지 않게 찾아낼 수 있기 때문이다. 결국 말은 뜻을 나타내기 위한 것이다. 이제 불교철학의 논리적 측면인 인명론에 대하여 살펴보도록 하자.

인명의 정의
—

인명(hetu-vidya)이란 이유(因)에 관한 밝힘의 학문(明)이다. 이는 논리학에 가까운 개념이고 인식방법(pramana)에 관한 이론으로서의 인식론이기도 하다. 부처님은 제자들에게 설법을 하는 자리에서 대중의 이해를 돕기 위해 질문을 통해 논지를 이끄셨다. 논리전개로서의 인명이 본격적으로 드러난 것은 유식의 논사인 미륵·무착·세친에 의해서이다. 미륵은 『유가사지론』에서 보살이 배워야 할 학문으로 불교학(내명)·논리학(인명)·의학(의방명)·언어학(성명)·공예학(공업명) 등의 오명을 들었다.

인도논리학의 발전사는 크게 구정리학(Pracina-Nyaya)의 발전기(A.D. 1~5세기), 불교와 자이나 논리학의 발전기(A.D. 5~10세기), 신정리학파의 발전기(A.D. 10~15세기)의 3기로 구분된다. 이 중에서 불교논리학은 진나(Dignaga)의 『집량론』에 의해 독자적 체계로 정립되었고 다시 법칭(Dharmakirti)의 『양평석』에 의해 더욱 정교하게 다듬어졌다. 그러나 이 굉장한 저작은 한역되지 못하여 유식학이나 중관학이 중국사상에 미친 영향에 비해 진나학파의 영향은 크지 않다. 인명으로 알려진 불교논리학이 동아시아불교사에 알려진 것은 진나가 자신의 논리사상을 요약한 『인명정리문론』과 그의 제자로 추정되는 상갈라주보살(Sankarasvamin)의 『인명입정리론』 덕분이다. 삼장 중에서도 논장은 논증과 논박의 과정을 통해 전개된다. 이들 철학적 논서나 유식논서의 이해를 위해서는 인명에 대한 이해가 선행되어야 하기 때문에 『인명입정리론』은 중국의 유식논사들에 의해 많은 주석서가 나왔다. 두 논서가 동아시아 인명논리학의 교과서처럼 쓰인 이유다. 불교인식방법론에 의하면 인식대상과 인식방법에 대하여 다음과 같이 이분한다.

인식대상: 개별적인 것[自相]과 보편적인 것[共相]
인식방법: 개별상을 인식하는 지각(pratyaksa)과 보편상을 인식하는 추리(anumana)

개별적인 자상은 자기에게만 의미가 있는 것이며 보편적인 공상은 모두가 함께 이해하는 것들이다. 예를 들면 이 001번 버스를 타야만 집에 갈 수 있다는 인식은 개인에게만 속하는 반면 공상은 모든 사물에 대한 보편타당한 인식이 그것이다. 이처럼 경험에 의하건 현상에 의하건 인식은 모두 판단으로 이어진다. 또 인식에 직접적인 것과 간접적인 것이 있듯이 지각판단도 직접의 지각판단과 간접의 추리판단으로 다시 구분된다. 이제 논리의 중요한 지점에 들어가는데, 인간이 사물을 보고 판단하는 데에는 직접 보거나 듣지 않아도 얼마든지 예측하여 대응할 수 있는 이유는 추론이라는 정신활동이 있기 때문이다. 만약 추론해 내는 능력이 없다면 상호간에 어떻게 설명을 할 것이며 어떻게 알아들을 수 있겠는가.

학문의 모든 설명은 고유의 용어가 있기 때문에 생소한 영역에 들어가면 어려움을 느낀다. 마찬가지로 말하는 사람도 어떤 것을 설명하기 위해서는 학문적으로 약속되거나 정의된 용어를 써야 한다. 내가 쓰고 싶다고 하여 아무 말이나 쓸 수는 없다. 그래서도 안 된다. 그렇기에 어쩔 수 없이 용어는 고유한 것을 써야 하기 때문에 아무리 쉽게 이야기하고 싶어도 한계가 있다. 그러니 불교공부를 하는 사람은 고유한 용어는 용어대로 익히고 무엇을 말하고자 하는지 그 논지를 찬찬히 이해하면 도움이 될 것이다.

예를 들면 다음의 명제가 있다.

저 산에 불이 있다. 연기가 있기 때문에.

멀리서 산에 연기가 일어나는 것을 보고, 산에 불이 났다고 생각하는 이유는 불이 보이지는 않지만 연기라는 근거를 통해 경험적으로 불과 연기가 동시적으로 존재하는 것임을 알기 때문이다. 따라서 불을 보지 못해도 불이 있다는 것을 남에게 증명하는 것이 가능하다. 추리는 보이지 않는 추상적인 개념도 이처럼 얼마든지 논증을 할 수 있는 것이다. 이런 원리에 따라 우주의 보이지 않는 이면을 추론해 낼 수 있다. 그래서 우리는 실제 경험하기 위한 시간이나 공력을 들이지 않고도 간접적으로 충분히 실제에 가깝게 인식하는 것이

가능하다. 이것을 간접적인 인식인 추리의 세 가지 개념을 예를 들어 설명해 보자.

종:	주장(paksa):	"저 산에 불이 있다."
인:	이유(hetu):	"왜냐하면 연기가 있기 때문이다."
소증:	실례(sadhya):	"불이 없으면 연기도 없다, 호수처럼."
		"불이 있으면 연기가 있다, 아궁이처럼."

종은 논증의 주제로서 추리되는 대상(sadhya)을 소유하고 있다고 예상됨으로써 그에 대한 논증을 하고자 하는 추리의 주제다. 산이 추리대상인 불을 가지고 있다고 의심되는 추리의 주제다. 인은 추리의 근거이자 이유로서 증표(linga)·능증(sadhana)이라고 부른다. 추리의 주제와 추리대상을 연결시켜 주는 매개자로서 추리의 중심을 이루는 요소이므로 불교논리학은 인명을 이유에 관한 학문이라고도 한다. 추리란 지각되는 어떤 증표를 통해서 지각되지 않는 대상을 인식하는 것이다. 따라서 추리의 맞고 그름은 거의 인의 정답 여하에 좌우되며 이는 세 가지 특성에 의거한다.

인은 추리의 주제에 그 속성으로 존재해야 한다(불의 증거인 연기는 그 산에 있어야 함)

인은 동류의 전부 혹은 일부에 존재해야 한다(연기가 있으면 불은 반드시 있지만 불이 있다고 연기가 있지는 않음. 불에 단 쇠는 뜨겁지만 연기는 없는 경우에 해당함)

인은 다른 종류에는 반드시 없어야 한다(호수는 불을 가지고 있지 않음)

추리는 이처럼 주장·이유·실례의 진술을 통해 상대에게 인식시키는 방법으로 삼지작법이라 한다. 추리의 결론인 주장을 제시하고, 그 주장을 지지해 주는 근거나 이유를 대고, 마지막으로 다시 주장과 실례 사이의 필연적 수반관계를 진술하면 된다. 이와 같이 어떤 주장을 펴기 위해서는 필연적으로 논증이 따라온다. 논증, 논박, 그리고 그 각각의 오류는 남을 이해시키기 위함이며 지각, 추리, 그리고 그 각각의 오류는 자신의 이해를 위한 것이라고 하는 이유가 여기에 있다. 즉 스스로 어떤 사건을 인식하기 위해서는 지각과 추리의 두 인식방법을 도구로 잘 활용할 필요가 있다.

다음은 인명학의 범위, 키워드로서 인식, 관계의 두 의미에 대해 알아보도록 하겠다.

인명학의 범위
—

중국·한국·일본으로 전파된 동아시아의 불교논리학은 현장 역경의 『인명입정리론』을 중심으로 하고 『인명정리문론』을 보조적으로 삼아 이루어졌다. 이는 동아시아와 티베트로 전해진 전적과의 사이에 서로 선호하는 바가 다르거나 어떤 경우에는 빛을 보지 못한 전적이 있었기 때문이다. 예를 들면 인명론도 티베트에는 법칭의 『양평석』이 주요 위치에 있는 것과 같다. 여기선 『인명입정리론』에 분류된 내용을 간략히 소개한다.

> 자오(自悟): 자기의 인식을 위한 방법(량, pramana): 현량(現量)·비량
> (比量)
> 오타(悟他): 내가 아는 바를 남에게 전하거나 인식시킴: 능립·능파·
> 사능립·사능파

불교논리학에 따르면 자기의 인식을 위한 방법엔 현량과 비량 외에
는 없다고 본다. 왜냐하면 대상은 특수한 것(자상)이거나 보편적인
것(공상) 둘 중의 하나이기 때문이다. 사실 그렇지 않은가. 세상의 대
상을 볼 때에 나만의 생각으로 보던가 아니면 공통의 입장에서 보던
가 하는 둘 중의 하나 말고는 없다. 그래서 안·이·비·설·신 전오식
은 내 몸이자 내 느낌이니 현량이고, 색·성·향·미·촉의 5경도 현량
이자 자상이다. 그 외 6식이나 법은 공상에 속한다. 한편 비량은 추
상에 관여한다. 논리학에서 량(量)은 정지(正知, samyag-jnana)로서 바
른 앎이라는 뜻이다. 논리에서 정지의 개념을 이해하기 위해서는
'호수엔 불이 없다'는 것처럼 먼저 정지에 들지 않는 인식을 배제할
줄 알아야 한다. 따라서 량은 항상 새롭게 일어나는 일에 대한 인식
이며 그 인식에 근거한 행위의 결과가 기대에 어긋나지 않고 원하는
바를 성취시켜 줄 수 있는 인식이어야 한다. 이 말은 올바른 인식은
바른 일에 쓰이는 것이며 기대하는 바대로 원하는 바를 성취하기 위
해 필요한 인식의 도구로 활용하라는 의미다.
　　자오에서 현량(pratyaksa)은 안·이·비·설·신 다섯 감각기관에

직접적으로 받아들여지는 감관의 작용으로서 분별까지는 하지 않는다. 현량으로 한역된 pratyaksa는 각각을 뜻하는 접두사 prati와 눈으로 대표되는 감관을 뜻하는 aksa가 결합된 복합어로 각각의 대상에 대응하는 감관의 작용을 의미한다. 비량이 언어와 개념을 매개로 추상적인 논지를 펼 수 있는 간접적으로 작용하는 것과 다르게 현량은 분별이 없는 직접적이다.

비량은 전오식으로 들어온 정보를 제6식으로 분별하듯이 현량이 비량으로 바뀐다. 비량은 판단하고 추론까지 할 수 있다. 연기를 보고도 불을 알고 담장에 뿔이 보이면 소가 지나가는 것을 아는 영역이니 일상에서도 매우 유용한 개념들이다.

다음은 오타에 대해 알아보자. 자기가 안 것을 타인에게 전달하고 인식시키는 방법은 넓은 의미에서 비량에 속한다. 먼 산에 연기가 피어오르는 것을 보고 불이 났음을 알면 그만이다. 그런데 남에게 그것을 인식시키려면 언어의 형태로 명료하게 증명해야 한다. 자오의 현량과 비량이 인식을 근간으로 함에 비하여 오타는 언어를 그 근간으로 한다. 따라서 언어의 논증을 위한 도구로 종(주장)·인(이유)·유(실례)의 세 가지가 필요함은 앞에서 설명한 바다. 이 세 요소로써 타인에게 자기가 알고 있는 것을 알려주는 방법이 능립(sadhana)이다. 그리고 능파는 논박으로서 상대방의 논증의 오류를 지적하여 바로잡는 것이다. 오타의 사능립은 그릇된 논증 혹은 논증의 오류를 말하는데 그 종류는 종의 오류 9가지, 인의 오류 14가지, 유의 오류 10가지 등 모두 33종의 오류가 설명된다.

논증에서 오류(사능립)는 논증이 바른 것이 되기 위한 규칙과 기준을 설정하는 것이다. 또한 올바른 논박과 그릇된 논박의 기준이기도 하다. 논박이란 상대방의 논증에 오류가 있음을 지적하는 것이고 그릇된 논박이란 상대방의 논증에 오류가 없음에도 잘못이 있다고 주장하는 등의 차이를 밝히는 것이다. 변증법적 논증은 서양철학의 중심적인 방법이지만 인도의 제반철학에 있어서도 활용되어 온 중요한 방법이라고 할 수 있다. 토론과 논쟁의 과정에서 나와 남의 오류를 찾아내어 사상의 발전을 이루는 것이 인식전환의 중요한 덕목임을 기억할 필요가 있다. 다음은 논리학에서 파악하는 인식과 관계를 키워드로 정리해 보겠다.

인식
—

불교논리학의 주제는 정지(바른 앎)이다. 이를 알기 위해서는 정지를 탐구하는 이유가 무엇이며 그 탐구의 목적은 무엇인지 살펴봐야 한다. 정지는 인간의 목적달성에 빠질 수 없는 덕목이다. 바른 앎이 없이 어떻게 바른 삶이 실현되는 일이 가능하겠는가. 인간은 행복추구의 권리가 있다. 따라서 그 행복의 대상을 얻으려고 욕망하며(upadeyartha) 반대로 손해와 괴로움을 주는 일은 피하려고 또 욕망한다(heyartha). 산스크리트어 artha는 추구하다, 욕망하다를 뜻하는 어근 art에서 도출된 명사로서 대상, 사물, 목적, 가치 등의 여러 의미를 갖는다. 인간이 지각하는 대상은 취하려는 욕망을 불러일으키기도 하고 피하려는 욕망을 일으키기도 한다.

인도인식론은 일반적으로 인식현상을 인식주체·인식대상·인식수단·인식결과의 넷으로 구분한다. 그에 대한 비유로 나무꾼이 도끼로 나무를 절단하는 것을 든다. 인식주체는 나무꾼이고 인식대상은 나무이며 인식수단은 도끼이고 인식결과는 나무의 절단이다. 인식수단은 인식결과를 일으키는 가장 효과적인 원인을 무엇으로 삼느냐는 것이어서 그에 따라 그 가치가 달라진다. 법상은 그의 논서인 『정리일적소』에서 "모든 인간의 욕망의 성취에는 바른 인식이 선행되며, 그것을 규명하기 위해 논서에 착수했다"고 서두에 밝힌다. 논서의 주제인 정지가 인간 삶의 성취에 목적을 둔다는 뜻이다.

그렇다면 바른 인식은 무엇인가. 그것은 스스로의 기대에 어긋나지 않은 방향으로 향하는 것이어야 효과적인 것이 된다. 그 첫 시작은 정해진 대상에 주의를 돌리고 집중하는 것이다. 바른 인식은 지각과 추리의 두 가지를 들기 때문에 이 수단을 적절히 활용하면 그 인식행위의 결과로 정지가 확정된다. 이때 비로소 인식활동의 기능이 마쳐진다. 만약 종료가 되지 않았다면 인식행위는 멈춰질 수 없다.

관계

—

관계는 철학에서 중요하게 다루어지는 주제다. 관계는 나와 사물 외에도 인간경험에서 필연적으로 발생하는 개념이다. '책상 위에 책이 있다'라는 명제를 보자. 책상이라는 실체와 책이라는 실체가 연결고리를 갖고 있다. 책상 위에는 책 말고 다른 것은 없다는 강조도 되고, 책은 바닥이 아닌 책상 위에 있음으로써 있어야 할 곳에 위치하고 있다는 신뢰를 준다. 이렇게 일상의 경험에서 이루어진 개념은 나만의 판단 외에도 다수가 인정하는 확증된 사실로 삼을 수도 있는 것이다. 관계(relation)에 상응하는 산스크리트어는 sambandha이며 이 말은 함께를 의미하는 sam과 묶는다, 속박한다를 뜻하는 bandh에서 파생한 것이다. 함께 묶음이 곧 관계의 특징인 것이다.

7

여래장사상

여래장은 범어 tathagata-garbha의 번역으로 모태 혹은 태아·씨앗을 뜻한다. garbha는 또 자궁의 뜻이 있듯이 어떤 것의 가장 근원인 중심부를 의미한다. 여래장의 개념을 이해하면 나중에 선종을 이해하는 데에도 큰 도움이 된다. 모든 중생이 여래장 자체이면서 여래장을 가지고 있다고도 말할 수 있다. 여래장사상이 나온 배경은 사람이 깨달음을 얻어 부처가 된다는 주장을 하려면 사람과 부처가 같은 원리로 구성되며 작동하는 방식도 동일해야 하기 때문이다. 그 동일성의 근원이 곧 불성이고 여래장이다. 이로써 인간과 부처가 다르지 않고 누구나 가지고 있는 불성이 부처라는 나무로 자랄 것이라는 확증으로 삼을 수 있기 때문이다.

　인도대승불교에서 중관·유식사상과 더불어 중요한 위치를 점하고 있는 것이 여래장사상이다. 하지만 중관과 유식이 독자적인 학파를 형성한 것에 비해 인도와 티베트에선 이 사상이 학파를 이루지는 못하였다. 동아시아불교와 달리 티베트불교의 특징 가운데 하나는 가능하다면 언제나 주석서라는 매개체를 통해 경전에 간접적으로 접근하는 경향이 강하다는 점이다. 티베트에서 여래장에 대한 모든 논의가 미륵의 저술로 믿어지는 『보성론』과 그 주석에 대한 해석에서 출발한다. 『보성론』에선 두 가지 유형의 진여에 대해 염오진여와 무염진여로 설명한다. 이런 논리전개 방식은 후대의 선종에 영향을 미친다. 『보성론』은 이처럼 티베트에서 중요한 논서였지만 마명의 『대승기신론』에 가려 빛을 보지 못하였다. 중국인들의 취향엔 후자가 더 당겼던 것일까? 여래장사상을 처음 설했던 경전은 『여래장경』(A.D. 3세기 중반 추정)이다. 경전에서는 이렇게 여래장을 설하고 있다.

> 모든 중생들이 비록 탐욕·성냄·무지의 번뇌 속에 있을지라도 그들은 부처의 지혜와 부처의 눈, 선정 속에서 굳건하게 앉아 있는 부처의 몸을 가지고 있다. 따라서 번뇌에 휩싸여 윤회하고 있을지라도 그들은 공덕이 있으며 항상 청정하므로 나와 다를 바 없는 여래장을 가지고 있다. 이와 같이 관찰하면서 부처님은 번뇌를 제거하고 불성을 나타내기 위해 법을 설하였다.

여래장사상의 기원은 초기불전의 심성본정 혹은 자성청정심의 교설로 올라간다. 마음은 밝게 빛나고 있지만 일시적으로 번뇌에 오염되어 있을 뿐이라는 것이다. 이 자성청정심의 사상은 『반야경』, 『법화경』, 『유마경』 등의 대승경전으로 이어진다. 『여래장경』에서 비롯된 여래장사상은 『부증불감경』, 『승만경』으로 계승되면서 이론적으로 더욱 정교해진다. 『여래장경』의 "모든 중생은 여래장을 가지고 있다"라는 가르침을 계승하여 『열반경』에서는 "일체중생 실유불성"이라고 설한다. 이제 여래장에서 불성으로 개념이 서서히 바뀌는 것이다. 여래장사상의 발전과정에서 후대에 속하는 『능가경』, 『대승기신론』, 『승만경』은 여래장이 윤회와 열반의 바탕이라는 사상을 더욱 밀고 나가서 여래장과 아뢰야식을 동일하게 보기에 이르렀다. 여래장사상이 독자적인 불교사상으로 출발하였지만 여래장·불성을 아뢰야식과 동일시하는 과정에서 유식파에 흡수되어 개별적인 학파로까지는 발전하지 못한 이유가 될 것이다.

8

밀교

밀교는 불교의 힌두교화 또는 힌두화된 불교라고 할 정도로 힌두교에서 많은 영향을 받았다. B.C. 6세기경 불교가 발생했을 때 인도는 이미 1,000년이 넘는 아리안족의 베다문화와 토착민들의 인더스문명이 흐르고 있었다. 아리안의 베다문화는 인도 입장에선 정복자의 문화였지만 포용하고 동화되어 갔다. 4베다 중에서 주술과 주문을 모은 『아타르바베다』가 밀교와 관계가 있다. 불교는 바라문교의 희생제의나 주술을 거부하고 합리적인 종교로서 출발하였지만 인도민중 저변에 깔린 정서를 뛰어넘기에는 한계가 있었다. 초기엔 대승경전에 대한 신앙의 공덕을 선양하는 한편 명상이나 요가수행에 주문을 외우는 다라니나 만트라가 수용되었다. 마침내 대승불교의 반야·유식·여래장사상을 바탕으로 독자적인 수행체계를 발전시킨『대일경』,『금강정경』,『이취경』등이 만들어졌다. 대승불교 초기의『반야경』,『법화경』,『화엄경』,『정토경』등에서 보이는 순수한 종교적 열정이 시들어가고 중기 이후의 대승은 학문적이며 아비달마적 불교로 변모해 가면서 이론체계는 점점 난해해져 갔다. 이런 상황에서 불교는 힌두의 여러 요소들을 수용하여 대승불교의 기본 개념인 공·반야·방편·자비·여래장사상으로 뒷받침하며 힌두교를 불교화시키는 데 성공하였다. 그것이 밀교의 배경이다.

밀교의 특징은 다음 몇 가지를 들 수 있다.

첫째, 법신불을 본존불로 삼는 것이다. 밀교는 비밀스런 가르침이란 뜻으로 모든 것을 드러내어 밝히는 기존 불교의 가르침을 현교라고 한 것에 대비한 이름이다. 불교가 현교적인 의미로 석가모니 부처님을 현세의 본존불로 삼은 데 반하여 우주의 삼라만상은 비로자나불(대일여래)의 현현이며 대일여래와 합일하면 즉신성불할 수 있다고 가르친다.

둘째, 주문을 외우는 방식은 삼밀가지라 하여 신밀·구밀·의밀의 비밀을 지니는 것이다. 법신불은 모습과 형태가 없기 때문에 드러나지 않고 오직 비밀스럽게 합일을 구하여야 한다. 신밀가지는 수인을 맺고 구밀가지는 입으로 진언을 외우며 의밀가지는 대일여래를 관상하는 방법이다.

셋째, 신비주의적이고 상징인 것을 쓴다. 모래가루에 염료로 색을 만들어 일체가 중심과 외곽이 하나로 통하는 도형을 만들어 채워가는 만달라가 대표적이다.

넷째, 현세긍정적인 자세다. 생사와 열반, 번뇌와 보리, 부처와 중생 같은 이원적인 대립을 바탕으로 한 부파불교와 달리 생사즉열반·번뇌즉보리·심불중생무차별을 내세운다. 몸 자체가 불이요, 현실세계 자체가 비로자나불의 화장세계이며, 예토가 곧 정토라고 보는 것이다. 또 인간의 욕망을 긍정하여 일체가 보살의 행이라는 파격적인 교설을 편다.

다섯째, 복잡하고 정교한 의궤가 있다. 항마를 위한 조복법이랄지 만달라 조성 등 화려하고 다채로운 의식작법은 민중들을 끌어들이는 방편으로 활용되었다. 현세기복적이고 주술적인 요소가 모두 밀교에서 확립되어 퍼져나간 것이다.

이상으로 인도의 문화와 사상 속에서 불교가 어떻게 태동하고 그 사상을 전개시켜 나아갔는지 개괄해 보았다. 강의나 법회에서 중국불교나 선종사만 가지고는 불교를 설명하는 것에 항상 부족함이 남았다. 워낙 오랜 역사와 방대한 분야 속의 자료들까지 한 사람이 다 이해하기는 쉽지 않은 일이다. 그래서 누구든 책 한 권만 가지면 불교와 선종을 알 수 있도록 에세이 형식의 책을 써보고 싶었다. 인도 이야기를 제법 많은 분량으로 소개한 것은 그 정도라도 알고 나면 본격적인 중국불교사와 아울러 선종사를 풀어볼 수 있겠다는 생각이 들었기 때문이다.

이제 카라코람 산맥과 실크로드를 역으로 넘어 동진하는 불교, 중국인이 이해하고 받아들인 불교 이야기를 시작해 보자.

III

중국의 역사와 사상

역사와 사상사의 의의

한 민족의 역사와 문화, 사상을 논하는 것은 각각의 함의가 넓고 깊어 고찰하기가 쉽지 않다. 더욱이 단일문화를 추구하고 형성해 온 유구한 역사를 지닌 중국의 경우엔 한층 고찰의 안목이 요구된다. 그렇다고 그 작업을 멈추면 과거만 묻히는 것이 아니라 미래를 보는 안목도 불투명해진다. 따라서 과거의 시간을 들여다본다는 것은 미래의 비상을 위한 유의미한 일이 된다. 역사의 지식은 과거에 정신적으로 어떤 일을 했는가에 관한 이해이다. 사상은 역사 속에서 더디게 발전한다. 역사는 과거의 시간 속에 출현했던 인물이나 사물 혹은 사건들이 그 시간에만 머물지 않고 면면히 이어져 영향을 미친다. 그렇기에 역사는 분명 느슨하고 천천히 움직이지만 나름의 질서가 있다는 것을 발견할 수 있다. 시의 운율처럼 리듬을 타고 안

개처럼 우리를 적신다. 그 영향은 인류에 축적된 지식과 기술이 그 하나요, 오랜 시간 동안 반복적으로 사유해 온 문제와 그것을 통해 형성된 관념, 세대를 이어가며 추구해 온 우주와 인생의 의미, 그리고 우주와 사회와 인생의 문제에 관한 관념과 방법이다.

사상사는 연속성을 추구한다는 특성이 있다. 우주에 관한 지식과 역사적 시간에 관한 지식은 고대사상의 토대가 되었다. 천문에 대한 관측과 체험을 통해 고대중국인들은 우주공간에 관한 지식을 확립하는 한편 이를 통해 중국사상세계는 경험이나 기술상의 합리성을 제공받았다. 예를 들면 중국전통사상에서 역(易)은 변화의 측면, 예(禮)는 행위의 측면, 서(書)는 정치의 측면, 시(詩)는 풍자의 측면, 악(樂)은 조화의 측면, 춘추(春秋)는 인간을 다스리는 것으로 축약한다. 이처럼 경전은 정신과 인격뿐만 아니라 우주·정치·자연·사회 각 방면까지 모든 영역을 다루고 있다. 사상의 물길은 지식의 축적과 변화를 이끄는 측면이 분명 있다. 때로 지식의 축적이 사상 수용의 전제가 되며 지식의 변화는 사상변화의 조짐으로 작용한다. 서로 다른 시대의 지식과 지식의 상이한 전파방식 그리고 서로 다른 계층의 지식취향은 각기 서로 다른 사상을 도출하며 나름의 사상적 지지배경이 된다. 이처럼 각기 다른 지식 속에서 풍부한 사상 세계가 생성되는 것이다.

사상사의 고찰은 역사 속에서 사상의 노정을 만드는 안내도로 비유되곤 한다. 만약 역사의 시간 속에서 실제로 존재하는 사상역정을 사상사로 칭한다면 사상과정의 진행에 대한 그 어떤 진술도 마땅히 사상사로 받아들여질 수 있다. 사상사가 후세 사람들의 상상과 이해·해석이 덧붙여지고 문자로 기록되어 사상사로 완성되었을 때 비로소 역사적 시간 안에서 이루어진 사상노정의 안내도가될 수 있다. 사상사의 고찰에서 중요한 것은 사실을 확립하는 것, 그 가치를 평가하는 것, 마지막으로 그 사상사를 따라가며 여행하는 것을 들 수 있다. 사상의 강은 그 물줄기가 흘러가려는 의지와 함께 그 맥락 자체를 보여준다. 그래서 사상사에는 연속성과 정체성 외에도 그 전개의 맥락이 있다.

사상사는 변화로 충만한 시대 외에도 평온하게 지속되는 시대도 담아내야 하지만 사상이 정체되어 있다거나 눈에 띄게 평범함이 두드러지는 시대는 서술되지 않기도 한다. 그렇다고 그 시간이 역사의 공백은 아니다. 사상사가 서술하는 것은 시간의 흐름 속에서 사상이 구조를 만들고 형태를 갖추며 변화하는 연속성을 지닌 역사이다. 기억되는 역사이자 새롭게 해석되고 이야기되는 역사 말이다. 사상의 연속성을 논할 때 사용하는 단어 중의 하나가 영향(influence)이다. 그 영향은 역사가 되고 문화가 되어 그 민족의 삶에 스며든다. 그래서 그 일을 보면 그들을 알 수 있고 그들을 보면 그일이 이해되는 것이다.

사상사연구에서 조심스러운 것은 인간들의 심리구조 가운데 퇴적된 문화전통 속으로 깊이 파고들어 탐구해야 한다는 것이다. 따라서 고대중국사상이 중화민족의 심리와 사유에 어떻게 작용하고 무엇을 형성시켰으며 그로 인한 영향은 무엇인지 총체적으로 읽어내야 한다. 그렇다면 문화심리구조란 무엇인가. 그것은 중화민족의 심리구조 가운데 축적되어 있는 문화의 의미다. 이 문화는 여러 가지 다양한 방식과 형태를 통해 사람들의 사상·이해·인식·행동·생활에 직접적인 영향을 주거나 지배하여 내재된 심리 속에서 감정으로 배태된다. 그러므로 문화심리구조는 일종의 민족성 또는 민족적 지혜라는 의미를 가지게 된다. 다시 말해 중화민족의 사유능력 외에도 모든 심리일반과 정신역량을 포함한 다층적인 뜻이 된다.

그렇다면 민족마다 역사가 다르게 진행된 이유는 무엇인가. 그것은 생물학적 차이가 아니라 환경적 차이가 크게 작용한 까닭이다. 지리환경은 분명히 역사에 영향을 미친다. 문제는 그 영향력이 얼마나 크며 역사의 광범위한 경향도 지리적 환경으로 설명할 수 있는지를 밝혀내는 일이다. 중국인들이 좋아하는 말 중에 '남귤북지'라 하여 남쪽에서의 귤이 북쪽에서는 탱자가 된다는 것이 있다. 이것은 그들의 우주관을 잘 나타내 주는 말이다. 중국은 일찍이 『주역』을 완성하여 세상의 변화를 읽어내기 위해 지혜를 모았다. 현세주의적인 그들의 생활양태도 여기에서 기인한다. 그리고 국가적으로 확대해서는 항상 통일을 지향했다. 중국의 지형은 유럽과 다르다. 유럽은 반도와 섬, 산맥이 지형을 결정하는 형국이라서 본질적으로 독립적이며 통일을 거부하는 경향이 강하다. 그들은 땅을 얻으면 성부터 쌓는다. 반면 중국은 거대하지만 한 덩어리여서 한 번 휩쓸리면 그 파급력을 걷잡을 수 없다. 그들에게 가장 큰 위협은 분열이다. 그것은 어떤 희생을 치러서라도 응징한다. 중국역사가 기본적으로 통일을 지향하는 이유를 이해하지 못하면 그들을 알기 어렵다.

중화민족을 이해하는 중요한 전제는 중국문명을 창조하고 지속한 이들이 계속 동일한 민족이었다는 사실이다. 부단히 확장되고 새로운 피가 늘었을지언정 그들은 동일민족의 동일문화였다. 마치 강에 흘러드는 지류가 아무리 많아도 본류가 바뀌지 않는 것과 같다. 명칭도 변화하여 본류의 처음은 하(夏), 나중엔 화하(華夏), 지금은 중화민족이라 불린다. 그들이 창조한 것도 단 하나의 문명이었다. 이 문명은 하·상·주부터 근현대에 이르기까지 3,700여 년 동안 중단된 적이 없다. 인류사에 장구하면서도 단절되지 않은 유일한 문명이다. 그것이 가능했던 이유는 고대문명의 행운의 생존자가 아니라 강인한 생명력을 지녔기 때문일 것이다. 고대로마의 가장 귀중한 유산은 로마법과 기독교이다. 반면 중국고대사의 상나라는 청동기와 갑골문이라는 위대한 발명품이 있었다. 갑골문이 현 한자의 원형이다. 한자는 확실한 기호다. 중국문명이 그 오랜 기간 단절되지 않고 이어져 온 데에는 은·상의 갑골문과 진시황의 문자통일 정책의 공이 가장 크다고 한다. 아무리 오랜 전적이나 명문이라 해도 혼란 없이 정확하게 읽어낼 수 있는 것이 전부 한자의 공로다. 그리고 중국은 유가(儒家) 주류의 식자층이자 중화문명의 수호자인 사대부가 버틴 나라다.

개인도 그렇고 한 민족에게도 정체성(identity)이란 게 있다. 정체성은 항구적인 이야깃거리다. 그것은 현실로 역사로 신화로 표현되기도 한다. 이 정체성이 나는 비로소 나이며 우리는 비로소 우리라는 동질감을 준다. 신화는 사실 여부를 따지는 성질의 것이 아니다. 그것이 아무리 납득하기 어려운 이야기일지라도 그 이야기가 있는 민족과 없는 민족은 다르다. 이야기를 만들면 그 내면에 정신이 깃드는 법이다. 이런 과정을 통과해야 비로소 나는 나로 존재하는 것이다. 중화민족은 창조자나 그에 버금가는 신이 없다. 그럼에도 흔들리지 않고 모여들 수 있었던 것은 오직 문화의 힘이다. 그들의 종교는 조상이고 사회의 틀은 예와 악이라는 두 축이다.

"개체발생은 계통발생을 되풀이한다"라는 생물학적 정의를 우리는 안다. 계통 속의 개체는 과거의 거울을 통해 계통의 혈관을 들여다볼 수 있다. 이를 통해 우리는 과거의 일을 교훈으로 살려내기도 하고 미래의 방향타로 삼을 수도 있다. 개체와 계통을 선종 식으로 말하면 계통은 종(宗)이다. 그래서 선종사는 종으로써 큰 줄기를 세울 수 있다. 바로 5가(家)7종(宗)의 선종사다. 인도사상의 기원과 불교의 전개사를 거쳐 이제 이야기는 중화민족의 강에 다다랐다. 이 책의 본류는 이제부터다. 이야기는 중국고대사인 선진 시대로 거슬러 올라가 그들 사상의 역사와 문화, 정치적인 의의까지 그 연원을 살펴보는 것부터 시작할 것이다. 그리고 진·한 시대를 지나서부터는 불교의 전래와 역경, 그리고 선종사의 흐름은 어떤 맥락에서 이해해야 하는지를 밝히는 것이다. 무엇보다 긴장감을 갖고 병행하는 주제는 중국유가의 전개과정을 함께 고찰하는 것이다. 이를 통해 중국인들이 이해한 불교는 무엇이며 과거의 선종을 통해 미래의 선불교는 어떻게 나아가야 하는 것인지가 이 글의 귀착점이다.

이제 본격적으로 중국의 역사와 문화를 살펴보자.

2

중국고대사와 문화

인류사회의 발전은 원시공동체에서 시작하여 순서대로 씨족→부락→부락연맹→국가로 이어졌다. 이것은 점→편→권→국으로의 공간확장이다. 이것을 중국민족 선사시대의 문화적인 코드에 대입하면 권력형태 변화의 시기별로 생식숭배→토템숭배→조상숭배로 나눌 수 있다. totem은 인류문명의 발달과정에서 우주세계관의 하나이자 거의 모든 문화권에 나타나는 모델이다. 원시종족에게 토템은 곧 국가이자 국기, 국가의 상징과도 같으며 공동의 조상이자 정체성이기도 하다. 예를 들어 어떤 종족집단이 매를 토템으로 삼았다면 그 종족의 구성원들은 자신들이 신성한 매의 자손이며 매의 종족이라는 생각을 하며 살아갈 것이다. 토템은 본래 북아메리카 오지브와족의 말로 '그의 친족'이라는 뜻이다. 토템제도와 숭배의 기본교의는 종족집단의 모든 구성원들이 혈연관계의 친소와 상관없이 동일한 조상에서 기원한다는 믿음이다. 토템이 생기고 나서 천하는 남성중심으로 변한다. 그리고 중국은 다른 민족이 신으로 가는 것과 달리 조상숭배로 향했다. 세계사적으로 동아시아를 제외하고는 조상숭배가 종교의 자리에 들어선 것은 중국이 유일하다.

중화민족은 세계 다른 민족과 마찬가지로 문명사회가 출현하기에 앞서 장기간에 걸친 선사시대를 거쳤다. 선사시대란 확실한 문자기록 이전의 인류역사를 말한다. 우리가 그 시대를 유추해 볼 수 있는 것은 오직 유물의 출토에 의해서이다. 따라서 인류의 시원을 단정지어 말하기 어려워지는 이유가 되기도 한다. 유물의 추정연대에 따라 문물의 해당시기는 심히 널뛰기를 하기 때문이다. 중국의 경우는 1927년 북경 주구점에서 발견된 유물을 통해 자신들의 기원을 50만 년 전으로 확정하고 사람을 닮았기에 북경원인이라고 부른다. 북경원인은 석기를 제작할 줄 알았다. 원석을 깨뜨려 날카로운 부분을 사용하고 몽둥이를 만들어 쓰기도 했다. 고고학적으로 이런 원시석기시대를 구석기시대라고 하며 북경원인은 이런 구분에 따라 초기구석기시대에 속한다. 또한 그들은 벌써 불을 사용한 것으로 확인되며 원시적인 군락형태를 보인다.

여기에서 더 지나 구석기 중기에 해당하는 정촌인은 초기호모 사피엔스로 진입하는 특징을 가지며 1만8천여 년 전인 구석기 말기에 속하는 산정동인류가 있다. 특히 뼈를 갈아 만든 골침은 그들이 가죽을 이용해 옷을 지어 입었다는 것을 보여준다.

대략 1만 년 전 사람들은 수렵과 채집에서 농업과 목축생활

로 접어들면서 마제석기를 사용하고 도기를 만들어냈다. 고고학에
선 이 시기를 신석기시대라고 한다. 출토범위도 중국 각지로 넓어
진다. 앙소문화는 황하 유역 신석기시대 중기의 문화다. 대략 B.C.
5000~3000년 사이에 이루어졌다. 이 시기의 사람들은 이미 정착
하여 농경생활을 하면서 다양한 농기구를 사용했다. 맷돌과 절구공
이 외에도 다양한 도기까지 발견되며 조 재배가 보편적으로 행해지
고 돼지나 개 등 가축사육도 하고 있었다. 당시 사회는 모권중심의
씨족사회로 구분되고 있다.

다음은 용산문화다. 황하 중류에 분포하며 연대로는 B.C.
3000~2000년 전후다. 이 문화 역시 농업중심의 문화지만 생산규
모는 더욱 발전하였다. 가축사육도 소나 양이 추가되며 일부는 닭
이나 말도 사육한 흔적을 보인다. 특히 다리 달린 솥인 정, 규, 격과
술잔은 이 시기의 문화에서만 보이는 것이다. 이 시기를 지나면서
사회는 모계중심에서 부계중심으로 옮겨간다. 이 시기는 이미 고립
된 사회가 아니어서 부족 간의 충돌과 융합을 거듭하며 중화문명
형성의 단계로 나아가는 시점이었다.

이 시기에 염제부족과 황제부족 사이에 충돌이 발생하여 염제
족이 황제족에 흡수되는 일이 있었다. 훗날 하나로 된 이 부족이 화
하족을 이루었는데 이들이 중화민족의 전신이다. 중국인들의 역사
관에 의거하여 말하면 여와는 모계씨족, 복희는 부계씨족의 기조
이고 염제는 초기부락, 황제는 후기부락, 요와 순은 부락연맹을 대
표한다. 요·순·우와 하·상·주의 분계선은 국가의 탄생에 따라 구
분된다. 부락연맹에서 진화한 다음 단계는 하는 시작, 상은 탐색, 주

는 형성에 해당한다. 이런 구분 때문에 주나라까지는 왕조가 아니라 그냥 시대로 칭하는 것이다. 중국인들은 대대로 자신들을 염황의 자손이라고 칭하며 요·순·우와 하·상·주에 이르기까지 모두 염황의 자손이라고 기록하고 있다. 오늘날까지도 이 개념은 이어져서 중화민족으로 응집력을 가지며 중국역사는 기본적으로 통일을 지향하는 것이다.

요·순·우 시기를 지나 등장한 것은 중국역사의 첫 국가인 하나라다. 이로써 천하는 모두의 것이라는 천하위공(天下爲公)의 씨족제도는 막을 내리고 가족사유제도를 특징으로 하는 천하위가(天下爲家) 사회인 소강지세(만인이 평등하고 다툼이 없는 세상이 대동(大同)이라면, 소강(小康)은 예의를 세워 군권이 행해지는 세상)의 서막이 오르게 된다. 소강의 개념은 오늘날까지 이어져 중국이 국가 발전 목표로 제시한 것이다. 이는 의식주 해결의 단계를 지나 부유한 단계로 가는 사회를 지칭하는 의미로 원용되기도 한다. 그 첫 이념 제시는 덩샤오핑이고 장쩌민에 이어 작금의 시진핑까지 주요강령으로 활용하고 있다. 즉 대동과 소강은 상고시대 사회발전에 따른 두 단계로 개괄되는 것이다. 대동세상은 요·순의 시대이고 소강사회는 우·탕·문·무를 대표하는 하·상·주의 시대다. 집권자의 직위 세습이 제도화되고 윤리적 도덕규범에 근거한 제도를 설립한 시기다. 이제 국가가 아니라 개인과 가족을 우선시하며 군신·부자·부부·형제 간의 관계를 규정하는 예가 만들어져 사회의 틀을 형성하는 시기로 접어든다.

여기서 예의 원형을 알아볼 필요가 있다. 원시시대의 제사의

식은 딱히 규범이 없어서 엄숙하지 않고 춤추고 노래 부르며 즐겁게 하늘에 안녕을 비는 정도였다. 세상에 공짜 점심은 없다고 했다. 복을 빌려면 뭐든 바쳐야 한다. 그리고 예물은 풍성할수록 좋다. 대표적인 공양물은 희생(육류)와 자성(곡식)이었다. 이 두 가지는 당연히 그릇에 담아 바쳤다. 그 그릇이 두(豆)이다. 이는 고대의 제기로서 다리가 있는 소반과 비슷하고 어떤 것은 뚜껑도 있었다. 그다음은 옥과 비단을 제기에 담아 바쳤다. 이들 제기를 겹쳐놓은 것이 풍(豊)이고 바로 禮의 원형이다. 예가 제사에서 기원했다는 것은 학계에서 공통으로 인정하는 바다.

이렇듯 일관되게 관통하는 그들의 사회체계와 질서의식은 이와 같이 차근차근 그들의 문화와 정치로 정착되어 갔다. 문화가 무엇인가. 문화는 인류의 생존과 발전의 방식이다. 어느 시대의 어느 민족도 생존하고 발전해야 하는 것은 공통된 사정이다. 어떻게 생존하고 어떻게 발전하는가는 각기 다르다. 산에 살건 바다에 살건 농사를 짓건 장사를 하건 의지하고 사는 바가 개인도 다르고 민족도 다르다. 누구에게나 문화가 있다. 문화가 바로 삶의 방식이기 때문이다. 문화적으로 성숙한 민족에게는 각각의 보편적 방식이 있게 마련이며 이 보편적 방식이 민족문화의 구체적인 내용을 결정한다.

이 보편적 방식이 문화적 핵심이다. 서양이 개인중심의 의식이라면 중국은 집단의 의식으로 흘러갔다. 집단에게는 질서가 최우선의 가치다. 질서가 없으면 집단은 붕괴하고 만다. 중국사회가 왜 그렇게 질서에 집착하는지 이 과정을 알아야 정확히 이해할 수 있다. 그 질서가 곧 예다. 예를 모르면 중화민족의 정신도 문화도 모르는 거다. 중국인이 그리는 사상사의 모든 그림은 이 예라는 캔버스 위에 그려지는 것이다. 이제 예와 악이라는 중화민족 정체성이 어떻게 정리되어 안착하였는지 알아볼 차례다. 그러기 위해서는 진·한 이전의 주나라에서 벌어진 일들을 들여다봐야 한다.

하

—

중국사에서 하왕조는 상왕조보다 이른 시기에 나타났다. 원래는 부족연맹의 형태였으나 나중에 왕조의 칭호가 붙었다. 지금의 하남성 숭산부터 이수·낙수 유역까지 그들의 활동무대였다. 『죽서기년』의 기록에 의하면 17명의 군주가 471년을 통치했다고 한다. 천하위가라 하여 천하를 한 집안의 공동소유물로 여기는 인식의 출발점이었다. 이로부터 부자와 형제가 나라와 가문을 전승하는 것이 하나의 제도로 정착되기 시작하였다. 오래된 씨족제가 국가로 대체되는 사회변혁이 태동하는 시기로서 왕위세습제 확립은 중요한 역사적 변혁이다. 대동지세에서 소강지세로 옮겨가는 때이기도 했다. 『좌전』에 "하(夏)는 정치가 어지러워 우(禹)가 형벌을 만들었다" 하듯이 형법의 등장은 국가형성의 과정에서 필연적으로 만나는 것이다.

하대의 경제는 농업이 중요한 위치를 차지한다. 『논어』에 "우와 직은 몸소 농사를 지어 천하를 얻었다"라는 말이 있고, "도랑을 만드는 데 힘을 다했다"라고 하듯이 하나라에선 농업을 중시하였다. 농사에는 절기가 중요하여 한 해의 시작을 어느 날짜로 할 것인지가 시대마다 나라마다 달랐다. 하나라는 책력을 만들었다. 공자는 제자 안연이 나라를 다스리는 것을 묻자 "하나라의 책력으로 시행한다"라고 했다. 하소정(夏小正)은 춘추전국시대에도 통용되었던 책력이다. 그리고 하대에는 이미 청동기시대로 진입하고 있었다. 하나라 말기엔 "해는 언제나 망할 것인가. 우리도 모두 너와 함께 망하리라"라고 할 정도로 백성들의 저주 섞인 혼란이 나라의 명을 재촉하고 있었다. 결국 상나라의 탕이 하나라를 멸망시키고 말았다.

상

—

상은 황하 중·하류에 살았던 부족이다. 17대 31명의 왕이 554년 동안 다스렸고 모계씨족사회에서 부계씨족사회로 접어든 시대였다. 상인들이 우마를 이용하여 수레를 끌었던 것은 고대문명에 중요한 부분이다. 농업은 상에게 중요한 국가재원이어서 농작물도 많아졌고 경작의 도구들도 다양하게 발전하였다. 당시가 청동기단계여서 주조술도 상당한 발전을 이뤘다. 상은 예보다 귀(鬼)가 먼저였다. 상왕은 국가대사를 결정할 때면 점을 쳐서 귀신에게 물었다. 예는 아직 등장하지 않은 단계이면서 전쟁도 빈번하였고『여씨춘추』에 "형벌이 300가지였다"고 할 정도로 형법이 상당히 번다했다. 천문과 역법이 발달하여 일식과 월식 등의 기록도 있다. 그들은 농업에 필요한 역법을 만들어 1년을 12개월로 나누고 큰 달은 30일, 작은 달은 29일로 구분하며 윤달을 두어 일수를 맞춰나가기도 했다.

자신만의 언어문자를 가지지 않은 민족은 시간이 지나면 잊힌다. 기록이 없으니까 그렇다. 대신 기록을 해놓으면 언젠가는 누군가에 의해 되살아날 수 있다. 그래서 일찍이 문자를 만든 민족은 유구한 역사를 가지는 것이다. 그런 면에서 상나라는 기이하고 화려한 정신을 가졌는지도 모른다. 그 위대한 발명은 청동기와 갑골문이다. 갑골문은 옛날의 독음이 지금과 다를 수 있지만 뜻은 알 수 있다. 대략 4,000자 정도의 글자가 갑골문에 나온다고 한다. 표음문자가 아니기 때문에 중국문명은 3,000여 년이 넘도록 중단 없이 이어져올 수 있었다. 훗날 진시황이 실시한 문자통일정책의 두 가지 힘이 그것을 가능하게 했다. 한자는 원래 신과 소통하는 수단이었다. 옛날에는 신과 소통하는 일이 중요했다. 소통의 대상은 신과 조상이고 방식은 점과 제사였다. 점을 칠 때 쓰이는 거북등껍질과 짐승의 뼈에 새긴 것이라 하여 갑골문이다.

여기서 한자를 만들었다는 창힐을 언급하지 않을 수 없다. 『순자』에 "책을 좋아하는 사람은 무수히 많았으나, 유일하게 창힐만이 후대까지 그 이름이 전해지고 있다"라고 나온다. 또 『여씨춘추』에는 "해중이 수레를 만들었고, 창힐이 문자를 만들었다"라는 내용이 있다. 창힐은 고대 황제시대의 사관이었다고 한다. 후한대의 허신이 편찬한 『설문해자』에는 "창힐은 황제시대 문자를 만든 사관으로서 조자성인이라 추앙받는다"라고 적고 있다. 그는 성은 후강이고 호는 사황씨이다. 이전의 사람들은 결승기사·계목위문이라 하여 새끼줄에 매듭을 지어 대소사를 기억하거나 나무에 새겨넣기도 했다. 창힐은 눈동자가 4개나 될 정도로 매우 총명했다고 전한다. 창힐이 남방을 순시하던 중에 양허산에 오르다가 우연히 등 위에 푸른 무늬가 얹힌 거북이 한 마리를 보고는 무늬가 일정한 의미를 담고 있으며 서로 통할 수 있다는 것을 깨달았다는 것이다. 무늬로 의미를 나타낼 수 있다면 규칙을 정해 의사전달과 기록이 가능할 터다. 그가 문자를 창시하고 나자 3일 동안 밤에는 귀신들이 울고 낮에는 하늘에서 곡식이 비처럼 쏟아졌다고 한다. 이제 인간은 홀로 설 수 있다는 뜻일까? 한편은 축복의 의미이고 한편은 인간과 하늘 세계 귀신들과의 이별의 의미로 받아들여도 무방하지 싶다. 창힐의 묘는 국가급 중점 문물보호 단위문화재로 지정되어 보호받고 있다.

상나라의 통치는 이집트처럼 신권정치였다. 중국역사상 오직 상나라만 왕궁에 무(巫)가 다수 거주했다. 그 밖의 고급지식인으로 사(士)가 있었다. 관리인 사(史)는 인사담당자였고 무는 귀신과 통했다. 무와 사는 두 가지 문화체계와 문화전통 즉 무관문화와 사관문화를 구성했다. 주나라에 가면 사관을 중시하지만 상은 무관을 중시했다. 무관의 임무는 신의 뜻을 헤아리고 길흉을 예측하는 일이다. 그 방법은 귀(龜)와 서(筮)두 가지였다. 귀는 거북등갑이나 소의 견갑골에 구멍을 뚫고 불 속에 넣어 그을리면 갈라지면서 나타나는 무늬를 보고서 길흉을 점치는 것이다. 출토된 왕실의 점복용 갑골에는 그 질문과 답이 새겨져 있다. 이를 갑골복사라고 하는데 점을 치는 일에 사용되었다고 하여 복사라고 한다. 10만여 개의 갑골에 새겨진 복사들은 실물의 형상과 부호를 새긴 것이고 이를 통해 당시 사람들의 생각을 알 수 있게 해준다.

이처럼 어떤 것을 근거로 하여 그 시대의 지식과 사상을 대략적으로나마 논하는 것이 가능하다. 물론 이러한 지식과 사상도 주로 무와 사에 관련된 사람들의 지식과 사상이다. 그들은 중국에 문자가 형성된 이후 최초의 지식인이자 사상가라는 의의가 있다. 그들의 존재목적은 하늘과 땅, 인간과 신을 소통시키는 데 있었다. 그 시대의 사상가이자 교육자였던 것이다. 그들은 반드시 천지와 우주의 구조, 변화와 징조를 이해할 수 있어야 한다. 그 외에도 인류의 생사와 번영과 건강을 이해하고 신과 소통하는 의식·규칙·언어 등을 습득해야 했다. 구체적으론 외부세계를 파악하는 점성술과 역법, 인간의 질서를 정리한 제사의례에 관한 학문, 인류 자체를 통찰하는 의학과 약학에 관한 지식을 갖고 있었다. 은허의 복사에는 점술가 120명의 이름이 있으며 무함과 무팽 등 무당은 신과 소통하며 약을 처방하고 치료술을 알고 있었다. 풍질·통질 같은 병명도 이때에 보인다. 이처럼 복사의 범위는 농사·제사·정벌·질병에 이르기까지 광범위하다. 시초점은 시초줄기의 숫자로 주역의 괘를 얻어 상을 읽는 방법이다. 이상에서 보듯 상대의 갑골문을 통해 지난 사적을 볼 수 있다는 것과 지금까지 한자의 원형이 크게 바뀌지 않고 전해져서 중화민족의 통일성을 유지하는 데 큰 의미를 두는 과정을 살펴보았다. 이제 부족에서 국가로 넘어가는 단계의 주나라가 어떻게 중화민족의 사상적 틀을 확립할 수 있었는지 알아보도록 하자.

주

一

중국역사에서 서주 시기는 B.C. 11세기 말부터 B.C. 8세기까지다. 당시 중국의 서쪽에 자리하던 주나라 사람들이 중원의 (은)상을 무너뜨리고(상나라는 마지막 도읍이었던 은의 명칭을 빌려 은이라 하거나 두 명칭을 합해 은상이라고도 불렀다) 천하의 주인이 되어 주나라를 건립했다. 주에 대한 현존자료는 상당히 풍부한 편이라서 역사적 고증에 따른 서술이 가능하다. 중국의 문화와 정치의 변혁은 은과 주의 교체기만큼 극렬한 경우는 없었다는 학계의 평이 있다. 그 같은 역사적 판단의 의의에 따르면 가장 우선한 문제는 귀신을 대하는 태도가 달랐다. 즉 사람의 희생도 마다하지 않는 상의 문화에서 경천보민하는 주의 인본주의로 시선이 향했다는 점을 들 수 있을 것이다. 주나라 시대에는 교외의 제단에서 하늘에 제사하고 사직에서 땅에 제사하며 종묘에서 조상에 제사하였다. 주는 위수 중류 황토 고원에서 흥기한 오래된 부족이다. 위수는 많은 지류가 있다. 무엇보다 칠수와 저수 사이가 특히 토지가 비옥하고 물산이 풍부하여 부족이 번성하기 좋은 조건이었다. 주는 고대문헌에 부계의 이름이 나오기 시작하는데 이는 모계씨족사회에서 부계씨족사회로 진입했음을 뜻한다. 하나라는 치수, 상나라는 청동기 제작, 주나라는 농업에 장기를 보였다.

주나라는 기본적으로 농경사회였다. 그들이 시조로 모시는 후직이 농사의 작물에서 기인한다. 후직은 신농씨와 함께 중국인들이 믿는 농사의 신이다. 사고방식도 달랐다. 주의 전신인 상나라가 청동기와 갑골문을 사용하고 샤머니즘이 강한 낭만적인 기질이라면 주나라는 정착하여 농사에 힘쓰는 문화였다. 상은 신에게 술을 대접했고 주는 식사를 대접했다. 그래서 도구도 상은 주기가 대부분이고 주는 식기가 대부분이다. 그만큼 문화가 다층적으로 달라지고 있었다.

니체는 그리스예술에 디오니소스적인 정신과 아폴론적인 정신이 있다고 했다. 전자가 감성적이라면 후자는 이성적이다. 감성과 이성의 융합이 그리스문명의 핵심 아니던가. 상이 활달하다면 주는 차분하고, 상이 낭만적이라면 주는 근엄했다. 상이 무관을 중시했다면 주는 사관을 중시하고, 상이 귀신을 중시했다면 주는 인간을 중시했다. 예악도 상은 의식이고 주는 제도였다. 이런 구분이 중요한 이유는 중화민족 역사와 문화심리까지 모두 주나라에 의해 쇄신되었기 때문이다. 작금의 중화문명의 바탕은 주나라 때 마련되었다. 소농경제를 기초로 한 종법제도와 삼강오륜의 윤리를 핵심으로 하는 예악제도 등은 훗날 중화민족의 정신적 기질을 결정한 핵심사상이 되었다. 더 자세히 적으면 주나라는 4대 제도 즉 정전·봉건·종법·예악을 창립했다. 정전은 경제제도, 봉건은 정치제도, 종법은 사회제도, 예악은 문화제도다. 정전은 민생을 살폈고, 봉건은 민의를 따랐고, 종법은 민속을 도탑게 했고, 예악은 민심을 안정시켰다. 그래서 주나라의 면면을 살피지 않으면 중국고대사에서 진 → 한으로 넘어가는 과정을 놓치게 된다. 이제 그 구체적인 내용을 살펴볼 차례다.

상과 주의 교체기에 만들어진 것이 『주역』이다. 주 문왕의 작품이라고도 하는데 만들어진 시기는 이때가 맞다고 한다. 이의 핵심사상은 변화를 읽는 것이고 64괘라는 기호를 통해 변화를 예측하는 사상이다. 주나라는 정권의 합리성과 정통성을 어떻게 세울지 고민했다. 고대인들의 사고에는 하늘의 명을 받았는지에 대해 설명을 할 수 있어야 민심도 얻을 수 있었기 때문이다. 『시경』에 전하는 주의 전신인 상나라 시조 설의 탄생설화는 "하늘이 검은 새에게 명하여 지상에 내려가 상을 낳게 했다"고 읊고 있다. 이는 중국에 자리할 권리와 천하를 다스릴 권력의 대표성을 얻는 일이다.

천하를 다스리는 전제는 천하의 위치로 중앙에 거하는 것과 다름 아니다. 서주 초기 청동기 하존(何尊. 1963년 산시성 바오지 천장구에서 출토된 청동기로서 그릇 안쪽에 12행 122자의 명문이 있다)에 새겨진 "이 중국에 거하라[擇者中國]"가 있는데 中國이라는 글자가 처음 등장한 것도 바로 여기서다. 중국인들은 하늘을 의미하는 원 속에 네 방위를 뜻하는 사각을 긋고 다시 대각선을 교차시켜 정 중앙의 점을 얻는다. 그 점이 중국이다. 천하의 중심이다. 정통·정종·정규가 모두 이 중심을 의미한다. 한 글자로 적으면 正이다. 그래서 천자나 군주는 하늘의 마음을 얻어 중심의 자리에 오르는 것이다.

상나라와 달리 주나라 사람들은 하늘을 숭상하고 감사하게 생각했다. "하늘의 운행은 건실하니 이를 본받아 군자는 스스로 강해지기 위해 쉬지 않고 힘쓴다"라는 『주역』의 말이 그들의 인생관이다. 중국의 지형상 주나라부터 당나라까지 중심은 모두 서쪽에 있었다. 서주에서 동주, 서한에서 동한, 서진에서 동진의 순서처럼 서쪽이 동쪽보다 우선했다. 당대 이후에는 서 → 동에서 남 → 북으로 바뀐다. 中國은 지리보다는 문화적 개념이다. 중국문명을 이은 정권만이 중국이라고 자처할 자격이 있었다. 이민족일지라도 통치자가 되려면 천하통일을 하고 중국민족에 동화되어야 했다. 그렇지 않으면 정권을 인정받지 못한다. 이런 관념이 주나라의 문화적 유산이다. 그래서 주나라 이후에야 나라가 성숙되고 안정되었다. 그 핵심 사회문화는 유구한 역사를 거치며 중국인의 기질이 되었는데 종법제도와 예악제도가 그것이다.

상나라가 민심을 얻지 못한 것은 순장과 인간제물 때문이다. 산 사람을 무덤의 부장품으로 쓰고 제사의 희생물로도 썼다. 이것은 문헌에 근거한 사실이니 더욱 잔혹함이 느껴진다. 반면 주나라의 제도와 문화사상은 인본주의였다. 나중에는 사람 대신 흙과 나무로 인형을 만들어 묻었으나 공자는 이마저도 혐오하여 나무랐다. 사람을 사람으로 대하는 것이 인본의 핵심이니 공자의 자세가 분명할 수 있었던 거다. 덕(德)이라는 글자는 상나라 때에 보인다. 갑골문의 자형으로는 길이나 눈으로 읽어진다. 시선이 곧바르다 하는 말과 뭔가를 얻는다는 뜻인 직(直)과 득(得)의 자형과도 통한다. 옛 문자에서 득실과 치란은 같은 의미의 글자다. 그래서 덕은 천명을 얻거나 잃는다는 뜻에서 득실을 말한다. 주나라의 청동기에는 덕 밑에 心이 있어서 심득으로 읽을 수 있다. 덕(悳)은 점점 도덕에 가까워짐을 알 수 있고 중국에 자리하여 중국을 다스릴 자격을 얻음으로써 덕치로 나아가는 단초를 삼을 수 있게 되었다.

덕치는 주나라인의 정치사상이었다. 지금도 중국인들에게 영향을 미치고 있는 이 관념은 주나라 문화와 제도의 핵심 중의 하나다. 그렇다면 무형의 덕을 유형의 물체로 시각화할 수는 없을까. 만약 사람이 덕과 명망을 가진 완전한 경우라면 어떻게 될까. 그는 남의 말을 잘 듣고 한 번 듣고 알며 모르는 것이 없는 사람일까. 그는 성인일 것이다. 그렇게 덕과 명망을 가진 인물로 의미가 정해진 것은 춘추시대에 이르러서다. 갑골문에서 聖(성인)·聲(소리)·聽(들음)이 모두 耳자가 들어간다. 주 초기에 중국의 독특한 문화인 성인숭배의 풍조가 생기면서 덕치를 실행할 수단에 의지해야 했다. 주나라 때는 아직 법률이나 제도에 관한 의식이 발달하기 전이어서 대중을 교화하는 부드러우면서도 자발적으로 행해지는 무엇이 필요했다.

그것은 예와 악이었다.

하와 상에도 예악은 있었다. 자형상으로는 예는 예이고 악은 악기였다. 예악은 제례와 악무다. 그런데 왜 주공이 예악을 제정했다고 했을까? 예악이 상나라는 의례였고 주나라는 제도였다. 주공은 예악이 단순히 제례에만 그쳐서는 안 되며 정권을 다지고 사회를 안정시키며 질서를 유지하고 민심을 순화하는 도구이기를 바랐다. 국가는 질서가 있으면 위태롭지 않게 유지될 수 있다. 중국이라는 넓은 땅과 많은 인구를 일일이 계도하기는 불가능하다. 사회의 가장 기본단위인 가정에서부터 확립되지 않으면 안 된다. 일단 모든 관계를 떼어서 간극을 만드는 것이다. 군신·부자·부부·형제 간에 거리를 둬서 차별을 각인시키자는 생각이 들었을 것이다. 가족에 확실한 질서가 만들어지면 아무리 범위가 넓혀져도 질서는 유지될 수 있다.

이 생각은 들어맞았다. 예의 본질은 서열이고 질서이기 때문이다. 집에서 이런 서열이 정해지고 나니 자신들도 모르는 사이에 나라 전체가 기강이 잡혀갔다. 예가 예치가 되고 제도가 예제가 될 수 있는 나라가 중국이다. 주공이 예를 제정하고 악을 만들어서 이 체계에 따라 수립된 것이 바로 중국의 예악문명이다. 사상의 골격은 간단하다. 하늘이 군주에게 권한을 주었으니(군권천수), 사람을 근본으로 삼아야 하고(이인위본), 그렇기에 덕으로 다스려야 하며(이덕치국), 예로 질서를 유지하고 악으로 민심을 조화롭게 하면 된다. 이 사상체계에서 출발하여 주나라는 4대 제도인 정전·봉건·종법·예악을 만들었다. 다분히 이상사회 같은 이런 세상을 꿈꾸고 실물화하는 주력부대로는 중국사회 식자층인 사대부가 있었다. 사대부들은 어느 시대마다 사회의 눈과 귀가 되어 사직을 보존하려 했다. 그들이 활약하는 과정은 더 구체적으로 보게 될 것이다. 그렇다면 먼저 4대 제도의 틀은 어떤 구조였는지 알아보자.

봉건제

상나라 부족들은 본래 혈연·지연·직업·국가라는 네 가지 관계로 조직되었다. 혈연조직은 족, 지연조직은 읍, 직업조직은 씨, 국가조직은 성이었다. 주나라 건립 당시는 상의 사람들을 효과적으로 상대하기 위해 영토를 분할해야 하는 과제가 있었다. 일반적으로 군주가 땅을 나눠주고 제후로 봉하려면 우선 분봉을 해야 한다. 나누는 것과 봉하는 것이다. 나눌 것은 상나라 영토이고 봉할 대상은 가문의 형제들이다. 주공은 영토의 재편성, 대규모 이주, 식민지의 확대, 광범위한 분봉 등을 효과적으로 해냈다. 그러면 정치적 안정은

된 것이다. 진나라 이전은 국은 국이고 가는 가여서 국가라고 부를 명칭이 존재하지 않았다. 분봉으로 인해 생긴 정치적 실체의 이름 은 방(邦)이었다. 그래서 주나라의 영토를 다루는 개념은 방국제도 다. 방국제도의 핵심이 봉건이었다. 봉(封)은 영지를 내려주는 것이 고 건(建)은 나라를 세우는 것이다. 봉은 제후에게 내려진 땅이다. 천자가 제후에게 일정한 영지를 내리고 그 세력범위를 정하여 경계 를 봉하였다. 경계선에는 도랑을 파고 파낸 흙더미 위에 나무를 심 어 표식을 했다. 독립주권국가들이 난립한 전국시대 전까지는 방 이라 해도 독립은 아니었다. 이때 불린 명칭이 방국(邦國)이다. 국은 도시를, 방은 농촌까지 합한 것으로 방국이 범위가 가장 크다.

봉건제는 세상을 세 등급으로 나눈다. 제일 위가 천하이고 그 다음이 국이며 마지막이 가인데 바로 채읍이다. 채읍의 군주는 대 부였다. 대부는 세습되며 ~씨, 라고 불렸다. 천하 → 국 → 가는 이 처럼 등급이 뚜렷했다. 다른 의미로 봉은 세력범위의 구분이고 건 은 군신관계의 구분이다. 천자가 제후를 책봉하면 제후는 대부를 세웠다. 중국은 명칭도 세분하여 확실하게 하는 특징이 있는 듯하 다. 전자는 봉방건국이고 후자는 봉토입가이다. 대부는 제후를 보 좌하고 정벌과 공납의 의무를 졌다. 제후는 변경을 지키고 공납을 하고 천자를 알현할 수 있었다. 대부는 스스로 채읍을 관리할 권리 가 있었다. 이를 제가(齊家)라고 한다. 제후가 자신의 봉국을 다스리 는 것을 치국(治國)이라 하고 천자를 도와 천하를 평화롭게 할 의무 를 졌으니 이것이 평천하(平天下)다. 이처럼 세 등급은 질서정연하 게 연결되었다. 봉건은 전국시대 이전의 국제질서였다. 이것이 방국제도이며 진정한 의미의 봉건체제이고 가국의 형태가 국가로 변한 것은 전국시대에 이르러서다. 진·한 이후 국가와 천하가 하나로 합하여 방국은 제국으로 변하였다. 그 이후로는 군현만 세워지고 제후는 봉해지지 않아 봉건제의 소멸로 이어졌다.

정전제

정전제는 나라의 경제기초였다. 봉건에서 건에 해당하는 개념이다. 토지·인민·지도자가 중국민족의 국가 3요소이듯이 수토·수민·수작 즉 땅과 백성과 작위의 하사가 건국이다. 온 천하가 왕의 땅이고 천하의 사람들이 왕의 신하인 셈이어서 종묘와 사직을 건립할 필요가 있었다. 궁을 중심으로 좌측에 종묘가 있고 우측에 사직을 배치했다. 종묘에서는 조상들에게 제사하고 사직에서는 토지의 신과 오곡의 신에게 제사를 올렸다. 땅과 곡식이 있어야 백성이 있으니 소득의 증대는 중요했다. 그래서 도입된 제도가 정전제다. 井자를 구획으로 나누면 전체 9면이 나온다. 중앙을 공전이라 하여 8가구가 동시에 경작하여 세금으로 활용하고 밖으로 둘러친 8개의 분할이 농가에게 각각 배정되는 방식이라서 정전제라 불린다. 이로부터 질서는 곧 등급이었다. 서열은 반듯하게 구획된 정전과 흡사해서 나온 말이 "질서가 정연하다"이다. 정연은 井을 비유로 든 말이다. 등급이 분명하여 질서정연한 주나라 제도는 하나의 井이었다. 이 개념은 천자를 중앙에 두고 제후가 외곽에 있으며 제후를 둘러서 대부가 싸고 있는 비슷한 구조다.

종법제

종법제의 핵심은 적장자다. 정실의 처가 낳은 아들이 적자이고 그 맏이가 적장자다. 그 반대는 서(庶)다. 서는 많다·미미하다·비천하다 등의 뜻이다. 가장 낮은 귀족은 일처일첩이고 그 이상은 일처다첩을 두었다. 또 처는 취고 첩은 납이라고 불렀다. 정확히 일처다첩제다. 여기서 필연적으로 일어나는 일은 하나의 적장자에 여럿의 적자, 그리고 많은 서자들 간의 갈등이다. 천자·제후·대부에게는 땅과 작위 등 유산이 많았다. 따라서 가부장제에 이은 적장자가 물려받지 않으면 혼란이 일어날 수밖에 없다. 이 일은 규칙을 세워야 하는 문제였다. 종법제가 바로 그 규칙이었다. 주나라가 세운 규칙은 적장자계승제다. 이것이 종법제의 핵심이자 관건이다. 그렇다면 왜 종법이라 했을까?

친족의 1대는 조(祖)이고 2대는 종(宗)이다. 누가 종이 될지 정해야 하는 문제라서 종법인 것이다. 이 계보가 중단 없이 잘 이어지면 적전, 그런 계보를 적계, 그런 혈통과 종파가 정통과 정종(正宗)이다. 조상을 실마리로 삼아 사족은 가문, 가문은 종족, 종족은 대부에 종속되어 씨족이다. 다시 씨족은 제후에 종속되어 국족, 국족은 천자에 종속되어 민족을 구성했다. 이 민족은 주나라에선 하, 춘추시대에는 화로 불렸으며 나중에 합하여 화하가 되었다. 그래서 중화민족은 화하의 전통 위에 존립하는 것이다. 작금의 한국사찰에서도 만상좌 개념이 있고 임제정종 같은 선종의 적통을 과시하는 명칭도 다 종법제의 영향이다. 이런 것을 보면 종교가 그 사회의 산물로서 영향을 받지 않을 수 없는 것을 생각하게 된다.

예악제

주공이 예악을 만들고 공자가 극기복례를 주장한 것은 주나라 정권을 지키고 봉건질서를 유지하기 위해서였다. 사회일반의 심리적 안정을 위해서는 덕치와 예치를 포함한 윤리치국이 필요하고 예와 악을 포함하는 예악교화도 필요했다. 예와 악은 덕으로 나라를 다스리기 위한 기본축이다. 흔히 중국의 날개는 우환의 심리와 낙관적인 태도라고 한다. 재난에 대한 근심 즉 우환은 중국문화의 바탕이다. 세상사람들이 근심하기에 앞서 근심한다는 정신이다. "마음에서 우러나오는 근심을 끊어버릴 수 없다"고 한 사람은 조조다. 한편 중국민족은 낙관의 문화여서 즐거움을 찾고 선악의 응보를 믿으며 하늘의 도를 따랐다. 인간심리의 근심과 즐거움은 예와 악으로 순환된다. 예는 자연의 이치여서 윤리와 질서를 강조하여 근심을 극복하는 기능을 하고, 악은 즐거움과 조화를 강조하여 낙관주의를 이뤘다.

예와 악은 한 쌍의 날개다. 예는 사람 간의 간극이어서 엄한 질서가 주는 긴장감이 있는 반면 악을 통해 정서적으로 하나가 되어 일체감을 갖게 하는 기능을 한다. 즉 예는 구분하고 악은 통합한다. 그러기에 악은 예술화된 예이고 예는 윤리화된 악이다. 음악에서 가장 중요한 것은 리듬과 운율이다. 윤리에서 중요한 것을 무엇일까. 질서와 조화다. 질서가 예의 리듬이고 조화는 예의 운율이었다. 음악의 음들은 높이·길이·강세·색깔이 다르다. 사회구성원들도 마찬가지로 모두 다르다. 차이는 다양성이지만 그 다양성은 통일되면 조화롭다. 그렇다면 어떻게 예를 음악에 표현하는 것일까? 신분의 귀천은 음의 높낮이다. 친소는 음의 길이이고 나이의 차이는 음의 강세이며 안과 밖은 음의 색이다. 음악을 배우고 악무를 감상하는 것은 귀족의 필수과목이었다. 공자는 수업할 때 제자에게 비파를 타도록 했다고 하듯이 예악을 통한 교화의 일면이 이와 같다. 그리스사상의 이면이 과학의 정신과 예술적 기질인 것과 비유된다. 사실 윤리도덕은 궁극적으로 인간을 목표로 하며 인간을 위한 것이기도 하다. 여기에는 필연적으로 인간의 기초적 욕망을 존중하는 문제가 따르고 그를 간과해서는 안 된다. 예는 질서를 따질 뿐 옳고 그름은 상관하지 않는다. 중국에서 정의는 중요한 덕목이 아니다. 등급에서 생겨나는 질서가 최우선적으로 작동하는 사회다. 그래서 부모가 잘못하면 서양에서는 고발하겠지만 중국에서는 그렇게 하지 않는다. 잘못하면 부자지간에 반목이 생길 수 있기 때문이다. 창의력은 개인의 잠재력이 발휘되는 사회에서 빛을 보는 것인데 부모의 뜻을 거스르지 않는 방향으로 사고하는 사회에서는 모범적인 인간형이 양산되기 쉽다. 그만큼 예는 깊은 철학적 사고를 통해 규명될 수 있다.

예악은 샤머니즘에서 진화된 것이다. 샤머니즘은 인도에서는 종교가 되었고 그리스에서는 과학이 되었다가 마지막에 철학이 되었다. 토템은 이집트에서는 신으로 변했고 로마에서는 법으로 변했다. 중국의 경우는 하나라에서는 토템이 조상으로, 상나라에서는 조상이 신으로, 주나라에서는 신이 성인으로 변했다. 신이 성인으로 변함으로써 종교가 발생할 가능성이 사라졌다. 그래서 중국인 같은 민족에게는 진정한 종교가 나오기 어려운 환경이 되었다. 중국인이 정말 바란 것은 세속적인 삶이다. "영험하면 믿는다"는 전형적인 실용주의는 종교관에도 적용되어 현실주의 정신으로 방향을 틀었다. 그리고 예술도 그리스적인 선천적이면서 솔직하고 천진난만한 면과 달리 중국은 자기위안이면 문제없다는 인식이다.

역사학자인 이중톈은 이렇게 통탄한다.

주에서 한·당까지는 종법과 예교 외에도 남녀 간의 교류도 자유로웠다. 그런데 '굶어죽는 것은 작은 일이요, 예절을 잃는 것은 큰일이다'라는 것은 송나라 유학자들이 저지른 죄악이었다. 그 결과 상의 호방함과 활기도, 주나라의 천진난만함도, 춘추시대의 고상함과 우아함도, 전국시대의 넘치는 혈기도, 한나라의 개척정신과 당나라의 개방성도 모두 사라졌다.

사

사인계층은 종법제와 봉건제의 필연적인 결과로 나타난 현상이다. 주나라에서는 통치계급에 속하는 귀족의 등급이 달랐다. 천자 아래에 제후와 대부가 있고 이들이 귀족이다. 맨 하층의 평민은 경작에 참여하여 소득을 벌었다. 이처럼 귀족과 평민의 사이에 사인 계층이 끼어 있었다. 봉건제에서는 대부 아래로는 분봉을 받지 못한다. 대부의 아들은 계승권을 받지 못하여 신분만 귀족이고 귀족의 작위는 없어서 토지를 받지 못했다. 이 대부의 자식들과 가문이 기운 이들 외에도 귀족의 먼 친척들이 하층귀족인 사인을 이루었다.

『국어』에 "왕공은 공부를 받고, 대부는 채읍의 조세를 받으며, 사는 녹전을 받고, 서민은 스스로 먹고 살았다"라는 내용이 있다. 이처럼 사는 통치를 받는 하층귀족이자 평민에 가까웠다. 동서양을 막론하고 성을 쌓으면 성 안에 귀족이 살고 성 밖에 평민들이 산다. 중국은 성 안을 국(國)이라고 하고 국 밖의 넓은 토지를 야(野)로 불렀다. 그들은 성 안의 군자와 대비되어 서인·서민·야인 등으로 불리었다.

사인은 중국역사에서 대단히 중요한 의미를 갖는다. 서주가 왕의 시대, 동주가 제후의 시대, 춘추가 대부의 시대, 전국시대는 사인의 시대였다. 춘추에서 전국 시기까지 고대중국사회에서 가장 주목을 받는 변화란 귀족과 평민 사이에 위치하면서 지식창출에 종사했던 사인들의 활약을 들 수 있다. 사인들의 가치는 교육의 보급과 관련이 있다. 선진 시기에는 공자나 묵자 같은 개인들이 지식과 기술을 전수하는 강습소 기능을 하였다면 향교 같은 공적인 교육기관이 생겨나기 시작하면서 정치를 이해하고 비판할 수 있는 능력을 습득할 수 있었다. 『국어』에 다음과 같은 내용이 있다.

사는 아침에 수업을 받고, 낮에는 강의 내용을 통달하고, 저녁에는 배운 것을 복습하고, 밤이면 돌이켜 헤아려보아 미진한 것이 없는 후에야 안심된다.

당시의 사인들은 서·사·어·산·예·악 등의 육예를 익히면서 여론 감독과 사상을 논하는 책무도 지니고 있었다. 사인들은 옛 전적을 읽고 이해하는 사람들이었기에 관직에 자리를 얻지 못하면 고향에서 어린 학동들을 가르치는 고독한 서생의 길을 가는 것이 일반적인 경향이었다. 사인을 독서인으로 칭하기도 한다. 세상에 독서가 직업인 사람들이 일찍이 있었다니 인류문명사에 보기 드문 일이다. 지식의 습득과 출세를 위해 공부해야 한다는 동아시아 교육의 심리 일반이 이렇듯 간단하지가 않다. 더군다나 중국은 세계사적으로 전례가 없는 과거를 통해 인재를 등용하는 제도를 일찍이 시행하지 않았던가. 이 사인들의 존재가 사회적으로 얼마나 큰 역할을 했는지 짐작하기 어렵지 않다. 그래서 동아시아에서 선비정신은 매력적으로 느껴지기까지 한다.

한편 이들은 교육을 받은 화이트칼라다. 진로는 두 가지다. 제후나 대부의 조직에 들어가거나 사회에서 독립하여 정치권력 대신 문화권력을 지닌 지식인 계층을 형성했다. 공자로부터 진나라의 정치에 관여했던 한비나 이사 등이 한 갈래이고, 장자부터 진대 말의 갈관자에 이르는 게 또 다른 갈래다. 진·한 이후 봉건제의 소멸과 함께 등장한 제국주의는 군현제를 실시하면서 제후와 대부도 사라졌다. 오직 사인들만 평민이면서 평민의 머리에 위치했다. 평민은 사·농·공·상이라 불린 계층을 말한다. 한 제국부터 청 제국까지 관료집단은 주로 사인들에 의해 조직되었으며 사족이 형성되기까지 하였다.

사인은 마지막에는 중국역사의 주인이면서 특히 정치사와 문화사의 주인이 되었다. 사인에겐 영지가 없고 식전만 있었다. 그들은 대접에 비해 어지러운 세상을 구하고자 앞장섰던 위인들이다. 그들이 바로 제자백가다. 그중에서 유가는 문사, 묵자는 무사, 도가는 은사를 대표한다. 그들이 모두 사인의 대표자였다. 이렇듯 춘추전국시대 백가쟁명의 등장은 문자기록의 간이함을 그 원인으로 보는 학계의 관점이 있다. 춘추와 전국의 사이에 필기도구가 크게 발달하였다. 춘추 시기에는 조정의 유력자만 문서를 쓰고 다루었으나 전국 시기 초에 이르러 민간학자들도 글을 기록하고 책을 지을 수 있게 되었다. 이러한 상황은 전국 시기에 제자들이 말을 기록하고 책을 짓는 데 필요했던 물질적인 기반이 가능했던 것이 하나의 이유가 된다. 장백잠의 『제자통고』「제자 등장·교체의 원인」에서 "죽간이나 목간에 옻칠로 글을 쓰던 것에서 종이와 비단과 필묵으로 발전했다. 관방학교에서 개인적 스승으로 변화되었고 관방학술에서 개인저술로 변화했다"라고 제자시대의 배경임을 지적했다. 이처럼 사인계층의 등장과 독립, 사인사상의 흥기와 독립은 춘추에서 전국에 이르는 시대에 비로소 가장 눈부신 백가쟁명을 연출해 냈던 것이다.

사실 정신적 귀족이 있어야 귀족정신이 있다. 중국의 유구한 역사에서 고귀한 문화유산인 귀족정신은 사인들이 지탱해 온 것이다. 훗날 한대에 이르면 유교가 국교에 오르면서 이런 지식인층의 가치는 더욱 두드러진다. 이들 사인들의 세계를 알지 않으면 중화민족의 정신이 드러나지 않는다. 그래서 사인의 설명에 지면을 할애하는 것이다.

지금까지 기술한 주나라에 대한 것을 정리하자면 나라는 가천하의 일국체제였고 정전제의 소농경제이며 전체를 연결시킨 종법제의 혈연관계를 도입했다. 치세에서는 인본주의 정신에 입각하여 군주라는 하나의 중심에서 배태된 덕치와 그 활용이라 할 예와 악은 종교성을 대체하여 세속사회로 시선을 돌리게 했다. 이는 도덕적 규범으로의 변환이자 지행합일의 정신이 되었다. 주나라는 문화와 제도혁신의 산물이자 핵심인 집단의식에서 시작하여 2대 심리인 우환심리와 낙관적 태도, 3대 정신인 인본주의·현세주의·예술정신, 4대 제도인 정전·봉건·종법·예악으로 이어지는 웅대하면서도 치밀한 설계를 하였다. 그래서 공자도 "나는 주나라의 것을 따르겠다"는 말을 했던 것인지도 모른다. 이제 열국들의 각축장인 춘추전국시대로 들어가 보자.

춘추전국시대

—

> 장강의 뒷 물결이 앞 물결을 밀어내니
> 앞 물결은 모래톱에서 스러지네

B.C. 770년에 주 평왕이 호경을 버리고 낙읍으로 천도했다. 이때부터 B.C. 470년까지를 춘추시대, 이로부터 진나라가 통일하는 B.C. 221년까지를 전국시대라고 한다. 사가에서는 이 둘을 통칭하여 춘추전국시대라고 한다. 두 시대는 각기 다른 시대이며 중간에 수십 년의 간극도 있다. 이 두 시대는 성격이 많이 다르다. 전쟁의 방식도 달라서 춘추시대에는 외교적인 예의와 게임의 규칙이 있었다. 상대

의 기세를 꺾으면 흡수하는 식이다. 전쟁에 나가는 것도 나라와 개인의 명예를 중시했다. 그런데 전국시대에 이르면 오랜 기간 지속되며 살상이 대규모로 자행되었다. 예를 들면 진나라는 형공부터 영정(훗날 진시황) 때까지 15차례의 대규모 전쟁에서 적군을 102만여 명이나 죽였다. 그중 가장 처참했던 전쟁은 진나라 장수 백기가 이궐 전투에서 24만 명의 목을 자르고 장평 전투에서는 포로 4만 명을 산 채로 매장한 일이다. 성을 점령한 뒤 주민들을 도살하는 야만적인 행위 역시 전국시대에 처음 생겨났다. 그만큼 세상은 달라지고 있었다.

춘추시절에는 140여 개의 제후국이 난무했다. 그중에 오패라고 하는 패권을 다툰 빅5는 『순자』에서는 제 환공, 진 문공, 초 성왕, 오왕 합려, 월왕 구천이 들어가고 『풍속통』에서는 제 환공, 진 문공, 진 목공, 송 양공, 초 장왕 등으로 보기도 한다. 이 숫자는 옛 삼황오제에 짝을 맞춰 삼왕오패가 만들어졌다. 중국인들은 유난히 3과 5라는 숫자를 좋아한다. 삼삼오오도 다 그런 숫자개념이다. 복잡다단한 정세 속에서 극소수를 제외하고는 대부분 물결 속에 잠기고만다. 그래서 역사의 도도한 물결을 장강의 물결에 비유하고 싶었을 것이다. 주나라 시절만 해도 봉건에서 유래한 방국제도의 시기였다. 천하는 천자의 것이었으며 국은 제후, 가나 채읍은 대부의 것으로 등급이 정해졌다. 천하 → 국 → 가라는 구조는 이때 만들어진 것이다. 춘추시대 패주들의 연대를 전반부와 후반부로 나눌 때 북방의 시대에서 남방의 시대로 바뀐 것을 알 수 있다.

세계문명사에서 최초의 문명들은 수메르·이집트·인더스강·

황하·크레타·올메크 등 6대 문명을 말한다. 이 중 5대 문명은 사라졌지만 오직 황하문명만이 시간순서대로 하나라→ 주나라→ 화하 → 한나라 → 당나라로 발전했다. 중국문명의 독자성은 세 가지를 든다.

최초의 문명들 중 지금까지 중단 없이 이어진 유일한 문명

지금까지 이어져 온 문명들 중 유일하게 신앙이 없는 문명

신앙이 없는 문명들 중 유일하게 세계성을 갖춘 문명

그 비밀은 화·하·중국이라는 세 가지에 있다. 중국이라는 단어는 청동기인 하존 내부의 명문에서 보인다고 한다. 그것은 천하의 한 가운데, 문명수준이 높은 나라와 민족, 전통문화의 소재지라는 세 가지 의미를 갖는다.

다음은 화하다. 하는 지역이나 나라를 가리키고 화는 백성이나 민족을 일컫는 말이다. 하와 화를 결정하는 기준은 문명이다. 문명의 수준을 가늠하는 척도는 춘추시대에는 주례와 주악이었다. 그래서 중원을 준수하는 중원의 제후들은 스스로 중국이라 칭하고 주나라 밖은 오랑캐의 나라로 폄하했다. 중원에 들어와 주인이 되려면 누구든 중화문명 전통을 계승해야만 정통성을 담보할 수 있었다. 봉건제도 혹은 방국제도에서 천자는 영토의 주인만이 아니라 천하에 도를 세우기 위해서는 예악과 정벌도 천자에게서 비롯되어야 했다. 이 같은 왕권시대의 문화가 패권시대에 접어들면 정벌은 모두 제후들이 했다. 패권경쟁 자체가 예를 숭상하는 분위기가 아니다.

힘을 우선한 시대에 무슨 겸양과 예의를 우선하겠는가. 그래서 정전·종법·봉건·예악이라는 주나라의 4대 제도는 더 이상 통용되기 어려웠다.

여기에서 춘추전국시대의 역사를 번다하게 기술하지는 않으려고 한다. 대신 전국시대는 어떤 시대였는지 살펴보도록 한다. 춘추시대와 달리 전국시대는 더 이상 사람을 강제할 수 있는 분위기가 아니다. 평민의 문화요 소인의 시대다. 춘추시대에는 예를 존중하고 신용을 논했지만 전국시대에는 예와 신용을 일절 이야기하지 않았다. 오직 이익을 논했다. 공리만 따지고 도의는 따지지 않으며 목적을 위해서는 수단과 방법을 가리지 않았다. 권력을 차지할 수만 있다면 뭐든 가능했다. 그만큼 분위기가 달랐다.

사회변혁기에는 기존의 질서와 기강이 무너지고 새로운 정치 사상이 요구된다. 이 역할을 누가 할 수 있을까. 바로 사인들이었다. 아니 그들밖에 없었다. 그들은 정신적인 귀족으로서 나라를 지탱하고 있었다. 전국시대의 주인공은 사인이고 그들에 의해 역사가 쓰여졌다. 춘추시대에 예악이 붕괴되기는 했지만 도덕의 소멸까지는 아니었다. 전국시대로 접어들면서 사인은 권리와 의무도 사라지고 오직 검 한 자루가 그들의 정신을 상징적으로 보여주었다. 사마천은 진시황의 성년식을 기록하면서 특별히 "칼을 찼다"고 적었다. 무일푼의 신세일지라도 몸에서 검을 떼지 않았다. 풍환과 한신도 그랬다. 검은 귀족의 상징이자 군자의 도구이고 왕의 지휘권이었다.

사인들은 그나마 당시에 교육을 받은 엘리트층이었다. 그리고 수신·제가·치국·평천하가 그들의 이념 역할을 했다. 그래서 "초나라에 머무니 초나라가 강해졌고, 제나라를 떠나니 제나라가 약해졌고, 조나라에 충성을 바치니 조나라가 완벽해졌고, 위나라를 배신하니 위나라의 국력이 크게 손상되었다"는 왕충의 기록처럼 사인들은 매인 바 없이 자신들을 알아주는 곳이면 어디든 의탁하여 식견을 펼쳤다. 그러니 어찌 소홀히 대접하겠는가. 제나라 재상 전성자는 매년 자기 수입의 대부분을 사인들에게 썼고 맹상군의 집에는 3,000명의 식객이 있었다. 그들과 똑같은 상차림을 하고 사인들이 의심하면 밥상을 들고 나와 확인시켜 줄 정도였다. 권력자들의 사인에 대한 겸손과 공경이 절정을 이루던 시기의 얘기다. 험한 세상이라 해도 중국역사상 다채로운 인물들이 끊이지 않고 무대에 등장했다. 그러니 역사적으로 회자되는 이야기도 끝이 없다. 재주만 있으면 어디서든 대접을 받았고 또 그런 열정이 넘쳐나던 시기였다. 그래서 자유사상가라 할 식객들이 주유천하하며 세상에 쓰이길 바랐고 야심 있는 귀족들은 이런 사람들을 극진히 대했다.

　사인들이 바라는 것은 무엇이었을까? 의식주의 해결이며 언론의 자유 그뿐이었다. 사상이 시들지 않고 말할 수 있는 언론의 공간이 확보된다면 문화는 그 어떤 난세에도 꽃을 피운다. 그리고 그 힘이 그 민족의 정체성을 되살리는 회복력으로 작동한다. 이 시기의 전적으로는 주와 춘추시대의 작품이 수록된 『상서』가 있고 『춘추』는 중국에 현존하는 가장 오랜 편년사이다. 그리고 『시경』이 이 시기에 만들어졌다. 중국역사상 가장 어둡고 고통스러웠던 시기에 사상과 문화는 황금기를 구가하고 있었다. 그 황금기는 춘추시대 말기 공자로부터 시작되었다. 유가는 문사를, 묵가는 무사를, 도가는 은사를, 법가는 모사를 대표하여 자신들의 주장을 폈다. 가장 자유롭고 가장 활력이 넘치는 시기라서 춘추전국시대를 백가쟁명의 시기라고도 한다. 자유로우니까 백가가 생겼고 활력이 넘쳐서 부딪치며 울림을 만들어냈다. 세상은 다소 시끄러워야 재미이지 조용한 집안은 수상쩍다.

결론적으로 전국시대는 경제적 토대가 갖춰지기 시작하면서 상부구조는 물론이고 사회질서와 문화까지 모든 것이 달라지고 하향평준화의 길로 접어드는 시기였다. 이 시기를 지나며 중국사회는 기존의 씨족이나 종족중심의 예와 악을 중시하던 문화에서 중앙집권적인 황제의 시대이자 강력한 제국주의로 접어들고 있었다.

백가쟁명

—

사상은 왜곡이나 굴절이 없이 다채로워야 한다. 이럴 때 인간의 창의력이 탄력을 받아 좋은 생각들이 나타난다. 중국은 춘추전국시대를 거치며 유교중심으로 제국의 틀을 만들었다. 그리고 진·한 시기를 거쳐 위진남북조시대가 도래하여 중원의 패자가 공백인 상태에서 불교가 안착할 수 있었다. 기존의 체제가 완고하면 새로운 사상이 인입되기 어렵지만 사회변혁기의 혼란한 틈을 타고 들어갈 수 있다. 이 책은 불교가 중국에 들어가 뿌리를 내리고 선종이라는 중국식 불교사상의 꽃을 피우는 과정에 대한 이야기이므로 위진남북조시대가 중국불교 이해의 중요한 실마리가 된다. 따라서 역사의 반복처럼 춘추전국시대와 위진남북조시대는 닮은 점이 있어서 찬찬히 들여다볼 필요가 있다. 백가쟁명은 천재들의 각축장이다. 그들은 각자 세상을 경영할 방법에 대하여 기탄없이 논설을 풀고 주장했다. 사상의 백화점이 들어섰다고나 할까. 이제 그 백화점에 어떤 물건이 들어왔으며 그 물건을 유심히 들여다본 경세가는 어떤 인물이었는지 그 장대한 이야기를 간략하게나마 소개해 보면 다음과 같다.

춘추전국시대 말기부터 진·한 시대 전까지 300년간 활약한 위대한 사상가들의 시기가 있었고 그들을 선진 제자라고도 한다. 이 시기에 많은 학자들이 배출되었다. 이들의 저술과 학설이 쏟아져 나오면서 제도개혁을 통해 세상을 구하려는 의식이 고양되었다. 관직을 잃고 떠돌게 된 사람들, 사분오열된 학문, 천자와 제후, 그리고 사학 등이 어우러져 백가쟁명 혹은 제자백가시대의 배경을 이뤘다. 모두가 이런 모양을 지지한 것은 아니었다. 『장자』에서는 "세상의 모든 사람들이 자신의 방식만이 옳다고 고집한다"고 하듯이 이런 경향을 마뜩잖아 하는 이들도 있었다. 그러나 이런 사상의 백화점이 차려지고 난 훗날에 돌아보니 중국의 고대 4대 문헌 분류인 경사자집(經史子集)이 그 틀을 갖춘 소중한 시기였음을 알았다.

제나라 수도인 임치는 태산 동쪽 약 100킬로미터 지점에 있는 전국시대 굴지의 대도시였다. 이 임치성에는 성문이 13개 있었는데, 그중에서도 서문의 하나인 직문은 천하의 학자들이 모여 학문이나 사상에 대해 연구하고 토론하는 담론의 장이었다. 이 성이 위치한 위나라는 자신들이 강하게 된 원인이 인재의 등용이요, 직문이 이런 인재 풀 역할을 하고 있음을 알고 저택을 하사하고 상대부로 삼아 학자들의 편의를 봐주었다. 직문의 초대 간부가 순우곤이었다. 또 맹자나 순자 외에도 신도·환연·접자·전병·추연 등 여러 사상가들이 이곳을 거쳐갔다. 실로 인재양성의 요람이었던 것이다.

백가라고 하여 모든 학파가 두각을 나타냈던 것은 아니다. 제자백가에 대한 종합적인 내용은 사마천의 부친 사마담이 지은 「태사공 자서」에 처음 기술된 것이다. 사마담은 백가를 음양가·유가·묵가·명가·법가·도가 등의 육가로 분류를 시도한 첫 번째 사람이다. 그 후 관점에 따라 분류의 기준과 범위도 달라지지만 가장 영향력이 컸던 것은 유가·묵가·도가·법가요, 대표자는 공자·묵자·노자·맹자·장자·순자·한비 등이다. 여기서는 백가 중 대표적인 이들 4가에 대해 알아보도록 한다.

유가

> 빨리 떠나야 할 때는 빨리 떠나고
> 오래 있어야 할 때는 오래 있고
> 은거해야 할 때는 은거하여 명예나 이익을 탐하지 않고
> 마땅히 관직에 나가야 할 때는 관직에 나갔다.
> −맹자가 「만장하」에서 말한 공자의 처세의 도

중국역사에 있어 유가처럼 오랜 시간에 걸쳐 통치이념·사회사상·도덕관념과 개인생활에 영향을 끼친 사상은 그 유례를 찾아보기 어렵다. 유교는 중국의 모든 것이기도 하고 그 창시자라 할 공자는 성

인으로 추앙받으며 신적인 존재의 영역에 있다 해도 과언이 아닐 것이다. 중국고대사상의 핵심전적인 『역경』, 『춘추』, 『시경』, 『서경』, 『예기』 등이 공자의 손을 거쳐 정리되었다. 오경이라 불리는 이 전적은 2,000여 년 동안 중국의 사상을 지배하게 된다. 공자의 제자 육성은 크게 3단계로 나뉜다.

1단계: 제나라로 벼슬을 위해 떠나기 전 7~8년
2단계: 37세~55세, 노나라로 돌아오기 전까지 주유천하하던 18년
3단계: 68세~73세, 노나라에 돌아와 임종까지 5년, 교육과 고대문헌 정리

공자는 이렇게 하여 일생 동안 3,000제자를 두었다. 시대를 달리하여 공자사상을 전파한 일등공신은 맹자다. 공자 사후 여러 유파로 나뉘는데, 공자와 맹자를 붙여 후대에 공맹사상으로 불린다. 맹자는 진·한 이후 중국사회에 지대한 영향을 끼쳤으며 공자의 仁 사상을 계승발전시켜 사회·정치 방향으로 인의의 개념을 심었다. 그의 사상의 기초는 인간의 성품은 본래로 선하다는 성선설이다. 그는 백성을 귀히 여기고 군주를 가벼이 여기는 정치이념을 제시하면서 땅에 의지해 살아가는 민심을 얻으라는 주장을 폈다. 공맹학이 성립된 이후 유가의 핵심사상은 점차 기틀을 확립하여 국가의 통치이념으로 세워지면서 후대에 지대한 영향을 끼치게 되었다. 그렇다면 유가의 핵심사상은 무엇이었을까?

공자와 그의 제자들의 시대에 이르러 사상의 변화를 보인 것은

당연한 일이다. 그 중요한 사상은 대략 세 가지로 말할 수 있다.

　　첫째, 의례와 인간사회 질서에서의 예의 의의
　　둘째, 명분의 의의
　　셋째, 인의 의의

중국사회에서 고래로 의례는 제사의 대상, 시공간, 제사의 차례 등의 경우에 항상 상·하의 등급구분을 통한 차별을 기초로 했다. 의례의 규칙은 인간사회의 질서 그 자체다. 義의 본래 뜻은 儀이다. 의는 자형이 병기 위에 깃털을 꽂아 장식한 모습을 딴 것이다. 그래서 『설문해자』에서는 "자신의 위엄스러운 태도이다"라고 했다. 외형적으로 꾸며진 의식·법도·자태 등이 儀의 의미다. 이미 설명하였듯이 예는 예를 행하는 기물인 豆가 본래의 자형이다. 그리고 예는 제사에 쓰이던 악무의 뜻도 있다. 의례는 의식에 그치지 않는다. 의식에 포함된 윤리의식은 곧 윤리제도로 구체화되기 마련이어서 사상관념은 더욱 정교하게 다듬어지는 것이다. 따라서 아직 제도화되지는 않았을지라도 훗날 강제될 사상의 정초는 어렵지 않게 드러난다. 공자는 제자 안연이 인에 대해 묻자 이렇게 답했다.

　　예가 아니면 보지 말고
　　예가 아니면 듣지 말며
　　예가 아니면 말하지 말고
　　예가 아니면 행동하지 말라.

공자는 예의 규칙이 사회질서를 유지하는 핵심이라고 여겼다. 질서의 문란은 국가와 사회의 해체와 다르지 않기 때문이다. 그래서 예는 스스로 습득해야 하는 자율적이면서도 계층 간의 긴장이라는 측면이 있다. "임금이 임금답고, 신하가 신하답고, 아비가 아비답고, 자식이 자식다움"이 유가의 명분이다. 공자는 앞선 각 시대의 예를 수집하고 파악하고 있었기 때문에 예에 정통했다. 공자가 고민한 것은 그것을 규칙으로 정하여 따르기 용이하게 만들고 싶었을 것이다. 공자는 "예가 아니면 설 수 없다"는 말을 재차 한 적이 있다. 예는 단순히 동작이나 제도가 아니라 질서이며 공공의 것이어야 했다. 공공의 것이 되려면 주입식으로만 밀어붙여서는 안 된다. 이해하고 받아들이고 경외감을 갖도록 해야 한다. 사상은 대중이 존중할 수만 있다면 반드시 정착되고 시행된다. 그다음에 문화가 되면 그곳의 정신이 되어 후대로 흘러간다. 정신의 물길이 만들어지는 것이다.

둘째는 명분이다.

『논어』의 「자로」 편에서 자로가 정치에서 무엇을 우선할 것인지 묻는 내용이 나온다. 공자는 "반드시 명분을 바로 잡겠다"고 했다. 자로는 그게 가능할지 확신이 없었다. 공자는 나무라듯 말했다.

명분이 바르지 못하면 말이 이치를 따르지 못하고, 말이 이치에 따르지 못하면 일이 이루어지지 못하며, 일이 이루어지지 못하면 예악이 일어나지 못하고, 예악이 이루어지지 못하면 형벌이 알맞지 못하고, 형벌이 알맞지 못하면 백성들이 손발을 둘 곳이 없어진다. 그런 까닭에 군자는 명분을 붙이면 반드시 말할 수 있으며, 행할 수 있고, 그 말에 대해 구차함이 없을 따름이다.

이처럼 명을 중시하는 태도는 의식의 상징을 중시하는 태도와 관련이 있다. 고대에는 인간의 모든 제례행위나 우주질서가 명확하게 인식되지 않아 명칭을 세우기 어려웠다. 그러다 점차 문명세계로 접어들면서 상징이나 기호를 통해서도 얼마든지 사람을 이해시킬 수 있으며 언어를 통한 사물과 행위의 구분이 무척 중요하고 또 그것이 가능하다는 것도 알게 되었다. 쉽게 말해 명칭을 정하면 사회 공통의 인식이 이루지면서 그것이 곧 문명세계로의 진입임을 깨닫게 된 것이다. 정명(正名)을 통해 정실(正實)이 드러나는 것으로 명칭이 분명하면 사물이 명확해지는 이치다. 『논어』「옹야」편에 "고가 진정한 고가 아닌데 어찌 고일 것이냐, 고일 것이냐"하는 내용이 있다. 고(觚)는 네모난 술잔이다. 이 말뜻은 그렇다. 술잔이 모난 술잔이 아니면 고라고 할 수 없지 않느냐는 지적이다. 맞는 말씀이다. 고를 고라고 하려면 고는 고이어야 한다. 따라서 예와 명은 옳고 그름을 판단하는 도구이면서 몸에 익혀야 하는 덕목이 된다.

그리고 하나는 인이다.

예가 반드시 이행되어야만 하는 이유는 그것이 인에 부합하기 때문이다. 다시 말해 인에 부합하는 예가 되어야 한다는 의미로도 읽을 수 있다. 마찬가지로 명을 반드시 바르게 해야만 비로소 인에 도달한다. 정은 올곧음이고 인은 인애의 마음이다. 인간의 깊은 의식의 수원에서 흘러나오는 정감으로 평화롭고 겸손하며 친절한 마음이다. "무릇 인이란 자신보다 앞서 남을 세우고, 자신보다 앞서 남을 영달케 하는 것이다." 우리는 공자의 뜻을 헤아리기 어렵지 않다. 예와 명이 서고 인을 회복하면 인을 행하는 근본인 효와 제는 저절로 수순된다. 사회의 기강이 가정의 혈연에도 구현되는 것이다. 마찬가지로 유가의 덕목인 인·의·예·지·신과 충·서·효·제에 이르기까지 한 그물코에 유기적으로 따라온다.

　유학은 공자와 맹자를 거쳐 국가이념으로 발전하게 된다. 특히 한무제가 동중서의 유학독존 정책을 받아들인 이후 유학은 통치자들의 의식에 뿌리내리게 되었다. 이것은 무엇을 말하는가. 유교가 수입종교인 불교와 본토의 도교에게 주도권을 빼앗긴 적도 있지만 기본적인 유학의 통치위상은 변하지 않았다는 사실이다. 국가이념으로도 개인의 행동준칙으로서도 현재까지 영향을 끼치고 있는 것이다.

묵가

묵자는 공자보다 80년 지나 태어났다. 맹자보다 90세 연상이다. 맹자가 태어났을 때 공자는 이미 100여 년 전에 세상을 떠나고 없었다. 공자가 세상을 뜨면서 춘추시대가 마감되고 전국시대가 열렸다. 묵자의 이름은 적이며 전국시대에 속한다. 그는 유가의 학문을 배웠고 공자의 학술로부터 시작한다. 그러다 점차 유가를 비판하는 입장에서 자신의 주장을 폈다. 전국시대에는 정의나 공평함이 없었다. 묵자는 공자의 체제수호적인 질서우선의 세계가 맘에 들지 않았다. 묵자는 평민적 입장에 섰기 때문에 기존의 유가중심 사상계에 반대를 분명히 했다. 사람은 누구나 평등하며 그렇기에 서로 차별을 넘어 사랑해야 한다는 이념이다. 이것은 유가의 인애와 다르다. 인애는 자신에게 가까운 신변에서 시작하여 점차 범위를 넓혀 화하민족 전체로 확산시킨다는 입장이다. 반면 묵가는 우선 차별이 없어야 평등이 이루어지며 그런 연후에 사랑의 실천이 가능하지 않겠느냐는 입장이다. 서로의 주장이 부딪치는 지점은 신분과 계층의 차이를 전제로 하느냐 그것을 허무는 것이 우선적이냐는 주장의 상이점이다.

묵자 윤리사상의 총칙은 겸애다. 그리고 정치사상은 상현·상동·비공이다. 경제사상으로 절용·절장·비악이고 종교사상으로 천지·명위·비명이다. 그의 사상의 핵심은 겸애주의라고 할 수 있다. 출신이 낮은 사람도 재능이 있으면 발탁하여 활용하는 것으로 세습제를 반대했다. 이어 지배층의 무분별한 낭비를 비판했다. 그리고 귀족들이 오랫동안 장례를 치르거나 악에 탐닉하는 것이나 운명을 숙명으로 받아들이는 것에도 입장이 달랐다. 대신 묵가는 하늘을 존중하고 귀신을 모실 것을 주장했다. 괴력난신을 말하지 않는 유가와는 다른 입장이다. 하늘은 인간에게 화와 복을 내려주기 때문에 군자가 겸애·비공·절용·상현을 위배하면 벌을 받고 잘 실천하면 복락을 얻을 것이라는 주장이었다.

그의 눈에는 유가의 주장이 거추장스러운 형식주의로 보였다. 그래서 사람들에게 힘이 되는 실질적인 방법을 모색했다. 유가에서 예에 관한 일을 돕거나 시서를 전수하는 역할을 했다면 묵가는 남을 대신하여 어렵고 힘든 일을 해결해 주거나 호위했다. 묵자는 행협으로 의협심을 발휘하는 데 주력했고 맹자는 장의라 하여 정의에 의지하여 의로운 일을 행하는 데 힘썼다. 그래서 묵자는 전쟁을 반대했고 훗날의 맹자는 애민을 강조한다는 차이가 있다.

중국문화에 '상의의국'이란 말이 있다고 한다. 으뜸이 되는 의원은 나라의 병을 고친다는 뜻으로 의원은 학식과 도덕이 높은 현자를 의미한다. 나라와 나라 간의 전쟁, 가족과 가족 간의 다툼, 개인과 개인 간의 거침없는 해침이 묵자에겐 사회의 병으로 보였다. 그는 나라를 다스리는 것을 병을 치료하는 것에 비유하여 말한다.

의사가 병을 치료할 때는 반드시 어디에 병이 났으며 왜 병이 생겼는지 알아야 한다. 그렇지 않으면 치료할 수 없다.

유가와 묵가의 논쟁은 시대적 풍상의 변화에 기인한다. 한 시대가 끝나가고 새로운 시대가 등장하면 과거의 문화에 익숙한 계층은 동요하기 마련이고 시대적인 수요에 민감한 세력은 민중을 선도할 이념창출에 골몰한다. "공자와 묵자의 후학 가운데 천하에 영달한 이가 그 수를 셀 수 없을 정도였다"라는『여씨춘추』의 내용에서 보듯 묵자의 문하생들이 일세를 풍미했음을 알 수 있다. 문제는 유가의 학문은 사상의 전승과 문화에 대한 기본교육을 중시하였기에 기복은 있어도 역사에서 사라지지는 않았지만 묵가는 달랐다. 묵가는 내부규율이 강하고 엄격하였으며 묵자의 지휘를 받았다고 사료에는 전한다. 이처럼 그들의 전승관계는 개인에 기대는 경향이 강하고 조직의 운영이 경색되었다는 것이다. "불길로 나아가고 칼을 밟으며 죽을지언정 뒤로 물러나지 않는다"는 엄격한 행동주의적인 조직은 결국 내부의 사상차이가 균열을 불러일으키고 만다. 이 같은 사상의 흥취는 취하기도 쉽지만 쉽게 깨어나기도 한다는 사실이다. 그러니 과격한 묵가는 유가의 항구적인 운용정신이 없었고 역사의 뒤안길로 사라지는 것은 너무나 빤히 예견되는 운명일 수밖에 없었다.

도가

도를 사상의 핵심으로 삼아 비교적 일치된 사고방식을 지닌 이들에 대한 명칭은 일정하지 않다. 유가는 교육을 통한 사생관계, 묵자는 조직을 통한 상하관계로 각각 사상사적인 전승을 세웠다. 반면 도가는 그 기원과 사상전승의 흔적을 확정하기 어려웠다. 도가는 당해 시기의 지식인들이 지닌 사유노선이거나 흥취였으며 이것이 점차 사조로 변화한 것이라고 할 수 있다. 『한서』 「예문지」에 "도가의 부류는 대개 사관에서 나왔다. 주로 역법과 관련되어 성패, 존망, 화복, 고금의 도를 기록하였는데, 이후에 품부받은 요체와 지켜야 할 본질을 알게 되었다. 그들은 청허로써 자신을 고수하고 비약으로써 자신들을 보존하였다"라고 적고 있다. 도교의 또 다른 개념으로 노장학이 있다. 서한 시대 초기 황로(중국의 시조인 황제와 노자의 합성어)의 무위사상은 중국의 사회 각 영역에 영향을 미쳤다. 사료에 전하는 노자는 어떻게 그려지고 있을까.

에세이 선종사

사마천은 『사기』에서 노자로 상정되는 인물이 3인이 있다고 적었다. 그 셋은 이이, 노래자, 태사담이다. 첫째의 이이는 초나라 사람으로 공자가 예를 배운 사람이며 『도덕경』 5,000여 글자를 지었다고 한다. 두 번째로는 노래자로서 공자와 동시대의 사람이고 15편의 저서가 있었다고 한다. 마지막 세 번째는 태사담으로 공자 사후 100년 이상 경과한 뒤의 사람이고 진의 헌공과 회담하였다고 전해진다.

　　도가의 시조격인 또 다른 인물은 장자다. 그의 이름은 주이며 전국시대 송나라 몽 지역 사람이다. B.C. 369년경에 출생한 것으로 추정한다. 장자는 중국의 철학사와 문학사를 비롯하여 각 예술영역에 지대한 영향을 끼쳤다. 노자와 장자를 합하여 노장사상이라 부르는데 공맹사상과 더불어 중국인들의 정신세계를 구축하는 원류라고 평가한다. 도가라 할 만한 노장사상과 달리 도교는 원시무속신앙에서 기원한다. 귀신숭배, 신선학설, 각종 방술과 양생의 방법을 종합하고, 음양오행, 역학이론, 도참, 위서, 신학 등을 아울러 도가학설의 이론적 뼈대를 삼았다. 또한 각종 술법을 실천하고 도를 가장 높은 신앙의 경지로 삼아 태상노군 즉 노자를 교주로 숭배하였다. 한나라 말기 장도릉이 중국민중문화의 특색을 지닌 종교로서 처음 창시하게 된 것이다. 노자와 장자로 대표되는 도가는 도에 대한 철학을 연구하는 학파라고 할 수 있다. 도가학설은 도교의 철학적 뼈대이며 도교는 도가의 종교적인 형식이라고 하겠다. 다시 말해 도가건 도교건 노자와 장자의 사상이 맥락을 형성하고 있는 것이다.

노자 이후의 도교는 전국시대와 한나라 초기에 각각 두 차례 전면적인 발전을 이룩하게 된다. 장자학파가 형성된 전국시대는 도교의 첫 번째 발전기라 할 수 있다. 진·한 시대 황로학의 발전으로 인하여 도교는 두 번째 번성의 시기를 맞이한다. 『황제사경』과 『회남자』가 당시의 대표적 전적이다. 이는 음양오행설의 각종 술법과 신선의 양생술을 종합한 것인데 도가학설과 신선방술을 융합시킨 점에서 성과로 여겨진다.

도교학설은 통치계급이 채택하여 백성들에게 휴양생식의 기회를 주는 치세의 이념을 제공하고 피통치계급에게는 도가의 기치를 들어 봉기를 일으키거나 체제에 반발하는 형태로 나타나기도 했다. 중요한 것은 도가학설이 발전하면서 중국의 토속종교라 할 도교의 형성에도 영향을 끼쳤다는 사실이다. 도교는 도가의 학설을 위주로 유가·묵가·불가의 사상까지 취하여 유가사상에서 수용하지 않았던 수많은 문화요소들을 블랙홀처럼 빨아들였다. 이로써 도교는 중국고대의 전통문화를 보존하는 중요한 매개체가 되었다. 중국의 4대 발명품 중 하나인 화약도 도가 방술사들이 단약을 만드는 과정에서 발명하게 된 것이라 한다.

그렇다면 도가는 유가나 묵가에 비하여 어떤 사상적 특질을 갖는지 살펴보도록 하자.

유가와 묵가가 인애와 겸애로 구분되지만 모두 세상에서 무엇인가를 하려는 뜻이 강한 반면 도가는 일단 그럴 마음이 없다. 묵가가 공자에 대하여 비판적 태도를 보인 것은 앞에서 설명한 바다. 하지만 백가쟁명이 모두 천하의 흥망에 대한 주장인 것이고 제자들과 몸소 주유천하했다. 그러나 도가는 근본적으로 세상을 위해 무엇을 한다는 생각이 아예 없었다. 그들의 철학은 무위(無爲)로서 아무것도 하지 않음이다. 자기도 하지 않고 남들이 하는 것도 반대했다. 통치자이건 백성들이건 모두 하지 말라는 것이다. 이는 유가나 묵가와 확연히 다르다. 유위냐 무위냐가 이들 학파의 구분점이다. 그렇다면 왜 달랐던 것일까? 주지하듯이 유가는 문사들이 대표하며 사회상층부를 대변한다. 반대로 묵가는 협사들이 대표하며 하층민을 대변한다. 도대체 도가는 누구를 위한 사상이며 철학이기에 아무것도 하지 말라는 것일까. 바로 은일의 사상이며 은사의 철학이기 때문이다. 은사는 춘추전국시대의 자유사상가 부류다. 하층민보다는 위이며 귀족이 아닌 식자층으로 모사나 책사 정도의 지략을 가진 그룹이다. 그렇지만 어느 한군데 매인 것도 아니어서 굳이 식객도 마다한다. 그들은 일을 하려들지 않는다! 그 일이란 관직을 맡지 않는 것이다.

도대체 어떤 이들이 은사가 될 수 있었을까.

그들은 일단 능력이 있다. 뭐든 할 수 있지만 관직에 발을 담그려고 하지 않는다. 벼슬에 능력도 있고 누구보다 잘할 수 있지만 굳이 하려 들지 않는다. 그가 곧 은사다. 그리고 세상의 어떤 일에도 관여하지 않고 놀라지도 않는다. 애초에 얻으려고 한 바도 없으니 그 무엇으로도 계약관계가 없다. 여기서 도가와 유가는 구분된다. 도가는 은사적 철학자이고 은사적이기 때문에 '하지 말라'고 주장한다. 대신 유가는 국가적 대사나 천하의 흥망에 관심을 둔다. 유가나 도가의 입장 차이는 다음과 같다.

첫째, 세상을 구제할 처방은 무엇인가.

둘째, 천하를 구원할 것인가 아니면 자신을 구원할 것인가.

셋째, 적극적으로 행동할 것인가 소극적으로 행동할 것인가.

이처럼 사상의 결이 달라지는 것은 사상집단이 다르기 때문이다. 그 부류를 살펴보면 첫째는 노자나 장자 이전의 사람들로서 공자 시대에 이미 있었던 부류다. 『논어』에 나오는 접여·장저·걸익 등이 그렇다. 둘째는 선진 도가 중의 한 사람인 양주 등의 관점이다. 선진 시기 도가는 양주가 1단계, 노자가 2단계, 장자가 3단계를 대표한다. 양주는 저작이 전해지지 않는다. 그는 일모불발 사상으로 유명하다. "세상을 이롭게 한다 할지라도 털끝 하나도 뽑지 않는다"는 사상이다. 극도의 이기적인 생각으로 보일 수 있지만 세상에 대한 어떤 절망이랄까, 희망을 두지 않는 것이다. 그래서 뭔가를 한다는 자체가 오히려 세상을 어지럽힐 뿐이라고 봤다. 양주의 주장은 꽤 호응을 얻었다. 일리가 없지 않았기 때문이다. 셋째의 관점이 또한 중요하다. 사회를 만족시키기 위한 개인의 희생도 옳지 않고 개인을 위한 사회의 희생도 옳지 않다는 입장이다. 그들은 사회구성원들을 대등한 관계로 인식하여 희생을 요구하지 않아야 천하가 다스려진다는 주장을 하고 싶었던 것이다. 힘없는 소시민으로서의 백성을 가치 있게 대하라는 사상이다. 어쩌면 공리주의적인 사상의 맥락일 수도 있다. 공자나 묵자는 세상에 사랑이 부족하다고 보았고 노자와 장자는 세상이 지나치게 소란스럽다고 여겼던 것은 아닐까. 유가도 그렇지만 도가는 훗날 도교로 발전하여 불교와 각축을 벌이는 관계에 놓이기 때문에 이들의 심리일반이나 사상궤적을 주의 깊게 볼 필요가 있다. 유교와 도교를 모르고서 중국불교를 말할 수 있겠는가. 이제 마지막 법가를 보자.

법가

선진 시대 제자백가 가운데 가장 늦게 형성된 학파는 법가다. 흔히 법가를 대표하는 인물로 상앙과 한비를 든다. 상앙은 저명한 개혁가이자 법가의 중요 인물이다. 그는 B.C. 390년에 태어나 338년에 죽었으니 맹자나 장자와 동시대 사람이다. 그는 법가에 속한 사람으로서 춘추전국시대 진나라의 정치가였다. 중국역사상 뛰어난 변법가로는 진의 상앙·강제의 관중·북송의 왕완석·명의 장거장 등을 꼽는다. 상앙이 추진했던 개혁인 변법은 당시 법가사상을 바탕으로 하여 강력한 부국강병을 목표로 삼았다. 상앙은 자신의 정치사상과 법가를 실현할 나라로 진나라를 택했다. 당시의 진의 왕은 효공이었고 둘은 의기투합하여 진나라를 전국칠웅의 최강국으로 만들었다. 상앙은 군제·세제·법제의 정비와 함께 토지제도와 군현제를 시행하는 대개혁을 단행했다. 십오제라 하여 상호감시체제를 만들고 상업보다 농업을 우선했다. 노예제를 폐지하고 군공수작제를 시행하여 악습과 구습을 타파하는 한편 함양으로의 천도를 이끌었다. 한편으로 연좌제 등 강력한 법시행을 주도하였는데 정작 자신도 자신이 만든 법의 희생양이 되어 처참하게 죽음을 맞았다. 『자치통감』을 지은 역사가인 송나라의 사마광은 상앙을 다음과 같이 평했다.

상앙은 진국을 강하게 만든 천재였다. 그러나 자신의 목적을 위해 자신의 은인을 배반하였으며 진의 백성들에게 지나치게 긴장의 끈을 강요하다가 그 긴장의 끈이 끊어지자 자신의 목숨을 잃게 되었다.

법가를 대표하는 또 다른 인물로 『한비자』를 지은 한비가 있다. 상앙은 비참했고 한비는 억울했다. 한비는 자신의 의견이나 주장조차 제대로 펼쳐보지 못하고 동문사숙했던 진의 전략가 이사의 모함에 걸려 죽음을 맞았다. 한비와 이사는 모두 순자의 문하생이었다. 순자는 맹자의 성선설에 반하여 성악설을 주장했다. 인간을 잘 이끌지 않으면 악이 발현될 수밖에 없다는 사상이다. 그래서 순자를 법가의 시작으로 보는 관점이 있다. 한비는 선진 시대 법가의 마지막 인물이자 법가학설의 집대성자다. 법가를 말할 때 한비를 말하는 이유도 여기에 있다.

한비는 B.C. 280년에 태어나 233년에 죽었다. 공자보다 270년, 묵자보다 180년, 맹자나 장자보다 약 80~90년 정도 늦게 활약했다. 한비는 한나라 왕족 출신이다. 한나라가 날로 쇠퇴해지는 것을 보고 여러 차례 상서하여 법제를 정비하고 부국강병을 도모할 것을 주장했지만 왕은 외면했다. 「고분」, 「세난」, 「오두」 등 10만여 자의 글을 저술하여 사상을 강변했다. 한비를 눈여겨본 이는 훗날의 진시황으로 불리는 진왕 영정이다. 그는 한비의 저작을 애독하였고 "이 사람을 만나 함께 의논할 수만 있다면 죽어도 여한이 없겠다"고 할 정도였다. 선진 제자들은 비교적 장수했다. 공자는 73세, 순자는 76세, 장자는 대략 84세, 묵자는 93세까지 살았다. 오직 법가의 상앙이 50세, 한비는 47세에 생을 마쳤다.

유가는 천하를 다스리는 원리에 대하여 인·의·예로 다스리는 덕치가 근본이라고 봤다. 그러나 법가는 엄격한 법치·술치·세치가 근본이 되어야 한다고 주장한다. 법치는 군주가 정하는 권세이고, 술치는 법을 실행하는 수단으로서 권술이며, 그리고 세는 군주가 신하를 관리하고 주도권을 잡는 방법론인 권능을 말한다. 군주는 두 개의 칼자루로써 권력을 행사하는데 형과 덕이 그 두 수단이다. 사람을 죽이는 것이 형이고 상을 주는 것이 덕이다. 즉 상과 벌로써 다스리는 것이다. 그래서 양면삼도가 군주의 권력을 행사하는 이론이 된다. 또 법의 엄중한 이행을 통해 부국강병을 달성하고 군주의 권력확립을 꾀했다. 경제적 측면에서는 상업보다 농업을 중시하는 경제관, 모든 토지를 국가에 귀속시키는 국유제, 부자에게 과세를 부과해 빈자에게 돌림으로써 경제적 평등을 만든다는 빈치균민, 국가주도의 공업화를 기반으로 하는 통제경제를 내세웠다.

법가사상은 전국시대 패도에 부응하여 일어났으며 진·한의 중앙집권적 고대제국 형성의 이론적 기초를 제공했다. 그러나 한대에 들어선 이후 유가가 국가의 관학으로 받아들여지고 중국사상계의 주류가 되면서 법가사상은 더 이상 나아가지 못했다.

유가와 묵가의 차이가 인애와 겸애에 있다면 유가와 도가는 유위와 무위의 차이이고 유가와 법가는 덕치와 법치의 차이라고 정리할 수 있다. 유가가 예악중심이라면 법가는 형벌중심이라는 차이가 있다.

유가는 문사의 철학, 묵가는 무사의 철학, 도가는 은사의 철학, 법가는 모사의 철학이다. 모사는 계략을 꾸미는 사람이다. 또 유가는 주나라 때의 왕도, 묵가는 요순 대의 제도, 도가는 태고의 천도 등 지난 시절로의 회귀를 말하지만 법가는 패도로써 미래 제국주의를 그렸다. 진나라 효공이 상앙에게 듣고 기뻐해 마지않았던 것이 바로 천하의 패권을 차지하는 구상이었기 때문이다.

중국인의 민족사상은 가천하(家天下)다. 천하를 한 집안으로 본다는 뜻이다. 그래서 주나라 이후 중국은 예악의 인본주의사상이 자리하게 되었다. 예는 등급으로써 차별을 두어 질서를 잡기 위함이고 악은 그들 특유의 낙감문화로 구성원 간의 갈등을 해소하는 방식이다. 이런 등급과 질서가 곧 윤리 내지는 윤리법칙이다. 이런 윤리의 실현이 예법이고 실천의 정감은 인애라는 인본주의에 두는 것이다. 그래서 집권의 핵심은 정명이라 하여 각자 명분과 지위를 명확히 하는 것이 우선하는 가치가 된다.

문화는 제도보다 중요하며 문화정신 역시 문화방식보다 중요하다. 입법정신이 법률조항보다 중요한 것과 마찬가지다. 그런 면에서 주나라 이후 전통의 예악을 중화민족의 정신이자 문화로 계도한 공자의 위치는 확고부동할 수밖에 없다 하겠다.

진
—

짐은 시황제다.

내 후손들은 숫자대로 이세, 삼세, 만세까지 영원토록 이어질 것
이다.

-『사기』「진시황본기」

이런 야심찬 포효를 할 수 있는 사람이 과연 몇이나 될까. 천하경영
의 포부를 안고 출발한 이 회사는 창업에서 폐업까지 얼마나 지속
되었던 것일까. 이 질문에 답을 하자면 맥부터 빠지는 기분이 드는
걸 어쩔 수 없다. 그 인물이 진 제국을 창설한 진시황이요, 왕국에서
제국이 되기까지 걸린 시간은 9년, 창업 후 멸망까지 고작 15년 밖
에 걸리지 않았던 별똥별 같은 나라가 바로 진이다. China라는 용
어를 둘러싼 견해는 여럿이다. 비단이나 자기를 지칭한다는 주장
도 있고 진의 독음이라는 견해도 있다. 이렇게 찰나 같은 순간을 살
다 사라진 진이라는 나라와 시황제라는 인물만큼 드라마틱하게 기
억되는 역사도 드물다. 역사에서 숱한 전쟁과 암투를 딛고 제국을
차지한 인물에게 인품을 묻기에는 어색한 면이 있다. 권력자의 자
리는 그의 안목과 업적을 우선적으로 구현하는 자리이고 그 시간이
주어진 것이다. 그런 면에서 진시황은 중국역사에서 처음으로 제국
을 창설한 인물이자 그에 버금가는 여러 가지 혁명적인 제도를 도
입하여 강렬한 인상을 후대에 남겼다.

진시황이 스스로를 본인이라는 뜻의 짐(朕)이라 하면서 황제

를 칭한 후 내린 첫 조서는 시호제도의 폐지에 관한 것이었다. 중국
고대의 군주나 귀족 또는 명사 등이 죽으면 평가를 통해 시호가 내
려졌다. 가장 훌륭한 시호는 '문'과 '무'였고 '영'은 불길한 시호였다.
춘추시대의 진 영공, 정 영공, 초 영왕은 모두 비명횡사했다. "명칭
이 바르지 않으면 말이 통하지 않는다"라고 한 사람은 공자다. 직분
에 대한 상하의 구분이 예의 시작이어서 고대중국인들은 명칭을 중
시했다. 진시황은 자신의 정치적 성공이 역사적으로 과거 삼황오제
보다도 뛰어나다고 생각했기 때문에 많은 논의 끝에 황제가 되었
다. 원래 황(皇)은 제(帝)를 꾸미는 수식어이다. 그런데 황 자체가 명
사화되어 나중에는 제보다도 황이 독단적으로 쓰인 결과 시황제·
시황 등의 명칭이 되었다.

유가는 노나라에서, 묵가는 송나라에서, 도가는 초나라에서 생
겨났지만 법가는 지역구가 없었다. 법가는 제자백가들 중에서도 별
종에 속했다. 도가는 태고를 동경했고 묵가는 우의 시대 그리고 유
가는 주의 시대를 동경했다. 또 도가는 천도를, 묵가는 제도를, 유가
는 왕도를, 법가는 패도를 중시했다. 결과적으로 도가·묵가·유가는
복고주의를 지향했지만 법가는 현실과 미래를 지향했다. 사실 진나
라는 시안에서도 서쪽으로 한참을 가야 만나는 곳일 만큼 중원의
나라도 아니어서 변방이자 오랑캐나 다름없었다.

실제 중국을 여행해 보면 서역의 투루판이나 우루무치로 가기
전에 거치는 돈황이 오히려 서쪽으로 지근거리여서 '시안이 이렇게
서쪽으로 치우쳤나'하는 생각이 들기도 했다. 아무튼 진나라는 여
러 가지 면에서 문화의 질이 떨어졌다. 진나라에 별다른 사상이 일

에세이 선종사

어나지 않았던 게 우연이 아니다. 진나라는 본래 풍습이 사납고 단순했다. 하지만 그들에게도 사상은 필요한 일이었고 특별한 문화도 없었기에 별 반발 없이 단기간에 민중을 계도하여 강국으로 발돋움하기에는 법가에게 좋은 토양이었다. 법가는 패도를 중시하고 진나라는 강해지고자 했으니 궁합이 맞았다.

법가는 군권지상주의이고 다스리는 정치수단은 후한 상과 엄한 형벌이다. 상이 후하면 용감한 병사가 나오고 형이 엄하면 선량한 백성이 있기 마련이다. 일찍이 상앙과 효공이 이 같은 채찍과 당근으로 진나라의 체질을 바꿔놓았다. 진나라가 강대한 힘을 얻는 방식이 이와 같았던 것이고 제국을 창설한 후에는 화하문명의 피까지 바꾸려 들었다.

제국은 왕국과 다르다. 왕국은 토지를 제후들에게 봉하는 제도다. 국은 도시를 중심으로 하고 방국은 도시에 농촌까지 합친 개념이다. 그래서 당시는 나라를 방 혹은 방국으로 불렀지만 한 고조 유방의 이름과 겹친다고 하여 국가라는 단어가 생겼다. 국가도 도시국가와 영토국가로 나뉜다고 말한 바 있다. 폴리스가 그리스의 도시국가를 부르던 말임을 상기하면 알 것이다. 봉토를 받으면 건국을 하여 군주가 정해지고 군주는 제후들에게 분봉하여 군신관계가 형성되어 나라를 경영하는 것이 기존의 방국제도였다. 진나라가 태동하고 나서 대신들이 바란 것은 각자 영토를 차지하여 귀족으로 머무는 것이었다. 그렇게 된다면 다시 옛 주나라의 제도로 돌아가는 것이다. 과거로의 회귀냐 새로운 방식으로의 진입이냐의 갈림길에서 홀로 제국의 논리를 주창하고 나선 이가 제국의 설계자라 불리는 이사다. 그리고 진시황은 이사에게 제국의 설계를 맡겼다. 이로써 중국사회는 봉건사회의 명맥을 끊고 다시는 봉건시대로 돌아가지 못한다. 그렇다면 봉건제를 대체할 새 체제는 무엇인가. 바로 군현제다. 천하를 36개 군으로 나누고 군 아래에 현을 세웠다. 군의 장관은 군수, 현의 장관은 현령이고, 각기 소속 관리들을 두는 제도가 군현제다. 주나라가 천하 → 국 → 가의 제도라면 진은 천하 → 군 → 현으로 하층구조가 달라진다. 진시황은 군현을 재편하고 제도를 정비하기 시작했다.

제국에 우선적으로 필요한 것은 제국 전체에 실행될 법령의 제정이었다. 동서고금의 뛰어난 정치사상가들은 누구나 할 것 없이 독자적인 제도나 규칙을 제정하는 일에 남다른 감각을 발휘한다. 진시황은 전국에 칙령을 내려 화폐·도량형·토지의 단위, 수레의 바퀴너비 등을 통일하도록 천명했다. 일찍이 공자도 바라던 것으로 『예기』「중용」에서 "수레는 궤폭이 같고, 글씨는 문자와 같으며, 행동은 윤리가 같아야 한다"라고 주장한 바 있다. 가장 중요한 것은 문자의 통일이었다.

진나라는 본래 주나라의 영토였기에 서주의 금문에서 파생된 대전체라는 주문을 사용했다. 이 글자는 획이 많고 복잡해서 진시황이 이사에게 간결하게 고칠 것을 명하여 그 결과로 나온 글자체가 소전 또는 진전이다. 그리고 나중에 정막이라는 사람이 더 간략하게 하여 오늘날까지도 쓰고 있는 예서체가 만들어졌다. 이 서체는 말단관리나 백성들도 알아보기 쉬웠다. 예(隸)는 문서를 관장하는 말단관리를 뜻한다.

에세이 선종사

이 일은 역사적인 일이었다. 중국문명이 3,000년 이상 중단되지 않은 데는 무엇보다 문자의 공이 컸다는 평가가 그것이다. 갑골문에서 금문으로, 대전에서 소전으로, 전서에서 예서로 명맥이 이어지면서 상나라에서 주나라, 주나라에서 진나라, 진나라에서 한나라로 문화가 이어졌다. 이 모든 것이 문자통일의 결과인 것이다. 문자의 통일은 더욱 강대한 민족의 탄생으로 이어졌다. 그 수혜는 한나라의 것이 되었다.

군현제를 수립한 후에도 진시황은 새로운 계책을 여럿 선보였다.

도로건설(전국적 도로망 구축)

요새제거(과거 6국의 성곽과 장벽과 참호 제거)

제방철거(과거 나라 간의 제방을 허물고 운하 건설)

병기압수(반란위험 제거)

대규모 이주(셴양으로 부호들 12만 호 이주)

장성축조(북방유목민 대비)

분서갱유(사상통일을 위해 이사가 건의)

진시황은 정무에 충실하여 매일 죽간 120근 분량의 상주문을 모두 읽고서야 휴식을 취했다. 특히 분서갱유는 중국역사상 일대 사건으로 지금까지 회자된다. 민간에서 사상이 통일되지 않고 학문이 자유로워서 사학을 금지해야 한다는 이사의 건의를 받아들인 결과다. 분서와 갱유는 엄밀하게 다른 사건이다. 갱유는 460여 명을 묻은

사건이지만 유생이나 반대파는 아니었다고 한다. 분서는 관청의 소
장도서, 진의 역사나 의학·점술·농업 관련 도서를 제외하고 민간
에 소장된 모든 문예, 철학, 제자백가의 전적들을 소각한 문화적 재
난이었다. 더구나 7년 뒤 항우가 두 번째 분서를 저질렀으니 소하가
일부 문서를 빼놓지 않았으면 중국고대사는 황폐화되었을 것이다.
진시황·이사·항우 이 셋은 소중한 문화유산 망실의 뼈아픈 역사의
죄를 어떻게 감당할 것인지.

　　한편 제국의 멸망을 재촉한 사람은 진의 2세 호해·조고·이사
이 셋이다. 호해는 선친인 진시황의 꿈을 더 이상 지속하지 못하고
2대 만에 끝낸 장본인이니 무슨 말을 더하겠는가. 그리고 조고는 환
관 출신으로 이 모든 사달을 벌인 장본인이다. 지록위마란 고사의
당사자로서 황제 앞에서도 권세를 떨치고 이사를 죽게 했다. 일본
의 빠가야로(馬鹿野郎)라는 욕설은 말과 사슴을 구별하지 못하는 놈
이라는 뜻으로 이 고사에서 유래한다는 설이 있다. 이사가 누군가.
과거 죽마고우이며 순자라는 한 스승을 같이 모셨던 동문수학의 절
친인 한비를 모함하여 죽음으로 내몬 장본인이다. 『논어』 첫 장의
"벗이 있어 먼 곳으로부터 찾아오면 반갑지 않은가"에서 朋은 바
로 동문수학한 사이이니 정말로 절친 이상의 관계인데도 그렇게 했
던 이가 이사다. 그는 제국의 설계자, 일대의 명재상이라는 평을 받
았다. 하지만 그의 법가사상에 따라 만들어진 제국은 비인간적이고
가혹했으며 결국 이사 본인 또한 자신이 만든 형벌을 피할 수 없는
상황에 내몰렸다. 그는 한비를 떠올릴 수밖에 없었을 것이다. 전하
는 말에 의하면 형을 받기 전에 마지막 면회를 온 둘째 아들에게 이

런 말을 했다고 한다. "내가 너와 함께 다시 누런 개를 몰고 동문 밖으로 나가 토끼를 사냥하던 때로 돌아가 살고 싶었는데 … 그럴 수 있을까?"

그럴 수 없었다. 아니 그렇게는 되지 않는다. 그러려면 조금 더 일찍 고향으로 돌아갔어야 한다. 안락한 귀향의 길을 누구나 갈 수 있는 것은 아니다. 주희가 말년에 귀향하려 하면서 조정에 더 머물라는 주위의 청이 있어서 판단을 구하기 위해 점을 쳤다. 점괘는 떠나라는 것으로 나왔다. 주희는 그렇잖아도 조정에 머무르기를 바라지 않던 터여서 미련 없이 떠났다는 이야기가 있다. 아름다운 마무리는 쉽게 얻어지는 것이 아니니까! 한편 진시황이 세운 제국의 멸망은 보잘것없는 작은 곳에서 이 한마디로 시작되었다.

왕후장상의 씨가 어찌 따로 있더냐!

이 말에 군중들이 환호했다. 옛 초국의 사람인 진승과 오광이 수졸이라는 국경수비대 900명으로 시작한 반란의 일성이었다. 진시황의 혁명이 있은 지 20년이 지나 진나라에 반대하는 운동이 천하를 덮으면서 진 제국은 급속히 해체되고 말았다. 진승 등의 반란은 수개월을 버티지 못하고 정부군에 평정되었다. 그러나 진승과 오광이 낸 제국의 균열은 항우와 유방의 등장으로 이어졌고 다시 제국의 바톤은 한나라 유방이 이어받았다. 이제 본격적으로 유가의 시대가 도래한다. 한편 후한 시기에 불교가 실크로드를 역으로 동진하여 중국대륙에 등장한 후 주류 종교에 올라서는 대서사시가 펼쳐진다. 불교의 등장과 안착의 과정을 알기 위해서는 유교를 공부할 필요가 있다. 중국민족에게 유교의 정신세계는 어떻게 작용했던 것일까. 그 장중한 이야기를 알아보자.

유교

—

야심차게 제국의 문을 열었던 진이 사라진 역사의 무대에 새롭게 얼굴을 내민 주인공은 한나라다. 그리고 그들은 유교를 국교로 삼아 제국의 정체성을 확고히 하고 싶었다. 이제 운명적으로 마주칠 불교의 등장도 목전에 다다르는 시기였다. 유학의 발달사는 불교와 선종의 변천사에도 영향을 주고받은 과정이 배태되는 일이다. 먼저 유학의 개념부터 정리해 보자. 개념을 파악하는 좋은 도구는 핵심 단어의 어원부터 알아보면 도움이 된다. 유(儒)라는 말에 대한 설명도 각양각색이다.

근대 이전에는 유가 독단적으로 쓰이는 예가 많았다. 거기에 유학·유교 등의 해설적 의미가 붙여졌다. 儒는 원래 수(需)로 쓰였으며 기우를 하는 무격의 뜻이다. 또 은나라 민족의 교사로서 상사의 의례를 담당하는 일을 직업으로 삼았다는 해설도 있다. 이외에도 유의 기원을 두고 여러 가지 주장이 있다. 수는 술사가 다루는 동작이나 방술의 동작행위이거나 은대의 무사가 예를 행할 때 쓰는 예관이라는 설, 주대에 의례를 주관하던 무·축·사 등 문화인들에게서 유래했다는 설 등이 있고 『설문』에서는 유를 '술사의 칭호'라고 말하기도 한다. 결론적으로 무·축·사 등 고대생활의 중심에 있었던 식자들로서 고대문화와 예의를 주관했던 이들을 들 수 있다. 그중 장례의 의례가 그들 역할의 핵심이었다. 따라서 유학과 무축은 관련이 있다는 점이 중요하다. 유가 중요시한 것은 복식이었다. 복식의 상징성은 의례를 주관할 때부터 형성된 습관이다. 문헌상으로 볼 때 유에서 중시한 복식이 정통적이고 복고적인 색채가 짙었다는 점은 분명해 보인다. 묵가에서 유가의 장례가 번다함을 비판한 점은 시사하는 바가 있다.

유교의 폭은 넓었다. 사대부의 교양이기도 하거니와 송 이후의 관리등용시험인 과거에 유가에서 정한 경서가 절대적인 위치에 있었다. 이 같은 교육의 수요는 주자학을 비롯하여 송 이후의 일반 계몽까지 이끄는 기능을 했다. 유교가 불교를 비판할 때 주요 논점이 되는 것은 세 가지였다. 불교는 사회의 도덕과 질서를 무시한다는 점, 불교는 외래사상이어서 중국문화와 가치관에 반대된다는 점, 그리고 터무니없는 불멸을 주장한다는 관점은 불교 수입 이래 유학자들이 줄기차게 공격하는 포인트였다는 것을 기억할 필요가 있다.

유교의 도덕관

유교도덕의 요강은 삼강오륜이다. 삼강은 부자·부부·군신이다. 이 구분이 유가가 정한 사회질서의 통념이자 기본개념이다. 오상은 인·의·예·지·신이다. 오상에서 신을 빼면 원래의 사덕이 된다. 오상은 한나라의 동중서가 전래의 인·의·예·지에 신을 더한 것이 그 시작이다. 그리고 사유(인·의·염·치)가 있다.

　인은 만물을 생성하는 근원의 힘이다. 복숭아와 살구의 씨앗[仁]을 지칭하는 용례를 참고하면 이해가 될 것이다. 사람의 마음엔 인이 있어서 타자의 삶을 존중하고 그 삶을 양육하게 된다. 인은 내재하는 힘이면서 우주적으로 확장되어 만물과 일체되는 공식이 만들어진다. 북송의 정호, 남송의 육구연, 명의 왕수인 등이 심즉리라는 관점에서 주장한 양명학의 사상인데, 마음의 본원인 양지(良知)의 확장을 사회적 참여의 원리로 삼았다.

　유교의 도덕관 중의 하나로 충과 효가 있다. 이는 마음의 정성을 다한다는 성(誠)으로서 오상의 신과 통하는 윤리관이다. 중국에서 충과 효를 부정하고서 과연 살아남을 수 있을까? 임제 스님의 살불살조, 부모를 만나서는 부모를 죽인다는 극단적인 비유의 논리는 무척 충격적이었을 것이다. 불교는 중국사회에 정착해 가는 과정에서 이 효사상을 도입했다. 흥미롭게도 유교에서 중시한 것은 부에 대한 효다. 왜 그럴까. 부는 종법으로도 그렇고 가정질서의 핵심이기 때문이다. 그런데 불교는 모자관계를 더 자주 말한다. 부가 사회질서의 측면이라면 모는 나를 낳아주는 실존적 관점에서 더 정감이 가기 때문이다.

　충의 측면에서 특이점은 간언에 대한 것이다. 이 간언은 유교의 중요한 요소였다. 중국에서 천자라는 압도적인 존재 앞에 신하가 황제에게 교훈하거나 간언함을 인정하는 것이 유교의 특색이다. 중국에는 간관이라는 전문관직이 있어서 관료를 감시하는 어사대와 함께 재상의 권력이 미치지 않음을 원칙으로 하였다. 일본의 경

　에세이 선종사

우도 이와 비슷한 문화가 있어서인지 전하는 이야기가 하나 있다. 한 가신이 도쿠가와 이에야스에게 간언을 했을 때 이에야스가 고개를 끄덕이며 듣고 있었다. 가신이 물러난 후에 신하가 어째서 그런 평범한 내용에 귀를 기울였는지 물었다. 이에야스는 "알고 있었지만 귀를 기울이는 것이 중요하다"라고 대답했다고 한다. 유교는 지도자가 간언을 듣는 자세를 요구했다. 유교의 제왕학은 신하로부터 군주에 이르기까지 작용한다. 황제도 왕자도 교육받아야 했다. 이는 황제에게 부담스러운 일이어서 북송 철종의 스승이었던 정이와 남송 영종의 스승이었던 주희는 모두 황제로부터 소외받기도 했다.

군주에 충성을 요구받으면서도 동시에 군주에 대해서 간언과 교육을 하고 나라에 재난이 일면 군주의 반성을 촉구하는 정신이 있었다. 이런 측면을 가진 것이 유교의 심오함을 깊게 하는 하나의 예가 될 것이다.

유교의 심성론

유교사상의 자연관 측면을 보면 그들 역시 전통의 음양과 오행의 법칙을 따른다. 왜냐하면 인간의 정서 같은 내면의 감정이 외부의 환경과 연계되어 작용하며 이런 원리에 따라 인간의 심성을 도출하여 도덕윤리의 근간을 세울 수 있기 때문이다. 천인합일에서 출발한 이러한 관점은 성품은 과연 어떤 것일까에 대한 고민으로 이어졌다. 선악도 심성의 작용이어서 그냥 넘어갈 수 없는 무거운 주제다. 중국인들의 선악에 대한 심성은 대략 네 가지 패턴이 있다.

성선: 맹자의 주장. 인간의 성품은 본래 선하다는 전제로 덕치의 근거.

성악: 순자의 주장. 원죄나 금수적인 악이 아니라 계도로써 악과 떨어지게 함.

성선악혼: 양웅의 주장. 성품에는 선과 악이 섞여 있음.

성삼품: 한유의 주장. 성선이나 성악인 자 그리고 어느 쪽으로건 옮겨갈 중간자.

한유는 당시 융성했던 불교의 불성론을 의식하고 있었다. 인간은 불성이 있어서 본래불이라는 성선설에 가깝게 여겨지는 관점에 대응하는 유교의 성품설을 주장할 필요가 있었다. 이 주장에 호응하는 계승자들이 상당히 존재했다는 것이 결코 우연이 아니다. 선종사를 공부하는 사람은 중국 유학자들이 불교에 대응하는 논리를 세워가는 과정을 유심히 살펴보지 않으면 안 된다. 그렇다면 여러 성품설 중에서 최후에 살아남은 주장은 무엇이었을까? 바로 성선설이다. 송대에 등장한 주자학이나 명대의 양명학은 철저하게 성선설을 채용하고 이들 사상의 유포에 의해 성선설은 유교의 주류로 올라섰다.

주자학과 양명학 모두 도덕적인 사회계도를 목적으로 하기 때문에 대중을 선한 방향으로 이끌고자 한다. 이는 무엇보다 누구나 깨달아 부처가 될 수 있다는 선종의 절대긍정 심리에 영향받은 것이다. 적어도 하늘이나 성인과 같은 심경이 됨으로써 그 이상을 실현한다는 지극히 실질적이고 현세적인 입장이다. 유교의 입장에서 보면 도가사상이나 불교는 개인 내면의 안정만 추구하고 사람을 다스리거나 국가질서 확립에는 관심을 보이지 않는다고 생각했을 것이다. 역시 대중을 이끄는 힘은 단순하고 긍정적이어야 한다. 단순하면 따라하기 쉽고 긍정적이면 확산이 용이하기 때문이다.

한편 성품과 심성을 둘러싼 의론은 유교사상을 풍요롭게 했다. 불교가 마음의 구조분석에 관심을 갖는 반면 유교는 마음이 어떻게 움직이는가 하는 작용과 쓰임에 생각을 집중했다. 철저하게 실천의 장에서 단련된 유교의 심성론은 결코 세상을 벗어나서 생각하는 법이 없기 때문이다.

유교의 학문

불교의 수행에 해당하는 유교의 덕목은 학문과 수양이다. 학문은 경서의 학습이자 지식인의 교양교육이고 공직에 나가는 시험과목이었다. 그리고 성인이 되는 단계로서 독서와 학문은 지식인의 이상이었다. 경학이 사회에 뿌리를 내리고 유교의 정착에 기여한 것은 바로 이 같은 문화로 발전해 갔다는 점을 들 수 있다. 마음을 기르는 관점은 선종의 영향이 컸다. 그들은 수행보다는 사회 속에서 실천 가능한 수양으로 마음을 경건하게 유지하려 했다. 주희는 선배인 정호·정이의 의론을 이어 경(敬)의 수양법을 주장했다. 선종과 같이 선당에서 의식에 집중하며 좌선하는 방법과 달리 일상에서 모든 행위를 수양을 위한 방편으로 생각함으로써 사회에서의 활동을 신조로 삼은 유교에게는 경에 거함[居敬]이나 경을 유지하는[持敬] 방법이 효과적이었다. 일상의 번민 속에서 살아가지 않으면 안 되는 인간이 이상적인 심리상태를 유지하는 방법의 모색이 유교의 이념이기도 했다.

중국철학에서 성(誠)이 본체의 성질을 갖는 본체론의 범주에 속하게 되는 것은 수·당 이후의 일이다. 불교의 불성론이 있듯이 유교에서 심성론을 본체에 두고 그 심성의 활용이라는 측면에서 만물을 정성스럽게 대하는 마음이 곧 성이라 보았다. 주돈이가 성의 본체화를 시도한 것이라면 성을 본체화한 발단자가 바로 주희이다. 주자학은 이런 과정을 통해 성으로써 근본을 삼은 것이다. 여기서 잠깐 송대 이학(理學)에 대한 설명을 해보도록 하자.

사대부의 학문이며 사상인 송대 이학의 선구자로 「원도」를 쓴 한유가 있다. 그는 박애가 곧 인임을 주장한 것이다. 그 후 송대에 특기할 인물이 주돈이(주렴계)다. 그는 맹자 이후 1,400년 만에 도통을 이었다는 평을 받는 인물이다. 정호·정이의 아버지가 두 아들을 주돈이에게 보내 학문을 익히도록 했다. 그는 태극도설을 도표로 정립하여 유학사에 기념비적인 공헌을 한 사람이다. 태극도설은 무극 → 태극 → 음양 → 오행 → 남녀 → 만물지화 순으로 만물의 생성을 설명한다. 이 세상의 가장 시원이자 궁극은 무극이고, 여기에서 태극이 꿈틀거려 음양으로 나타나고, 다시 오행으로 벌어져 남녀로 응축되어져서 만물이 잉태된다는 사상이다. 여기에 심성론을 응대하여 이론화하였다. 즉 무극은 무욕의 상태라는 전제에서 출발하여 무욕은 곧 정(靜)이어서 항상 정좌(靜坐)를 할 것이며, 그 고요함을 유지하기 위해서는 경(敬)을 수양의 자세로 삼아야 한다. 경은 "경으로 안을 곧게 하고 의로움으로 밖을 바르게 한다"는 의미이다. 단순히 공경심이 아니라 태도 혹은 정신에 대한 의미다. 그다음이 미발지중(未發之中)이다. 마음에 사욕이 일어나지 않도록 중용의 상태를 유지하는 것이다. 다시 순서를 정리하면 무욕 → 정(정좌) → 경 → 미발지중으로 마음의 수양을 이해하였음을 알 수 있다. 송명 이학의 명제가 "천리를 보존하고 인욕을 멀리하라[存天理 去人欲]"이다. 그렇다면 유학에서 理는 무엇일까. 간단하다. 모든 존재는 단순히 있는 것이 아니라 있어야 할 모습으로 있는 것이다. 그러니 만물 각각의 고유한 성질에는 이가 있다고 말한다. 天理를 유교적 사유의 핵심적인 부분에 끌어들인 인물이 명도·이천 두 형제의 불멸의 공적이라고 후대의 사가들은 평한다. 理를 철학의 최고 범주로 삼아 도덕원칙이 개인과 사회에 대해 갖는 의미를 강조하고 내심으로의 생활과 정신수양을 중시했던 것이다. 명도는 "우리 학문에는 물려받은 바가 있지만 다만 天理라는 두 글자만은 스스로 체득해 왔다"라고 말한다. 그는 30년 동안 화를 내지 않을 정도로 지행합일에 신념을 바쳤다. 한편 송대 유학의 대표적 인물로 주돈이·명도·이천·장재·주희를 꼽는데 특히 장재는 기(氣)철학의 제창자로 알려져 있다. 이 정도가 송대 유학의 대강이기 때문에 간략히 소개하였다. 한가지 생각해 볼 것은 선종이 자성청정심을 말하며 그것을 깨달아야 한다고 주장하는 반면, 유학은 우주와 개인의 궁극의 자리는 무극이자 무욕이기 때문에 사욕을 경계하는 보다 명확하게 현세 윤리적인 지향점을 제시하고 있다는 사실이다. 이것은 마음을 얘기하고 마음을 깨달아야 한다는 것에서 벗어나지 못하는 한국선종의 입장에서 시사하는 바가 있다는 생각이 든다.

유교라는 학문은 경학이다. 즉 경서를 학습하는 것이다. 전통적으로 전해져 온 경서들은 유교를 유교답게 하고 그들 사상의 폭을 상징적으로 말해준다. 유교의 경서에는 오경·육경·십삼경 등의 분류가 있다. 송대에는 『논어』, 『맹자』, 『대학』, 『중용』을 사서라 하여 주자학의 확장과 함께 정착되어 갔다.

지금까지 유교가 중국사회에 스며들어 주도적인 역할을 하는 과정에 어떤 사상의 궤적을 그렸는지 살펴보았다. 또한 불교와의 각축전에서 상호 뚜렷한 성격차이에도 불구하고 상호보완하며 정착해 가는 과정도 자못 흥미진진한 것임을 알 수 있었다. 진에 이어 개국한 유방의 한은 제국에 걸맞은 체계를 갖추기 위해 다방면으로 노력을 경주한다. 지금부터는 한 제국의 이야기다.

한 제국의 사상면면과 그 의의
—

중국의 사상세계는 춘추전국의 분화를 거쳐 양한 시대에(한나라는 서한 시대와 동한 시대가 400여 년 동안 반분한다. 한과 양한은 한나라 즉 한 제국을 통칭하는 말이다. 여기서는 분위기에 따라 다르게 표현될 수 있음을 밝힌다) 이른다. 이 시기에는 온갖 하천이 바다로 몰려들듯이 몸집이 거대해져 체계적인 의식형태를 형성할 필요가 있었고 실제 그렇게 되었다. 이 시기에 불교가 들어오면서 중국의 사상세계는 자아를 인식하는 계기가 되었다. 양한 시기 중국의 사상계는 대체로 불교의 전래와 중국화, 도교의 굴기와 불교에 대한 대응, 중국전통사상과 불교의 부단한 융합, 그리고 중국고유의 사상자원에 대한 끊임없는 재발견을 통해 지속적으로 새로운 활로를 찾아갔다.

양한 시기 중국의 사상세계에서 가장 주목하는 것은 사상의 통일이다. 이 시기에 문화적 통합이 대체적으로 완성되었으며 이론을 밝히는 경전의 근거가 정리되면서 사상체계의 맥락도 확정되었다. 사상은 정치이데올로기가 되어야만이 비로소 절대적인 권력을 지니게 된다. 마찬가지로 사상이 권력을 지니게 되면 그 자체로 이데올로기가 되어 기존의 질서와 사상을 와해시키고 쇠약하게 만든다. 이런 시기는 당연히 개인의 사상적 자유는 존중되지 않는다. 사상이나 학설은 강제성이 없지만 이데올로기는 인간들의 복종을 요구한다. 왜냐하면 이데올로기는 제도나 법률 외에도 윤리도덕 등을 근거로 하여 정립되기 때문이다.

서한에서 동한으로 옮겨가는 시기에는 사상과 학술의 담당자들인 지식계층에도 변화가 일었다. 한 멸망의 기폭제가 되었던 환관집단과 외척집단이 득세하면서 사상계가 밀려나기 시작했기 때문이다. 한편으론 일련의 텍스트가 전통과 권력의 지지를 받아 경전의 지위에 오르면서 표준화된 해석이 필요하게 되었다. 그 과정에서 사상이 완전한 체계와 형태를 갖추게 되고 사상철학에도 교과서적인 답이 생겨난다. 자유로운 해석은 비방받을 수 있고 주류에서 밀려날 수도 있게 된 것이다. 당연히 사상계는 자구해석에 매몰될 것이며 특유의 유연성은 사라지고 만다. 그렇다면 한나라가 제국으로의 첫발을 내딛던 당시의 분위기와 그들이 제국으로서의 면모를 갖춰가는 과정을 살펴볼 필요가 있다.

한 왕조는 B.C. 202년 중국을 통일했다. 정권의 초창기에는 전공을 세운 이들에게 보상이 우선적으로 행해지는 법이어서 공신과 왕족들에게 영지를 골고루 분할하여 나눠주었다. 개국 초기의 어수선한 분위기가 진정되고 문제 유항과 경제 유계에 이르러서는(B.C. 179~B.C. 141) 문경지치라 하여 황제 자신부터 검약한 생활을 하고 무위로 세상을 다스렸다. 진 왕조의 폭정과 전국시대 이후 오랜 기간 지속된 전쟁과 사회혼란에 지친 이들에게 휴식은 반드시 있어야 했다. 그래서 병사들을 모두 집으로 돌려보내는 등 휴식위민과 무위지치는 한의 기본적인 정책이었다. 서한 초기에 도가 황로학파(황제의 학과 노장의 학설)의 청정무위 사상이 치세의 주도사상이 된 것은 시대적 요청이기도 했다. 유가는 무위를 통한 통치에 근본적으로 반대하지만 추이가 그랬으니 목소리를 내지는 않았다. 이런 결과로 한 초기 70여 년은 사회경제적인 면에서 더욱 발전하였고 중앙집권세력이 지방권력을 압도해 나가기 시작했다.

농경은 철제농기구가 만들어지고 말과 소를 경작에 활용했다. 황하와 연계한 수리사업도 크게 발전하여 운하들이 만들어지고 제방도 축조했다. 서한 말기 전국의 가구는 1,220여 만 호, 인구는 5,956만 명에 이르렀다. 농업과 수공업의 발전에 따라 상업도 번성했다. 서한 사회의 기본계급은 지주계급과 농민계급 정도로 나뉘었는데 특히 상인들의 세력이 커져갔다. 농경사회에 필수적인 천문역산과 의학서인 『황제내경』이 편찬되고 채륜은 종이를 발명했다. 국고가 채워지고 나라가 번성해지면 그 넘치는 힘은 어디로건 쓰이기 마련이다. 문경지치로 구축된 중앙의 힘을 만천하에 떨칠 인물은 시대가 만드는 것이었을까. 그 주인공은 한무제다.

한무제의 정책

한무제는 50여 년(B.C. 140~B.C. 87)을 통치하면서 서한 왕조의 전성기를 구가했다. 그가 집권하던 시기는 중화민족 전체로도 가장 크게 발전한 시기이기도 하다. 그의 정책 몇 가지를 소개하면 다음과 같다.

중앙집권제도와 중앙군사력 강화
찰거제도 시행과 태학 건립
자사 설치
유학독존 천명
직업관료(혹리) 양성
서역개척 및 흉노 등 북방유목민 정리

한무제는 제후들의 위협을 제거하기 위해 권력의 중앙집중화를 꾀했다. 당시는 한의 초기이기도 하여 개국공신들을 위시한 왕족과 귀족들이 여전히 땅과 권력을 쥐고 있었기 때문에 그들의 힘을 약화시킬 필요가 있었다. 나라를 경영하기 위해서는 예나 지금이나 인재가 필요하다. 당연히 기존 지주계급의 자제들이 천거되어 출사하는 관습이 이어지고 있었다. 유학으로 기치를 내건 한 제국의 설계자라 할 동중서가 거현량대책이라 하여 관리들이 자기 휘하의 관리나 백성들 중에서 매년 두 사람을 추천하도록 했다.

중국의 역대 선출제도는 한나라의 찰거, 위·진의 천거, 수·당 이후의 과거 세 가지였다. 과거는 시험, 천거는 검토, 찰거는 관찰을 통해 뽑는다. 찰거는 덕을 중시하는 효렴, 재능을 중시하는 수재는 일반전형, 특별전형에 해당하는 현량이 있었다. 비정규적인 방식은 징과 벽이다. 징은 황제의 징집이고 벽은 채용하는 것이다. 특출한 인재는 황제가 재차 청하는 형식을 보였는데 이 풍습이 전해진 것이 유비의 삼고초려라고 한다. 징벽에선 인지도를 봤고 선출에선 덕과 재능을 봤다. 그 외에도 음습·자보·매관·매직 등 제국의 벼슬길은 가지각색이었다. 선발과 임용까지 한나라의 관료제도는 상당히 세밀하여 심지어 예비관리제도까지 두었다. 낭(郎)이 그것이다. 그들은 궁중의 호위병으로서 때를 만나면 임명될 수 있었다.

청년지식인은 두 가지 진로가 있었다. 하나는 태학생에서 낭을 거쳐 관이 되는 것이고 다른 하나는 태학생에서 이가 된 후 낭을 거쳐 관이 되는 것이다. 한나라는 관리를 선발하는 또 다른 경로가 있었다. 하나는 문학(文學)이고 하나는 이도(吏道)라고 불렀다. 이도는 이에서 관이 되는 것이고 문학은 경전문헌을 익혔다. 시와 서를 공부하는 것이 문학이고 밑바닥부터 실력을 닦아 발탁된 것이 이도였다. 장탕은 이도였고 공손홍은 문학을 기반으로 한 대표적인 인물이다. 무제에서 후한까지 삼공벽소 사과취사(삼공은 천거하고 사과로 선비를 취한다)가 행해졌다. 4과는 다음과 같다.

덕행: 도덕적 자질

명경: 학술 수준

명법: 법률 지식

치국: 집정능력

한나라는 제국의 시기여서 순수한 문인보다는 여러 소양을 가진 인재가 필요했다. 그 문이 낭서다. 기존의 틀에 갇히지 않고 인재를 찾았다. 그 대표적 인물이 동방삭이다. 그는 이도도 문학도 아니었지만 상서 하나로 관직에 올랐다. 동방삭의 상주문은 목간이 3,000개여서 건장한 사내 둘이 옮겼고 한무제는 다 보는 데 2개월이 걸렸다 한다. 그 외에도 여러 방식으로 인재를 등용하기 위해 노력을 기울였고 장안성 밖에는 태학을 건립하여 학생들을 양성했다. 인재선발은 통치강화에 중요한 작용을 하는 것이다.

지방 각지에는 자와 사를 보내 지방관을 감찰하고 감독하도록 했다. 또 화폐를 통일하고 소금과 철을 관리하는 균수법과 평준법은 시장을 활성화하는 방식이었다. 한무제의 공로 중 하나가 서역개척과 흉노의 정리다. 무제는 장건을 보내 서역으로 국경을 넓히고 북쪽으로는 흉노·강·오환·선비 등의 이민족들을 복속시켰다.

전한은 유방이 황제라 칭하고부터 왕망이 왕위에 오르기까지 210년간 지속되고 후한도 유수가 왕위에 오르고부터 동탁이 도성으로 들어올 때까지 164년간 지속되었다. 확실히 한나라는 외척이 항상 문제의 화근이었다.

한무제를 다시 생각해 보자. 그는 16세에 등극하여 70세로 세상을 떠났으니 54년간 재위하였다. 무제가 다스리는 동안 한나라의 정치·경제·군사·문화가 전성기에 달했다. 영토의 범위는 동으로 한반도, 서로는 신장, 남으로 베트남, 북으로 몽골까지 진출했다. 인물로는 한나라 의례제도를 확립한 숙손통, 현실적인 책략을 주장한 공손홍, 철학자 동중서, 문인 사마상여, 음악가 이연년, 탐험가 장건, 농학자 조과, 천문학자 당도와 낙하굉이 모두 이 시대에 활약하였다. 사마천도 이때의 사람이다. 한무제는 사마천에게 몹쓸 일을 하기도 했지만 그의 『사기』도 좋아하지 않았다 한다. 그러니 읽었을 것 같지도 않다. 무제는 천하통일·중앙집권·황권지상을 목표로 하고 결국 이루어냈다. 그의 제국을 떠받친 것은 중앙집권·관원대리·윤리치국을 들 수 있다. 윤리치국은 주나라 이후의 유가적 이념으로 덕치와 예치다. 무제는 실제 유가를 숭상하지도 않았지만 유가에서 주장하는 종법제와 예악제는 배척하지 않고 실시하는 노련함을 보였다. 한나라의 정치의 핵심은 황권정치에 관료정치를 더한 것이다. 나중에 관료들이 유교화되면서 관료정치가 견고해지기는 하지만 유학이 관학이 되면서 치세이념으로 경색될 수밖에 없는 문제가 남는다.

동중서의 『춘추번로』

한무제의 상징적인 부분은 유학을 국가의 치세이념으로 천명하여 오늘날까지 중국인들에게 유학의 위치를 각인시킨 점이다. 이 일을 해낸 천재적인 인물이 동중서다. 한무제의 명을 받은 동중서가 3년 동안 집안에 두문불출하면서 마당으로 난 창을 휘장으로 가린 채

지은 책이 그 유명한 『춘추번로』다. 고대중국의 사상세계에서 춘추는 원래 덕과 형을 상징한다. 덕은 교화이자 교육이며 형은 법치를 의미한다. 군주가 세상을 다스리려면 권세가 필요하다. 따라서 영률과 법규를 제정하는 것이다. 공포정치만으로 다스려지는 세상은 오래가지 못한다. 반드시 교화가 있어야 한다. 유가가 가진 경영철학의 핵심이 이 둘이다. 교육은 덕을 위주로 하는 것이다. 교화는 주로 문사가 맡고 법제는 관리들이 맡았다. 문사는 태학에서 길러지고 관리는 발탁되었다. 지식과 관료의 긴장은 자연적인 것이지만 동중서는 둘의 합일을 지향했다. 이로부터 순리(循吏)와 혹리(酷吏)라는 개념이 등장한다. 전자는 교육을 중시하고 후자는 징벌을 중시하였지만 점차 융합되었다. 지식계층과 관료체계가 상호보완하면서 전체적으로 인격과 정신을 향상시키는 효과가 있었다. 이로써 유가의 사상학술은 조리가 분명하고 이론화되어 이상에서 현실주의로 가는 과도기를 형성할 수 있었다.

진·한 교체시기에 육가라는 사상가가 있었다. 그는 유방의 면전에서 고대의 전적을 근거로 하여 치세의 방법론을 설명했다. 유방이 "나는 말 위에서 천하를 얻었는데, 어찌 시·서 따위에 얽매이겠소?" 하고 핀잔을 줬다. 그러자 육가가 "말 위에서 얻었다고 하여 어찌 말 위에서 다스릴 수 있겠습니까" 하고 반박했다. 결국 유방은 육가에게 진이 망하고 한이 흥한 연고를 논술토록 했다. 육가는 『신어』를 지어 인의를 행하고 옛 성인들을 본받을 것을 논했다. "잘했다!" 유방도 그렇게 칭찬하지 않을 수 없었다.

중국고대사상에서 하늘[天]은 인간의 궁극적인 근거이자 본받아야 할 목표로 인식되었다. 하늘은 우주천체의 운행이자 그 법칙의 총체다. 인간은 그 속에서 음양의 조화와 사시의 순서를 밝히고 오행을 배치하여 춘하추동의 자연법칙을 만들었다. 그리고 이에 근거하여 인간사회의 질서로 삼았다. 동중서는 천을 인간질서의 합리적 배경으로 삼고 자연과 역사를 해석하는 방식을 연구했다. 천은 자연계의 하늘일 뿐만 아니라 우주에 있는 모든 질서의 본원이자 근거인 것이다. 유가학설을 다시 정립하여 이론적 토대를 마련하고 이를 통해 민족국가의 이데올로기로 격상시킨 이가 바로 동중서다. 그는 천의 의미가 인간에게 중요한 이유를 이렇게 설명한다.

천의 중심과 본원은 하나로서 사람의 본원이자 근거다.
천은 분화하여 음양이 되고 사시가 되고 오행이 된다.
천은 우주의 공간이자 시간으로 인간질서 합리성의 근거다.

동중서가 하늘을 우주만물의 생성이자 질서의 근원으로 하는 전통사상을 계승하는 이유는 간단하다. 우주의 질서란 게 펼치면 만상이 드러나고 말아서 거두면 본래의 자리로 회복되는 공식이 만들어지기 때문이다. 종교건 사상이건 근원의 설정이 그래서 중요하다. 하늘의 시작과 끝이 근원의 하나이기에 자연의 산물인 인간도 그 하나 속에서 삶을 영위하는 것이다. 음양 → 사시 → 오행으로 이어지는 공식은 중국사상에서 자연의 이치를 설명하는 원리이기 때문에 아무리 강조해도 지나치지 않다. 나라를 다스리고 사회를 교화하는 인류도덕의 행위와 규범은 물론 일체사물과 현상까지 여기에 연계되어 설명된다. 그리고 천은 공간이면서 반드시 시간을 포괄한다. 춘추시대 이래로 중국에서 형성된 습관 즉 역사에서 합리성의 근거를 찾는 방식도 여기에서 기인한다. 동중서는 『춘추번로』의 서두에서 "춘추의 도는 하늘을 받들고 옛것을 법도로 삼는다"라고 하였다. 봉천은 우주를 인간지식을 지탱하는 근간으로 삼겠다는 뜻이다. 또한 법고는 옛것을 법도로 삼겠다는 말로 역사를 현세질서의 합리적인 근거로 한다는 의미이다. 이처럼 동중서의 사상은 유학독존을 주장하여 유학의 사고방식을 확립하였다. 이런 업적이 있어서인지 그는 중국 2,000년에 걸친 국가이데올로기를 확정했다는 평을 받는다. 『한서』에 전하는 그의 평이 이렇다.

> "후학들에게 통일된 사상을 지니게 하여 여러 유가의 수장이 되었다."
>
> "처음으로 음양의 이론을 추론하여 유자의 종주가 되었다."

서한에서 동한으로, 제국 말기의 여러 현상

서한 초기 이래로 사회경제가 크게 발전하였으나 다시 농민들이 착취당하면서 민심이 동요하기 시작했다. 한무제 시기에 농민폭동이 거세게 일어났다 수그러들었지만 다시 왕망 정권에 반대하는 폭동이 북방의 변방지역에서 제일 먼저 일어났다. 흉노를 공격하기 위한 징벌도 그 원인 중의 하나였다. 녹림군·용릉군·적미군 등이 정부군과 맞섰다. 이 시기에 황제에 오른 이가 유수이고 사서에서 부르는 광무제다. 그가 수도를 낙양으로 옮겨 동한이 시작되었다. 동한은 시간이 흐르면서 점차 외척과 환관들의 난립으로 어지러워졌다. 이제 동한은 종말을 고할 운명이었다. 외상은 농민봉기였고 내상은 한관과 외척의 싸움이었다. 이 내부의 두 세력은 다툼을 멈춘 적이 없었다. 여기에 환제의 당고의 화와 영제가 벌인 제2차 당고의 화가 정권을 회복할 길이 없는 나락으로 밀어넣었다. 영제 시절에는 도교의 지파인 태평도가 유민들 사이에 광범위하게 퍼져나갔다. 특히 장각은 부적과 주문으로 병을 치료한다며 사람들의 열띤 호응을 받았고 그 세력은 날로 커졌다. 정권의 대단원은 황건군의 184년 봉기였다. 황건은 머리에 누런 두건을 둘렀다고 하여 붙여진 이름인데 다시 군벌 세력이 등장하는 계기였다. 그 후 천하는 다시 영웅들의 각축장으로 접어든다.

참위법

진·한 양대 사상사에서 빠뜨릴 수 없는 문제가 참위(讖緯)에 관한 것이다. 인류의 문명사에서 샤머니즘이나 종교의 영역이 어떤 초월적 존재에 대한 믿음의 형태로 나타난 것은 실로 다양하다. 사람들은 왜 믿는가. 간단하다. 갈구하는 바가 있기 때문이다. 그 갈구의 열망을 풀어주고 의지할 대상은 어떻게 정해지는가. 그 믿음의 행태는 한 두 사람의 힘으로 정착되지 않는다. 일정 정도의 공간에 살아가는 사람들이 공통적으로 동의하고 함께 행해져야 가능하다. 일단 이런 구도가 만들어지면 그다음은 개인의 몫이다. 자신이 믿고 싫고 성취될 수 있다는 확신이 들면 그만이다. 다만 고등종교가 가지는 교단·교주·교설이 없더라도 민간 차원의 신앙형태는 얼마든지 가능하다. 신앙은 초자연이나 초세속적인 존재에 대한 확고한 믿음이다. 그 대상은 인간의 유한한 무상함을 넘어 영원성을 획득하며 초자연적이면서 탈속화가 되는 것이다.

무속은 원시문화여서 문명시대에 진입한 이후에는 모습이 변한다. 예를 들어 그리스에선 과학으로, 인도에서는 종교로, 중국에서는 예악으로, 전 세계에서는 예술로 탈바꿈했다. 변모한 무속은 더 이상 무속이 아니다. 정통유가는 괴력난신을 신봉하지 않는다. 그래서 참위법이나 불교를 공격했다. 하지만 민간에 광범위하게 퍼진 사상을 부정만 한다고 해결되는 것은 아니다. 유학은 주지하듯이 정치가 중요하고 특히 양한 시기에 더욱 그랬다. 그들은 무속을 정치화할 필요가 있었다. 지배층은 무속을 정치화하고 하층은 그것을 종교화했다. 정치를 무속화하고 무속은 종교화되어 도교가 되었다. 도교는 불교에서 형식을 빌려오고 불교가 도교화되는 순환이 이루어졌다. 후대에 일반신도들의 마음속 불교는 무속과 도교 등 중국의 기존 토양에 자라던 모든 사상을 빨아들였다. 불교는 뭐든 불교화하는 강점이 있다. 오직 예외는 선종이었다. 선종의 성격이 비슷한 것을 배척하는 경향이 있기 때문이다.

참위는 도참과 위서를 뜻한다. 참은 도형으로 표현되는 것이라서 도참이고 위는 경서에 대비되는 개념이다. 이 둘을 알아야 양한 시기의 무성한 도참설과 수많은 위경이 만들어지는 과정을 이해할 수 있으며 도교의 태동과 아울러 불교를 보는 중국인들의 시선이 드러난다. 참은 수수께끼식의 예언이다. 진시황은 "진나라를 망하게 할 이는 호씨다"라는 참언을 들었다. '망진자호야'라는 말에서 호를 오랑캐의 나라 흉노로 생각하여 토벌에 나서고 장성을 쌓았다. 그런데 호는 호인이 아니라 아들인 호해였다. 아들 이름에 '호' 자가 들어간 것을 생각지 못했던 것이다. 그래서 참법은 진나라의 경우를 그 첫 기록으로 보기도 한다. 하지만 도는 그 근거가 훨씬 앞에서 찾아진다. 국가가 흥하려면 길하고 상서로운 조짐이 하늘로부터 있을 것이며 국가가 망하려 해도 불길한 재앙이 있을 것이라는 믿음은 일찍이 존재하던 것이다. 유가는 복희시대에 황하에서 용마가 나타났는데 등에 문양이 새겨져 있어서 하도라고 불렀다 하고, 낙수에서 신기한 거북이 나타났는데 등껍질에 글이 새겨져 있었다고 하여 낙서라 불렀다. '하출도 낙출서(河出圖 洛出書)'는 이렇게 나온 말이다.

사실 공자도 이 말을 믿었다. 공자가 세상을 떠나기 2년 전에 기린 한 마리가 포획되어 죽었다. 이때 공자는 "황하에서 그림이 나오지 않고 낙수에서 글자가 나오지 않으니 나는 아무런 희망이 없고 내 주장도 끝이 났구나"라고 탄식을 했다. 이것이 도참의 유래다. 도참은 하도와 낙서에 참언을 더하여 만들어진 것이다.

도참은 정치사회사와 밀접한 관계를 가졌기 때문에 중국 역대의 역성혁명이 있을 때마다 널리 유포되곤 했다. 그중에서도 왕망의 찬위, 광무의 중흥을 비롯하여 황건·백련 등 비밀결사운동은 모두 도참사상으로 채색되었다. 왕망은 우물에서 나온 네모난 흰 돌에 황제가 되라는 글자가 쓰여 있었다는 것과 유방의 묘에서 황포를 입은 이가 구리로 만든 함을 주고 갔는데 그 안에 왕망에게 황제에 오르라는 뜻의 글과 그림이 있었다는 등의 이야기다. 유수도 그랬다. 유씨가 다시 일어나야 한다, 유수가 천명을 받들 것이다, 라고 쓰인 도참을 누군가 가지고 와서 내밀었다. 연극이건 참이건 중요한 것은 어느 누구도 그것을 반박하기 어렵다는 것이다. 세 사람이 모이면 호랑이 등에 날개가 달린다는 말이 있지 않은가. 광무제는 이렇게 또 만들어졌다. 그래서 도참은 정치화된 샤머니즘이란 평이 나온다. 이제 자신의 등극이 하늘의 뜻이고 정통성을 가졌다는 것만 이해시키면 된다. 법통이건 도통이건 근거는 얼마든지 만들 수 있다. 동중서가 창시한 금문경학은 샤머니즘적인 색채가 있었다. 이처럼 경서를 성인으로 여기는 풍토에서 옛 전적에 통달한 유학자들이 무슨 글이든 만들지 못하겠는가. 동중서가 다시 돋보이는 점은 본인이 자연재해나 특이한 현상을 추론해 내는 일에 고수였고 『춘추번로』를 통해 이 같은 이론을 정립하고 있다는 사실이다.

황건적의 난 당시에 떠도는 말이 있었다.

창천은 이미 죽었으니 황천이 서리라
갑자년이 되면 천하가 대길하리라

이런 것이 바로 참이다. 황건적이 황색 두건을 쓴 이유도 여기에 있었다. 현대의 문명사회를 살아가는 우리도 무슨 대통령선거가 되면 희한한 말들이 넘쳐나는 것을 볼 수 있다. 이렇게 문화 속에 박힌 정서는 쉽게 소멸되지 않는다.

다음은 위서의 문제다.

위서는 경서에 상대되는 말이다. 한나라에서 유가만 숭상하기 시작한 이후 유가의 저작은 경전으로 받들어졌다. 다른 제자백가 학파들의 저작은 자라 하고 그들과 분리하여 경이라고 한다. 역사학저작은 사이고 문학저작은 집이라 하여 합쳐서 경·사·자·집(經·史·子·集)으로 불린다. 경은 원래 직물의 날실이고 위는 씨실이다. 텍스트가 있으면 주석서가 있듯이 경이 있으면 위서도 나타난다. 경이 생겨나자 경전의 권위를 나누어 갖고자 하는 위서가 자연스럽게 등장했다. 경은 숫자가 제한적이어서 역사와 텍스트의 영향을 받지만 위서는 무제한으로 만들어질 수 있다. 따라서 그 시대에 유행하는 지식과 기술, 상상과 경험을 녹여낼 수 있었다. 위서는 반드시 경서와 관계를 맺어야 그 후광을 누릴 수 있다. 주지하듯이 시·서·예·역·춘추는 모두 경이다. 그렇다면 위는 어떻게 찾을 것인가. 간단하다. 찾아도 없으니 누군가에 의해 쓰여야 한다. 위조 아닌 위조가 되는 것이다. 그래서 모든 문화권의 고대텍스트는 위경 논란이 필연적으로 따른다. 한대에 유학자들은 공자가 육경과 구색을 맞추기 위해 비밀리에 위서를 집필해서 후대에 전했으므로 꺼내서 공유할 수 있다는 논리를 폈다. 이런 위서들 중에는 당연히 참언이 적지 않았고 참위가 만들어진 이유이기도 하다.

훈고학과 『설문해자』

한대에 유학이 발전하면서 도서를 수집하고 정리하는 풍조가 크게 일어났다. 그러면서 경학은 금문과 고문이라는 두 유파가 생겨나 각자 다른 판본을 바탕으로 하여 상이한 해석을 고집했다. 고문경은 훈고로 경전을 해석하면서 대의를 찾아내고자 했다. 이는 금문경이 중요 구절을 설명하는 것과 다르다. 그중에서 특별한 인물은 허신이다. 고문경 학자인 그는 금문파가 예서로 고문자를 적은 고서에 근거해 견강부회하고 경서를 곡해하는 것에 경종을 울리는 『설문해자』를 편찬했다. 중국 최초로 한자 자형을 체계적으로 분석하고 글자의 기원을 연구한 것이다. 소전체로 적었으며 전체 1만여 자에 이르는 방대한 글자를 풀었다. 또 석학으로 정현이 있어서 경전에 주해를 달았다. 허신과 정현 등의 활약은 참위의 득세를 억제하는 효과가 있었고 고문자와 고문헌의 연구에도 지대한 공헌을 했다. 앞에서 언급했듯이 참위의 유행과 금문경의 참위화는 경학의 내용을 왜곡할 수 있다는 문제가 있었다. 당연히 이에 반발하는 사인들이 참위에 반대하는 의견을 내기 시작했다. 이 문제를 자각한 유학자들은 옛 전적들을 명확히 설명하기 위해 자구 하나하나까지 연구할 필요가 있었다.

훈고학의 등장은 이렇게 이루어졌다. 훈(訓)이란 경전의 자구가 뜻하는 바를 풀이하는 것이며 고(詁)란 고금의 문자가 어디에서 비롯되었는가를 밝히는 것이다. 훈고학이 학문으로 발전한 것은 한나라 때이다. 문제·경제 때 오경박사와 관학제도의 설치를 통해 흩어진 경전을 보완하고 일부만 남아 있는 경전을 재구성하면서 자의의 훈고에 힘썼다. 이런 노력으로 『시경』, 『서경』 등의 경전과 노장을 비롯한 제자백가의 문헌이 훈고되었다. 또한 후한에는 『춘추』,

『효경』,『논어』,『의례』,『주역』 등에 대한 주석이 이루어졌다. 훈고학의 흐름은 당나라 때 공영달이 『오경정의』를 편집함으로써 일단락되었다. 훈고학은 송·원·명 시기에 성리학·양명학이 유행하면서 쇠퇴했다가 청대에 다시 중요시되었다. 우리나라에는 조선 후기 정조 때 청나라의 훈고학이 들어왔으나 크게 유행하지는 못했다.

한편 진·한 시절부터 동한 말엽까지 300~400년의 세월이 흐르는 동안 중국의 사상세계 안에서 위서의 학문은 흥성해졌다가 다시 쇠미해졌다. 그렇지만 위서의 위상도 분명한 것이다. 전국시대에 오행으로 모든 사물과 우주의 질서를 설명하기 시작하여 그들의 학설이 참위설과 섞이며 진·한대의 사상계를 풍미했다. 위서의 상당 부분이 수술학의 지식에서 나왔으며 길흉을 점치는 지식 외에도 천문이나 지리에 관한 지식도 적지 않다.『한서』에 수(數)·술(術)이라는 두 지식이 당대 지식의 큰 부류로 간주되어 있다. 구체적으로 보면 점성술·역법·방술·역점·잡점·형법 등이 망라되어 있는 것을 볼 수 있다. 한대의 수술은 만상을 두루 포괄하고 광범위한 지역에 퍼져 있었으며 보편적으로 수용된 지식이었다. 한무제가 방술을 좋아한 이래로 천하가 장생을 수련하는 방사들을 키우고 여기에 동조하지 않은 사람이 드물어 그 추세가 이어졌다. 이런 흐름을 알아야 위진남북조시대의 불교와 도교의 각축전을 실감할 수 있다.

반면에 경은 지식과 기술의 총체이기도 하여 동한 시기에 경학에 관한 저술이 크게 증가하면서 뛰어난 인물들이 배출되었고 방대한 주해가 이루어졌다. 경학은 중국 엘리트 지식인들의 사상적 내원이자 진리의 근거가 되었다. 경서는 중국정신사에서 본질적인 의의를 갖는 것이기에 다음의 총평을 눈여겨볼 필요가 있다.

> 역은 변화에 장점이 있고
> 예는 행함에 이로우며
> 서는 행정에 도움이 되고
> 시는 풍자에 장점이 있으며
> 악은 화합에 이롭고
> 춘추는 사람들을 다스리는 데 도움이 된다.

동한 시기 환관과 외척의 투쟁 속에서 또 하나의 정치세력이 모습을 드러내기 시작했다. 관료사대부들이 그 주역이다. 이 시기 사인들은 찰거나 징벽을 통해 출사했다. 천거는 주로 나이가 적은 이들 가운데서 충직한 사람이 선택되었다. 사대부들 가운데 하나의 경전을 전공한 가문이 생겨난 것도 특기할 일이다. 이 시기의 사조 중의 하나는 관료사대부들 사이에서 인물품평의 풍조가 유행하기 시작했다는 점이다. 이를 일러 청의(淸議)라고 하는데 청의를 잘하는 이는 천하명사로 주목받았다. 그들의 인물 포폄은 향촌이나 주군의 여론을 좌우할 정도로 대단했다. 이 영향으로 출세에 꿈을 둔 이들은 나쁜 평을 피하고 좋은 평을 받기위해 상당히 노력했다. 순제 당시 태학생이 3만여 명을 헤아릴 정도였으니 그 속에서 두각을 나타내기는 여간 난망하지 않은 일이었다. 이 인물에 대한 품평이 중요한 이유는 위진남북조시대에 더욱 활발히 성행했기 때문이다. 평판이란 게 한 번 알려지고 나면 다시 회복하기가 어려운 것이어서 사회지도층의 근신과 수양으로 이어졌다. 자기절제와 지행합일의 선비적 풍모가 단기간에 만들어진 것이 아님을 시사한다.

황로학에서 도교로

도교가 언제 생겼는가를 정확히 말하기는 어렵다고 한다. 실제 아직도 도교에 대해 잘못 알거나 오해하는 일이 많아서 정리하고 넘어갈 필요가 있다. 동한 시기 민간에 유행하던 무술이 황로학설의 일부분과 결합하면서 서서히 도교가 형성되었다. 도교와 연결고리를 갖는 전통사상은 황로학을 들 수 있다. 황로라는 명칭이 쓰인 첫 사례는 사마천의 『사기』다. 사마천이 서한 시기의 사가이니 그 개념이 등장한 것은 그리 오래되지 않은 것이다. 황로는 삼황오제의 황제와 노자에서 따온 말로 황제의 권위와 도가사상을 결합한 것이다. 춘추전국시대의 자유롭고 풍성했던 제자백가의 장점을 모아 도가와 법가의 사상을 중심으로 새롭게 제시된 사상이다. 그 원리는 음양오행의 우주관을 기본질서로 하여 순리에 따라 다스리는 청정무위의 사상이었다. 한 초기의 통치자들은 황로의 말을 황의 통치술로 이용했다. 황로 정치사상을 대표하는 육가의 『신어』가 이 당시의 저술이다. 한의 개국과 더불어 유방이 황로학에 경도되었던 것은 오랜 전란으로 피폐해진 민심을 다스리기 위해서는 청정무위와 휴양생식이 절실했기 때문이다. 한 번은 좀 쉬어갈 타이밍이기도 했고 생각이 맞아 떨어진 것이다.
　사마천에 의하면 황로학은 전국 시기 중반에 제나라에서 유행한 것으로 적고 있다. 황로학의 기본사상은 청정무위이고 제나라의 조참으로부터 전한 시기 소하에 이르기까지 원용된 이념이었던 것을 동중서가 유교를 통치이념으로 제시하면서 주도권이 바뀌었다. 사가들의 의견도 다양하여 동한 말 촉 지방에서 일어난 장릉의 오두미교나 황건적의 봉기로 알려진 태평도를 도교 탄생의 시작으로 보기도 한다. 도교의 종교화는 한나라 시기부터 위진남북조까지 계속 이어졌다. 『위서』「석노지」에서는 태상노군이 숭악산에 강림하여 「운중음송신과지계」를 북위의 도사인 구겸지에게 전수하면서 "나의 새로운 가르침을 선포하노니 도교를 청정케 하라"고 요구했다고 전한다. 따라서 한나라 시대에 성숙되어 한나라 말에 탄생했다는 것으로 보는 것이 대체적인 도교의 탄생연원인 셈이다.

그렇다면 상고시대부터 다양하게 행해진 무격과 방술을 어떻게 이해해야 할까? 도교가 아직 형성되기 이전이라 알려진 동한 시기의 문물유적을 통해 당시의 사상과 지식계통이 이미 상고시대 신비한 신앙의 전통을 계승하고 있으며 훗날 도교에서 흔히 보이는 지식과 방술, 예를 들어 약·부적·주술 등과 연계되어 있음이 확인된다.

고대부터 사람들은 우주의 시공간이 음양과 오행의 기본질서로 운행되고 있다고 생각했다. 이런 합리적인 질서는 인간과 하늘이 소통하고 영향받는 근거이며 무축이 행하는 각종 방사술이 개인을 우주의 질서와 연결시켜 주는 역할이라고 믿었다. 예나 지금이나 사람들의 가장 큰 관심은 삶과 죽음 그리고 행복이다. 더 직접적으로 말하면 무병장수가 인간의 가장 약한 고리다. 도교가 공략한 지점도 바로 그것이다. 사료에는 도교가 발생하기 이전에 이미 무격이나 방사들이 실제 생활에서 다양한 일들을 주관했다고 전한다(귀신과의 소통, 재해 예방, 질병 퇴치, 전쟁의 승리 기원, 수해나 한발 예방, 자녀의 생육 기원, 장례 주관 등을 들 수 있다).

위진남북조시대에 접어들어 도교 내부에서 도교 자체의 문화적 품격이나 도덕윤리와 함께 행위규범에 대한 비판과 반성이 상당히 엄격하게 이루어졌다. 도교에게 치명적인 빈틈은 경전의 부재였다. 도교의 경전화 과정에서 기존의 무격방사들의 지식과 기술을 이론화하는 작업이 요구되었다. 사상이 종교로 올라서기 위해서는 보편성과 합리성이 전제되기 때문이다. 한나라 말기부터 새롭게 등장한 전적이『태평경』,『참동계』,『상이주』등이다. 진정한 의미에서 도교 전적이 대량으로 쏟아져 나오기 시작한 것은 위·진 시대이다. 4세기 중엽까지 형성된 전체 250여 종, 1,100여 권의 도교 관련 도서목록이 그것을 말한다. 그들 전적은 대략 세 가지다.

전통적인 방기류 지식과 기술(장생과 건강에 관한 류)
전통적인 수술류 지식과 기술(현실생활에서 액막이에 관한 류)
도교의 철리 및 도교의 신화전설(신앙의 근거 활용)

문제는 도교 관련 저술의 난립이었다. 당연히 질도 떨어지고 체계를 갖추기도 전이었다. 흔히 생각하듯 노자나 장자가 도교와 직접적으로 연관되지는 않는다. 왜냐하면 노장사상은 철학적 논리로 들어가기 때문이다. 불교는 이 한계를 명확히 간파하고 있었다. 그래서 도가와 도교를 분리하는 관점으로 노자의 『도덕경』을 떼어내어 공격했다. 도가의 요지는 노자의 이경(도경과 덕경)에 있으며 현묘한 뜻은 『장자』의 7장에 모두 마련되어 있다고 지적했다. 그러면서 진·한 시대의 망령된 이야기들이 위·진 시대까지 계속 이어진 것이어서 도가경서의 문장이 신성하지 않으니 어찌 진정한 경전이라 할 수 있겠느냐는 것이 그 공격논리였다. 또한 도가에서 가르치는 것이 오직 장생불사를 위한 것이라고 폄훼했다. 하긴 불교의 고도로 발달된 교리체계에서 볼 때 도교는 싱겁게 생각되었을지도 모른다.

결론적으로 말하면 불교와 도교는 지향하는 바가 다르다. 불교가 내세의 행복과 현세의 평온을 중시한 것과 달리 도교가 중시하는 것은 현세의 만족이다. 또 불교가 심리적 안정과 정신적 초탈을 중시하는 것과 달리 도교가 신자들에게 요구하는 것은 실제의 결과와 구체적인 수확이다. 그래서 불로장생을 위해 단약을 제조하는 등의 방술이 행해졌던 것이다.

서기 2세기부터 6세기까지 400년은 도교의 종교화 시기라 할 수 있다. 물론 불교도 역경과 더불어 중국사회에 안착하는 시기이기도 하다. 도교는 이 시기 불교의 영향을 받아 종교적인 체계를 갖춰나갔다. 무엇보다 도교는 민족주의를 자극하여 수입종교인 불교와 대응하는 개념을 만들었다. 도교는 중국본토의 종교로서 불교의 교세가 확장하는 것을 가만 두고 볼 수 없었다. 뒤에 기술하겠지만 삼무일종(三武一宗)의 불교법난의 중심에 항상 도교가 있었다는 것이 이에 대한 방증이다.

본격적인 불교사의 전개에 앞서 동한 말 불교전래 시기의 분위기를 아는 것은 이후의 중국민족이 불교를 보는 관점을 이해하는 데 도움이 될 것이기에 간략히 알아보도록 하자.

불교의 동진

지구본을 돌려본 사람은 누가 가르쳐주지 않아도 두 가지 사실을 느낄 수 있다. 모양은 원인데 중심축이 정 가운데 있지 않고 좀 기울어져 있는 것이 그 하나요, 기울어진 축은 동서의 양 옆으로 돌게 하지 위 아래의 남북으로 돌게 하지는 않는다는 것이다. 양자역학에서 입자의 스핀운동은 좌우로 돌지 상하로 돌지는 않는다. 실제 지구는 그렇게 돈다. 그리고 지구본에 상하좌우로 선이 그어져 있는 것도 눈에 들어온다. 바로 위도와 경도다. 지리적으로 특정 위치를 지정하기 위해서 만들어진 개념이다. 경선은 지구의 북극과 남극을 연결하는 세로 방향의 선이며 위선은 적도에 평행하게 그어진 가로 방향의 선이다. 그래서 문화의 전파도 남북보다는 동서로 더 빠르게 이루어진다는 말이 있다. 중국에서 바라볼 때 서쪽은 인도대륙부터 파키스탄·아프가니스탄이 히말라야와 카라코람 산맥을 사이에 두고 중국과 함께 맞물려 있다. 동쪽으로는 한반도와 일본이 전부이기 때문에 신경 쓰지 않아도 되지만 서쪽은 인도와 중앙아시아의 넓은 땅으로 이어져 문물이 오가는 곳이기 때문에 중요하다. 그리고 북쪽은 유목민들이 초원에서 방목하며 자유롭게 살아가는 곳이다. 그들의 기질은 사납고 빠르기까지 하여 중국내륙의 국가는 항상 골치를 앓았다. 이름도 매혹적인 실크로드는 동서를 잇는 상징적인 루트다. 나중에는 지중해의 로마까지 무역이 이루어지면서 동서문물의 중요한 통로가 되었다.

인도에서 중국으로 넘어오는 길은 고봉준령이 가로막고 있어서 피차 전쟁의 걱정은 없었지만 교통로도 열리기 어려웠다. 그리고 그 중간에 타클라마칸 사막이 있기도 하다. 해로는 남인도에서 중국으로 오는 길이 있어서 역사적으로 어느 경로를 따라 교섭이 있었는지 구분이 되기 때문에 육로와 해로만 밝혀지면 중간역은 어렵지 않게 그려질 수 있는 것이다. 불교는 태동 후 시간이 흐르면서 점차 북서쪽의 중앙아시아로 퍼져나가 기원 전후까지 숙성을 거쳐 중국으로 들어갔다. 그 숙성의 기간에 경전이 정리되고 더러는 누군가에 의해 만들어지기도 하면서 불교는 대중 속으로 들어갈 준비를 갖춰갔다. 대승불교의 탄생은 이렇게 이루어졌다.

대승은 소승과 대비되는 개념이다. 소승은 개인의 해탈을 중시하지만 대승은 중생교화를 추구하기 때문에 보다 더 많은 사람이 탈 수 있는 큰 수레라는 의미에서 대승이다. 교리적으로 소승과 대승의 구분이 그렇게 명확히 그어지는 것은 아니다. 다만 상징적인 의미가 그렇다는 것으로 이해하면 된다. 대승불교의 이념은 상구보리 하화중생이다. 목표는 중생교화이고 그것을 실천하는 주체가 바로 보살이다. 다시 말해 대승불교는 보살사상이다. 깨달음을 얻고 아라한이 되는 것이 주목적이 아니라 대중교화에 임하는 순수한 정신의 소유자인 보살이 되는 것이 주목적이다. 보살은 부처님의 깨달음을 그대로 실천하기 때문에 부처의 생각과 부처의 말과 부처의 행동으로 똘똘 뭉친 존재다. 쇠를 자석 가까이 오래 두면 쇠에 자석의 성질이 옳는 것을 우리는 안다. 깨달음도 그렇다. 일체가 부처의 덕과 다르지 않다면 그가 부처다. 중생과 부처의 간극이 사라지면 닦음을 넘어 성불의 존재로 거듭 나는 것이다. 다시 정리하여 말하면 불교가 대승불교의 시점으로 넘어오면 보살사상으로 바뀐다는 것을 잊어서는 안 된다. 『금강경』도 수보리가 "보살은 어떻게 주하며 어떻게 그 마음을 항복받을 것인가요?"라고 묻는 것으로 시작한다. 『금강경』의 핵심도 마찬가지로 그것에 대한 설명이다. 유가와 도가의 유위와 무위의 대립을 앞에서 말한 바 있다. 불교는 유위와 무위를 넘어 중생교화의 원력으로 차원이 하나 더 넘어간다. 그래서 『화엄경』에 "보살이 자비심이 없으면 그것이 보살의 마장이다"라는 구절이 나온다. 이것이 대승의 경전과 정신과 이념의 핵심이다. 중국으로 불교가 넘어오기 전에 대승불교라는 이념이 숙성되었던 것이다. 불교가 문화부터 근본적으로 다른 중국에서 단숨에 주류종교로 설 수 있었던 점도 중앙아시아의 여러 나라를 거치며 그 문화에 맞게 변용하는 기술을 터득했기 때문인지도 모른다. 그렇다면 사료에 전하는 불교의 전래에 관한 역사를 살펴보자.

지금까지 학계에서 추정하는 최초의 불교전래 시기는 대략 동한 말기 명제 때이다. 명제가 꿈에 신을 본 후 대월지에 사신을 파견하여 불경을 필사하고 불법을 구해오라 했다는 기록이 『사십이장경』과 『출삼장기집』에 기록되어 있다. 대략 147~148년 사이 월지국 출신 지루가참과 안식국 출신 안세고는 각각 낙양에 도착하여 불경의 중국어 역경을 시작했다. 또 축불삭·안현·지요·강맹상·지겸·강승회 등도 역경에 참여하여 서진 초기의 약 100여 년 사이에 이미 265부 411권이 번역되었다. 이 중에는 『반주삼매경』, 『안반수의경』 같은 중요한 경전도 포함되어 있다. 불교가 전래 당시부터 중국지식인들의 사상이나 신앙에 큰 영향을 미쳤던 것 같지는 않다. 『고승전』, 『출삼장기집』 같은 불교문헌과 『세설신어』, 『진서』 같은 전적에서 290년 이전의 불교계와 교양 있는 상류계층에 대한 기록이 보이지 않기 때문이다.

불교전래 초기 역경자들은 서역의 월지·안식·강거·천축 등의 외지인들이었다. "양한 시기에 등용된 지식인들은 모두 경학에 의존하였고, 위나라 정시 이후에는 오히려 현학을 숭상하였다"는 『남사』의 기록은 무엇을 말하는가. 당시 중국사회는 유교경전에 경도되어 있었으며 위·진 현학이라는 자연주의사상이 풍미하던 시기로 이어진다는 것을 의미한다. 결국 서진과 동진의 교체시기까지도 중국본토에서 자생한 지식과 사상이 여전히 지식인들의 생각을 지배하고 있었으며 이역에서 넘어온 불교에 대해서는 이해도 부족했고 관심도 크지 않았다. 그럼에도 불구하고 민중들의 생활 속에는 불교의 고사나 의식·관념 등이 매우 세속적인 방식을 통해 서서히 스며들고 있었다.

중국에 전해지기 시작한 초기 100~200년 동안의 불교는 일반인들의 생각에 도교와 유사하게 보였다. 그러나 불교의 우주관이나 인생에 대한 관점은 확실히 중국의 것과 달랐다. 고대중국인의 전통적 생각에 의하면 인간의 삶이 무상할지라도 이 세계는 행복을 의미했다. 생존 자체가 이미 진실이기 때문이다. 그러나 불교는 세상을 덧없는 것으로 보고 해탈을 주장하고 삼세윤회를 말하는 등 기존 사고의 틀을 뛰어넘는 것이었다. 고대중국인들은 초월을 얻고자 할 때는 신선을 본받아 약을 복용하고 신선이 되기 위한 수련을 통해 불로장생을 추구한다. 불교가 중국에 뿌리를 내리기 위해서는 신비로운 기적을 보여줄 필요가 있었다. 실제 신기한 기적을 행하면서 사람들을 귀의시키는 다양한 사례들이 전적에 전해진다.

학계에서는 5~6세기 불상연구에 근거하여 불교경전의 공부와 관불을 중요한 수행의 방법으로 삼았다고 지적한다. 상당히 많은 불상들이 이 시기에 조성되었고, 팔관재회·행도의식·욕불·우란분회 같은 다양한 행사가 불교전파에 의미 있는 비중을 차지했다.

불교전래 초기부터 400여 년 동안 불교신앙은 중국인들의 생활과 사상 속에 상당히 보편적으로 퍼져 있었다. 불교에서 행하는 다양한 문화와 집기·의식 등이 사람들의 관심을 끌기도 했다.

그렇다면 불교는 신도들에게 무엇을 보장하였을까? 불교신앙이 민중 사이에 급격히 전파될 수 있었던 것은 그 이유가 있을 것이다. 그것은 자신과 부모 그리고 조상을 위해 복을 구하고 가족의 평안과 행복을 기원하는 장치다. 그 시기의 발원문이나 기타 다양한 자료가 그것을 보여준다. 그리고 이런 소망을 혈연관계로 넓히도록 가르쳤다. 나아가 개인의 해탈과 세속의 정치적 희망을 연계하여 국가와 국왕을 위해 기원하면서 사상적 일체감을 형성하는 것도 잊지 않았다. 무엇보다 인과응보라는 중국민족 특유의 선악개념을 심어주어 전통사상과 괴리감을 피해갔다.

불교전래 이후의 안착과정은 역경의 과정이라 해도 지나치지 않다. 기나긴 불경번역의 터널을 지나면서 불교는 기존의 중국사상이 가지지 못한 형이상학적인 종교철학에 강점을 보이며 당나라 시기에 황금기를 맞기도 했다. 동한 말 불교전래 이후부터 위진남북조 시대를 지나 당대까지 이어진 역경사는 별도의 장에서 기술할 것이다. 또 불교사는 중국사와 함께 써가려고 한다. 3세기 이후 중국에서의 불교전파 상황은 불교가 중국을 정복한 것처럼 보이지만 상층부 지식인들의 사상계에서는 도리어 노장사상 중의 일부 정신을 더욱 두드러지게 하는 데 더 큰 의미가 있었다. 그 결과 줄곧 중국 사상계의 주변부에 처해 있었던 노장사상이 불교를 통해 심도 있는 이론적 지지를 얻는 결과를 가져왔다. 도가의 현묘한 사상은 3세기 현학 시기의 논변을 거쳐 형이상학적인 철학체계를 갖춰갈 수 있었다.

도가의 형이상학적인 내용은 불교의 사상과 가장 근접하여 초기불교를 이해하는 언어환경이 되었다. 사람들은 노장철학을 빌려 불교를 해석하고 불교 또한 부단한 번역과 해석과정 속에서 노장사상의 체계로 들어갈 수 있었다. 불교로 하여금 그들의 사상적 체계를 드러나게 하기 시작한 것인데 중국이 불교를 자신들의 사상 속에 녹여내기 시작했다는 뜻이기도 하다. 그것은 무엇보다 언어체계를 치환하여 서로의 세계관을 들여다볼 수 있어야 했다. 이때 탄생한 것이 격의불교(格義佛敎)라는 용어정의의 과정이고 그것이 성공적으로 이루어졌다. 무와 공, 도와 보리, 비신(非身)과 무아, 예와 계, 무위와 열반 등의 개념을 통한 현학과 불교 간의 언어배합을 그 예로 들 수 있다.

이처럼 불교는 도가로 인해 그 교리가 중국에 맞게 변하였고 도가 또한 불교로 인해 사상의 폭이 넓어졌다. 이 같은 일련의 과정을 거쳐 4세기 중엽에 이르러 불교는 남북 각지에서 활발히 일어난 불교활동에 힘입어 점차 중국사상의 주류로 들어오게 되었으며 지식인들의 사상적 흥미의 중심에 자리 잡게 되었다. 사상이 풍부한 불교를 접하고 나자 기존 중국사상의 한계가 분명해진 측면이 있었다. 특히 상류지식인층에서 불교의 도리가 중국의 것보다 정밀하고 깊다는 평가를 받으면서 불교의 중국화라는 물길은 빨라지기 시작한다.

지금까지 대략적인 동한 말엽의 불교전래 초기상황부터 중국인들이 불교를 인식해 가는 과정을 적어보았다. 이제 본격적인 불교사의 전개에 앞서 불경의 번역과정을 먼저 소개하고 중국역사 속의 불교사를 위진남북조시대부터 기술하고자 한다.

IV

불교사 속의
중국역경사

번역(translation)의 사전적 의미는 한 나라의 말로 표현된 글을 다른 나라의 말로 옮기는 것이다. 두 언어 사이에는 어휘의 의미·문법구조·운율 등이 다르기 때문에 원문을 완벽하게 옮기는 것은 난해한 문제다. 번역에는 필수적으로 번역하려는 언어(source language)와 번역 언어(target language)가 있어야 한다. 번역양식에는 원문 그대로 번역하는 직역, 단어나 구절의 뜻에 얽매이지 않고 문장 전체의 뜻을 살리는 의역, 줄거리나 구성은 그대로 두고 인명·지명·풍속 등을 자기 나라에 맞도록 창작한 번안으로 구분할 수 있다. 우리나라의 경우 최초로 이루어진 번역은 1395년 이두로 번역된 『대명률직해』이다. 또 한문을 한글로 옮기는 것을 언해라고 하여 『석보상절』이 이 방식의 첫 번역이다. 통상 번역하려는 언어와 번역 언어는

word to word가 가장 기초적인 방식이라 하겠다.

한역불전은 기본적으로 산스크리트어 불전 또는 중앙아시아 말을 매개로 전승된 산스크리트어 불전의 중국어 번역이다. 인도의 언어는 계통적 분류상 인도유럽어족(Indo-European languages)에 속한다. 유럽·서아시아·남아시아를 중심으로 분포하는 인도유럽인 민족들의 언어로 이루어진 어족이다. 다른 말로는 인구어족이라고도 한다. 이들은 단일한 신석기시대 언어의 후손으로 현재 세계인구의 46%, 32억여 명이 이를 모어로 사용하며 모든 어족 중 가장 큰 규모다. 보통 알파벳 글자인 그들과 갑골문부터 그 유래를 찾을 수 있는 한자문화권의 발원이기도 한 중국은 전혀 다른 언어환경을 가지고 있다. 또 중국은 글자의 형태를 정책상 간소하게 바꾸기도 했지만 아무리 고어라도 해독하는 데 무리가 없는 유구한 역사를 지닌다.

중국의 언어와 그 체계가 거의 변하지 않았다는 것은 그만큼 사고의 고착화를 피하기 어려운 문제가 따른다. 따라서 불교에 기반한 상이한 문자와 문화, 그리고 불교의 종교철학이라는 형이상학적인 세계는 분명 중국인에게 생경한 것이었다. 그리고 인도나 중국은 각자 고유한 문화를 가진 대륙이라는 특성이 있어서 쉽게 다른 문화에 휩쓸리지도 않는다. 인도는 힌두중심이고 중국은 유가 중심의 세계이기 때문이다. 역사적으로 번역의 중심지는 문화의 중심지였다. 기존의 문화에 이질적인 새로운 문화가 융회되는 현장은 지식의 용광로일 수밖에 없다. 불교의 역경사는 언어의 천재들이 펼쳐가는 번역작업과 함께 그 광경을 지켜보는 중국현지인인 정치

·경제·사회·문화 주류의 시선을 흥미롭게 볼 수 있어야 한다. 역경사는 본래의 언어가 다른 문화권의 언어로 변모해 가는 과정이라는 설렘과 경이로움도 있는 것이다. 중국의 역경사 자체가 곧 불교사인 측면이 있기 때문에 여기서는 역경의 역사를 중심에 두고 불교사상사의 변천을 아울러 살펴보고자 한다.

에세이 선종사

1

번역의 개관

인도불전의 한역은 한대 말부터 송대에 이르기까지 거의 천여 년에 걸쳐 이루어졌다. 그 사이 한, 위진남북조시대의 중고한어와 당·송 시대의 근대한어로 구분되는 상이한 언어환경이 가로놓여 있다. 인도 산스크리트어 불전을 중국의 한어로 번역하는 과정도 오랜 만큼 학계의 시기구분을 따라 이해할 필요가 있다. 일반적으로 역경의 시기는 다음 세 시기로 구분한다.

고역기: 불교전래 초기부터 구마라집 이전까지(중고한어)

구역기: 구마라집 이후부터 현장 이전까지(중고한어)

신역기: 현장 이후(근대한어)

인도불전의 한역이 시작된 시점은 후한 환제~영제 시기로서 안세고는 아함류의 초기불교나 아비달마적, 지루가참은 대승불교경전을 주로 번역하였다. 위의 번역 시기구분은 승우가『출삼장기집』에서 고역과 구역의 차이에 관하여 언급한 이후 통용되는 것이다.

번역은 기존문화에 새로운 역동성과 그 사회문화가 나아가야 할 방향성을 일깨우기도 한다. 역사적으로는 중국의 산스크리트어 불전번역, 계몽기 서양의 자국어 성서번역, 개화기 일본의 국가적 번역사업이 그랬다. 국가적 문화사업의 번창은 정치·경제적 자신감이 충만한 때에 이루어진다. 세계사적으로는 B.C. 2~3세기 알렉산드리아에서 행해진 그리스어 번역, 9세기 바그다드에서 이루어진 아랍어 번역, 12세기 톨레도에서 대규모로 행해진 라틴어 번역이 있다. 중국은 5세기에서 9세기까지 500여 년간 장안에서 질적으로나 양적으로나 최고 수준인 번역사업을 진행했다. 중국불교는 8세기 밀교의 수입을 마지막으로 한역불전의 시대가 끝나면서 선불교의 황금시대로 들어간다. 이는 중국식 불교의 성공적 개화라는 평을 받는다. 그리하여 당 말에서 송 초에 걸쳐 오가칠종으로 대표되는 선종이 중국불교를 선도하는 것이다.

번역의 기준과 격의
—

고역 시기 번역의 입장은 기본적으로 실질을 중시하는 직역이라 하겠다. 초기에는 번역자가 산스크리트에 밝거나 한자에 밝거나 둘

중의 하나여서 완전한 번역은 시기상조였다. 초기역경가인 지겸 (222년에서 271년까지 활동)은 당시의 사정을 알 수 있는 글을 남긴다. 인도 출신 유기난이 무창에 들어오자(224년) 지겸은 유기난에게 『법구경』 오백게본을 받아서 함께 온 축장염에게 번역을 부탁하자고 했다. 장염은 산스트리트어에는 밝았지만 한자에는 그렇지 못했다. 사정이 그와 같아 번역은 직역에 가까워 문장이 세련되지 못한 점이 지겸은 맘에 들지 않았다. 그러자 유기난이 부처님의 말은 진의가 중요하지 맵시가 중요하지 않다는 주장을 했다. 그러자 좌중의 사람들은 "꾸민 말은 믿을 수 없고, 믿을 수 있는 말은 꾸밈이 없다"는 노자의 말과 "글은 말을 다하지 못하고 말은 뜻을 다하지 못한다"는 공자의 말을 인용하면서 성인의 진의를 해석하는 어려움을 말했다. 그 논의 후 번역은 본지만 따르고 글맵시를 붙이지는 않았다. 축장염이 인도인이고 지겸은 중국인이다. 그래서 전자가 질박한 직역을 중시하였다면 후자인 중국인은 격조 높은 문장을 중시하는 관점의 차이를 단면적으로 보여준다. 중국인들은 공자가 『논어』에서 말한 문질빈빈(文質彬彬)을 문장론으로 이해한다. 내용과 글맵시가 잘 어우러져야 군자의 문장이라는 것이다. 직역과 의역의 관계도 마찬가지여서 그들은 처음부터 번역의 핵심난제를 짚고 있었다.

동진 시기 도안은 번역자가 지녀야 할 자세로 오실본(원전의 진의를 놓치게 되는 다섯 가지 잘못)과 삼불역(시류나 풍속에 따라 함부로 성인의 원문을 변경해서는 안 되는 세 가지 이유)을 지적했다. 산스크리트어 불전은 내용을 중시하는 데 반해 한문은 글맵시를 중시한다는 대체적인 두 언어 사이의 간극을 메워야 했기 때문이다.

격의의 난제

—

격의(格義)란 '의를 격한다'는 말이다. 상대편이 이해하지 못하는 불교의 전문술어를 그들이 익히 알고 있는 유가나 도가의 유사한 개념을 차용하여 이해시키는 방법(analogy)이다. 논리에서 두 개의 비슷한 사물이나 사실에서 한쪽이 어떤 성질이나 관계를 가질 경우 다른 사물도 그와 같은 성질이나 관계를 가질 것이라고 추리한다. 언어적으로는 어떤 낱말이나 어법이 의미와 형태에서 그것과 비슷한 다른 문법형식을 본으로 하여 만들어지거나 달라지거나 하는 과정이다. 불경의 번역 자체가 격의의 과정이라 해도 지나치지 않을 만큼 언어구조나 문화가 전혀 다른 두 언어의 개념을 일치시키는 해석은 결코 간단한 과정이 아니다. 역경을 알려면 격의를 이해하지 않으면 안 된다. 그리고 그 과정도 마찬가지로 중요하다.

고역 시기에 그런 번역의 틀을 제공한 것은 현학(玄學)이다. 현학은 노자나 장자가 말하는 무를 세계의 근원이자 도의 근본으로 여기는 사상이다. 고역 시기 지루가참은 『반야도행품경』, 『수능엄경』, 『반주삼매경』 등 주로 반야부의 대승경전을 번역했다. 반야부의 주된 사상은 공인데 한역 과정에서 공은 현학의 무로, 진여는 본무로 번역했다. 불교의 개념을 설명하기에는 당시 중국에는 현학 정도 밖에 없었다는 뜻이다. 다시 말해 대승불교의 공사상이 지루가참이 활동하던 위·진 시기에 활발히 논의됐던 노장사상의 현학을 통해 필터링되어 당시의 중국독서인층에 수용되었음을 시사한다. 고역 시기 번역어 중 노장사상의 전문술어가 많다는 것은 중국문화가 노장사상의 세계관에 의거하여 인도불전의 해석을 끌어내는 나름의 이해가 이루어지고 있었다는 방증이다. 동진 시기 (317~420년)에 중국문화가 터득한 불교이해의 해석방법이 바로 격의불교인 것이다. 양나라 때 혜교의 『양고승전』「축법아전」에 격의에 대한 정의가 이렇게 적혀 있다.

> 축법아의 문도는 모두 중국의 고전에는 밝았으나 불교의 교리는 잘 알지 못했다. 그래서 법아는 강법랑과 함께 인도불전에 나오는 전문술어를 중국의 고전에 나오는 말에 견주어 유비과정을 통해 이해시키는 방법을 취했다. 이러한 방법을 격의라고 한다.

격의는 한나라 때 유행했던 훈고(訓詁) 즉 주석방식의 연장선상에 있다. 격의가 양 언어 간의 유사한 개념에 착안하는 것이어서 정확성을 따진다면 미흡할 수밖에 없다. 당연히 시간이 흐르면서 번역이 불전의 본질에 충실한가에 대한 회의가 들게 마련이다. 동진 시기의 도안은 인도불전의 뜻에 어긋난다는 주장을 하면서 격의를 비판적으로 보았다. 그렇지만 여전히 불교의 형이상학적 세계관은 노장의 현학에 비유하여 설명될 수밖에 없었다. 그래도 제자인 승예와 여산의 혜원을 거치면서 이런 노력을 통해 격의의 의미도 넓어지기 시작했다.

역경의 시대
—

역경은 오랜 세월에 걸쳐 많은 사람들에 의하여 이뤄진 것이다. 당연히 시대에 따라 번역되는 전적이 다르고 사상도 달라지는 것을 알 수 있다. 따라서 역경의 역사를 고찰하면 사상역정 내지는 사상변천의 과정이 드러나기 때문에 불교나 선종에 관심이 있는 사람은 기본적으로 이해할 수 있는 것들이 또한 적지 않은 것이다. 역경사의 구체적인 내용은 뒤에 기술하고 여기서는 역경의 아이콘인 구마라집과 현장에 대해 개략하고자 한다.

이미 말했듯이 역경은 직역과 의역으로 구분하여 말할 수 있다. 중국인들이 기준점으로 말하는 문질빈빈의 이상적 번역을 이룬 인물은 구마라집이다. 구마라집은 『대품반야경』·『소품반야경』·『묘법연화경』·『아미타경』·『유마힐경』·『금강반야바라밀경』·『미륵하생경』 등 대승경전, 『좌선삼매경』·『선비요법경』 등 선관경전, 『십송률』·『십송비구계본』 등 계율경전, 『중론』·『십이문론』·『대지도론』 등 중관논서까지 다양하게 번역했다. 구마라집의 번역이 이루어지자 다른 경전은 더 이상 읽히지 않았다고 한다. 그만큼 그의 번역은 매끄럽고 유려하여 대중을 매료시켰다. 당시까지의 형식우선이냐 내용우선이냐는 갈등은 내용과 형식을 동시에 만족시키는 구마라집의 번역으로 인하여 한 차원 넘어서게 되었다. 번역이라는 것 자체가 현대사회에서도 여전히 논란의 여지가 있는 것인데 구마라집은 번역에 대한 유명한 말을 남겼다.

산스크리트어 원문을 한문으로 옮기면 문장의 멋을 잃게 된다. 설령 번역해서 대의를 얻는다 하더라도 원래 문장의 멋은 없어지게 된다. 이는 밥을 씹어서 남에게 먹이는 것과 같다. 맛을 잃는 데 그치지 않고 구역질까지 일으킬 수 있다.

구마라집은 번역이 이루어지는 역장에서 설법을 병행하는 방식을 택했다. 그는 의역을 적극 활용하였는데 직역 위주의 현장과 대비된다. 현장의 역장은 허가받지 않은 사람은 출입이 불가할 정도로 엄격히 운영되었다. 원문의 곡해를 방지하기 위해 현장은 역경의 틀을 제시했다. 오종불번은 이런 분위기에서 나온 것이다. 그 다섯 가지는 다음과 같다.

첫째, 다라니와 같은 비밀스러운 어휘는 번역하지 않는다.
둘째, 바가와뜨처럼 여러 뜻이 있는 어휘는 번역하지 않는다.
셋째, 인도에는 있으나 중국에는 없는 사물을 가리키는 어휘는 번역하지 않는다.
넷째, 이전 시기에 음역하여 이미 관용어로 굳어진 어휘는 따로 번역하지 않는다.
다섯째, 산스크리트어에 심오한 뜻이 있는 어휘는 번역하지 않는다(반야 같은 단어)

이 중에서 다섯째의 경우 새로운 단어를 만드는 것보다 전문술어를 음역으로 대치하여 번역의 어려움을 해소하려 했다. 현장의 이런 방식은 기존의 중국어에 새로운 어휘를 더하고 자연적으로 사유지평을 넓히는 효과도 있었다. 번역을 중시하는 일본학계가 서구의 전문용어들을 가타카나로 음역하여 사용하는 방식도 같은 맥락이다. 구마라집이 대승경전 쪽의 번역에 뛰어났다면 현장은 철학적 논서 쪽에 강점이 있었다. 실제 구마라집이 번역한 이후 현장도 『아미타경』 번역을 하였지만 구마라집의 번역을 대체하지 못했을 정도다. 암송하기 좋도록 간결하게 원문까지도 가감하여 손질한 구마라집의 번역은 대중의 입맛에 맞았다. 한편 철학적 논서의 경우는 현장이 번역한 『구사론』 계통과 유식학 계통의 논서들이 기존의 번역서를 대체하여 텍스트로 자리하게 되었다. 결론적으로 대승경전은 문학적 요소가 강하고 논서는 철학적 요소가 강하여 거기에 맞춰 활용되는 언어감각도 다를 수밖에 없다는 것이다.

역경사의 이면

—

현대의 우리는 다양한 학문을 접할 수 있고 자신의 취향에 따라 더 깊게 공부하는 것이 가능한 세상에 살고 있다. 학문의 가장 중요한 기능은 지식의 체계를 잡는 것이다. 그래서 그 체계를 따라하면 쉽게 학습할 수 있다. 특히 시대나 인물 외에도 역사적 사실이 시사하는 바를 알기 위해서는 그곳의 문화를 아는 것이 중요하다. 문화적 배경을 모르면 학문에 향기가 나지 않고 공부의 재미도 붙지 않는다. 인도문화는 동아시아문화와 달라서 학습하듯이 공부해도 무방하다. 또 그렇게 할 수밖에 없다. 하지만 중국을 위시한 동아시아는 한반도와 한 문화권에 속하며 한자라는 동일한 문자를 익혀왔기 때문에 문화를 아는 것이 중요하다. 특히 우리가 지금 공부하는 불교의 경우도 기술의 핵심은 중국사람들이 이해하고 받아들여 발전시킨 불교와 선종이기 때문에 더더욱 그렇다. 우리가 간과하는 문화에 관한 이야기가 이 책에서 자주 소개되는 이유이기도 하다.

중국에서 번역이라는 말은 상당히 먼 과거의 주나라로 올라간다. 주나라는 동서남북의 네 방위별로 각각의 방위에 접촉하게 되는 나라나 지방의 말을 다루는 역관이 있었다. 중국은 일찍이 문자가 발달해서인지 아니면 명칭으로 구분지어 질서를 잡기를 좋아해서인지 몰라도 사방을 지시하는 용어도 다르다. 그들은 동쪽 역관을 기, 서쪽을 적제, 남쪽을 상, 북쪽을 역이라고 불렀다. 한대에 북방의 유목민들을 교섭하는 일이 많았고 역의 역할이 커지면서 번역이나 통역의 일을 역(譯)이라 하였다.

중국에 불교가 전래된 시기는 기원 전후로 추정하는 것이 일반적인 관점이다. 중국인 신자는 없었고 중앙아시아에서 중국을 오가는 상인들이 불교를 신봉하고 있어서 자연스럽게 전래가 된 것으로 본다. 현재의 아프가니스탄 동북부에 있었던 대월지 국왕의 사자 이존이 '부도경'을 부수했다는 기록이 『위략』에 보인다.

인도에는 책을 서술하는 독특한 방식이 있다. 자신이 모시는 신에 대해서건 스승에 대해서건 귀의를 표하며 찬탄하는 것으로 시작하는 것이다. 당연히 부처를 의미하는 산스크리트어 Buddha는 가장 이른 시기에 우선 음역부터 이루어졌다. 지금은 부도탑이라는 의미로 쓰이는 용어인 부도(浮屠)도 붇다의 음역이었다. 불타라는 번역어는 현장 전후에 보이는 것이고 불타 이전엔 불이었다. 불교전래 초기에 불교는 인도에서 중국으로 바로 들어가지 않고 언제나 중앙아시아를 경유하여 들어갔다. Buddha가 중앙아시아의 토카라어에서 붓(but)이 되고 이 토카라어 붓이 부도 등으로 음역되다가 마지막에 佛이 되었다.

부처님을 뜻하는 Buddha가 여러 음역으로 표현되었지만 부처님이 깨달은 진리나 교설을 의미하는 글자는 한역 초기부터 법(法)으로 줄곧 쓰였다. 법의 자형은 원래 법(灋)이다. 물 수(水 → 氵) + 해태 치(廌 → 豸) + 갈 거(去)의 조합인데 해태라는 상상의 동물은 죄인을 보면 뿔로 받아 죽이는 신령한 존재다. 따라서 후한 시기 법은 선악을 공평하게 가려내어 바른쪽으로 행위를 이끄는 본보기를 뜻했다. 중국의 독서인층이 다르마를 윤리적 본보기로도 받아들일 수 있었던 것은 법의 번역이 여러 함의를 가질 수 있었기 때문이다. 번역이 다른 문화권에 스며들면서 새로운 어휘가 만들어지기도 하고 그 어휘가 세계를 새로운 시선으로 보도록 하는 것이다. 이제 중국에서 행해진 역경의 특징과 그 중심인물을 통해 그 진행과정을 살펴보도록 하자.

중국역경사와 시대별 대표인물

역경의 서막, 안세고와 지루가참
—

후한 시기 역경가로 안세고와 지루가참이 이름을 날린다. 안세고는 안식국(현 이란 북부 일대)의 왕자였다. 숙부에게 왕위를 넘겨주고 출가한 뒤 여러 나라를 거쳐 후한 환제 때 낙양으로 건너와 영제 때까지 22년간 역경에 힘썼다. 삼국 시기 난을 피해 강남으로 갔다가 저잣거리에서 변을 당해 죽음을 맞았다. "자신은 전생의 업보를 갚기 위해 강남 길을 택한다(『출삼장기집』 「안세고전」)"고 한 것으로 미루어 자신의 최후를 각오했던가 보다. 당시 안식국은 설일체유부의 아비달마 불교가 성행하던 때였고 안세고는 이들 교학에 정통했다. 안세고는 아비달마불교를 중국에 처음 전하고 수식관을 설하는 『안반수의경』을 번역함으로써 중국불교사에 불교사상과 수행의 이론적 근거가 되는 경전을 최초로 소개하였다는 의의가 있다.

작은 책에게도 제 운명이 있다.

이 라틴어 경구는 3세기 로마의 희극작가인 티렌티아누스 마우루스가 한 말이다. 흔히 선종을 중국식 불교의 꽃이라고 하는데, 하고 많은 전적 중에서 호흡수행에 관한 책이 제1착으로 소개되었다는 것이 운명이라면 운명일까, 하는 생각이 든다.

안반은 들숨(ana: 안)과 날숨(apana: 반)을 뜻하는 아나파나(anapana)의 음역으로 숨이며 수행으로는 수식관이다. 수의는 스므르띠(smrti)의 의역으로 뜻을 멈춘다는 의미다. 안세고는 산스크리트어와 중국어에 능통하여 최초의 번역임에도 불구하고 음역을 쓰지 않는 등 번역의 기본원칙에 충실하였다는 높은 평가를 받는다. 당시는 후한 환제 시기로서 도교의 전신인 황로학과 방선술이 결합된 형태의 황로도가 형성되어 식자층에 영향을 끼치고 있었다.

안세고가 소개한 수식관은 이들의 호흡술과 흡사하여 무리 없이 수용되었다. 이런 영향에 힘입어 동진 시대에 이르기까지 거의 200여 년간 『안반수의경』은 지식인층의 애독서로 자리 잡았다. 또 당시 수식관은 보살이 닦아야 할 수행으로 인식될 만큼 기초수행법으로 널리 받아들여졌다. 안세고의 제자로 엄불조가 있는데 그는 중국인으로서는 최초의 출가승이다. 엄불조는 안식국 출신 재가자인 안현의 번역에 필수의 역할을 하였는데 안현은 재가신도로서 최초의 역경자이기도 하다. '안반수의경서'를 쓴 이는 진나라의 사부라는 사람으로, 이를 통해 안세고의 대승불교 이념과 동진 시기 지식인들의 이 경에 대한 인식을 알 수 있다.

지루가참은 대월지국 출신으로 중국불교사에서 인도의 대승불교경전을 번역한 첫 인물로 친다. 『안반수의경』을 소승의 경전으로 보는 시각 때문이다. 지루가참은 후한 환제 시기 말(167년) 낙양에 들어와 『도행반야경』, 『반주삼매경』, 『수능엄삼매경』 등을 번역했다. 산스크리트 원본은 축삭불이 가져온 것이며 축삭불이 산스크리트어를 읽으면 지참이 중국어로 번역했다. 반주삼매는 서방정토 아미타불을 비롯한 모든 부처님이 현전하는 염불삼매를 뜻한다. 『반주삼매경』은 중국불교사에서 아미타불에 관련된 경전 가운데 가장 오래된 경전으로 평가받는다. 여기에서 언급된 염불삼매는 수능엄삼매와 더불어 대승불교의 중요한 선학 가운데 하나로 정착한다. 중국적 불교라 할 천태종에 상행삼매 수행법이 있다. 이것도 『반주삼매경』의 영향을 받은 것으로 볼 만큼 이 경의 영향이 상당했음을 알 수 있다.

또 『도행반야경』, 『반주삼매경』의 번역을 계기로 하여 동아시아불교에 대승불교의 공사상이 나타난다. 두 경전에서는 수행의 궁극적 목표를 본무(本無)로 표현하고 있는데 본무는 공의 초기번역어이다. 본무는 지참이 생각해 낸 번역어이다. 이 개념은 동진 시대에 형성된 육가칠종 중 본무종에서 사용하고 있음을 볼 때 위·진 시대의 지배적 사상조류였던 현학과 융회되어 중국사상사에 새로운 전환기를 마련하게 된다. 여기서 한 가지 유념할 것은 위·진 현학의 기본 논의주제가 유무, 본말에 대한 논의였고 나중에는 체와 용의 관계로 자연을 이해하려 했다는 것이다. 지도(至道)와 지무(至無)는 위·진 사상계의 상식이었다는 것을 생각하면 중국인들에게 無라는 이 한 글자가 우주의 근원이자 본체론으로 얼마나 깊게 각인된 것인지 헤아려볼 수 있다. 그렇기에 초기역경에서 無를 적극적으로 활용하고 있는 이유를 설명할 수 있는 것이다. 이때는 태평도·오두미도·황건적의 난 등이 일어나 대단히 혼란스러운 시기였고, 지루가참의 학맥은 지량을 거쳐 삼국시대 오나라의 지겸으로 이어졌다. 이 세 인물에 대한 후대의 칭송이 이렇게 극진할 수가 없다

천하에 박식하기로 삼지를 따를 자가 없다.

－『출삼장기집』

삼국시대의 역경, 지겸과 강승회
—

삼국시대(220~256년)에 불교의 중심지는 오의 수도 건업(지금의 남경)과 위의 수도 낙양이다. 북의 위에서는 후한 시기 횡행하던 도교적 신앙이 쇠퇴하고 하안과 왕필로 대변되는 현학의 시기를 맞이한다. 위나라에서 태동한 현학은 진나라 때까지 지식인층의 호응을 받아 위·진 현학으로 불린다. 대승불교의 공사상이 위·진 시기에 중국의 지식인층에 스며들 수 있었던 이유 중의 하나는 현학과 공사상이 이질적으로 느껴지지 않았던 것을 들 수 있다.

한편 이 시기에 중국에서는 처음으로 담가가라에 의해 백마사에서『마하승기율』의 계본인『승기계심』이 번역되었고 조석으로 암송케 했다. 율장이 번역되고 수계의 전통이 처음 만들어진 것이 이때의 일이다. 아무튼 위나라는 계율에 비중이 컸다.

당시 오나라의 권력은 손권이 쥐고 있었고 불교를 환대하여 중원에서 활약하던 역경가들이 일하기 좋은 환경을 찾아 이곳으로 모여들었다. 그 대표적인 인물로 지겸과 강승회가 있다. 지겸은 후한 말 난을 피해 오나라의 건업으로 왔고 손권은 그를 박사로 모셔 태자의 교육을 맡겼다. 손권은 또 강승회를 위해 건초사를 지어주었다. 중원 최초의 절이 백마사라면 강남 최초의 절이 건초사다. 지겸과 강승회는 중국에서 나고 자란 외국인인 셈이어서 산스크리트어와 중국어 모두 능했다. 지겸은 지참의 맥이고 강승회는 안세고의 맥이다. 두 사람 모두 후한 시대의 역경전통을 계승한 입장이었다. 지겸의 할아버지는 대월지국에서 중국으로 귀화했다 하고, 지겸은 13세에 이미 서역의 6개 언어에 능통하고 음악에도 조예가 있는 다재다능한 인물이었다. 후세의 사람들은 지겸에게 '지혜 주머니'라는 이름을 붙여주었다. 그의 역경 전적은『법구경』,『유마힐경』,『대명도극경』,『대아미타경』,『서응본기경』등이 있고 중국인의 입맛에 맞는 유려한 문체를 구사한 것으로 평가받는다.

강승회의 선조는 강거(중앙아시아 키르기스 평원 일대) 출신으로 인도에 살았다. 상인이었던 부친을 따라 교지로 옮겼다. 강승회는 안세고의 맥을 이었고 손권의 황실과 친분이 깊었다. 불교사에서는 "강승회가 오고 나서 비로소 오나라에 불법이 흥성하게 되었다"고

말한다. 부처님의 진신사리를 구해오라는 손권의 시험에 21일 기
도로 사리를 얻으니 감복한 손권이 건초사를 지어주었고 여기에서
30여 년을 역경에 매진했다. 그의 대표적 역경은 육바라밀에 관한
『육도집경』이다. 강승회는 도가와 유가의 용어를 빌려 불교사상을
쉽게 전달하려 했다.

양진 시기의 불교사적 특징
—

세상이 전란에 휩싸여 살상이 자행되는 어지러운 시기라면 정치
가는 바쁠지라도 학문을 하는 사람에게는 오히려 이만한 때가 없
다. 왜냐하면 책상에 엎드려 있는 청빈한 서생에게 눈길을 돌릴 만
큼 세상이 한가하지 않기 때문이다. 이때야말로 아무에게도 간섭받
지 않고 자신의 사상이나 학문연마를 할 수 있는 다시없는 좋은 기
회이기도 하다. 한 제국이 문을 닫고 삼국시기를 거쳐 위진남북조
시대에 접어들면 불교는 본격적인 역경의 꽃을 피운다. 우주의 기
본적인 힘 중에 인력과 척력이 있다. 조이는 힘이 강할수록 벗어나
려는 힘도 비례하여 커진다. 한 제국의 유가적 정치질서는 사람들
에게 억지로 끼워 맞춘 옷과 같아서 자연주의로의 열망은 자연스
런 귀결이었다. 역사에도 의지가 있다고 하듯이 이상하리만큼 경직
된 체제에 이어 등장하는 사회는 히피적인 자유방임주의가 강한 흡
인력을 가진다. 위진남북조시대의 불교는 기존 체제의 견제를 받지
않고 성공적으로 역경을 이어갈 수 있었다.

한편 중국전통사상가들은 현학이라는 도가적 몽환 속에서 일세를 풍미하며 보냈다. 현학은 100년이 채 되지 않는 짧은 시기 동안 존재했던 사상사조였지만 사람들에게 강렬한 인상을 남겼다. 그후 중국인들은 삶을 좀 더 유연하고 넓게 볼 수 있는 안목을 갖추게 되었다. 선과 현학이 서로 간에 주고받은 영향은 차치하고라도 사상의 자유가 인간을 행복하게 하는 것만은 분명해 보인다. 노자와 장자가 말했던 초자연주의의 이상세계를 현실세계에 투영해 보기 위해 몸부림을 쳐봤다는 것은 인간이 꿈꾸는 초월적 세계가 그들의 잠재의식 속에 사라지지 않고 기능한다는 것을 의미하기 때문이다. 꿈을 꿀 수 있다면 잠시라도 세상을 망각할 자유도 얻어지는 것이니까.

진은 삼국시대에 제갈량과 지략을 다툰 사마중달 곧 사마의의 후손이 세운 나라다. 위의 재상이었던 사마염이 낙양에 도읍을 정하고 세웠던 것이다(265년). 서진이 오나라를 정복(280년)하고서 50여 년간 이어지다 북방의 5호족(흉노·선비·갈·저·강)에게 밀려난 사마예가 건강(지금의 남경)에 도읍을 정하고 세운 나라가 동진이다. 중국은 주나라·한나라·진나라 등 서쪽에 먼저 나라를 세웠다가 동쪽으로 밀려 나라를 세운 경우들이 종종 있기 때문에 전→후나 서→동 순으로 왕조를 칭하는 관례가 있다. 동진은 약 100여 년간 지속되었다. 사가들은 이 시기를 동진 시대 또는 오호십육국시대로 부르는 한편 서진(265~316년)과 동진(317~420년)을 합한 155년간을 양진 시대로 칭하기도 한다. 그중에서 좁게는 오호십육국의 시기가 불교사적으로 역경의 황금기였다. 양진 시기의 불교사의 특징을 정리하면 대략 다음과 같다.

첫째, 한역대장경에 수록된 주요 경전의 역경이 대부분 이 시기에 이루어진 것을 들 수 있다. 양진 이전에는 역경이 천재적인 인물들의 개인적인 역량에 의지하여 이루어진 반면 이 시기에는 국가적 사업으로 역장이 운영되었다. 당연히 속도도 붙는다. 수·당 시기 역경은 주로 논서의 번역에 치중되었는데, 이것은 이미 주요 경전이 모두 역경되었다는 사실 때문이기도 했다.

둘째, 중국불교사에서 처음으로 불교승단이 등장한 것을 들 수 있다. 도안이 중심이 된 강북 양양의 승단이 생겨났고 도안의 제자인 혜원도 여산에 대규모의 승단을 꾸렸다.

셋째, 대승불교의 공사상이 위·진 현학과 교류하며 지식인층에 파급된 일이다. 주지하듯이 위·진 시기 중국사상계의 주류를 이룬 것은 현학이었다(현학에 대하여는 역경에 이어 자세히 소개하겠다). 삼국 시기 위나라에서 불기 시작한 현학의 바람은 양진 시기에 절정에 이른다. 서진 시기 상수와 곽상은『장자』를 중시하여 주석을 달아 도가의 자연(自然)을 내세우는 한편 유가의 명교(名敎)와 회통을 시도했다. 곽상의『장자』해석은 동진의 지식인층에까지 이어져 수용되었는데 이는『반야경』및『유마경』의 공사상을 이해하는 좋은 매개체가 되었다.

양진 시기 불교는 양주(지금의 감숙성 난주), 장안, 강남의 여산 등에서 활발히 전개되었다. 양주는 실크로드 중간 기착지로서 서역에서 건너온 역경승들의 진입로였다. 역경승들은 이곳에서 일차적으로 머물며 중국어를 배우며 실력을 다졌다. 장안은 실크로드의 시발점이자 일찍이 여러 문물이 교섭되는 문화의 중심지였다. 강남의 불교중심지가 남경에서 여산으로, 강북의 그것은 낙양에서 장안으로 교체되는 와중이었다. 특히 여산의 혜원은 중국초기불교에서 중요한 인물이다.

언어의 천재 축법호

서진 시대를 대표하는 인물은 축법호다. 축법호를 2세기 말 지루가참, 5세기 초 구마라집, 7세기의 현장과 더불어 4대 역경가로 꼽기도 한다. 승우는 "불교경전의 가르침이 중국에 널리 퍼진 데는 축법호의 힘이 크다"라고 평가하며 "당시의 사람들이 그를 돈황보살로 칭송하였다"라고 전한다. 원래 대월지국 사람인데 선조 때부터 돈황에 살았다. 8세에 출가하여 불법을 전하는 것을 원력으로 삼았다. 스승을 따라 서역 각지에 다니면서 흩어져 있던 불경을 수집하여 돈황으로 돌아오곤 했다. 당시 서역의 36개 언어에 능통했다고 한다. 그는 평생을 역경에만 집중하였다. 활동무대인 돈황·장안·낙양에 이르기까지 어디에 머물건 쉬지 않고 역경에 매진하여 40여 년간 150부 이상의 경전을 번역했다. 『정법화경』, 『광찬반야경』, 『유마힐소설법문경』, 『미륵하생경』 등의 대승경전을 비롯해 설화류에 이르기까지 현재 전해지는 것이 70여 종에 이른다.

축법호의 역경이 어떻게 이루어졌는지 분위기를 알 수 있는 기록이 『출삼장기집』에 있다. 축법호가 산스크리트어 원본을 읽으면서 이를 중국어로 구술번역하여 말하면 이것을 중국 측 재가거사인

섭승원이 필사하는 형식을 취했다. 또 『정법화경』의 역경은 286년 8월 10일에 시작하여 9월 2일에 끝났다고 하니 그 속도는 상상하기도 쉽지 않다. 「정법화경기」의 기록에는 인도 승 축력과 구자국의 거사 백원신이 291년 2월까지 두 차례에 걸쳐 교정을 봤다고 하니 그 역경의 과정을 짐작해 볼 수 있다. 그는 말년에 장안의 청문 밖에 절을 짓고 살다가 피난차 갔던 민지에서 78세로 생을 마감했다.

대화상 불도징

불도징은 구자국 출신이다. 9세에 오장국(파키스탄 동북부)에 출가하여 인도의 계빈(카슈미르)에서 수학했다. 낙양에 온 때가 310년으로 이미 79세였다. 딱히 역경이나 저술도 없지만 도안·혜원과 더불어 초기중국불교사에 불교의 기반을 닦은 인물 중의 하나로 높게 친다. 무엇보다 불도징은 신이한 행적을 보임으로써 불교의 정착에 공헌하였다. 당시는 오호십육국의 시기였다. 불교는 북방의 나라들에게 의지처가 되었다. 이 시기 불교를 선양한 왕조는 모두 서역 출신들이었다. 석륵은 갈족, 전진의 부견은 저족, 후진의 요장은 강족 출신이었다. 서역은 중원보다 이른 시기에 불교를 접하고 있었다. 중원의 한족들이 갖는 문화에 그다지 동질감이 없어서 어차피 이국의 불교를 받아들이는 데 장애가 없었던 것이 그 이유 중의 하나다.

불도징은 후조의 석륵과 교우가 있었다. 휘하의 장수 곽흑략이 출병할 때마다 불도징에게 길흉을 물어 승리할 수 있었다. 나중에 석륵이 이 사실을 알고 불도에 무슨 영험이 있는지 물었다. 불도징은 주술에 능통하고 귀신을 부릴 줄 알아 석륵을 감복시켰다. 그래서 '신이승'으로 불렸다. 박학다식했고 경에 막힘이 없었으며 계율에도 밝았다. 석륵 이후에 왕에 오른 석호가 '대화상'으로 칭한 것이 또 다른 애칭이 되었다. 불도징은 중국인도 출가할 수 있도록 석호에게 허락을 받아내어 출가자가 늘어나기 시작한 공로가 있다. 도안·법아·법화·승랑 등 걸출한 제자도 배출했다. 384년 후조의 수도 업에서 생을 마쳤다. 세수가 무려 117세였다.

초기역경사에 체계와 깊이를 더하다, 도안

도안은 서진 말엽의 인물로 역경사의 여러 체계를 세운 중요한 위치에 있다. 12세에 부모를 잃고 출가하여 후조의 수도 업에서 불도징의 제자가 되었다(335년). 키가 크고 검어서 호감 가는 외모가 아니었으나 불도징만은 "도안은 멀리 본다. 너희들과는 다르다"라며 특별히 생각했다. 기억력이 비상했고 스승인 불도징 사후 항산에서 그를 따르는 사람들과 교학연구에 몰두했다. 안세고나 지참이 번역한 초기한역경전에 서를 쓰고 주석을 달았다. 특히 도안이 작성한 서는 역경작업의 경위, 한역경전의 해제, 역어에 대한 본인의 소견 등을 상세하게 기록하고 있어서 도안 이전의 후한·삼국·서진 시기의 역경사에 대한 중요한 사료로 평가받는다. 도안은 불법을 널리 알리기 위하여 제자들을 타지에 파견했다. 자신도 양양으로 갔다가 그곳의 명사인 습착지와 주고받은 대화가 회자된다. 습착지가 "나는 사해의 습착지요"라고 하자, 도안은 "나는 미천(서방정토 극락세계

아미타불)의 도안이요"라고 응수하였다. 그래서 '미천 석도안'이라는 별칭이 생겼다.

그는 양양에서 매년 경전을 강설하면서 경전연구에 힘쓰는 한편 기존의 번역된 경전들을 수집 및 정리하여 『종리중경목록』을 지어 후대에 경전목록정리의 모범을 보였다(이 전적은 전해지지 않는다). 379년 전진의 왕 부견이 도안을 얻기 위해 양양을 공격했다.

"짐은 십만의 군사로 양양를 공격하여 오직 한 사람 반만을 얻었다."

한 사람은 도안이고 반 사람은 습착지다.

구마라집이 구자국에 있을 때 도안의 명성을 듣고서 동방성인이라 찬탄하며 예를 갖추었고 도안도 부견에게 구마라집을 모셔올 것을 청했다고 한다(『양고승전』). 도안은 문헌의 연구방법에 체계를 갖추고자 했다. 초기한역경전에 대한 소·주·대교연구 및 『종리중경목록』 저술, 격의가 아닌 득의를 강조한 역경은 문헌에 대한 기존에 없던 안목이었다.

또한 도안은 동아시아불교사에서 처음으로 승단체계를 정립했다. 출가득도한 이의 성을 부처님을 따라 석씨(釋氏)로 통일하도록 했다. 또 승단 안에서 '육화경(신화·우화·의화·계화·견화·이화)'이라 하여 여섯 가지 공경의 자세를 말하고, 세 가지 법규(행향·정좌·상경·상강의 법. 일상·육시·행도·음식·창시의 법. 포살·차사·회과의 법)를 정했다. 승단 내의 이러한 원칙과 법규는 훗날 세워진 선종사원의 제도에 영향을 미친다.

도안은 공사상에 대한 이해가 높았다. 오호십육국~동진 시기의 반야학설 가운데 반야학의 정종이라 할 본무종이 도안의 학설이라고 전해진다. 본무에 대한 학계의 의견이 일치되지 않는다는 것만 언급하고 넘어가겠다. 도안은 입적하기 3년 전인 382년에 자신의 번역에 대한 원칙을 오실본·삼불역으로 정리하고 생을 마무리한다.

역경의 별이 뜨다, 구마라집

동아시아 불교역경사의 상징적인 인물은 구마라집과 현장이다. 역경의 시기구분도 두 인물을 중심으로 하여 이루어진다. 따라서 구마라집 이전을 고역, 구마라집 이후에서 현장까지를 구역, 현장 이후를 신역이라 한다. 인도인 아버지 구마라염과 어머니 기파에서 이름을 따와 구마라집이 되었다. kumara는 길상, jiva는 장수·행복을 뜻한다. 중국어 의역은 동수다.

구마라집을 회임한 기파는 그전까지 배운 바 없는 산스크리트어를 알고 경전의 내용도 훤히 꿰뚫었다. "사리불에 버금가는 아이를 낳을 것이다"라는 예언을 받기도 했다. 그런데 아이를 낳고 나서는 머리가 다시 전으로 돌아갔다고 한다. 얼마나 천재적인 인물을 회임했기에 그렇게 된 것인지 경이롭기만 하다. 7세(350년) 때에 어머니를 따라 출가하여 매일 1,000개의 게송을 읽었으며 9세에 파미르고원을 넘어 계빈(카슈미르)으로 유학을 갔다. 거기서 반두달다에게 아함류의 설일체유부 논서를 배우며 사리불의 현신으로 촉망받았다. 대월지국과 사륵국을 거치며 불교경전 외에도 힌두나 여러 논리학을 두루 섭렵하며 구자국으로 돌아온 게 13세였다. 20세에 구족계를 받고 사륵국에서 불타야사에게 『십송률』을 배웠다. 이때 까지는 설일체유부 계통의 논서들을 주로 익히다 22세에 당시 대승 불교의 중심지였던 우전국과 가까운 사차국에서 대승경전을 배우고 26세 무렵에 대승불교로 전환하여 중관학파의 논서를 연구했다.

39세(382년) 되던 때 전진의 왕 부견이 구마라집을 얻기 위해 장수 여광을 보내 구자국을 정벌하고는 구마라집을 모셔간다. 귀국 도중에 부견이 죽자 여광은 양주에서 후량국을 세운다. 후에 후진 이 후량을 정벌하고 장안으로 구마라집을 모셔간 때가 58세 되던 때(401년)였다. 16년을 양주에 머무른 것인데 이때 불경을 수집하고 연구하는 한편 중국어를 익혀 역경의 준비기로 삼았다. 구마라집은 요흥의 후원에 힘입어 70세(413년)에 입적할 때까지 12년간 역경 과 경전강설에 모든 것을 바쳤다. 이렇게 하여 번역된 전적은 35부 294권, 구마라집의 강설을 듣기 위해 운집한 대중은 5,000에 이르 렀다. 구마라집은 생을 마감하면서 "내가 번역한 경전에 그릇된 것 이 없다면 화장한 후에도 혀만은 타지 않을 것이다"라는 말을 남겼 고 실제 혀는 그대로 있었다고 한다. 구마라집이 장안에 올 무렵엔 대승의 공사상을 둘러싼 이해가 갈려 육가칠종이 있었다. 대승경전 만해도 난해한 번역이 많았던 시기에 전체적인 번역의 틀을 제시하 여 새로운 전기를 마련한 것이다.

구마라집이 역경으로 가장 큰 영향이 미친 분야는 대승경전과 중관논서를 들 수 있다. 대승경전은 구마라집 이전에 장안에서 축 법호, 낙양에서 지참이 초역한 경전이 있었지만 구마라집의 재번역이 유포되자 사람들은 이전의 번역본을 찾지 않았다고 한다. 후진의 왕 요흥의 절대적인 지원은 자유로운 분위기 속에서의 대규모 역경을 가능하게 하였다. 『출삼장기집』에 다음의 기록이 있다.

요흥은 대장군 상산공과 좌장군 안성후에게 명하여 학승 1,200명과 더불어 장안의 큰 절에 모이게 한 뒤 구마라집 법사에게 원본을 다시 번역해 주기를 간청했다, … 구마라집은 서역본을 손에 들고 중국어 역문을 구술하였는데, 도속이 모두 경청하여 한 번 말하면 세 번 따라 복창하였다.

구마라집의 영향은 후대의 제자들에게 이어져 새로운 개념의 번역어가 정착되기 시작했다. 空이란 번역어가 실질적으로 확정된 것이 구마라집 때이며, 열반(涅槃)이란 말이 니르바나의 역어로 정착된 것도 마찬가지다. 구마라집의 역장 분위기는 "번역문이 확정되기도 전에 구마라집의 초역을 옮기는 사람도 있었다"라고 승예가 쓴 「대품경서」에서 읽을 수 있다. 실제 『십송률』의 역경문이 확정되기 이전 필사본이 서역에 유통되기도 하였다. 현재 대영박물관에 그 사본이 보존되어 있다. 그렇지만 중요한 대승경전은 그 이전의 역본과 일일이 대조하면서 세심하게 다시 번역하였고 중관논서들은 여러 해 시간을 들여 점검하여 확정하였다. 동아시아불교계에 애송되는 『관음경』, 『아미타경』, 『금강경』, 『법화경』 등이 모두 구마라집의 역경이다. 특히 『금강경』은 육조 혜능의 깨달음과 인연이 있을 만큼 선종에서 절대적인 영향력을 지닌다. 북종선은 구나발타라 번역의 『능가경』 4권을 중시하였지만 남종은 『금강경』을 절대적으로 숭앙한다. 또 오호십육국 시기의 미륵신앙에 토대가 된 『미륵하생경』,『미륵대성불경』도 구마라집의 역경임을 생각하면 그의 영향력을 절감할 수 있다.

그뿐만이 아니다. 남북조 시기 남조의 양나라에선 구마라집의 삼론(『중론』,『백론』,『십이문론』)이 활발하게 연구되어 고구려와 일본에 삼론종이 만들어지는 과정이 있다. 또 『대지도론』과 『법화경』에 의거하여 수대에는 천태지의가 천태종을 만들기도 하고 『성실론』은 일본에 성실종을 형성하게 했다. 그 외 돈황 등의 석굴에서 발견되는 전적에서도 구마라집의 역문이 보인다. 특히 불상조성이나 상호를 새기는 등의 불사공덕을 찬탄하는 『법화경』의 내용이 사람들에게 불교예술에 대한 상상력을 불어넣은 것으로 보기도 한다.

구마라집 문하의 역경, 승조와 축도생

구마라집 문하의 특출한 인물은 사성으로 칭하는 축도생·승조·승예·도융이 있다. 승조의 『조론』은 대승불교 공사상을 역사상 처음으로 중국어로 쓴 동아시아불교사에 기념비적인 작품이다. 승조는 공사상에 일가견이 있어 삼론종의 조사로도 추앙받는다. 『조론』은 「종본의」, 「부진공론」, 「반야무지론」, 「열반무명론」, 「물불천론」 등으로 구성된 논서다. 특히 승조는 위·진 현학의 기본 범주인 유무와 대승불교의 공을 구분하여 이론을 전개한다. 승조의 논서는 선종에 중요하게 활용될 정도로 불교사상사에 지평을 넓힌 전적이라는 정도만 언급하고 도생에 대한 이야기로 넘어가겠다.

동아시아불교사 특히 선종사 측면에서 논할 때 가장 핵심적인 단어는 불성론이다. 선종의 수행과 깨달음의 궁극인 불성에 대한 설명은 선종의 거의 모든 것에 배태되어 있는 개념이다. 초기불교의 핵심사상인 무아론과의 연관성, 윤회의 주체 여부, 근본 아뢰야식의 상관관계 등에 이르기까지 수행과 성불의 근거가 불성이며 그에 관한 이론이다. 불성론을 이해하면 인도와 중국의 수행론의 차이를 비로소 알 수 있다. 불성론에 불을 지핀 첫 주자는 축도생으로 동아시아성불론의 정립도 이때가 기점이다.

도생은 강남의 여산에서 혜원이 세운 백련사의 일원으로 참여했고, 구마라집에게 수학한 뒤 동진의 수도 건강으로 내려가 활약하다가 여산으로 돌아가 생을 마쳤다.

일체중생 실유불성!

도생은 『열반경』에 의거한 이 한마디로 중국불교의 장대한 문을 열었다. 그의 불성론은 수·당대의 천태종·화엄종·선종의 사상기반이 되었다. 그의 현존하는 유일한 저술은 『법화경소』이다. 그가 주장한 불성론은 대략 세 가지로 압축된다.

첫째, 중생에게는 불지견이 본래 있지만 장애로 인하여 드러나지 않을 뿐이다.

둘째, 중생은 응당 부처가 될 수 있다.

셋째, 부처 아닌 중생은 없으며 열반은 이미 성취되어 있다.

중생이 부처가 된다는 것은 이미 부처이기 때문에 가능하지 부처가 아니라면 부처가 될 수 없다. 중생이 곧 부처이고 이미 부처이기 때문에 나중에라도 부처가 된다. 따라서 부처의 과덕은 이미 구족한 것이 된다. 도생의 불성사상은 그렇게 진전된다. 성불하기 어려운 일천제 같은 비천하고 극악한 존재도 불성이 있기 때문에 성불이 가능하다는 불성론은 당시 큰 충격을 줬다. 그래서 한때 도생이 추방당하기도 하지만 『대반열반경』이 번역되고 도생의 주장이 받아들여짐으로써 대반전이 이루어진다. 축도생의 일천제 성불론은 구마라집 이후 명확하게 정립된 공사상이 열반학을 통해 중국적인 모습으로 드러난 중요한 기점이다. 예를 들어 유식학의 법상종에서는 일천제 성불은 불가하다는 입장이다.

한편 학자에 따라서 당시 시대상황이 동진을 무너뜨리고 남조의 송을 세운 유유가 평민의 신분에서 천자에 등극하여 세습귀족이 장악하던 권력을 비귀족계급에게 넘겨버리는 획기적인 시기임을 주목한다. 불성론이 이런 파격적인 신분질서의 파괴와 이동에 따른 정치혁명의 이론적 근거라는 견해다. 공의 논리 또한 진공(眞空)을 기저로 한 양진 시기 반야학이 동진과 송의 교체기 이후에는 묘유(妙有)라 하여 공 자체가 무엇이냐는 논제에서 공의 활용에 대한 문제로 불성론이 진화하는 의미가 있다. 불성의 쓰임이나 활용은 『열반경』과 『법화경』의 주된 가르침이기 때문에 그 시기의 활용 경전도 이렇게 달라지는 것이다. 축도생이 중국불교의 방향을 전면적으로 튼 인물로 주목받는 이유는 바로 이러한 변화의 시초가 되었기 때문이다. 그의 시대부터 중국불교는 인도불교를 수입하고 해석하는 데 급급하던 소극적인 태도에서 벗어나 경전이란 결국 불성을 주석한 것일 뿐이라고 보는 주체적인 태도를 취하게 되었다. 진정한 의미의 중국적인 불교사상이 시작되는 것이다.

일체중생 실유불성의 불성론은 수·당대의 천태종·화엄종·선종의 기반이 되는 대선언이다. 종파에 따라 교설의 차이는 있다. 천태종은 성구설, 화엄종의 성기설, 선종의 즉심즉불이 그것이다. 천태종은 성품이 선악의 모든 것을 구족한다는 것이고, 화엄종은 모든 것이 성품에서 일어난 바라는 원인론이자 본질론이다. 선종은 말할 것도 없이 즉심즉불! 이 한마디로 다 끝내버린다.

비운의 천재 담무참

오호십육국 시기 흉노족 출신의 저거몽손이 북량(401~439년)을 세웠다. 북량은 북위의 강장 태무제에 의해 사라질 때까지 38년간 존립했다. 돈황에서 무위에 이르는 감숙성 서부 일대와 하서주랑이 북량의 무대다. 그들은 불교를 신봉했기 때문에 시기상 역경도 중시했다. 북량의 대표적인 역경가는 담무참이다. 그는 인도 바라문 출신으로 출가하여 소승을 익혔으나 『대열반경』을 읽은 후 "우물 안 개구리 같은 좁은 소견으로 오랫동안 세상을 어지럽혔다"라며 대승으로 전향하였다. 20세 무렵에 대소승의 경전 2백만 자 이상을 암송하고 있었을 정도로 비상한 두뇌를 가졌다. 그는 실크로드 북로를 따라 돈황에 도착한 후 저거몽손의 청으로 고장에 정착하여 수년간 중국어를 익힌 후에 바로 역경에 돌입했다.

담무참은 『대반열반경』, 『대집경』, 『보살지지경』, 『보살계경』, 『보살계본』 등을 번역했다. 특히 『대반열반경』은 414년 당시에는 전반부 밖에 손에 넣지 못하다가 우전국에서 중반과 후반부의 원전을 가져와 번역을 마치게 되니 바로 북본 『열반경』이다. 담무참의 역경은 유려하고 이해하기 쉽다는 평을 받는다. "손에 산스크리트어 원본을 들고 중국어 번역을 구술했다. 번역할 때는 경건하고 신중하여 미흡한 구절은 거의 남기지 않았다. 본뜻에 충실하여 경전의 취지를 보전하는 데 힘썼다"라는 『대반열반경』 역경 당시의 분위기가 전해진다. 혜숭·도랑 등의 중국인 학승들이 필수와 윤문을 맡아 역경을 도왔다.

『양고승전』의 인물평을 따르면 "박학다식하기로는 구마라집에 버금가고, 주술에 능하기로는 불도징에 필적한다"라고 적고 있다. 서역에서는 그를 '대신주사'로 불렀을 만큼 신비로운 면이 있어서인지 북위의 태무제가 저거몽손에게 담무참을 보내달라고 했다. 당시 권력자들은 고승을 가까이 모시려는 분위기가 있었다. 저거몽손은 담무참을 태무제의 손에 넘기느니 차라리 죽이는 게 낫겠다 싶어 『열반경』의 산스크리트 원본을 구하려고 인도로 떠난 담무참에게 자객을 보내 해치고 만다. 아직 50도 되기 전인 49세의 짧은 생은 그렇게 마감되고 말았다.

에세이 선종사

남북조 시기의 불교

—

빛과 그림자

중국사에서 남북조 시기(420~589년)는 동진의 멸망(420년) 후부터 수나라 전국통일(589년)까지의 국가 난립의 기간이기도 하다. 진령에서 회수로 이어지는 선을 경계로 하여 선비족이 지배하는 북조(북위, 동위 → 북제, 서위 → 북주)와 한족이 지배하는 남조(송·제·양·진)가 중국을 크게 양분하는 형국이었다. 이 시기는 불교사적으로 대단히 유의미한 일들이 많다. 천재적인 인물들이 화수분처럼 솟아나와 역경의 과업을 꾸준히 이어감으로써 불교사상사적으로도 세련미를 더해가는 시기이다. 불경이나 논서의 번역에 근거하여 각 학파가 불교학의 전기를 이루어 양진 시기 사상주류인 반야학이 남북조 시기의 불성론으로 옮겨가는 중요한 시기다.

　한국불교는 중국불교사상사의 결과물에 의존하여 불교전반을 수용하는 분위기라서 중국역경사를 간단히 생각하는 경향이 있다. 하지만 역경사를 알지 못하면 전적과 사상과의 관계, 그리고 그 사상의 변천과정을 이해하기 어렵다. 결국 중국인이 이해하고 받아들인 불교를 놓치는 것이다. 이 책에서 역경사를 세심히 기술하는 이유도 여기에 있다. 그리고 불교의 안착이 성공적으로 이루어지면서 양과 질의 모든 면에서 불교는 중국의 분위기를 압도하기 시작한다. 당연히 기존의 중국인들은 불교에 위협감도 느끼는 것이어서 권력자들을 통한 극단적인 훼불이 자행되어 불교의 성질도 산악불

교로 점차 변모하게 된다. 그 견제구를 날린 당사자는 역사적으로
네 차례 법난인 삼무일종의 권력자였지만 사인은 의외로 도교에서
나왔다. 당나라의 한유 이후 송대로 넘어가면서 유교가 주도권을
갖기 전까지는 불교와 도교가 주로 각축을 벌였기 때문이다.

삼무일종의 법난은 중국에서 발생한 네 명의 황제에 의한 네
차례의 대규모 훼불과 폐불의 탄압을 일컫는다. 북위 태무제·북주
무제·당 무종·후주 세종이 주도자였기에 세 명의 무제와 한 명의
세종이 주도한 법난이라 하여 삼무일종이라 한다. 북위 태무제와
당 무종은 도교를 진흥하면서 불교를 탄압하였지만 북주 무제는 도
교와 불교를 함께 탄압했다. 당 무종의 법난은 회창의 폐불이라고
따로 칭하기도 한다. 폐불을 단행하게 된 이유로 여러 가지를 들 수
있으나 표면적으로는 유·불·도 3교 특히 불교와 도교의 대립이라
는 형태를 취하고 있다. 그러나 이와 같은 대립을 이용하여 그것을
결정적인 단계로까지 이끌어간 것은 역시 정치·경제적 요인도 없
지 않았다.

그렇다면 남북조 시기가 불교사에 왜 유의미한 것인지 간략히
정리해 보자. 이 시기 강자는 선비족의 척발규가 세운 북위(386~534
년)다. 영토도 넓었고 존속기간도 149년이었으니 당시로서는 장수
국이다. 태무제가 북량을 멸하고 양주를 손에 넣자 강북의 불교중
심지는 오호십육국 시기의 장안과 양주에서 평성과 낙양으로 이동
하게 된다. 이 태무제가 중국사에서 처음으로 법난의 테이프를 끊
었다. 북제 때 위수가 편찬한 『위서』에도 나타나듯이 당시 불교의
사회적 영향력이 작지 않아 중국 삼대석굴인 돈황·운강·용문석굴

이 모두 북위 때 조성되거나 증축될 만큼 불교로서는 빛과 그림자가 극명한 시기였다.

남조는 역대로 건강(남경)에 도읍을 정하고 불교를 장려한 까닭에 자연히 이곳은 불교의 중심지였다. 북조가 강력한 전제군주의 통치라면 남조는 아직도 귀족중심의 사회였다. 불교가 귀족과 식자층에 파고들기 시작한 것은 이미 위·진 시기 현학과 어우러지면서부터다. 그런 영향으로 남북조 시기 역대정권은 전반적으로 불교에 우호적이었다. 역사적으로 종교의 세력확산은 정치권력과의 관계설정이라는 뜨거운 감자를 입에 물어야 할 시기가 반드시 도래한다. 북위 태조 때에 도인통(승단 통수권자)에 오른 법과는 태조를 당금여래로 칭송하며 사문도 예를 다해야 한다고 말했다(『위서』 「석노지」). 스승인 도안은 "국왕에 의지하지 않고는 불사를 일으키기 어렵다"는 말을 한 적이 있을 만큼 국가불교적인 입장정리는 불가피한 측면이 있기도 하다. 당시의 역경이란 게 왕의 용인이나 칙령으로 이루어진 경우가 많았고 국가적 사업으로 인식되었다. 왕실의 안녕과 나라가 오래 지속되기를 바라는 것이 혼란기의 지배적 정서이기 때문에 불교에 의지하여 공덕을 지음으로써 그 위신력을 입고자 한 것이다. 그래도 남조의 혜원처럼 세간과 출세간을 엄격히 구분하여 출가자의 본분을 지켜야 한다는 신념을 가진 이도 있었다.

당시 불교를 절대적으로 숭앙한 인물로는 북위의 문성제와 헌문제, 남조에서는 달마대사와 문답에 등장하는 인물이자 황제보살로 칭했던 양무제와 간문제가 대표적이다. 양나라의 사원은 2,800여 개, 승려는 82,000여 명으로 기록하고 있다. 동진 시기의 3배 규모다. 북위 때 낙양의 영명사는 100여 개 국 출신의 3,000여 명이 운집할 정도였다. 보리달마가 영명사를 참배하고는 "이 세상에서는 찾아볼 수 없는 천궁"이라고 찬탄했다는 기록이 있다.

이 시기 역경의 특징이라면 양진 시기에 대승경전 대부분이 번역을 마친 영향도 없지 않아 주로 유식사상에 관련한 경전이나 논서들이 번역되었다는 사실을 들 수 있다. 문헌학의 중요성은 특정 문헌의 등장시기와 사상주장이 대략 맞춰지기 때문에 그에 따라 진위 여부를 판단할 수 있다는 것이다. 『능가경』, 『화엄경』 등의 경전과 『십지경론』, 『섭대승론』 등의 유식논서들이 이 시기에 번역되었다.

남북조 시기 불교의 사상적 특징이라면 각 학파의 등장(열반학·삼론학·성실학·비담학·지론학·섭론학·구사학·율학·선학 등)으로 활기를 띠었다는 점이다. 그리고 교학의 논제가 양진 시기의 공을 중심으로 한 공성과 진공의 반야학에서 묘유라는 열반·불성의 작용측면으로 옮겨간 것을 들 수 있다. 이의 사상적 배경인 경전으로 말하자면 『반야경』에서 『열반경』·『법화경』으로, 중관논서에서 유식논서로 관점이 바뀐다. 학자에 따라 중국불교의 방향을 불성론으로 틀어 중국적 불교의 기초를 다진 인물로 축도생을 평가하는 이유가 여기에 있다. 불성론은 점차 선종의 깨달음을 얻을 당위이자 목적으로 인식되면서 수→당→송으로 이어지는 사상담론의 중심에 놓이게 된다.

능가경을 전하다, 구나발타라

남조 송의 효무제는 구나발타라를 두고 대승을 의미하는 마하연으로 칭했다. 구나발타라는 중인도 바라문 출신이었다가 불교도가 되었다. 바닷길을 통해 스리랑카에서 광주로 들어온 나이가 42세였고 칙명을 받아 건업의 기원사에서 역경에 들어갔다. 송의 문제·효무제·명제로 이어지는 동안 왕들의 환대 속에 역경에 임할 수 있었다. 역경은 13부 73권이 이루어졌고 대표적인 경전은 『잡아함경』, 『능가경』, 『상속해탈경』, 『승만경』 등 여래장과 유식의 경전들이다. 『능가경』, 『해심밀경』 등의 편집시기가 유식의 창시자인 무착과 바수반두가 활동하던 4세기 후반임을 감안하면 인도의 불교문헌이 편찬된 뒤 불과 반세기 만에 중국어로 번역되었음을 알 수 있다. 그만큼 불교 동진 후에 인도에서 중국으로 전적이 전해지는 시간이 획기적으로 빨라지고 있었음을 알게 해준다.

『아함경』의 경우 첫 역경은 후한의 안세고에서 시작하여 승가제바가 『증일아함경』·『중아함경』, 불타야사가 『장아함경』, 구나발타라가 『잡아함경』을 번역하여 비로소 4부 『아함경』의 역경이 이루어진다. 구나발타라가 역경한 중요한 불경은 『능가경』으로 '4권 능가'라 불린다. 또 다른 번역본으로는 실차난타의 10권 본 『능가경』도 있다.

달마대사가 제자인 혜가에게 소의경전으로 전한 것이 이 4권 본 『능가경』이다. 달마 이래 선학 계통을 능가사라 하는데 구나발타라는 능가사의 시조로 불린다. 동아시아역경사에서 구나발타라의 『능가경』 번역이 그만큼 적지 않은 영향을 미친 것을 알 수 있다.

역경의 으뜸, 보리류지

보리류지는 북인도 출신으로 파미르 고원을 넘어 낙양에 도착한 때가 북위 낙양 천도 이후인 508년이다. 보리류지가 낙양에 온 이후부터 35년간 역경이 활발하게 행해졌다. 늑마나제·불타선다·구담반야류지·비목선지 등이 이 시기에 활약했다. 번역은 초기유식사상 계열의 경론이 주로 이루어졌으며 중국역경사에 중요한 시점이다. 대승불교 공사상은 구마라집이 번역한 나가르주나의 중관사상에서 벗어나 유식사상으로 확대되기 때문에 보리류지 등의 역경이 중시되는 것이다.

보리류지는 낙양 영녕사에서『금강반야경』과『입능가경』10권,『금강반야경론』,『무량수경론』,『법화경론』,『십지경론』등의 역경을 하였다.『무량수경론』은 후대 중국정토종에서 말하는 정토 3경1론 중 하나로 담란의『왕생론주』와 더불어 정토종의 기본논서가 된다.

거의 30여 년 동안 역경에 매달린 셈이다.

4대 역경가 중의 일인, 진제

진제는 서인도 우선니 출신의 바라문이었다. 베다와 인도정통의 철학을 섭렵한 후 불전을 배웠다.『구사론』이나 유식사상에 밝았고 상키야학파나 인도논리학의 전적들도 번역했다. 보리류지와 역경승들이 북조의 역경가라면 진제는 남조를 대표하는 역경가다. 양무제가 부남(현 캄보디아)에 사절단을 보내 대승불교논서와 삼장에 밝은 대덕을 보내달라는 요청을 하였다. 이에 따라 부남국에서 진제를 보낸 것이다. 그때가 진제의 나이 48세로 양무제의 후원 속에 역경에 들어갈 준비를 하고 있었다. 그런데 양무제가 죽고 남조는 큰 혼란에 빠졌다. 진제는 유랑자가 되어 떠돌듯 하면서도『결정장론』,『대승기신론』,『여실론』,『금강명경』등을 번역했다. 유랑생활에 지쳐 인도로 돌아가려 배를 탔으나 풍랑으로 되돌아오는 등 이상하게 중국을 벗어나지 못했다.

진제는 광주에 머물며『구사론』과『섭대승론』도 번역했다. 역경장에 제자들이 모여들어 구마라집처럼 강설을 병행하면서 역경을 이끌었다. 특히『섭대승론』과『구사론』은 번역과 교정에 정성을 들였다. 유식 3년 구사 8년이라는 말은 일본에 유행한 것인데 이런 사상이 모두 진제로부터 연원한다. 그만큼『구사론』을 중시하여 제자인 혜개도 역경장에서『구사론』을 강설하며 죽었고 본인도 이를 강설하다 죽음을 맞을 정도였다. 그만큼 진제는『구사론』에 기초하여 유식학을 선양하려 하였다. 진제를 구사사와 섭론사의 개조라고 부를 만큼 구사학과 섭론학에 이해가 깊었으며 번역과 강설에도 정성을 다했다.

섭론학과 구사학은 남북조 말기의 혼란기에 정체되었다가 수의 통일 후 섭론학이 다시 유행하였다. 수대에 장안의 대흥선사에서 시간을 달리하여 담천과 도니가 섭론학을 강설하기도 했다. 수에서 당 초기에 걸쳐 불교계의 주요 논제는 공과 유에 관한 것이었다. 공은 구마라집부터 전개된 중관사상이며 유는 보리류지와 진제 그리고 훗날의 현장에 의해 유입된 유식사상을 뜻한다. 학계에서는 진제를 구유식, 현장을 신유식이라 구분하기도 한다. 신라의 원효가 공유 논쟁의 화쟁을 꾀하는 것도 이런 사상적 배경에서 나온 것이다.

한편 남북조 시기는 유식사상이 정립되는 때여서 사상맥락을 잘 이해할 필요가 있다. 주지하듯이 유식사상은 사람의 마음을 전오식(안·이·비·설·신), 6식(의식), 7식(마나식), 8식(아뢰야식)으로 분류하여 이해한다. 남북조 시기의 유식사상은 일체중생 실유불성이라는 『열반경』의 내용을 불성사상으로 끌어내어 전개한 것이다. 그런데 지론학의 두 갈래를 보자면 북조계는 8식이 당장은 불성의 일체공덕을 구현하는 것은 아니어서 수행을 통해 증득해야 한다고 본다. 반면 남조계는 알고 모르고와는 상관없이 8식이 불성의 일체공덕을 구족하고 있다는 보는 차이가 있다. 그런데 섭론학에 이르러서 8식을 불성과 구분하여 불성은 제9식인 아말라식이라고 다시 한 차원을 더 넣어서 설명한다. 아말라식은 더러움이 없는 무구식으로도 표현된다. 그러나 이 같은 주장을 하는 섭론학과 달리 유식의 법상종에 속하는 자은대사는 "9식의 상정은 잘못되었다"라고 『성유식론술기』에 적고 있다. 진제는 아말라식을 제9식으로 부르기는 하지만 존재의 가장 근원을 8식에 두느냐 9식에 두느냐 하는 관점의 차이가 있다. 또 학자에 따라 진제의 유식사상을 진여연기, 현장의 유식사상을 아뢰야식연기로 나누기도 한다. 진제의 진여연기사상은 중생은 모두 불성을 가지고 있다는 불성론에 논리적 근거를 제공한다. 이는 화엄사상의 법계연기로 이어진다.

한 가지 언급하고 넘어갈 것은 『대승기신론』의 번역과 중국찬술설에 대한 여러 관점이다. 보통은 마명 저술에 진제 역으로 받아들여지지만 그에 대한 중국과 일본 학자들의 의견이 일치하는 것은 아니다. 인도찬술설과 중국찬술설이 그것인데, 일본학계 일부의 주장대로 중국이 중국찬술설을 받아들이지 못할 이유가 없지 않겠는가. 따라서 근대의 중국학자 양계초는 "이 논문이 우리 선조가 지은 것이라고 증명해 주니 나는 이루 말할 수 없이 기쁘다"라는 환영의 뜻을 표한다. 다만 학계의 입장차이가 가시지 않아 정설로 받아들여지기까지는 시간이 걸릴 문제다.

『대승기신론』은 『점찰경』과 『능가경』 10권의 영향 속에 지론학·섭론학 등 남북조 시기의 다양한 사상지류를 종합적으로 회통하여 통일된 체계를 이룬다는 가치가 있다. 이는 인도불교의 인입과 중국불교의 성장 속에서 융회하여 만들어진 전적이자 남북조 시기 불교사상의 통합 산물이라는 평가를 할 수 있다.

수·당 시기의 불교, 중국화의 완성
—

수·당 시기는 중국불교사를 이해하는 두 가지 측면을 보여준다. 후한 때 불교의 동진 이후 줄곧 이어진 역경의 성과가 축적되어 중국식 불교는 점차 체계를 잡아갔다. 그리고 커지는 교세만큼 사원 자체의 운영의 체계도 정교함을 갖출 필요가 있었다. 현장의 역경이 이루어지기도 했지만 인도불전의 연구보다는 이미 역경된 전적에 대해 중국인들이 자신들의 언어로 해석하고 주석하려는 시도가 이 시기 불교계의 지배적인 흐름이었다. 그리고 남북조 시기까지는 한 사원이 불교의 다양한 사상유파 가운데 어느 한 가지 학설만을 전문화하는 경향은 보이지 않았으나 점차 사원마다 특정 사상을 전문적으로 숭앙하는 종파주의로 흘러가기 시작했다. 천태종·화엄종·법상종·선종 등의 종파와 그를 계승하는 특정 사원이 이 시기에 형성되어 갔다. 그렇다면 수와 당의 분위기를 좀 더 자세히 알아보도록 하자.

수의 불교

통일제국인 수는 불과 30여 년 존속하여 왕조도 문제와 양제 둘뿐이었다. 서진 멸망 후 강북은 오호십육국의 이민족이 지배하고 강남은 한족의 동진이 지배하고 있었다. 다시 강북은 북위가 패권을 쥐었고 강남은 150여 년 동안 남북조 시기가 지속되었다. 이 혼란을 매듭짓고 270년 만에 천하를 통일하여 건국한 제국은 한족의 수나라이다. 수 문제는 불교를 장려했다. 정책은 북조와 남조를 달리하여 시행했다. 먼저 북조 지역엔 5악의 명산에 각각 대찰을 짓게 하고 대흥선사라는 명칭의 관사를 전국 45주에 건립하게 된다. 또한 일반인에게도 사경을 장려하고 전국 113곳에 사리탑을 조성하였다. 남조 지역에는 5중을 설치하여 대론·열반·십지·강율·강론 등의 다섯 영역으로 나누고 중주를 두어 책임을 줬다. 각자 특색에 맞는 경·율·론을 전문적으로 연구하는 기관에서 인재를 배출하고자 함이었다. 문제에 이어 왕위를 이은 이는 수 양제다. 그는 어려서부터 총명하여 학문을 좋아하고 도교와 불교를 믿기도 했다. 당시 장안은 삼론종의 교학이 중심을 이루고 있었다. 수양제의 역사적 치적이라면 운하의 건설을 들 수 있다. 황하와 양자강을 잇는 국가적 토목공사로 인하여 제국의 멸망을 초래하고 말았으나 남북의 큰 물길을 연결함으로써 경제발전의 균형추가 맞춰지게 한 것은 큰 공헌이라 하겠다.

수나라 불교를 대표하는 것은 천태지의와 천태종이다. 천태는 절강성 태주시 천태현의 천태산에서 12년을 수행하며 지냈기에 천태대사라 칭한다. 그는 법화삼매를 깨달았고 『법화경』을 중심으로 한 천태교학을 체계화하여 천태종의 시작을 알린다. 천태는 오시팔교라고 하여 부처님의 일대교설을 다섯 때로 구분하고, 가르침의 방법과 내용에 따라 여덟 가지로 분류하여 다양한 학파와 종파의 난립을 정리했다.

이때 교학에 새롭게 등장한 것은 삼론종이다. 인도대승불교 사상의 양대산맥은 일체가 공이라고 보는 중관사상과 일체가 식이라고 보는 유식사상이다. 이 두 계통의 사상을 이어받은 종파가 수대의 삼론종과 당대의 법상종이다. 삼론종은 공과 유에 치우치지 않는 중도의 이치를 주장한다. 역사적으로 통일을 이루고 시작한 나라는 한결같이 화합이나 통일의 논리를 필요로 한다. 수나라는 혼란한 중국을 통일하고서 일어난 나라이기 때문에 더더욱 그러했다. 천태지의의 사상과 삼론종의 중도화합 원리는 사회통합을 이끌 가치가 절실했던 지배층에 의해 원용되었다.

이 시기에 이르기까지 나타난 중요한 현상 중의 하나는 위경

(僞經)의 찬술이다. 역경이 성공적으로 이루어지면서 중국식 사변이 출현하게 되었다는 설명을 한 바 있다. 불경과 각종 논서들을 섭렵하고 나자 각자 필요에 의한 경서가 만들어지기 시작한 것이다. 8세기 중엽에 이미 1,000권이 넘는 위경이 찬술되었다는 것이 이 같은 상황을 잘 대변해 준다. 위경의 찬술 의도는 대략 다음과 같다.

> 주권자의 뜻에 부합하기 위해(측천무후의 즉위 당위성을 부각한 『대운경』)
> 주권자의 시정을 비판하고 바로잡기 위해(지나친 불사를 비판한 『상법결의경』)
> 중국전통사상과 조화를 이루기 위해(유교 윤리를 강조한 『부모은중경』)
> 특정 교의와 신앙목적을 알리기 위해(일상의 실천과 반성을 강조한 『설행법경』)
> 생존인물의 이름을 차용하기 위해(관음신앙을 전파하기 위한 『고왕관세음경』)
> 질병치료와 기복을 위해(『천지팔양신주경』 등 여러 종류)

중국은 유교적 질서가 지배하는 사회이며 도교라는 무병장수를 위한 방술과 민간풍습을 망라하여 성장한 민족종교가 있다. 불교를 포함한 이 셋은 항상 긴장관계 속에서 때로는 공격하고 때로는 모방하며 생존을 모색하는 과정이 이어진다. 현실세계의 질서와 기복을 중시하는 중국인들에게 출세간적 종교인 불교가 뿌리를 내리기 위해서는 그들의 사상을 폭넓게 수용하여 정교한 교리를 강점으로 한 차별성을 보여주는 전략이 필요했을 것이다. 중국불교의 자신감의 발로! 그런 면에서 위경의 문제도 새롭게 인식될 수 있으리라 본다.

당의 불교

당 왕실은 농서를 본적으로 하는 이씨 가문이다. 이 가문은 명문가가 아닌 북방부족계다. 따라서 육조시대의 문벌풍조가 엄존한 당시에 문중의 권위를 내세워야 하는 문제가 있었다. 방법이 하나 떠올랐다. 당 왕실은 도교의 교조로 숭앙되는 노자의 이름이 이이(李耳)임에 착안하여 자신들의 선조가 노자의 이씨라고 주장했다. 그리고는 도교를 국가종교의 위치로 올렸다. 측천무후를 제외한 거의 모든 황제가 표면적으로 도교에 우호적이었던 이유도 여기에 있다. 우리는 삼무일종의 법난을 안다. 그중의 하나가 당 현종의 폐불이다. 남북조 시기의 법난은 두 번 모두 북조에서 일어났고 지역으로는 강북이었다. 그러나 당 현종의 폐불은 전국적인 규모여서 피해가 심각했다. 파불 사원이 4,600여 곳, 환속된 승니는 26만여 명, 파괴된 난야가 4만여 곳에 달했다. 또한 많은 경작지를 빼앗겼고 1만의 사원노비를 잃었다. 당 초기 왕실의 도교정책을 이끈 도사이자 태사령인 부혁이 고조 황제에게 상소를 올려 불교를 비난했을 만큼 귀족지배층의 지지를 받는 불교를 견제하려는 움직임은 건국 초기부터 팽배해 있었다.

당대에는 정토종·율종·법상종·화엄종·선종·밀교 등 각 종파의 교설이 정교해졌다. 특히 선종이 본격적으로 사상의 주류로 올라서고 현장을 위시한 막바지의 역경이 이루어지는 한편, 인도불교의 최후인 밀교의 등장도 볼 수 있다. 현장 이후 신역을 설명하기 전에 각 종파의 특성에 관해 먼저 알아보도록 하자.

● 정토종

중국의 정토사상은 동진 때 여산의 혜원이 승속제자 123명과 백련사에서 염불결사를 했던 것이 그 시초다. 당시는 칭명염불이 아니라 관불삼매의 선정을 닦는 것에 근거한 정토신앙이었다. 그 후 보리류지에게 『관무량수경』을 받아 아미타정토신앙을 확산시킨 담란, 그를 이은 도작이 있다. 그는 담란의 비문을 읽고 감격하여 아미타신앙에 귀의하였다. 특히 작은 콩으로 염불 횟수를 헤아리는 소두염불로 남녀노소에게 염불을 장려했다. 정토문을 설명하는 『안락집』이 그의 저작이다. 도작의 상수제자는 선도이다. 그는 민중을 교화하여 장안 집집마다 염불소리가 가득하게 했고 항상 『아미타경』 사경을 했으며 정토변상도를 잘 그렸다. 6세기 후반 말법사상의 영향으로 성립된 종파로는 북제의 신행이 창시한 삼계교가 있다. 북주 폐불을 경험한 이후이기도 하고 말법시대를 살아가는 범부들을 위한 신앙이다. 불교를 시대, 장소, 사람의 근기에 따라 세 가지로 구분하고 지금이 마지막 단계이기 때문에 삼계교라 한 것이다. 정토교는 삼계교와 함께 학문불교에서 벗어나 기층민의 실천불교로 민중의 생활 속에 파고들었던 것이다.

● 율종

동진 시기에 『십송률』, 『사분율』, 『마하승기율』 등의 율전이 번역되면서 율에 대한 연구가 성행했다. 당대에는 도선의 남산종 외에 상부종과 동탑종이 더 생겨났다. 도선은 물이 부족한 종남산에 주로 머물렀는데 지팡이로 치는 곳에선 항상 맑은 물이 솟아나왔다. 도선은 50세에 인도에서 귀국한 현장의 부탁으로 필수와 윤문을 맡았다. 이 당시 문제의 하나는 황제에 대한 사문의 예경이었다. 도선은 황제에게 상표문을 지었다. 그 문장이 유려하고 당당하여 황제가 읽고는 "사문은 왕에게 예경하지 않아도 된다"라는 조칙을 내렸다. 도선은 입적하기 전에 율종연구을 총합하여 계단을 설립하여 수계의 형식을 만들었다. 후대 중국·한국·일본 등의 계단설립은 여기서 기인한다.

● **법상종**

인도교학은 두 갈래로 나뉜다. 세친의 유식사상은 북도파의 보리류지와 남도파의 늑나마제로 구분되고, 세친의『십지경론』을 소의경전으로 하는 지론종과 무착의 저작이며 진제 역의『섭대승론』을 소의경전으로 하는 섭론종이 있다. 인도유가행파의 유식이 지론·섭론학파에 의하여 부분적으로 전해졌지만 이를 체계적으로 전한 이는 현장이다. 그리고 제자인 규기에 이르러 법상종이 되었다. 법상종은 만법유식의 도리를 밝히며 일체법을 5위 100법으로 분류하여 설명한다. 법상종은 일천제는 성불할 수 없다는 입장이어서 축도생의 불성론과 다르고 화엄종의 비판도 받는다. 법상종은 당 중기까지 크게 일어났지만 현장과 규기의 입적 후에는 점차 잊혀진다. 아무래도 어려운 논리위주의 종파는 가르침이 간결한 종파보다 수명이 짧은 경향이 있다. 어려우면 따라하기 어렵다는 단순한 이치가 인간세의 생존법칙이기 때문이다.

● 화엄종

화엄종은 천태종과 더불어 중국불교학의 양대산맥이고 인도불교 수용 후 중국적 사유의 전개과정에서 꽃을 피운 것이다. 『화엄경』 은 동진 시기에 불타발타라에 의해 번역된 이래로 지식인들의 관심을 받았다. 화엄종의 계보를 살펴보자면 초조는 두순으로 보는 것이 일반적이다. 그는 병을 치료하는 등 많은 이적을 보여 종남산의 문수보살로 불리기도 했다. 2조는 지엄이다. 그는 주로 운화사에서 『화엄경』을 설했으므로 운화존자라고도 불린다. 그는 『화엄경』의 최초 주석서인 『수현기』 5권을 저술하고 그 외에도 화엄 관련 여러 저술을 하였다. 화엄교학의 형성에 기초적인 역할을 담당했던 지엄이 활동하던 시기는 현장이 신유식을 전해온 때이기도 하다.

지엄의 문하에 신라 화엄의 초조인 의상과 중국화엄의 제3조인 현수법장이 두드러진다. 현수법장은 제3조로 알려졌으나 사실상 개창조나 다름없다. 중국화엄사상이 법장에 의해 체계화되었기 때문이다. 의상은 귀국하여 화엄종을 일으켜 그 초조가 되었고 법장은 중국에서 화엄종의 개창자가 되었다. 측천무후는 그의 화엄강의를 듣고 큰 감명을 받았으며 현수대사 시호를 내렸다. 그는 『60권 화엄』 주석서인 『탐현기』를 비롯하여 개론서격인 『화엄오교장』에서 불교 전체를 오교십종으로 분류하는 화엄교판을 세웠다.

청량국사 징관은 법장의 교학을 드러내는 것에 뜻을 두었다. 징관은 당을 파멸로 몰아가는 전초인 안사의 난을 생애의 중심에서 겪었다. 법장까지도 자신들이 화엄종에 속한다는 생각이 없었지만 제4조 징관에 이르러서야 비로소 앞의 전통이 화엄종으로 인식되어 화엄종이라는 명칭도 처음 쓰였다. 이어 화엄종의 제5조로 칭하게 된 종밀에 이르면 선종의 사자상승에 따라 법계의 정립이 세워진다. 화엄종의 조사전통이 만들어진 것이다. 화엄학은 지엄·법장·징관·종밀로 구분하여 전자가 정통화엄학이라는 주장도 있다. 하지만 중국화엄사상의 동향으로 볼 때 징관·종밀의 존재감이 더욱 드러난다.

보통 화엄사상은 천태의 법화사상과 비교하여 설명하는 경우가 많다. 그만큼 화엄종의 사상은 천태사상과 더불어 중국불교사의 쌍벽을 이룬다. 천태를 성구(性具)사상이라 한다면 화엄은 성기(性起)사상이다. 모든 존재는 여래의 성품이 발현한 것이라고 보는 것이다. 모든 존재는 비로자나불의 현현 아님이 없으니 그것을 여래출현 또는 여래성연기라 하는데 통상 줄여서 성기라고 한다.

화엄종의 제5조인 규봉종밀은 어려서 유학을 익힌 후에 불교를 배웠다. 그는 『원각경』에 많은 관심을 가져 『원각도량수증의』 18권 외에 여러 저작이 있고 예참의를 만들 만큼 『원각경』에 사무쳤다. 종밀은 화엄을 최고의 가르침이라고 인정하면서도 중생을 구제하는 능력은 『원각경』이 뛰어나다고 할 정도였다. 『원각경』은 종밀의 주석서가 나온 후 동아시아불교에 많은 영향을 미쳤다. 특히 중생의 본래 성불론을 주장하는 종밀의 본각사상은 여기에서 유래한다. 이 본래 성불론은 송대에 이르면 유정뿐만이 아니라 무정으로도 확대된다.

지금까지 수·당 시기의 불교 동향과 대표적인 각 종파에 대해 간략히 정리해 보았다. 물론 양무제 때에 달마가 들어와 수·당대에 펼쳐지는 선종사를 논하는 것이 이 책 기술의 핵심이지만 선종사는 별도의 장에서 다루고자 한다. 대신 역경사를 통해 불교를 들여다 보자는 본래의 취지에 맞게 현장-실차난타-의정의 순으로 역경의 대단원까지 마무리를 하겠다.

서역기행의 영원한 아이콘, 현장

이야기를 하다 죽은 사람은 다시 돌아온다.

– 아일랜드에 전해오는 말

개인적으로 동아시아불교문화에 상징적으로 떠오르는 인물을 들라면 역경의 구마라집, 선종의 달마와 육조 혜능, 그리고 현장을 들고 싶다. 우리는 『서유기』를 안다. 명대의 오승은이 현장법사가 인도에 가서 불경을 구해오는 이야기를 모티브로 하여 쓴 장편소설이다. 불경을 생각하면 『대당서역기』가 저절로 떠오른다. 고독하고 아슬아슬한 먼 길을 해피엔딩으로 마무리하는 삼장법사는 그렇게 우리의 깊은 무의식에 스며들었다. 내 방에는 인도여행에서 사온 삼장법사 석상이 있다. 크기는 채 20cm가 되지 않는다. 말 위에 앉아 한 손은 말 등에 얹고 한 손은 가슴 중앙에 손을 모로 세워 합장을 한 채 반쯤 감은 눈으로 나아가는 모습이다. 현장법사의 두꺼운 전기도 읽은 적이 있다. 당시는 나라의 허락 없이 국경을 넘으면 처벌을 받는 때였다. 그런데 현장은 허가증도 없이 나간 것이어서 돌아오면 어떻게 될지 걱정이 되었다. 그래서 경전과 기타 불구 외에도 황제에게 진상할 선물도 수레 가득 실어와서(수레를 끄는 말이 22필이나 되었다) 국경에 머무르며 인편을 보내 황제의 심기를 타진해 보았다. 당시 황제는 태종이었고 현장을 반겼다. 현장의 이야기와 인품에 반한 황제는 궁에서 함께 지낼 것을 청하였지만 현장은 완곡히 고사하고 절로 돌아간다. 당시 현장이 수집해 온 문물을 구경하는 인파가 인산인해를 이룰 만큼 관심을 끌었다. 그러나 현장은 대중 앞에 나서지 않고 조그만 방에 머물며 앞으로 어떻게 역경을 할 것인지만 골똘히 생각했다는 부분이 인상 깊었다.

현장은 분명 주도면밀하고 이치에도 일에도 혜안이 밝은 분이었으리라!

왜 이야기를 하다 죽으면 다시 돌아온다고 했을까? 답은 간단하다. 이야기는 끝이 없다. 이야기를 다하고 죽은 사람도 없을 테니까 미완의 삶을 보완하기 위해서는 본인이 돌아와서 마무리를 해야 한다. 그러려면 다시 이야기가 만들어지고 또 와야 하고 … 그래서 이야기를 좋아하면 영원한 생명을 얻는다. 밤이면 이야기를 해달라고 조르는 어린 아들 형제에게 노모님은 항상 이 말씀부터 먼저 하시고는 이야기를 들려주셨다.

이야기를 좋아하면 가난하게 산다.

이 가난은 청복일 것이다. 난 그렇게 받아들인다. 가난은 원하는 것이 아니지만 그렇다고 이야기가 주는 상상과 설렘까지 포기할 수 없지 않은가. 그것이 노모님께 이야기를 얻어듣던 아이의 머릿속에 흐르던 생각이었다.

중국역경사의 최고봉인 현장은 양과 질에서도 독보적인 경지를 보여준다. 구마라집이 74부 384권, 진제가 49부 142권, 불공이 111부 154권, 현장은 75부 1,335권에 이른다. 여타의 역경가에 비해 현장은 중국인으로서 17년에 걸친 인도유학으로 산스크리트어와 인도불교에 정통했다는 차별성이 있다. 역경에 오종불번의 원칙을 세웠고 법상종의 기초인 유식사상을 연찬한 당사자이기도 하다.

현장은 어려서 형을 따라 정토사에서 살며 경전을 배우고 13세에 승려고시에 합격하여 출가한다. 어린 나이에도 허송세월로 보낼 수 없다 하여 또래의 사미승들과 놀지도 않았고 25세까지 아비달마와 유식사상 관련 전적을 두루 익혔다. 당시 불교는 남북조 시기의 지배담론인 불성론에 경도되어 있었다. 구체적으로 섭론학과 지론학의 이해 차이 등 유식에 관한 정리를 하고 싶었다. 30세(629년)에 난주, 돈황, 고창, 신강 지역, 우즈베키스탄, 아프가니스탄, 카슈미르를 차례로 경유하여 34세에 중인도 나란다 사원에 이르렀다. 당시 나란다는 세계최고의 교육기관으로 수천 명의 출가자가 수학하고 있었다. 그곳에서 중관과 유식에 관한 논서를 공부했다. 42세 당시에 인도의 계일왕이 주관한 무차대회에서 왕의 요청으로 논주가 되어 유식에 관한 논증을 하였는데 18일 동안 아무도 반론을 제기하지 않는 등 명성이 인도에 널리 퍼졌다. 그리고 무차대회가 끝난 여름에 귀국길에 오른다. 전체 25,000킬로미터에 이르는 대장정이었다. 귀국 후 당 태종에게 요청하여 일체의 경비를 지원받으면서

전국 대승과 소승의 뛰어난 인재를 모아 역경을 시작하였다. 찬령의
『송고승전』이나 지반의 『불조통기』에 따르면 당대의 역장은 10개
부서로 이루어졌음을 기록하고 있다. 그 열 가지는 다음과 같다.

역주: 산스크리트어를 읽으며 번역강해

증의: 번역문의 타당성 여부 검토

증문: 사본을 제대로 읽었는가 검토

서자: 역주가 중국어를 모를 경우 원문 그대로 중국어로 음사

필수: 산스크리트어 음역을 의역으로 고치는 번역문 교정

참역: 번역문을 다시 산스크리트어로 고쳐 원문대조하여 타당성
검토

간정: 길거나 중복된 번역문 간결하게 교정

윤문: 윤문작업

범패: 번역문을 낭독하기 좋게 교정

감호대사: 번역작업 보호관리, 황제에게 번역본 진상

현장의 75부 1,335권 역경은 이렇게 치밀하게 원문과 대조하고 중
국인의 가독성을 고려하여 진행되었다. 지금의 서안 대자은사가 역
경이 이루어진 곳이다. 법상종이 미륵신앙과 연계되는데 현장은 미
륵불을 신앙했다. 664년 2월에 한 제자가 "화상께서는 틀림없이 미
륵세계에 태어나십니까" 하고 물었다. 현장은 "틀림없다"라고 대답
하고는 곧 열반에 들었다. 『대반야경』의 번역이 끝난 후 병마로 쓰
러지더니 더 이상 회복하지 못하고 말았다. 65세의 찬란한 인생이

었다. 현장의 유식학설은 제자인 신라 유학승 원측과 자은대사 규기에 의해 법상종이라는 하나의 종파로 성장한다. 법상종은 불과 60년이 채 되지 않은 기간 존속하였지만 동아시아불교사 특히 유식사상의 정립에 깊은 영향을 주었다. 그리고 경전을 대하고 역경에 임하는 현장법사의 불굴의 정신은 세세생생 묻히지 않고 불경과 함께 기억될 것이다.

화엄의 꽃을 피우다, 실차난타

실차난타는 우전국 사람이다. 대승의 대표적인 경전을 든다면 일본에서는 『법화경』, 한국은 『화엄경』을 중시하는 경향이 있다. 『화엄경』은 크게 두 가지 역경본이 있다. 하나는 동진 시기 북인도 사람인 불타발타라가 번역한 『60권 화엄』이고, 다른 하나는 당대 실차난타가 번역한 『80권 화엄』이다. 그 외 반야가 번역한 『40권 화엄』이 있다. 『80권 화엄』은 무측천이 우전국에 사신을 보내 경전과 역경승을 보내달라는 청을 하여 그때 경전과 함께 실차난타가 따라 들어와 699년에 역경이 마무리되었다. 이 역경에는 의정과 인도인 보리류지, 신라 원측, 당 법장 등이 함께 힘을 보탰다. 무측천은 보리류지·실차난타·신수·법장과 깊이 교류하였다. 특히 보리류지는 『보우경』을 역경하면서 서문에 "일월광 천자가 중국에서 보살로 태어나니 여인의 몸으로 태어나 자재주가 된다"라는 부분을 끼워넣는다. 당연히 측천무후는 이것을 보고 경문의 보살이 자신이라 여겼다.
　『80권 화엄』이 동아시아불교에 중요한 위치를 점하는 때는 법

장과 동시대인인 이통현 장자의 『신화엄경론』 40권이 쓰이고 난 후
이다. 고려의 보조국사는 28세 때 하가산 보문사에서 이 경론을 보
다가 두 번째 깨달음을 얻었다. 그런 후에 정리한 것인 『화엄론절
요』이고 다시 저술한 것이 『원돈성불론』일 만큼 한국불교에도 큰
영향을 미쳤다. 이통현 장자는 태원 우현의 고산노라는 이의 저택
에 방을 얻어 집필하는 3년여 동안 마당에도 나오지 않고 하루 대
추 10알과 솔잎 전병 몇 장만으로 지냈다. 그래서 얻은 이름이 조백
대사다. 후에 남곡 마씨의 고불당 곁에 작은 초막을 짓고 10여 년을
정진하며 살았던 것으로 유명하다.

　　한편 실차난타가 710년에 생을 마치니 아직 59세의 나이였다.
입적 후 화장을 했는데 그의 혀는 타지 않았다고 전한다. 구마라집
도 그러하지 않았던가.

중국역경의 대단원, 의정

의정은 현장과 생애가 겹치기도 하지만 비슷한 일면이 많다. 역경
으로는 구마라집·진제·현장과 더불어 4대 역경가로 칭하기도 한
다. 또 『대당서역구법고승전』과 『남해기귀내법전』을 남겨 7세기 후
반 인도불교와 동남아시아의 상황을 전한 것은 물론 신라 및 고구
려에서 인도로 간 유학승들의 행적도 기록하고 있다. 의정은 율장
과 아비달마·유식논서 등을 다양하게 공부한 후 상인들의 무역로
인 해로를 따라 수마트라섬을 경유하여 동인도로 들어갔다. 인도
에서는 나란다에서 산스크리트어와 다양한 율과 논서들을 배웠다.

『송고승전』에는 25년에 걸쳐 30여 개 국을 거친 것으로 적고 있다. 다시 해로를 역으로 하여 낙양에 도착한 해가 695년으로 61세 때이다. 무측천의 환대가 극진하여 현장 귀국 때보다 환영인파가 더 성황을 이루었다니 그 분위기를 가히 상상하기 어렵지 않다. 의정은 700년부터 10여 년 동안 56부 230권을 역경하고 5부 9권의 저술을 남겼다.

의정은 시기적으로 역경의 말미에 이른 만큼 밀교 관련 경전번역과 율장, 그리고 유식사상과 불교논리학 관계 논서까지 다양하게 번역하였다. 특히 역경작업에서 간주형태로 번역문 사이사이에 주석을 달았다. 이는 다른 역경과 비교하여 독창적인 방법으로 평가받는다.

당대 모든 종파의 가르침은 언어와 문자로 뜻을 드러낸 것이라서 현교(顯敎)라 한다. 반면 표면적으로 드러나지 않고 비밀스럽게 가르침을 이어가는 형태가 밀교(密敎)라는 분야다. 밀교의 비밀스런 정화의식 과정에는 진언·인상·관정·호마법 등이 있다. 중국에 밀교가 본격적으로 전래된 것은 8세기에 3인의 밀교승이 들어오면서부터다. 선무외는『대일경』을 번역하여 장안에 도착했을 때 현종으로부터 국사로 예우받았다. 선무외에 이어 금강지가 낙양에 들어왔다. 중국이 자신의 인연지라는 말을 일찍이 들었다고 한다. 신통력이 뛰어나 비를 내리고 10일 동안 의식이 없던 공주를 살리기도 했다.

당에 밀교가 융성하도록 한 이가 불공이다. 당에 와서 현종·숙종·태종 3대에 걸쳐 황제의 스승으로 존중받았다. 불공의 역경은 110부 143권에 이른다. 그런 까닭에 불공을 4대 역경가 중 하나로 보기도 한다. 불공이 70세에 입적하고 나자 밀교는 쇠퇴의 길로 접어들었고 인도에서 더 이상의 밀교승도 들어오지 않았다. 불공도 주문을 외워 비를 내리고 환자를 낫게 하는 신통력이 있었다. 그런 감화가 있어서인지 불공의 입적 소식을 들은 태종은 사흘 동안 정무를 보지 않았다고 한다.

오대십국 시기의 불교
—

당은 불교문화의 황금기로 일컬어지며 300여 년을 존속했다. 주전충이 당 왕실을 멸망하고 나자 중국천하는 다시 강북의 이민족과 강남의 한족으로 나뉘게 된다. 더 구체적으로는 오대십국이다. 후한 이후 위진남북조시대의 분열을 겪었듯이 중국은 통일국가와 국가분열의 시기가 반복되듯이 진행되는 느낌을 준다. 강북에서는 후량·후당·후진·후한·후주로 이어지는 이민족들의 흥망이 거듭된다. 반면 강남에서는 50여 년 동안 오·초·남당·오월 등 한족이 지배하는 10국이 연이어 일어났다.

불교사적으로 이 시기는 거의 모든 불경과 전적들의 역경이 완료된 시기다. 이전까지의 역경에 따른 교설의 이해와 주장이 이루어진 바에 비하여 이때부터는 불교의 중국화가 진행된다. 하지만 불교의 번성만큼이나 질곡도 깊어 후주 세종에 의해 자행된 훼불이 불교사의 아픔으로 남는다. 이 법난은 이전의 법난과 달리 유교나 도교의 개입 없이 정치권력의 판단으로 이루어졌다. 세종의 훼불 내용을 보면 칙액(勅額)이 없는 사원의 폐쇄, 사찰의 신축금지, 위반자에 대한 처벌, 관리의 사원신축이나 계단설립 건의 불가, 사사로운 삭발출가 금지, 부모나 조부모의 허락 없는 출가 금지, 수거한 불상과 동종으로 주통전(周通錢)을 주조한 것 등이었다. 그 결과 삼만여 곳의 사찰이 폐사되었다.

종과 불상을 녹여 화폐인 주원통보를 만들게 한 일은 세종이 요절하자 당시 세간에서 "주원통보전이 유통되는 한 세종은 지옥에서 구제받지 못할 것"이라는 말이 돌았다고 한다. 세종의 정치적 법난은 이후 송대에 국가권력이 불교교단을 완전히 지배하게 되는 계기를 제공한 셈이었다. 도심의 사찰은 아무래도 대중과 밀접한 곳이라서 포교를 전제로 세워질 수밖에 없다. 그리고 포교는 교육받은 인재를 배출해야 가능하다. 그런데 이 폐불법난의 영향인지는 몰라도 송대 이후 불교는 당대에 시작된 선종중심의 산악·산중 불교로 변모하기 시작한다. 세종 이후 더 이상의 법난이 없었다는 것은 그만큼 권력에 방해가 되거나 긴장감을 줄 정도의 영향력을 가지지는 않았다는 반증일 수 있을 것이다. 만약 법난이 없었다면 중국사회에서 불교는 어떤 모습이었을지 안타까운 마음으로 그려볼 때가 있다.

송의 격변과 선종의 흥기

—

통일세국이었던 수·당이 분일되어 오대십국으로 난립하다 한족계인 후주의 조광윤에 의해 통일되어 등장한 나라가 송이다(960년). 송은 다시 북송 160년, 남송 150년으로 지배시기가 나눠진다. 중원의 한족들이 세운 역대 왕조는 항상 북방유목민들의 침입에 골치를 앓았다. 송대에도 북방에는 거란족인 요가 일어났으나 여진족과 합세하여 멸망시켰다. 이어 여진족이 힘을 키워 금나라로 성장하더니 본격적으로 중원을 찬탈하기 시작했다. 이 시기가 북송이다. 송 왕실이 강남으로 피신하여 남송을 세웠지만 이 또한 세계를 광풍으로 몰아넣은 강대한 몽골족의 원나라에 의해 멸망하게 된다.

남송 시기에 북방의 이민족에게 밀려 간신히 왕조의 명맥을 유지하던 한족의 자존심은 처참하게 무너지고 있었다. 전쟁이나 국가의 위기상황에서는 비둘기파보다 매파가 극성을 부리기 마련이다. 한족이 자신들의 우월감을 내세울 길은 사상전통 말고는 없었다. 유가에서는 주희가 성리학이라는 유가철학을 정립하고 불교에서는 간화선으로 유명한 대혜종고가 활동하던 때이다. 그리고 한반도의 고려에서는 보조국사가 있던 시기이기도 하다. 이 당시 동아시아에서 임제종, 그 속에서도 양기파가 대세를 형성한 것도 임제장군이라는 오종가풍의 평가 그대로 단순명확한 선풍이 시류와도 맞아떨어진 면이 있었다. 역경이 마무리되면서 불교에 대한 정리가 끝나자 더 이상의 교학에 대한 의구심이 사라짐과 동시에 실참수행이라는 선종이 불교를 대변하기에 이른다. 어쩌면 중국식 불교의 성장이라는 자신감으로 이해해도 무방하리라 여겨진다. 선에 관심을 가진 이는 이 부분을 주의 깊게 봐야 한다.

송대의 불교사적 측면을 우선 살펴보도록 하자.

당대까지 일어난 여러 종파 가운데 송대까지 이어진 것은 선종과 정토종이 대표적이다. 그리고 중국역경 시기의 천재적인 인물들이 왕실 및 귀족들의 관심과 호의를 견인하는 기능을 하였다. 그러나 선종에 가려서인지는 몰라도 이지적인 인물들이 눈에 띄지 않으면서 유가의 식자층이 사회주류가 됨으로써 더 이상 불교가 주도권을 갖지 못하게 된 점도 하나의 특징이다. 그리고 사상의 물줄기를 풍요롭게 하던 불경과 기타 논서들이 더 이상 수입되거나 번역되지 않으면서 이전의 신선함을 보여주지 못하기도 했다.

송은 북방이민족들과의 전쟁으로 국고가 고갈되어 불교에 손을 뻗쳐 도첩을 팔거나 자의대사 호칭을 매매하기까지 했다. 도첩은 출가하여 경전시험을 통과하면 관으로부터 받는 것으로 세금과 노역이 면제되는 상당한 경제적 가치가 있는 증서였다. 또 자의대사는 무측천부터 시작된 제도로서 고승이 되는 최고의 영예인 것인데 대중에게 판매하기에 이르렀다. 신유학의 등장으로 선종 일색의 불교는 쇠퇴의 길로 접어들기도 하였지만 송대의 황제들은 대부분 불교에 호의적이었고 민중들에게도 깊이 뿌리를 내린 시기이기도 했다.

무엇보다 대장경의 정리와 간행이 불교사에 가장 큰 업적일 것이다. 인쇄술은 당대에도 있었으나 송대에 폭발적으로 늘어나 송 태조 때에는 다섯 차례에 걸쳐 대장경 5,000여 권의 출판사업이 계획되어 완성을 보았다. 그리고 엄격한 심사를 거쳐 대장경에 입장되는 과정을 거치면서 전적의 권위가 부여되어 선종의 어록과 기타 전적들이 경쟁적으로 만들어지는 것이 이 시기의 또 다른 특징이기도 하다. 대장경조판을 소개하면 다음과 같다.

촉판: 개보 4년(971년)에 태조의 명으로 촉 성도에서 시작, 12년 동안 5,000여 권 완성

동선사판: 북송 신종(1080년) 때 복주 동선사에서 시작하여 24년간 6,000여 권 완성

개원사판: 북송 휘종(1112년) 때 북주 개원사에서 시작하여 고종까지(1146년) 40년간 6,000권

사계판: 호주 사계의 원각선원에서 남송 고종(1132년) 때 개판된 6,000여 권

적사판: 남송 때 평강 부적사에서 비구니 홍도의 발원으로 6,000여 권, 방화로 소실

보녕사판: 남송 도종(1269년)에서 원 세조(1285년)까지 항주 대보녕사에서 6,070권

홍법사판: 남송 단종(1277년)에서 원 세조(1294년)까지 7,182권

고려판: 고려 성종(991년)에서 현종(1011년), 촉판을 계승한 현존 최고 권위의 대장경, 몽골난으로 소실되고 두 번째 판이 현재의 해인사 고려대장경

그 외 현대판으로는 일본의 신수대장경이 오자가 거의 없을 만큼 정확한 것인데 그 저본이 고려대장경이기도 하다.

당대에 불교는 황금기를 누렸지만 폐단도 점차 늘어갔다. 특히 사원경제의 규모가 비대해졌다. 교단의 확장과 넘쳐나는 토지는 부의 축적과 더불어 사회문제를 야기하기에 이른다. 유가는 한 제국의 멸망 이후 오랜 기간 수세에 몰려 있었다. 그런데 불교의 폐해를 목

도하자 이때를 기화로 유가의 식자층에서 배불운동과 함께 유가 질서의 부흥을 요구하는 목소리가 커지기 시작했다. 그 시작은 당대의 한유였다. 그는 「논불골표」 등을 지어 불교를 반대하기 시작했다. 그는 유학을 옹호하기 위하여 그때까지 유학자들이 다소 소홀히 하던 『맹자』, 『대학』, 『중용』, 『주역』 등을 광범위하게 인용했다. 후대의 성리학자들도 이 영향으로 인하여 유학의 기초개념을 이 전적들에서 취하기 시작했다. 결과적으로 한유는 성리학의 기초를 놓은 셈이었다. 한유는 당시에 유행하던 규칙적인 운율과 고사성어로 가득 찬 변려문을 배격하고 위의 책들을 만든 옛 학자들처럼 자유롭고 간결한 문체의 사용을 주장했다. 그가 쓴 「원도(原道)」, 「원성(原性)」 등은 중국문학의 백미로 평가되며 그가 주장한 고문체 문장의 대표작이 되었다.

송대는 주자학의 정립이 사상사에 한 획을 긋는 상징적인 시대였다. 주자학에서 이(理)에 대한 개념은 불교의 화엄철학에서 영향받았다고 보는 것이 학계의 평이다. 즉 현실세계인 사법계와 원리세계인 이법계로 나누는 화엄철학에서의 이를 주자학에서 응용했다고 보는 것이다. 유학은 성즉리의 주자학과 후대의 심즉리의 양명학으로 갈라진다. 송대에는 유교와 선종에서 심성과 불성을 보는 본체론적 의론이 주된 사상사의 흐름을 만들어낸다. 유가에서도 성을 우선하느냐 심을 우선하느냐로 논제가 달라진다. 육상산은 인간의 마음 그 자체로 완전하다고 보는 심즉리를 주장하였다. 이 학설은 훗날의 양명학으로 발전한다. 반면 주자학에서는 성품 자체가 곧 이라는 관점의 차이가 있는 것이다.

요·금 유목민족의 불교

—

북방에서는 거란족인 요가 북송 시기에 일어났고 여진족인 금이 남
송 시대에 나라를 세웠다.

　요는 요하 상류 지방에서 유목생활을 하던 거란의 부족국가
다. 요 태조가 여러 부족들을 통일하고 황제가 되었다. 요는 210년
간이라는 짧지 않은 기간 존속했기에 나름의 문화를 고취시킬 필요
가 있었고 불교는 자연스럽게 국교가 되었다. 천하를 평정하는 것
은 힘으로 하지만 천하를 지키는 것은 글로써 한다고 했다. 고유의
문화전통이 빈약한 그들에게 불교는 여러 가지 측면에서 필요했다.
특히 성종·흥종·도종 때가 불교의 전성기였다. 성종은 국가적인
불사 외에도 1개월 동안 1만의 스님들에게 청정공양을 올리기도
했다. 북위의 폐불을 지켜본 그들로서는 불경만큼은 온전히 전한다
는 마음으로 과거 중단된 적이 있는 석경불사를 완성하니 석각장경
이 그것이다.

　흥종은 사문들을 국가의 요직에도 등용하여 그 영향으로 귀족
자제들의 출가가 붐을 이룰 정도였다. 도종은 범어나 교리에도 이
해가 깊어 고려의 대각국사 의천과 교류하며 원효의 저술을 입수하
여 읽었다고 한다. 요나라 불교의 성과는 약 30여 년(1031~1064년)에
걸쳐 5,048권에 달하는 분량인 거란대장경을 조성한 것이다. 이는
송의 대장경조판에 대한 경쟁의식도 작용했다. 고려 의천이 속장경
이라 칭하는 고려교장을 조성할 때의 저본이 거란대장경이었음을
기억할 필요가 있다.

요는 혜능 이후의 남종선을 배척하고 계율을 중시했다. 또 밀
교가 상당히 성행하여 현교와 밀교를 함께 닦는 현밀쌍수를 수행의
근간으로 삼았을 만큼 문화적 깊이는 약했지만 불교적으로는 적지
않은 업적이 있었다.

금의 불교

—

북송이 여진족과 결탁하여 요를 멸망시킨 후 아쿠타가 왕이 되어
세운 나라가 금나라다. 120년 정도 존속하여 고려왕실이 금나라의
연호를 쓰기도 했을 만큼 고려를 괴롭혔다. 금은 요와 달리 선을 좋
아하여『보림전』같은 남종의 선전적들을 금각대장경에 입장시켰
다. 1934년 산서성 홍승사에서 발견되어 전모가 드러났는데 조성
당시의 약 7,000여 권 중 남겨진 것은 4,950권이다. 이 조판불사를
이끈 이는 법진 비구니로서 팔 하나를 잘라 신심을 표하는 열의가
있었기에 가능한 일이었다.

선종사를 봐서도 그렇고 금의 불교에서 빠질 수 없는 인물은
『종용록』을 지은 만송행수이다. 중국선종사에서 임제종 원오극근
의『벽암록』과 쌍벽을 이루며 남송 무문혜개의『무문관』을 더하면
선종의 3대 공안집이 된다.『벽암록』보다 100여 년 후에 지어진『종
용록』은 송대 조동종 선승 천동정각의 송고백칙에 만송행수가 시
중·착어·평창을 붙여 만든 공안송고평창집이다. 마치『벽암록』이
운문종의 제4조인 설두중현이 만든 송고백칙에 원오극근이 수시·

착어·평창을 붙여 만들어진 것과 형식이 비슷하다. 보조국사는 『선문염송』을 편찬한 진각혜심이 출가하던 전날 꿈에 설두중현 선사가 일주문으로 들어오는 꿈을 꾸었다고 한다. 당시 조계산 수선사는 보조국사의 꿈을 예사롭게 여기지 않고 선문의 대인연터라는 생각을 하지 않았을까? 시중·본칙·본칙착어·본칙평창·송·송착어·송평창은 『종용록』의 구성형식이다. 『벽암록』은 수시·본칙·착어·평창·송·착어·평창으로 되어 있다. 공안집 각 칙의 시작을 착어와 수시로 한 점이 약간 다르지만 본칙과 송의 착어·평창의 구조는 다르지 않다.

『종용록』은 만송행수의 재가제자이자 칭기스칸의 참모였던 야율초재 담연거사의 원력으로 세상에 나온 것이다. 그는 『종용록』의 서문에서 이렇게 말한다.

나는 만송노사에게 (천동의) 이 송을 평창하여 후학들의 눈을 뜨게 해달라고 7년 동안 무려 아홉 번이나 편지를 드렸다. 그래서 비로소 그 편지와 평창 원고를 받아보게 되었다. 내 서역에서 외롭게 떠돌기를 수년 만에 문득 스님의 편지를 받아보니 술 취했다가 깨어난 것 같고 죽었다가 되살아난 것 같았다. 너무 기쁜 나머지 동쪽을 향해 이마를 땅에 대고 절한 다음, 또 다시 펼쳐 놓고 음미하며 원고를 어루만지면서 만송 스님이 서역에 오셨다고 혼잣말로 되뇌곤 했다. 나는 행궁의 여러 벗들과 아침저녁으로 이 책에 푹 젖어 지냈는데 보배의 산에 오르고 화장세계의 바다에 들어간 듯했다. …

원의 불교

—

원은 강북의 금과 강남의 송을 통일하여 세워진 것으로 이민족이 중원을 통일한 최초의 왕조라는 의미가 있다. 중국대륙에 있던 시기는 1271~1368년이었고 유목국가로는 1271~1635년까지 존속했다. 칭기스칸의 손자 쿠빌라이가 1271년 중국천하를 통일하여 몽골제국의 국호를 대원으로 고친다. 그러고는 민족분화정책과 동시에 몽골족제일주의를 내세웠다. 전국의 각 민족을 4등분하여 제1 계급은 국족인 몽골인·제2 계급은 색목인·제3 계급은 한인·제4 계급은 남송인으로 차별정책을 편 것이다. 또 반란을 경계하여 여러 사람이 함께 모일 수 없었고 열 가구에 부엌칼 하나만 놓일 정도였다. 인종(1314년) 때에 과거제를 부활하여 사서오경으로 국한하였는데 그것도 주자가 주를 넣은 것이어야 했다. 이는 주자학의 답습이라는 측면도 있고 새로운 사상가를 배출하지 못한 배경도 있다.

원은 상대적으로 종교에는 너그러운 편이었다. 라마교는 국교로서 전성기를 구가했고 불교 외에도 도교·야소교·회교·마니교 등이 있었다. 티베트로의 불교전래는 7세기 중엽이고 그 후 인도 티베트 파드마삼바바의 영향으로 재래종교인 본교와 융합하여 생겨난 것이 밀교적 불교인 라마교다. 라마교가 원에 들어간 것은 세조 쿠빌라이 때이며 세조는 파스파를 스승으로 삼고 라마교를 국교로 정한다. 파스파는 티베트 및 라마교를 관장하는 총제원의 수장이 되는데 오늘날 종교지도자가 정치권력도 갖는 관례가 이때 시작된 것이다.

한편 원 왕조의 라마교 편중은 강남의 정일교, 강북의 전진교 등 도교의 반발과 흥기를 일으키면서 불교와 마찰을 일으켰다. 이 과정에서 몇 차례의 논쟁이 벌어져 결국 『도덕경』 이외의 도경들은 모두 위경으로 판정된다. 불교는 송대와 마찬가지로 선·교·율의 삼종이 여전히 존재하였다. 원나라 천하는 승려로 망했다는 말이 있다고 한다. 그만큼 라마교를 위시한 불교가 과도한 숭앙을 받던 시기였다.

이후의 중국지배왕조를 보면 원을 무너뜨린 명은 한족이며 다시 한족의 명을 차지한 청 또한 퉁구스계 이민족이다. 이처럼 각 왕조마다 중원의 지배민족이 교체되는 혼란의 시기였다. 중국불교는 원 이후는 송대까지의 불교를 계승하는 입장이어서 새로운 종파나 사상이 나타나지 않았다. 주자의 영향으로 보기도 하지만 불교가 쇠퇴한 후로 참선을 통해 도를 배우려는 사대부들도 보기 힘들 정도였다.

명·청으로 흐르는 불교

—

원 말기 반란을 진압하는 과정에서 호주에서 병사를 일으킨 곽자흥의 부하 중에 주원장이라는 병졸이 있었다. 그가 몽골족을 내몰고 다시 한족중심의 명을 세운 태조다. 그는 황각사에서 잠시 출가한 신분이기도 했다. 그래서인지 경전을 직접 강의하기도 하고 고승들의 법문을 청하기도 했다. 명은 300여 년 존속하는 동안 이민족의 위협이 거의 없는 문화적 성숙기를 맞는다. 불교는 홍무제의 발원으로 남장이 완성(1398년)되었다가 화재로 소실되어 영락제에 의해 중각된다. 또 북경에서 북장을, 그 외 티베트장경도 출판된다. 명대에 제정된 새로운 과거제도는 청조 말까지 500여 년간 3년 간격으로 실시되었다. 과거는 유교적 교양과 명대에 관학이 된 주자학의 지식이 필수였다.

불교는 명 초기와 말기를 제외한 중기에는 드러난 자료가 거의 없을 정도로 존재감이 약했다. 명대에는 선종과 정토종이 융성하였지만 정토는 유심정토로 변해가고 있었다. 명대는 교학적으로 당·송대 이후의 사상을 계승하고 종파의 융합을 꾀하는 분위기여서 결국 통합불교의 양상을 보인다. 명 말의 자백진가·운서주굉·감산덕청이 만력의 3고승으로 추앙받는다. 여기에 우익지욱을 더해 명 말의 4고승으로 부르기도 한다. 명대 사상계는 주자학에 대응하는 양명학이라는 유학의 새로운 학파를 형성한 왕양명의 출현이 돋보인다. 그는 지행합일을 주장하며 주자의 성즉리에 응대하는 심즉리로 자신의 학설을 폈다.

한편 불교의 민간신앙으로는 4대 영산의 등장을 들 수 있다.

문수보살: 오대산: 지혜
보현보살: 아미산: 실천
관음보살: 보타산: 자비
지장보살: 구화산: 서원

역사는 명이 300년의 평화를 누리며 한족의 자존감을 세웠다가 다시 이민족인 만주족이 지배하는 청으로 흘러간다. 청대엔 태조의 영향으로 라마교가 역대 황제들의 숭앙을 받는다. 청은 변발 등 풍습의 차이에도 불구하고 불교를 포함한 기존의 문화에는 열린 마음으로 대했다. 청은 1644~1911년까지 중국을 지배한 최후의 왕조다. 불교정책은 명대의 제도를 답습하여 승록사·도록사가 설치되기도 하지만 사도승이나 사찰창건 등에 대해서는 억제정책을 썼다. 강희제·옹정제·건륭제 등이 청대의 특출한 인물로 떠오른다. 옹정제는 불교에 조예가 깊었지만 한족문화 현창에 힘써 사고전서라는 고전전집 7만8천여 권을 완성했다. 건륭제 때는 청 칙판대장경인 용장이 이루어졌다. 청의 특징이라면 만주족의 지배, 유교의 중시, 티베트불교의 숭배를 들 수 있지만 불교활동에 장애가 되는 정도는 아니었다.

일본의 일부 학계에서는 현재 일본·한국·중국의 불교 분위기를 이렇게 진단하기도 한다. "일본은 당대의 유풍이 강하게 남아 있고, 한국은 송대의 흔적이 잘 나타나 있으며, 중국은 명·청대의 연장선상에 있다." 한국불교가 아직도 간화선에서 한 발짝도 나아가지 못하는 것을 보면 남들이 보기에도 한국불교의 그 같은 면이 두드러지는 것을 부정하기 어렵다. 무엇이 문제일까? 이 의문에 대한 답은 각자의 몫으로 남기고 본 주제인 불성론과 선종사로 넘어가겠다.

V

중국불성사

1

중국불성사의 개관

불교는 세계적인 종교이면서 신을 믿는 신앙의 종교가 아닌 깨달음
을 추구하는 종교라는 특징을 가진다. 그래서 해탈이 불교의 목표
이고 그 행위의 목적은 중생구제가 된다. 깨달음을 추구하는 자체
가 인간이성을 기반으로 한 내면의 자아를 밝혀 지혜로운 삶을 통
한 가치 있는 인생을 살아가고자 한다. 그렇다면 문제의 핵심은 자
아를 어떻게 정의하며 깨달음이 무엇인지가 중요한 논제가 된다.
왜 인간의 내면에 자아가 있다는 것을 아는 것에서 그치지 않고 깨
달아야 할까? 또 중생들이 깨닫지 못한 경우에 미혹의 상태에 있다
고 어떻게 정의할 수 있는가.

　이처럼 언어적 표현은 다를지라도 존재의 내면에 의식하고 판
단하는 '그 무엇'에 대하여 사람들이 어떻게 이해하려 했는지에 대

한 공부는 여전히 멀고 난해하다. 가장 어려운 부분은 문화권에 따라 '그것'을 설명하는 언어와 관점의 방식이 다르다는 것이다. 또 오랜 세월을 거치면서 특정 지역 안에서의 사상변화도 필연적으로 일어난다는 것을 이해한다면 더더욱 그렇다. 주지하듯이 불교는 인도라는 대륙에서 중국으로 넘어오기 전에 항상 중앙아시아권에서 숙성을 거쳐 서쪽으로 들어왔다.

인도와 중국이라는 두 대륙국가는 접경 지역에 히말라야와 곤륜 산맥 같은 큰 산맥이 가로막고 있어서 교류가 거의 없었다. 그리고 언어문자도 알파벳 형식의 인도유럽어족인 인도와 중국의 한자문화권은 전혀 다른 문화환경을 발전시켜 왔다. 불교가 중국에 들어오면서 역경과 격의의 과정을 거친 이유도 여기에 있다. 예를 들면 '저 사람들이 비어서 없는 상태를 공이라고 하는데, 우리 중국인들이 즐겨 쓰는 무와 같은 걸로 이해하면 되겠지?' 하는 것을 상상해 보라. 그래서 우리가 불교를 알기 위해서는 역경의 과정에서 중국사람들이 자신들의 전통사상과 견주어 불교교설을 어떻게 이해했는지가 중요하고, 불교가 중국식으로 변용되어 가는 과정이 또한 중요하다. 인도불교가 중국의 선종으로 이어지는 과정에서 가장 핵심적으로 등장한 문제는 아트만이며 중국식의 표현인 불성을 들 수 있다. 我라고 하는 존재의 내면이자 근원에 대한 설명은 시대마다 경전마다 사람마다 일정하지 않고 다르게 표현된다. 같은 것을 다르게 말하는 것인지 아니면 언어의 표현만큼이나 실제적으로 다른 것인지도 살펴봐야 하는 문제다.

여기에서는 불교가 들어온 양한 시대 이후의 불성론에 대하여 기술하고자 한다. 이미 앞 장에서 불교사와 역경사를 썼고 중화민족의 사상과 문화의 특질에 대하여 적은 것은 본격적인 불성론에 대한 사전 작업이기도 하다. 따라서 양한 이후 불성론의 전개와 그 사상변천에 대하여 고찰해 보도록 한다.

불성의 정의와 기본전개
—

불성은 범어 Buddhata의 번역으로 불계·불장·여래계·여래장 등의 뜻이다. 불성은 중생이 깨닫는 인(因)이고 중생의 성불 가능성이다. 이것이 중국인들의 가장 보편적인 불성 이해다. 성(性)의 인도불교에서의 명칭은 계(界)이다. 계는 본성·원인의 뜻이고 불이라는 본체의 성질을 가진다는 뜻이다. 즉 불성 그 자체가 곧 불이므로 불성=불이라고 이해하면 된다. "계는 종족의 뜻이다"라는 『구사론』의 해석처럼 (불)성=계=불의 등식이 성립된다. 불성이 있기 때문에 같은 종족으로서의 성질을 가지며 모두 성불하여 불이 될 수 있다는 논리다.

모든 중생은 불성이 있다는 것은 도생이 처음 제창한 이래 『열반경』이 나오면서 경전의 근거를 마련하여 중국불성사의 주류가 되었다. "나도 승가에 속한다"는 부처님의 선언이 있다. 인도불교에서는 인류사에 처음으로 부처라는 정각을 이룬 주체가 대중과 함께 살았기 때문에 불성이 문제가 되지 않았고 실제 소승불교는 기본적으로 불성을 말하지 않았다. 불성은 당연히 성불자인 부처님 당사자만이 가진 것으로 생각하여 인도의 여러 논사들도 불성설을 불요의(不要義)라고 하여 중하게 여기지 않았다. 그러나 중국불교사에서는 불성사상이 다른 양상을 보인다. 불성의 유무를 가지고 대승과 소승을 구별하는 특징으로 삼는 것이다. 천태지의는 "대·소승은 모두 십이부가 있지만 불성이 있고 없고만 다를 뿐이다"라고 하였다.

소승불교가 불성을 말하지 않았다고 하듯이 대승불교도 초기에는 불성사상이 발달하지 않았다. 인도초기대승불교는 용수의 반야학이었다. 그의 주 저작은 『대지도론』이고 사상은 공이다. 이 공은 단순히 비어 없는 것이 아니라 인연으로 생기는 모든 법을 공이라고 한다는 가명이고 중도의 뜻이다. 불성사상은 중기대승불교의 산물이며 『열반경』, 『승만경』, 『여래장경』, 『해심밀경』 등 불성과 여래장을 주장하는 경전이 나온 후에 더욱 발전하고 불성사상의 근거가 된다. 특히 여래장의 대표논서인 『보성론』에서는 "법신은 어느 곳에나 있고, 진여는 차별이 없으며, 중생에게는 불성이 있다"는 논설로서 "일체중생이 여래장이 있다"라고 하였다. 이러한 사상을 펼친 이는 무착·세친 및 유가행파의 논사들이었다. 여래장사상은 불성이 곧 여래의 씨앗이라고 정의함으로써 불성에 대한 표현이 한 걸음 진전하였음을 보여준다. 불성과 여래장은 유가유식학이 등장하면서 제8식인 아뢰야식이 종자로서의 불종성·여래종성으로 발전한다.

이제 불성은 본래 있다는 본유(本有)와 훈습의 결과로 나타난다는 묘유(妙有)의 논설로 인하여 더욱 사상이 풍부해진다. 여래장계의 여래장과 유식계의 아뢰야식설을 통일시킨 것이 『능가경』이다. 이처럼 학설의 정립과 사상발전의 과정에는 그 이론적 총체이자 결과물로서 경전이나 논서가 출현한다는 사실이 흥미롭다. 따라서 그 시기의 사상을 알려면 그 사상을 담보하는 경론을 반드시 읽어야 하는 이유가 있는 것이다. 『능가경』에서는 "아뢰야식을 여래장이라고 한다"고 분명히 말한다. 이제 불성에 여래장이 들어오더니 아뢰야식을 품게 되었다. 여래장학과 유가학을 융합하는 전적은 세친의 『불성론』이다. 당연히 이후의 관점은 불성론을 융회하는 논서가 등장하는 것이다. 그 결과 천태·화엄·선종에서 중시하는 『대승기신론』이 나와 일심이문(一心二門)을 말한다. 마음의 본체인 일심을 진여와 생멸문으로 구분하여 설명해 나가는 논서다. 그렇지만 중국불성사상에 가장 큰 영향을 미친 것은 『열반경』이다.

여래장학이나 유식학에도 속하지 않으면서 천태·화엄·선종의 불성사상을 대변하는 전적을 들면 『화엄경』, 『법화경』, 『유마힐경』 등이 있다. 각 경전에서의 불성에 대한 명칭도 같지 않다. 『열반경』에서는 불성, 『화엄경』에서는 법계, 『승만경』에서는 여래자성청정심, 『능가경』에서는 팔식, 『능엄경』에서는 수능엄삼매, 『법화경』에서는 일승(一乘), 『대품』에서는 반야법성, 『유마힐경』에서는 무주실제라고 부르는 식이다.

불성론에 국한하여 말하면 중국불교가 보인 가장 큰 특징은 성품이 공하다는 성공(性空)을 주장하는 반야학과 묘유(본성의 쓰임)를 주장하는 열반불성설의 두 계파의 형성을 들 수 있다. 성공반야학은 위·진 시기 현학의 성행과 어우러지며 열반불성설은 진-송 시기 중국불학계에 들어와 중생이 모두 불성이 있다는 불성사상이 주류가 된다. 그 흐름을 바꾼 중요한 인물이 도생이다. 그는 스승인 구마라집에게 수학하여 대승경전을 폭넓게 섭렵하고는 일체중생 실유불성을 주장했다. 처음에는 생소한 주장이어서 많은 배척을 받았지만 『열반경』의 전래 후에 그의 주장이 타당하게 받아들여져 불성사상의 대전환이 이루어졌던 것이다. 이는 수·당대에 이르러 천태·화엄·선종에서 공통적으로 불성설을 이끌어냈다. 천태는 중생과 불이 서로 구족함을 말하고 화엄은 여래성기를 말하며 선종은 즉심즉불을 말하는데, 그 근저는 모두 불성설이다. 보통 선종을 중국불교의 산물로 이야기하지만 선종사상은 사실 불성사상이라 말할 수 있다.

중국불성사를 논하려면 남북조에서 발생한 불성의 본유(本有)와 시유(始有)의 쟁론을 이해하는 것이 필수다. 인(因)으로서 불성을 설명하면 불성은 본유이고 과(果)로서 불성을 설명하면 불성은 시유다. 인은 출발단계에서 이미 불성과 성불이 있다고 전제하는 것이고 시유는 성불이라는 결과를 성취해야만 불성을 나타낼 수 있다는 관점의 차이다.

지금까지의 설명을 정리해 보자. 중국철학사상은 선진의 자학(공자부터 회남왕 유안까지 400년) → 양한의 경학(유가의 전적이 경으로 확립되어 이데올로기를 장악) → 위·진의 현학 → 수·당의 불학 → 송·명의 이학 순으로 발전하였다. 불교와 중국사상은 양한 시기부터 밀접하게 관계를 형성한다. 위·진 시기의 중국은 도가적인 노장사상에서 연원한 현학이 세상을 풍미하고 있었다. 황로방기(黃老方技)가 그들의 기풍으로 황로는 한 초기 민생을 휴식토록 하는 통치이념이고 방기는 양생과 의학을 궁리하는 집단이다. 현학 인사의 풍류는 옥

병주미라 하여 옥으로 된 손잡이와 사슴의 꼬리털로 만든 먼지떨이를 들고 다니며 휘파람을 부는 것이 풍모였다. 그리고 현학인사들이 추구했던 가치심리는 깊고 너그러운 마음씨, 또는 마음이 넓고 생각이 깊어 사람이나 사물을 잘 포용하는 품성인 아량(雅量)·도량(度量)이었다. 그들은 잡다한 속세를 잊고 현묘한 이야기만 나눈다는 사상부류여서 무와 허무를 신봉하였기에 당시 불교의 반야사상인 공사상과 접합점을 찾을 수 있다. 불교수입 초기에는 양진 시기의 반야학이 현학의 개념을 차용하여 주류로 발전하였고, 남북조시기는 많은 논사들이 배출되어 불학계에 여러 학설이 나타났다. 그 후 천태가 회삼귀일을 제창하여 수당불학은 서로 융합하기 시작한다. 그 결과 당 중기 이후 선종의 흥행은 넓기보다는 좁게, 번거롭기보다는 간명하게 교설을 압축하는 추세로 나아간다.

위진남북조시대의 현학과 불성론
—

이 책을 구상하면서 심중에 가장 깊숙이 박힌 돌부리는 현학을 어떻게 설명할까, 하는 것이었다. 대학원수업에서 현학에 대해 한 학기 공부한 적이 있었는데 이상하게 하나도 머리에 들어오지 않았다. 사람의 생각을 사람이 설명하고 사람이 듣는데도 딴 세상 얘기 같았고 그렇게 한 학기를 마치고 말았다. 그 후 이런저런 공부를 해가면서 현학을 알게 되니 이게 그렇게 간단한 문제가 아니라는 각성이 왔다. 그래서 현학은 꼭 비중 있게 다루리라 마음먹는데도 여

전혀 미진함을 느낀다. 이 장의 시작에 개인의 변을 남기는 이유도 여기에 있다. 현학이라는 난관을 치우지 못하면 불교가 중국에 들어와 발을 붙이는 순간을 그냥 넘기는 것과 같아서 간과할 수 없는 문제임을 말하고 싶은 것이다. 좋아도 싫어도 이 문제는 다루어야 한다. 그래서 위·진 시기만 나오면 열부터 나는 것을 어쩔 수 없다. 현학에 대한 자료를 의외로 가장 정성 들여 많이 보기도 했다. 알면 알수록 방대한 분량과 넘치는 이야기를 선종사에 슬쩍 끼워넣기는 사실 어려운 일이다. 이제 현학의 이야기를 전개해 보자.

한무제의 유학숭상정책에 따라 유학이 중국의 지배적인 사상으로 등장한 것을 우리는 잘 알고 있다. 한 말에 이르러서 사회의 혼란이 극심하여 민생은 도탄에 빠졌다. 이때 도교의 태평도와 오두미도의 교도들이 황건적의 난을 일으키면서 결국 한은 제국의 문을 닫고 만다. 그리고 생기를 잃은 유학 대신 새롭게 등장한 사회사조가 현학이다. 현학은 도가의 자연주의사상으로 유가의 강상명교를 새롭게 해석하려는 철학사조이다. 유가를 보통 명교(名敎)라고도 칭한다. 그 이유는 유가가 인륜의 명분을 가르치기 때문이고 삼강과 오상의 강상으로 명분을 삼는 까닭이다. 전한 시기 동중서가 강상명교를 국가의 통치이념으로 확립하여 유학을 인륜의 학으로 제한한 것이다.

이름에 부여된 도리는 왕과 신하, 아버지와 아들처럼 수직관계의 질서를 만들기 때문에 명분이라 한다. 유학을 이해하려면 그들이 왜 그렇게 명분에 집착하는지, 상황만 되면 명을 부여하고 명이 부여된 순간 삼강오상의 질서 속으로 편입되고 마는지를 알아야 한다. 그리고 그 갑갑함이 질서라는 명분으로 중국사회 전체를 강제하는 과정도 알게 된다. 현학 이전의 자연원리는 『도덕경』의 영향으로 도의 개념이 활용되었다. 도는 음양에서 변화가 시작되어 만물을 낳는다고 보았다. 따라서 도는 곧 자연이고 그것을 인간에게 적용하면 지나친 제도나 관습으로 옭아매는 것을 반대하는 사조가 된다. 과도한 속박으로부터 자유롭고 싶은 갈망을 사회에 실천하려면 명분을 앞세운 유학을 비판적으로 뛰어넘어야 한다. 마찬가지로 자연의 질서를 인간세계에 구현하려면 자연순환의 원리를 제시하여 공감을 이끌어내야 한다.

따라서 현학자들은 명교와 자연, 본과 말, 유와 무, 체와 용 등의 서로 응대되는 개념들의 담론에 치중했다. 한대의 현학자들은 천도의 현묘함을 밝혀 인간사의 합리성을 논증하려 했다. 반면 위·진의 현학자들은 현실의 배후에 존재하는 개인과 우주의 근원을 탐구하여 원리를 규명하려 했다.

중국의 사상사는 그 이론적 배경으로 항상 경서가 존재하며 그 주장에 따라 취하는 경서가 달라지는 경향을 보인다. 따라서 총체적으로 사상전반을 꿰지 못하면 미궁에 빠져버리고 만다. 현학이 한의 유학을 넘어 한 시기를 풍미할 때는 나름의 사변이 있지 않겠는가. 현학가들은 『주역』, 『노자』, 『장자』를 삼현이라 하여 담론의 근간으로 삼았다. 그 담론을 청담(清談)·청의(清議)라고 한다. 거듭된 전란으로 궁핍해진 생활과 실상이라는 삶의 무상이 주는 슬픔으로부터 벗어나기 위해서 자연이 주는 삶으로 돌아가 이상세계를 꿈꾸는 것이다. 이 시기에 인생의 무상과 고를 설하고 일체를 공으로 보는 반야사상이 현학과 시절인연이 맞았다. 이제 현학의 전개과정을 개관해 보도록 하자.

현학의 개관

—

현학의 시대적 구분은 대략 세 시기로 나뉜다.

> 정시현학 시기: 하안·왕필 등: 귀무론: 명교는 자연으로부터 나온다.
> 죽림 시기: 혜강·완적 등: 숭유론: 명교를 넘어 자연에 맡긴다.
> 원강 시기: 배위·곽상 등: 독화론: 명교가 곧 자연이다.

위를 세운 조비는 구품중정제를 실시하는 한편 재성지변이라 하여 재능과 인품을 구비한 인물을 찾아내려 했다. 유무·본말·체용은 이런 분위기에서 발생한 것으로 이에 대한 탐구를 청담 혹은 청의라고 하여 현학으로 이어졌다. 하후현은 노자를 근거로 하여 자연과 도를 하나로 관주하여 자연을 체로 삼고 명교를 용으로 삼아 체와 용을 상호보완의 형태로 제시하였다. 의론은 본질적으로 언어를 통하지 않고는 불가능하다. 언의지변(言意之辯)의 문제는 순찬의 언부진의 론에서 시작한다. 그는 "글은 말을 다할 수 없고 말은 뜻을 다할 수 없다"라는 『주역』「계사전」 공자의 말에 대한 반론을 제기한다. 언어로써 성인의 뜻을 밝힐 수 없다면 어떻게 해야 할까. 이 문제는 하후현 다음 주자인 왕필이 해결한다. 득의망언(得意忘言)이라 하여 뜻을

얻으면 말을 잊는다, 혹은 뜻을 얻으면 말이 필요 없어진다는 뜻이
다. 왕필은『도덕경』의 주를 달았던 천재적인 인물인데 고작 24세
에 세상을 떠났다. 왕필은『주역』의 언(言)·상(象)·의(意)로 논리를
폈다.

언은 언어와 개념이고 상은 자연의 물상과 현상이며 의는 사물
의 이와 본질의 의미다. 이는 드러나지 않는 본원이어서 무와 같은
개념으로 치환된다. 정시현학 시기 사조의 당연한 귀결은 무를 만
물과 우주질서의 근간으로 보는 귀무론(貴無論) 또는 본무론이 되는
것이다. 따라서 명교와 자연의 관계도 무가 근본이 되기 때문에 유
가적 명교는 무의 자연에서 나온다는 공식이 성립된다.

죽림 시기는 정시 시기와 10여 년 밖에 차이가 나지 않는다. 당
시 사회는 문벌귀족 출신 사마의가 권력을 찬탈하고는 앞날의 화근
을 없앤다는 생각으로 지식인들을 가혹하게 숙청하였다. 현학의 위
인인 하안을 비롯하여 많은 현학가들이 이때 참살을 당하고 만다.
지식인들은 당연히 몸을 사리는 것이고 현학도 노자에서 장자로 옮
겨가는 한편 사마씨에게 협조를 거부한 혜강 같은 인사도 죽음을
피하지 못한다. 이 같은 일련의 일은 당시 현학가들에게 큰 충격을
안겼다. 권력에 바랄 것이 있겠는가. 그래서 세상만사 덧없는 짓이
니 명교를 놓아두고 자연에 몸을 맡기는 사조가 나타나게 된다. 그
반응은 두 가지였다.

하나는 완적과 같이 거의 매일 술에 취하여 세상을 피하는 경우
다른 하나는 상수와 같이 사마일족에게 협력하는 경우

둘 다 비참하기는 마찬가지였을 것이다. 현학가들이 보인 기행은 여간 흥미롭지 않은 것이지만 여기서는 생략하겠다. 다만 왕희지나 도연명, 죽림칠현 같은 명망가들이 그 시기를 살았던 인물들임을 기억할 수 있겠다. 상수는 자연으로 가지 못하는 만큼 명교와 자연을 통합하는 관점에 착안한다. 그는 명교를 자연에 맡긴다는 입장이면서 예를 강조하여 명교를 포섭한다. 현학가들은 모두 유학을 기본적 소양으로 하고 있는 관료층이기 때문에 언제든 사상변화가 촉발된다. 상수는 천지만물의 배후에 불생불화하는 근본이 있지만 만물은 자생자화함으로써 스스로 생을 도모할 수 있다는 이론을 폈다. 이 관점은 원강 시기의 배위와 곽상에게 큰 영향을 미친다. 상수가 『장자』의 주를 썼다고 하나 전하지 않고 곽상의 주만 전하는데 그것이 상수의 영향이라고 짐작할 뿐이다.

현학이 언부진의에서 득의망언을 거쳐 나타난 사조는 구양건에 의해 제기된 언진의론(言盡意論)이다. 이 시기는 서진이 오를 멸하고 다시 중국을 통일한 직후이다. 통일 시기는 사회를 통합할 사조가 당연히 등장한다.

존재와 사물의 이치가 아무리 현묘하다 할지라도 언어가 아니면 드러낼 수 없으니 언어문자를 신뢰할 수밖에 없다. 부족하지만 긍정한다는 것은 사회 모든 분야와 현상도 분리보다는 통합의 긍정논리로 보자는 주장이고 실제로 학계에 커다란 반향을 일으켰다. 구양건의 언진의사상은 원강 시기에 이어져 배위가 「숭유론」을 저술하여 통일중국의 사상으로 제시하게 된다. 유(有)는 그 자체로 존재의 근거이기 때문에 스스로 자생하여 나타나며 그 자체가 합리성을 가지기 때문에 존숭되어야 한다는 입장이다. 따라서 유학의 명교 자체도 유이기 때문에 사회의 수요가 발생하는 것이고 사회는 마땅히 명교를 존숭하라는 것이 된다. 명교가 강조되면 무나 임자연(任自然) 같은 자연에 맡기는 현학은 입지가 좁아진다. 현학이 100년을 넘기지 못하고 쇠락한 이유의 하나가 여기에 있다.

전개가 복잡하여 다시 정리하자면 순찬이 언부진의를 제시하면서 청담이 시작되고, 왕필의 득의망언으로 귀무론이 나타나며, 구양건이 언진의로 반박하는 분위기에서 배위의 숭유론(崇有論)이 나왔다. 현학은 핵심논제인 유무의 문제에서 언어의 문제까지 수습을 하여 득의망언=귀무론→언진의=숭유론으로 나아갔다.

이 논변을 넘어선 시기의 인물은 독화론(獨化論)을 주장한 곽상이다. 곽상은 현학에서 왕필에 버금갈 정도로 중요한 위치에 있다. 정시현학 이래 탐구되던 여러 문제를 해결하기 때문이다. 즉 자연의 모든 것은 스스로 생하고 스스로 존재하는 것이라서 달리 무슨 힘을 필요로 하지 않는다는 것이다. 의존관계가 사라지면 존재 자체가 완전해짐으로써 만물의 안정을 얻는다. 그렇게 하여 곽상은 언과 의의 불충분을 해소할 수 있었다. 당연히 유학의 명교와 현학의 자연이 다른 것이 아니기 때문에 하나로 통합되기에 이른다. 곽상은 말한다.

명교는 바로 자연이다.

곽상에 이르러 현학 초기부터 시작된 명교와 자연의 문제, 유가와 도가의 이론적 통합이 만들어진다. 그의 독화론은 즉유즉무(卽有卽無)의 논리이고 중국불교 반야학의 비유비무(非有非無)의 논리에 지대한 영향을 미친다. "밖으로 도에 의지하지 않고, 안으로 자기를 말미암지 않으며, 의연히 스스로 얻어 홀로 이루어진다"라며 "하늘은 저절로 높고, 땅은 저절로 낮다. 머리는 저절로 위에 있으며, 다리는 저절로 아래에 머무르니 어찌 거스름이 있으리요"라는 것이 명교와 자연의 통합에 대한 곽상 독화론의 논변이다. 현학의 흥기 이후 불교는 격의와 반야학의 유행이 일어나 현학과 어우러지는 양상을 보인다. 불교가 중국인들에게 이해되기 위해 넘어야 할 첫 관문은 반야사상의 핵심인 공을 어떻게 설명하느냐 하는 것이었다. 그리고 중국인들의 용어에 불교용어를 합치시키는 문제가 곧 격의의 과정인데 불경역경사는 이런 배경을 배태하고 있다. 반야학이 현학을 대체할 수 있었던 원인 중의 하나는 반야학이 현학보다 더욱 심오하고 사변의 틀이 넓었기 때문이다.

현학이 주도적인 학풍으로 형성되는 시기에 불교는 낙양과 장안을 중심으로 활동을 전개했다. 이 시기 역경은 대승과 소승의 경전을 모두 다루고 있지만 현학의 영향으로 반야부의 경전이 주류를 이루게 된다. 불교의 반야사상에 대한 번역어로서 노장사상의 현학의 개념들이 유용하게 차용되었기 때문이다. 격의에서 격(格)은 량(量)의 뜻이다. 량은 헤아린다는 의미가 있듯이 중국전통사상으로써 불교의 교의와 비슷한 용어로 대치하여 불경을 쉽게 이해할 수 있게 하는 것이다. 격의는 시대의 사조이기도 하여 위·진 시기 대승 반야학을 쉽게 전파하기 위하여 노장철학의 용어와 내용으로 불경을 해석하는 방법이다. 격의는 위·진에서 남북조 시기까지 역경과 강설 및 찬술 분야까지 다양하게 활용되었기에 중요한 개념이다.

　전문학자가 아니면 놓치는 것이 격의의 시기에 나타난 불교의 학파전개에 관한 내용이다. 바로 육가칠종이라는 반야학파의 발흥이다. 그것은 제일 본무종, 제이 본무이종, 제삼 즉색종, 제사 식함종, 제오 환화종, 제육 심무종, 제칠 연화종 등이다. 육가에서 본무가 본무·본무이(本無異) 2종이 되어 전체 칠종이 이루어졌다. 불교학자 탕용동은 육가칠종에 대하여 "중국인들의 성공(性空)과 본무에 대한 해석이다"라고 평했다. 결국 중국전통의 무와 불교의 공이 모든 논제의 핵심이었다.

　불교의 전래는 남과 북의 두 지형에서 다르게 전개되었다. 남방으로는 선수학 등의 소승교학이 유행하고 북방에서는 주로 반야학을 중심으로 하는 대승교학이 유행했다. 남북의 대표적인 인물도 불타발타라와 구마라집으로 대변된다. 학풍으로는 남방은 의리불학, 북방은 성공지학으로 또 성격이 다르다. 서진에서 동진으로 왕조가 바뀌자 당시의 주류인사들도 남방으로 옮겨갔다. 그 결과 불교학이 강남에서 유행하게 된다. 격의의 과정에서 발흥한 반야학파의 육가칠종이 모두 강남불교에 속하는 이유가 여기에 있다.

　다시 정리하여 말하면 현학의 성격은 유가와 도가의 결합이고 거기에 반야학이 스며들었음을 보았다. 현학은 무를 중시하는 귀무론에서 유를 숭상하는 숭유론, 유와 무를 지양하여 즉유즉무를 통섭하는 독화론으로 나아갔다. 그 핵심논제는 결국 유·불·도 삼교 공히 유와 무의 문제로 귀결된다. 이 유·무의 굳은 벽을 깨고 나온 인물은 구마라집 문하의 승조다. 그는 중국반야학의 조사이자 격의불교를 종결시켰다는 평가를 받는다. 그리고 현학의 철학적 논의도 그로 인해 마무리되었다. 승조는 그의 불후의 저작인 『조론』에서 유·무의 개념을 비유비무로 간단히 넘어섰다. 원래 비유비무는 반야학의 논리인 이사구(離四句) 절백비(絶百非)에서의 사구 가운데 하나이다. 승조는 "만물에 나아가면 스스로 자성이 비었음을 알 수 있다"라고 비유비무의 논증을 제시했다. 승조의 비유비무 논증은 중국불교뿐만 아니라 중국사상사에서도 중요한 의의를 가진다. 대승불교의 반야학을 중국인들에게 정확하게 인식시켰다고 보는 것이다.

승조 이후 격의불교의 종결은 중국사상에서 현학의 퇴진을 불러오면서 남북조 시기를 불교의 독무대로 전환시키는 단초로 작용하였다. 견고한 유무의 논제를 비유비무라는 논리로 넘어섰기에 가능한 일이고 그 사상사적 의의도 여기에 있다.

이미 기술하였듯이 삼무일종의 법난이 모두 북방에서 발생한 연유로 북방불교의 쇠퇴를 불러왔고 남방불교의 흥기를 가져왔다. 후대에 천태종이나 선종 등의 종파들이 모두 남방이 주요 활동무대인 이유를 여기에서 찾을 수 있다.

2

불성의 논제

불성에서 법성으로

—

동한 말기의 불교전래 후 나타난 사상특질은 크게 불교의 반야사상인 성공과 현학의 본무로 축약된다. 불교의 공은 중국전통의 무로, 현학의 무는 반야의 공이라는 철학적 담론을 통해 의식의 지평이 넓어졌다. 유와 무를 단독적으로 보던 관점에서 비유비무로써 유·무의 논쟁을 넘어선 것은 긍정과 부정의 어떤 측면으로건 상호보완적인 개념으로 받아들이면서 그 긴장을 해소하는 과정임을 앞에서 설명했다. 이제 불성의 논제는 인과응보와 윤회의 전제조건으로서 신불멸론(神不滅論)이라는 윤회주체의 인정과 그 주체를 다시 법성(法性)이라 부르는 혜원의 주장이 등장한다. 법성은 인도불교에서 실상·진여·법계·열반·불성 등과 같은 뜻을 가지는 대승의 용어다. 그 함의는 위·진 시기의 본무와 유사하다. 위·진의 불교에서는 거의 본무로 열반과 법성을 설명하고 있다.

『고승전』「석혜원전」에는 "원래 중국에 열반상주설은 없고 수명이 길다는 말이 있을 뿐이었는데, 혜원이 찬탄하여 말하기를 '불은 지극하여 변함이 없는데, 무궁한 이치가 어찌 끝이 있으랴'라고 하였다"라는 법성론의 말을 전한다. 즉 중국은 불생불멸 같은 영원에 대한 개념이 있지 않았다는 뜻이다. 정신은 사람이 죽은 후에도 사라지지 않고 떠돌다가 다시 생을 얻어 태어난다는 것이 신불멸론으로 혜원의 사상과 맥이 닿는다. 중국사상에서는 윤회나 영원한 정신은 생각하지 않았다. 그런데 불교의 영향으로 정신의 문제를 매듭지어야 했다. 윤회가 불교 본래의 것이 아닌 인도전통의 사상이지만 윤회의 주체를 설명함으로써 불교는 현세의 인과응보를 받는 주체의 문제를 해결하였다. 반야는 공을 말하고 열반은 유를 말하기 때문에 이후의 불교는 윤회의 주체이자 존재의 근원인 불성을 인정하는 것에서 시작한다는 대단히 상징적인 의미가 있다.

불교의 부파불교 시기에 그 윤회의 주체를 설명하면서 등장한 것이 보특가라설이다. 보특가라(補特加羅)는 범어 뿌드갈라(pudgala)를 음역한 것으로 사람·개체·개인·존재·중생 등의 뜻이다. 설일체유부는 보특가라에 의지하여 생사를 상속한다는 입장이고 독자부는 전이(轉移)라는 용어를 쓴다. 횃불이 꺼지려 하면 다른 횃불로 옮겨 계속 타오르게 한다고 했을 때, 짚은 새 것이고 불덩이는 옮겨온 것이기에 불은 새 것이기도 하고 새 것이 아니기도 하다. 이것을 전이라고 한다. 사람의 몸에 있는 영혼도 끊임없이 옮겨가면서 사라지지 않는다는 뜻이다. 즉 유부가 아의 실체는 횃불처럼 몸에 의지하여 옮겨간다고 보는 반면, 독자부는 불의 실체는 고정된 것이 아니라서 실체를 얻을 수 없다는 차이가 있다.

현장은 이 뿌드갈라와 윤회하는 존재를 구분하기 위하여 중생을 유정(有情)이라 하고 정을 가지지 않는 존재를 무정(無情)이라 하여 엄격하게 구분하여 옮겼다. 현장의 유식사상에서 반드시 필요한 제8식인 일체종자식을 뜻하는 아뢰야식의 전변을 통한 윤회를 설명할 때 정(情)·마음[心]·식(識)에 관련된 것을 명확하게 표현해야 되는 필요성 때문이었다.

불법에는 아가 있고 그것이 바로 불성이다. 불성으로서의 아는 여래장의 뜻이어서 중생이라 해도 누구나 불성을 가지고 있어서 부처와 다르지 않다. 그러므로 중생이 성불의 근거이자 종착지이기도 하다. 특히 법성론과 관련하여 양무제는 「진신불성론」을 써서 사람들은 진신불성이 있어 모두 성불할 수 있다는 주장을 폈다. 진신이 곧 불성이라는 것으로 성불의 근거를 마련하는 것이다. 이처럼 윤회를 설명하고 불교의 영원성을 설명하면서 중국사상사의 안목을 넓혔다. 그리고 그 주체는 보특가라인 불성으로 누구나 열반성불을 얻을 수 있다고 가르쳤다. 혜원이 굳이 법성이라는 표현을 쓴 것도 불교를 벗어나 중국인들의 의식에 보편성을 얻고자 함이었다고 봐도 무리한 해석은 아니다. 그리고 양무제가 진신불성을 말함으로써 불성사상은 진일보하였던 것이다.

불성의 유무와 성불의 가능 여부

—

불성의 유무는 성불의 여부를 결정한다. 보통의 불성론은 일체중생에게 모두 불성이 있어서 누구나 성불이 가능하다는 것이고 표현에 따라서는 이미 성불이 되어 있다는 논리도 가능하다. 그런데 일분무성(一分無性)이라 하여 한 부류의 중생은 불성이 없어서 영원히 성불할 수 없다는 논제가 있다. 이것은 중국종파 간의 불성학설에서 매우 중요한 논제다. 이것이 일천제의 성불 여부다. 일천제는 『열반경』에서 이렇게 설해진다.

> 믿음이 없는 사람을 일천제라고 한다. 일천제는 구제할 수가 없다. 일천제는 일체 선근의 근본이 단멸되어서 마음이 일체의 선법에 반연하지 않는다. … 일천제는 마치 타버린 종자와 같고, 구멍 나버린 씨앗 같아서, 설사 더없는 단비가 내려도 싹을 낼 수가 없다.

일분무성의 대표는 인도유가행파에서 유래한 유식법상종이다. 현장에 의해 개창되고 규기에 의해 완성되었던 종파다. 유식종은 해탈열반을 말하지 않는다. 오염된 마음을 전환하여 청정으로, 범부를 바꿔 성인으로, 번뇌를 보리로 전화하는 것이고, 이를 위해 훈습을 거쳐 아뢰야식에 귀결시킨다. 이 과정이 없으면 성불할 수 없다. 만약 일천제가 훈습을 거친다면 성불로 인이 바뀐다는 논리가 만들어진다. 이는 천태·화엄·선종에서 일체중생의 성불을 주장하는 것과 차이가 있지만 결국은 불성설을 인정할 수밖에 없게 된다. 왜냐하면 시대도 그렇고 사람도 긍정의 심리로 흐르기 때문이다. 세계 문명사에서 부정은 발전을 촉발할 수는 있지만 주류사상으로 흘러가지는 못한다. 아무튼 유식종의 존속기간이 짧은 반면 일체유불성사상은 중국불성학설의 주류를 차지한다. 일천제의 성불불가론은 진에 이르기까지 중국불교의 보편적인 학설이었다. 세월이 흘러 『열반경』이 번역되고 도생이 일천제성불설을 주장하면서 불성사상이 새로운 단계에 접어들었다. 그렇다면 선의 종자가 끊어진 일천제 같은 악한 이가 선지식을 만나고 선업을 쌓으면 성불할 수 있을까? 여기에서 인연법의 정인과 연인의 문제가 나온다. 일천제가 잘못된 연을 만나 정인을 모를 뿐이다. 따라서 바른 인연을 회복하면 현세에 선근을 얻고 느린 자라 해도 후세에 선근을 얻는다. 『법화경』에서 개(開) → 시(示) → 오(悟) → 입(入)의 단계라 하여, 중생에게 열어서 → 보이고 → 깨닫게 하여 → 성불에 들게 하는 방편설이 일천제성불론의 근거로 삼은 것이라 볼 수 있다.

본래 반야는 진공을 말하고 열반은 묘유를 논한다. 또 반야는 무아를 밝히고 열반은 진아를 명시한다. 반야가 범부사대가합을 말한다면 열반은 일체중생 실유불성을 말하는 것처럼 성격의 차이가 있다. 『유마힐경』에서 "아와 무아는 둘이 아니다. 이것이 무아의다"라고 하여 아와 무아가 무아의로 통섭된다. 그러나 도생은 "무아를 설함은 바로 진아를 나타내기 위함이다"라고 하여 무아와 아를 불성아(佛性我)로 통일하여 부른다. 즉 도생 이후 존재의 근원은 확고하게 불성이 본체론을 형성하는 것이다. 불성아는 확대하면 우주의 본체이고 유정중생의 본성이자 본체다. 도생은 중생의 출발이 부처에서 기인한다고 봄으로써 일천제의 성불 같은 다소 극단적인 논리를 이끌 수 있었다. 이 사상은 반향이 컸던 까닭에 수·당대의 주류를 형성하였다.

본래 있는가, 닦아서 갖추는가

—

남북조 불성사상에서 불성의 유무에 따라 성불의 가능성을 논하던 유성·무성의 단계를 지날 수 있었던 것은『열반경』의 전파가 그 근거를 마련한 것에 기인하여 가능하였다는 설명을 했다. 이제 중생 유성의 불성사상은 불학계에 들어와 이 시기의 주류사상이 되었다. 여기서 한 걸음 더 나아가자 불성의 유무에 대한 논의는 마무리되었다. 하지만 불성의 본유와 시유 즉 본래 부처로 시작하는지 아니면 닦아서 성불함으로써 불성의 완전한 구족이 되는지에 대한 논제가 떠올랐다.

현장은 "어지럽게 쟁론함이 수백 년이다"라고 할 정도로 이 논제는 쉽게 불학계의 동의가 되지 않았던가 보다. 여기에는 불성에 대한 정의와 해석의 문제가 직결되기 때문이다. 본유와 시유의 문제는 결국 인으로 불성을 해석하는가 아니면 과로 해석하는가의 문제, 또 행으로 해석하는가 아니면 이치로 불성을 해석하는가에 대한 것이 있다. 본유설은 일체중생은 깨달음에 의거하지 않더라도 천연 그 자체로 부처이며 시유설은 불성을 시작으로 하여 닦은 후에야 마침내 성불에 이르는 것이란 차이가 있다. 다시 말해 본유는 불성이 전제되어야 하고 시유는 성불이 담보되어야 하는 것이다.

　　중국은 양자강과 황하가 서에서 동으로 두 줄의 띠처럼 남북으로 간격을 두어 흘러간다. "그 고을에 들어가면 그 고을의 풍속을 따른다." 불교는 이런 성격이 강하기도 하거니와 "남쪽의 귤이 북쪽으로 가면 탱자가 된다"라는 말처럼 지형에 따라 문화가 달라진다는 것은 누구나 모르지 않는다. 그래서인지 양자강을 기준으로 하여 갈라지는 남과 북의 기질만큼이나 학설도 다르게 나타난다. 불성론도 남방은 법성·진여 등에 의거한 본유설 입장이라면 북방은 아뢰야식을 근거로 한 종자의 훈습을 기다려야 하는 시유설의 입장이다. 시유설은 우유와 호마, 암컷의 말을 비유로 하여 불성을 설명한다. 요구르트는 우유로 만들지만 우유가 본래 요구르트는 아니며 호마 씨를 짜면 기름이 나오지만 호마가 곧 기름은 아니다. 또 암컷 말을 팔 때에 망아지 값을 달라고 할 수는 없다. 요구르트와 기름과 새끼는 당장 있는 것이 아니고 나중에 행위를 거쳐야만 얻어지지 그대로 두어서는 득할 수 없는 것과 같다. 불성도 닦음의 훈습이 있지 않으면 결코 성불을 만나지 못한다는 비유인 것이다.

　　따라서 본유설은 인의 입장에서 불성을 말하고 시유설은 과로서 불성을 말한다는 것을 알 수 있다. "인으로는 불성이라 하고, 과에 이르러서는 성불이 된다"라는 길장의 말이 그 핵심을 짚은 것이다. 불성과 부처는 과인 성불로 보면 다르지 않지만 인으로 말하자면 꼭 같은 것은 아니다. 인지의 중생과 과지의 부처의 차이는 중생은 정인이 있지만 아직 과인이 없으며 부처는 인과를 원만히 구족하고 있다. 『중론』에서 "법은 인연으로부터 있고, 인이 없다 함은 합당하지 않다. 인이 없는 과는 있을 수 없고, 과가 없는 인도 없다"라고 하듯이 점차 인과를 분리할 수 없는 관점으로 나아갈 것이라는 예측이 가능하다.

인과 과를 보기 위해서는 연을 구족해야 한다. 요구르트를 얻으려면 우유를 구하여 발효해야 한다. 마찬가지로 우유가 없으면 요구르트를 만들지 못한다. 원인은 비록 결과를 생할 수는 있지만 원인이 결과인 것은 아니다. 원인이 결과로 변하려면 반드시 일정한 조건인 연의 원인의 힘을 빌려야 하고 인연을 구족해야 결과가 나온다. 여기에는 조금의 비약도 없다. 진화론을 쓴 다윈이 "자연에는 비약이 없다"라는 말을 했다. 거시적이건 미시적이건 우주의 물질과 작용에는 우연이 없다. 반드시 규칙에 따라서 결과가 만들어진다는 것을 기억할 필요가 있다. 인과는 대충 만들어지는 게 아니다. 정확한 규칙에 따라 반응하고 그 작용의 결과가 나오는 것이다. 혜원은 「대승의장」에서 다음과 같이 정인과 연인에 대해 말한다.

직접 몸소 감응하는 과가 정인이고, 간접적으로 도와서 격발하게 함이 연인이다. 이는 바로 보리와 하나인 과를 얻기 위함이다. 불성의 본체는 고가의 근거로서 정인이라 설하고, 육도 등 선행의 방편은 도와서 격발하게 하므로 연인이라 설한다.

즉 인과 연의 작용에 따른 관계를 논하자면 직접 과를 생하는 것을 정인이라 하고 보조작용을 하는 것을 연인이라 한다. 정인은 사물의 인과 전환의 내재적 근거이고 연인은 사물변화의 외재적 조건이다. 이처럼 본유와 시유는 직접적·간접적이거나 내재적·외재적 관계 등으로 치환하여 이해할 수 있다. 본유는 인이 있으면 반드시 과가 있어야 하고 시유는 인이 있더라도 반드시 과가 되는 것은 아니라는 차이가 있다. 우리는 변증법이라는 사상논쟁의 과정을 모르지 않는다. 정·반·합이라는 변증법에 따라 본유와 시유의 논제는 긍정의 역본역시 → 부정의 비본비시 → 궁극의 즉본즉시라는 사상작용 법칙대로 시간이 흐르면서 통합의 과정으로 나아간다. 논사들은 불성이 본래 이름이 있는 것이 아니기 때문에 본도 아니고 시도 아닌 비본비시이지만 중생들에게 설하기 위해 가설로서 본과 시를 설한다고 한다. 『열반경』에서는 불성을 인과에 대입하여 다음의 넷으로 구분한다.

인: 십이인연
인인: 십이인연에서 생긴 관(觀)과 지(智)
과: 대보리
과과: 열반

인과법은 나무를 비유로 들어 설명할 수 있다. 나무의 생김새는 보이는 대로 나타나 있다. 곧거나 휘기도 하여 기둥으로 쓰거나 대들보로 쓰기도 한다. 또 창은 긴 것을 쓰고 화살은 작은 것을 쓴다. 어떤 나무는 생김새와 상관없이 잘라서 땔감으로 소모할 수도 있다. 목수나 사람에 따라 나무를 활용하지만 나무에게 본래 쓰임새가 정해진 것은 아니다. 마찬가지로 불성도 하나의 이름일 뿐 본유와 시유도 인간의 사량일 뿐이라는 것이다. 중국불학은 후대로 가면서 점차 사상들이 합류하는 경향을 보인다. 이런 논리로 나아가면 유와 무, 본과 시는 다르기도 하고 상즉하여 하나로 통합되거나 또는 융회되어 구분이 사라지기도 한다. 더욱이 화엄종으로 가면 모든 이분법적 구분이 사라지는 통시적인 용법이 사용된다. 즉본즉시라거나 인즉시과처럼 선후나 본시가 사라져 일체법은 모두 일시적으로 이루어지는 것이다.

천태와 화엄, 성구와 성기로 말하다

—

불성론에 대하여 유성과 무성, 본유와 시유의 논제가 있음을 설명하였다. 사상은 차이를 통섭하면서 긍정의 방향으로 발전한다. 일체중생 실유불성에서 시작된 불성학의 논리는 본유와 시유가 회통되는 관점에서 유심적인 방향으로 나아간다. 시기적으로는 수·당대의 천태·화엄·선종 등의 종파가 불성의 본래 구족을 주장하지만 더 들어가면 종파에 따라 결을 달리한다. 그 양상은 크게 천태와 화엄이고 성구(性具)와 성기(性起)로 제창된다.

성구는 체구, 이구의 의미다. 불성인 본각의 성이 일체선악 제법을 다 갖추고 있다는 뜻이다. 본각은 마음을 표현하는 용어다. 중생과 부처의 관계에서 일체중생이 본래부터 불성을 구족하고 있으며 선행만 말하던 기존의 논설과 달리 천태에서는 악법도 불성의 범주에 두고 말한다. 그래서 성구설은 천태종 불성학설의 기본사상이고 진-송 이후 중국불교의 중요 흐름이기도 하다. 불성이 선악을 모두 가진다는 것은 불성의 성질을 그렇게 본다는 의미다. 어떤 면에서는 악을 품으면서 중생세계의 선악을 설명할 근거가 마련된다는 의미도 있다. 성구선악의 사상은 천태지자가 처음 제창한 후 형계담연·사명지례 등에서 많은 논술이 보충하고 있다.

남북조 시기 구마라집과 승조 등의 반야학에서는 진공을 본체로 하는데 수·당과 이후의 중국불교에서는 묘유가 중요한 지위를 점한다. 그 이론적 창시자는 천태종의 지자(지의)대사다. 묘유사상의 핵심은 성구선악이다. 중국인들은 어떤 사상이 나오면 한 글자까지 축약하는 특징이 있다. 성이 선과 악을 가진다는 사상이기 때문에 具 한 글자를 천태종의 사상대변으로 본다. 여래는 성악을 끊지 않고 일천제는 성선을 끊지 않기 때문에 구경의 성불로 나아갈 수 있다. 그렇다면 악을 끊지 않는 여래는 어떻게 악으로부터 멀어지며 일천제는 선을 벗어나지 않고 있을까? 천태는 『관음현의』에서 이렇게 설명한다.

일천제는 성선을 통달하지 않은 까닭에 다시 선인에 물들 수 있으며, 다시 선을 닦음을 일으켜 제악을 대치한다. 부처는 비록 성악이 끊어지지 않았어도 능히 악을 통달하였는데, 악에서 벗어났기 때문에 악인에 물들지도 않고, 악을 닦음을 다시 일으키지 않는다. 그러므로 부처는 영원히 악으로 돌아가지 않는다.

천태가 성구선악을 제창한 뜻은 중생과 부처가 원융하고 범부와 성인이 평등하다는 것을 말하고자 함이다. 천태의 사상을 더욱 발전시킨 인물은 천태 제9조인 형계담연이다. 그는 성기설의 화엄보다는 천태의 성구선악이 불교의 모든 의문을 해결해 준다고 더 높게 생각했다. 아무래도 천태의 성구선악이 이론의 확장성이나 중생을 위한 방편설에 있어서 넓게 안고 가기 때문일 것이다. 천태는 교판에서 장·통·별·원이라는 화법사교 학설을 말하는데 그 마지막이 圓이 되는 이유도 사상의 연결고리가 있다. 천태는 『법화경』이 경전 가운데 가장 높고 천태종도 어느 종파보다 심오하다고 보지만 관건은 바로 圓 한 글자라고 『사교의』에서 말한다. 주지하듯이 원은 모든 것을 포괄하기 때문이다.

천태의 수행법은 지관쌍수이다. 지관은 수레의 두 바퀴며 새의 양 날개와 같다. 이는 선종의 정혜쌍수로 원용되는 중국불교사의 중요한 전환점이다. 불교가 중국에 들어온 이후 수행형태는 남의북선이었다. 남방은 관과 지혜를 중시하고 북방은 지와 선정을 중시하였다. 남북조 시기 남조의 불교는 특히 의리를 중요시하여 경문을 인용하여 의리를 토론함을 최고로 쳤다. 의리는 경문의 뜻을 묻고 따지는 방법이어서 교학을 중시하는 이지적인 분위기이다. 그래서 선법에 대해서도 전부 멸시하였다고 전해진다. 반면 북조의 불교는 대부분 경론의 교설보다는 좌선실수를 중시하여 공론을 싫어했다. 천태는 이런 분위기에서 남의북선이라는 남북학설을 정혜쌍수로 융회하고 통일시켰던 것이다. 천태 당시 남북통일 시기의 조류에 순응해야 하는 입장이기도 하고 북방 선학과 남조 반야학의 결합이자 지관·정혜를 쌍수한다는 수행방법의 제시였다. 이런 까닭에 천태종이 불교종파를 통일할 수 있었고 마침 통일왕조인 수가 등장하는 시기와의 접점이기도 하다. 다음은 화엄의 성기설을 알아 볼 차례이다.

천태가 성구를 제창하였다면 화엄종은 성기를 주장한다. 성기의 용어출처는 『화엄경』「여래출현품」이다. 성기사상에는 화엄종 불성학설의 핵심이 들어 있고 이로부터 불성사상이 전개되기 때문에 중요하다. 여래성기는 칭성이기(稱性而起)라는 뜻이다. 자성을 의지하여 일어난다고 하여 그렇게 부른다. 중생과 부처의 관계를 말하자면 일체중생은 여래지혜를 구족하고 있기 때문에 칭성이기만 하면 바로 부처의 세계다. 금으로 만든 모든 것은 결국 금이다. 금은 금으로 만들 수 있는 모든 것이기도 하다. 종파나 학설에 따라 표현이 다르다는 것을 계속 얘기해 왔다. 금의 비유처럼 마음 혹은 불성을 『화엄경』에서는 성품 혹은 자성이라고 하지만 모두 같은 것을 가리킨다는 것을 유념해야 한다. 일체제법은 모두 불성의 드러남이고 불성을 떠나서는 다시 한 법도 없다는 것이다.

그렇다면 화엄종이 생각하는 불성은 어떻게 표현되는 것일까? 바로 불성은 청정하여 본래로 오염되지도 않았고 오염될 수 없다는 관점이다. 천태의 사상이 오염 자체를 긍정으로 함의하는 것과는 다르다. 이처럼 종파에 따라 용어와 설명이 같지 않다. 『화엄경』「여래출현품」에서는 이렇게 말한다.

여래의 지혜는 어떤 곳에도 이르지 않는 데가 없다. 왜냐하면 한 중생도 여래지혜를 구족하지 않는 이가 없기 때문이다. 다만 망상으로 전도되어 집착하여 증득하지 못할 뿐이다. 만약 망상만 여의면 일체지·자연지·무애지가 곧 앞에 나타난다.

중생의 망상 자체가 여래의 지혜임을 중생들은 모른다. 그 뒤바뀐 생각만 바로 세우면 여래의 지위에 들어간다. 그렇지만 없는 불성과 여래지가 아니고 본래 구족하고 있으며 자성이 모든 수행과 공덕의 근원이자 출발이며 여래자성청정심이라는 것이 화엄사상의 골격이다. 따라서 세계만유를 모두 일심으로 귀결시키는 유심사상이 또 하나의 화엄을 받치는 것이다. 화엄종은 처음 출발할 때는 불성청정, 칭성이기로서 불성사상을 표지로 삼았으나 후대에 갈수록 유심의 경향을 보이고 그런 틀에서 천태의 성구설을 성기설의 본원청정으로 끌어들인다. 화엄사상가인 징관은 천태와 선종사상을 흡수하여 교와 선을 융회한다. 이 교선일치는 화엄 제5조인 규봉종밀의 선교일치로 이어지며 발전한다. 화엄의 교의는 모든 경과 각 종파 외에도 유·불·선 삼교까지도 본원청정의 자성에 합일시킨다. 청정묘유를 설한 『화엄경』으로부터 여래장의 『여래장경』에 이르고 유가유식학과 여래장불성설을 융합한 『대승기신론』에 이르러 화엄종 사람들이 종파를 형성하고 교설을 세우는 사상사의 궤적을 볼 수 있다.

화엄종에서는 불교의 연기이론을 원용한 제종파의 사상과 달리 법계연기를 말한다. 법계는 연을 따라 현현하는 구체적 사물이 법이고 제법이 쓰임에 있어 각각 차별이 있으므로 계라고 한다. 즉 우리가 보는 세계의 모든 물상이 법이고 성질의 같지 않음이 계이다. 화엄의 연기는 다시 이법계와 사법계로 나뉜다. 밀가루 자체만 있을 때는 밀가루 외에 아무것도 아니다. 그러나 반죽을 하고 갖가지 음식을 만들면 여러 가지를 만들어 먹을 수 있다. 따라서 이법계는 형태가 벌어지기 전이고 사법계는 구체적 사물로 다양하게 드러난 것을 말한다.

화엄에서는 법계연기를 체와 용의 관계로 파악한다. 체는 용의 본원이고 용을 의지하여 체가 일어난다. 밀가루는 음식을 의지하여 발현되는 것이고 음식은 밀가루라는 근원이 없으면 일어날 수 없는 것이다. 본체인 마음을 어떻게 쓰느냐에 따라 삶이 벌어진다. 세계는 마음이 없으면 작용할 근거가 없다. 그래서 수·당대의 불교종파는 심(心)으로 귀결되고 심으로 모든 것을 해결하고 회통하는 것이다. 범부와 성인, 중생과 부처, 미혹과 깨달음이 모두 마음의 변화로 인하여 일어난 작용으로 보는 까닭에 선종은 오직 일심 하나면 이론의 끝이라고 본다. 『대승기신론』에서는 일심을 진여와 생멸의 이문으로 설명한다. 진여와 생멸이 모두 일심에서 나왔기 때문에 부처와 중생의 구별을 물리칠 수 있다. 중생즉불이고 불즉중생이며 번뇌즉보리이고 보리즉번뇌로써 일체의 모든 것이 일심안에서 원융해진다. 따라서 중생은 본래 부처라는 화엄의 사상이 가능하게 되는 것이다.

천태와 화엄 두 종파는 불성사상에서 각각의 특색이 있다. 둘은 일체중생 실유불성에서는 공통성을 갖는다. 다른 점은 천태 성구설은 선악을 갖는다는 것이고 화엄 성기설은 불성의 순수함이 그 특징이다. 성구설은 선악을 함께 보기 때문에 자비심을 가지고 중생을 방편설로써 구제하는 『법화경』의 정신이 중요하게 된다. 반면 성기설은 불성의 순수함을 보기 때문에 깨달아 부처가 된다는 선종의 정신으로 들어가는 것이다. 즉 천태는 중생의 입장에서 부처를 향하여 나아가기 때문에 악을 버리고 선을 닦는 교설이고, 화엄은 부처의 입장에서 중생을 보기 때문에 여래자성청정심을 출발점에 두는 순수함이 생명이다. 원래 순수한 사람이 강렬한 법이다. 수행법도 천태가 지관쌍수의 완만한 방식이라면 화엄은 즉심즉불로 바로 들어간다. 그래서 특히 화엄과 선종은 본래불이라는 믿음이 전제되지 않으면 한 발짝도 나아갈 수 없다.

진흙 밭에서 흙이 잔뜩 묻은 구슬을 건졌다고 해보자. 어떤 이는 흙을 닦아내야 진정한 구슬이 된다고 한다. 또 다른 이는 흙이 있고 없고는 상관없이 본래 구슬이라고 한다. 흙이 제거되면 구슬이 드러나는 것이지만 흙을 말하지 않는다. 흙을 인정한 순간 더러움에서 깨끗함으로 단계가 만들어지기 때문이다. 화엄과 선종의 돈오적인 입장이 바로 그렇다. 따라서 선수행을 하는 사람은 오직 부처만 보고 부처만 말하라는 이유가 여기에 있다.

즉심즉불

천태와 화엄에서 중생과 부처를 일심에 귀결시키는 유심사상은 당 이후부터 더욱 첨예해진다. 선종 초기의 즉심즉불에서 만당 이후는 불성을 일체무정물에까지 확대한다. "푸르고 푸른 대나무가 모두

법신이며, 활짝 핀 노란 꽃이 반야 아님이 없다'라는 식의 풍조가 일었다. 경전의 가르침이 중심인 여래선에서 출발하여 즉심즉불의 조사선이 되었고, 다시 부처를 능가하고 조사를 초월하는 분등선으로 나아가 방할(棒喝)과 기봉(機鋒)의 신비주의가 선종을 극한으로 밀어붙인다.

부처님은 염화미소로 가섭에게 법을 전하였다. 이 이심전심의 전등역사는 인도 제28대조인 보리달마의 초전을 시작으로 하여 제6조 혜능에 이르러 엄밀한 의미의 선종의 역사가 시작되었다. 달마는 「오성론」에서 "직지인심 견성성불 교외별전 불립문자"에 대해 언급하고 있다. 그 후 혜능에 이르러 즉심즉불의 선종사상이 확립된다. 그리고 불성론으로는 심이 없는 무정물에게도 불성이 있다고 확장된다. 중국의 불교사상사에서 불성은 본유이자 실유의 입장이다. 본유의 반야지혜로 불성이 본유함을 설하는 것은 진-송 시기 이후의 사상가들 대부분이 그렇게 따랐다. 여러 경전에서도 "심성은 본래 청정하나 객진번뇌에 오염되어 있다"라고 불성실유의 입장에서 언급되고 있다. 혜능은 『단경』에서 "본성이 곧 부처요, 본성을 떠나 따로 부처가 없다"라고 자성을 설한다. 또 자심에 대하여 『단경』에는 다음과 같이 설해진다.

나의 설법을 너희들은 들어라. 자심이 곧 부처이니 다시 의심하지 말라. 밖으로는 한 물건도 세울 수 없고, 본심에서 만 가지 법이 다 생긴다. 고로 경전에 이르기를 '마음이 생기면 갖가지 법이 생기고, 마음이 멸하면 갖가지 법이 멸한다'라고 하였다.

혜능은 심과 성을 따로 설하기는 하지만 서로 다른 것은 아니어서 심즉성이며 성즉심인 것이다. 심은 제불의 근원이자 만법의 본원이며 진여본성은 중생의 자심이자 불성이기 때문에 즉심즉불의 관계 서술이 된다. 중국불성사상은 수·당 이후부터 천태·화엄 두 종파의 불성사상에서 두드러지며 마음·부처·중생을 차별 없이 보고 있다. 그 시작은 여래자성청정심이기 때문에 이제 모든 교설은 마음으로 통섭할 수 있게 되었다. 『단경』의 말을 보자.

경전의 말씀 가운데 오직 스스로의 부처님께 귀의한다고 하였고, 다른 부처에게 귀의한다고 말하지 않았으니, 자성에 귀의하지 않으면 의지할 바가 없다. 지금 이미 스스로 깨달아 제각기 자심의 삼보에 귀의해야 한다. 안으로는 심성을 다스리고 밖으로는 다른 사람을 공경하는 것이 자귀의하는 것이다.

위의 설명에 나타나듯이 삼귀의나 사홍서원 같은 기본교설까지 모두 자심을 향하도록 하는 것을 볼 수 있다. 이는 장차 선종이 나아갈 방향을 보여주는 것과 같다. 재가와 출가, 세간과 출세간, 생사와 열반에 이르기까지 누구나 부처가 되고 성불할 수 있다는 선언이다. 선종으로서는 커다란 기반을 마련하였고 즉심즉불이라는 특징을 극명하게 보여준 것이지만 과연 실제로 체득하느냐의 문제를 따지지는 않았다. 그러면 어떻게 되겠는가. 이론에 이론만 쌓여가는 것이다.

혜능은 또 『단경』에서 "나의 법문은 예로부터 돈과 점을 모두 세우고 무념을 종으로 삼았다"라고 말한다. 이제 선종은 아예 무념으로 넘어간다. 무념은 모든 법을 취하지도 않고 버리지도 않으며 물들거나 집착하지도 않아 억지와 조작이 없는 청정무구함을 가리킨다. 혜능 이후의 혜능 선사상의 설계자라 할 하택신회는 무념사상을 핵심으로 하여 종파의 차별을 구가한다. 신회는 "무념은 성인의 법이다. 범부가 만약 무념을 닦는다면 곧 범부가 아니다"라고 무념에 전력투구한다.

신회의 무념설에 대하여 후세인들은 이것을 선종의 정통으로 여긴다. 신회에 이은 종밀은 「중화전심지선문사자승습도」에서 "제상이 공임을 깨달으면 진심무념으로, 생각이 일어나면 곧 깨달아 깨달은 즉 무다. 수행의 묘문은 오직 여기에 있다. 그러므로 만행으로 수행한다고 해도 오직 무념을 종으로 삼는다"라고 말한다. 신회의 무념설은 혜능의 사상을 계승하고 있으며 『대승기신론』의 "만약 생각을 관하여 마음이 무념인 줄 알면 이미 수순하여 진여문에 들어갈 수 있다"라는 말과 다르지 않다. 상을 떠난 무념의 이상무념사상은 하택신회 계통에 의하여 계승되어 마조도일의 문하제자들도 무념사상을 잇는다.

이제 좌선에 대한 사상전개를 알아보도록 하자. 혜능 이전의 능가사들은 좌선을 주장하여 "만약 한 사람이라도 좌선을 하지 않고서 성불하였다면 옳지 않다"라고 하였다. 그러나 혜능 이후는 명심견성 이상무념의 사상에 근거하여 선이 앉고 눕고의 문제가 아니라는 주장을 한다. 이 또한 선종의 중요 원칙이다. 어떤 형태를 고집하면 이미 자유로움을 상실한다. 선종은 생각이 이미 상을 떠난 것이기에 무념만 되면 무엇이 되건 상관이 없다. 그러니 좌선도 하나의 형식이어서 뛰어넘고 경전도 마음을 설한 것이기에 거추장스러우며 오직 이심전심으로 통하는 불립문자까지 나아가는 것이다.

불성론은 천태·화엄의 유심불성에서 혜능의 직지인심 견성성불로 나아갔고 중당 이후가 되자 중생유성은 만물유성으로 발전한다. 불성은 일체유정에 있지 돌맹이나 기와 같은 무정물에는 없다는 사상이었다. 그러나 이제는 만물 하나하나가 부처의 현현 아님이 없으며 일체의 행위가 곧 부처의 행과 다르지 않다는 사상으로 옮겨간다. 그래서 마음을 깨달아야 부처로서의 일체가 구족되는 입장에서 이미 불성을 구족한 인인개개의 부처는 모든 행위가 도 아님이 없게 된다. 선종의 "물 긷고 나무하는 것이 도 아님이 없다"라는 평상심을 도와 즉결시키기에 이른 것이다. 선종은 문자와 언설에서도 벗어나 방망이로 때리고 고함을 치고 격외도리로 문답을 하는 기봉·방할·화두·공안의 신비주의로 치닫는다. 혜능 이후 불교사상의 변화라면 외재적인 종교를 내재적인 종교로, 부처의 숭배에서 자심의 숭배로 시선을 돌린다. 선종은 더욱 과감하게 마음의 종교를 주창하기 시작한다.

돈오와 점수의 문제
—

선종은 명심견성을 목적으로 한다. 마음을 밝혀 성품을 보는 것이다. 중국인들은 明이란 한 글자를 유난히도 좋아하는 듯하다. 『대학』의 첫 시작도 "대학지도 재명명덕 …"이다. 명덕을 밝히는 것이 대학의 도라는 뜻이다. 명은 있는 그대로의 것을 드러내어 보이는 것이지 없는 것을 만든다는 의미가 아니다. 명심은 곧 있는 마음을 밝히는 까닭에 어떻게 비출 것인지가 중요하다. 마음을 비추려면 마음을 봐야 한다. 마음의 작용을 느끼고 움직임을 관찰하는 것은 작은 일이 아니다. 실체가 없어 텅 빈 마음을 아는 길은 크게 두 가지로 말할 수 있다. 단박에 보느냐, 점차적으로 보느냐 하는 것이다.

단박에 보는 사람도 있다. 하지만 왜 그에게는 남은 안 되는 단박에 보는 일이 가능할까? 그래서 그를 상근기라고 하거나 숙생에 오랜 수행의 공덕이 있어 그렇게 되었다고 한다. 하지만 명심견성 후에는 재차 마음이 오염되거나 중생으로 떨어지지 않는지도 알 수 없다. 반대로 거의 모든 사람이 여기에 속하겠지만 애를 써도 안 되는 경우도 있다. 그렇다면 되지 않는 이유와 그것이 가능하도록 하는 방법에 대한 의문은 여전히 남는다. 선종에서 주장하는 돈오와 점수의 상관관계가 그 의문을 해소하는 실마리를 준다.

중생에게 불성이 있는지와 불성을 가진 자는 누구나 성불할 수 있는지의 여부가 불성설의 중요한 논제다. 그리고 성불을 어떻게 이루는지에 대한 실천적인 문제도 있다. 인도불교는 중생이 불성이 있는지와 성불할 수 있는지에 대한 논증에 주력하였다. 반면 중국불교는 어떻게 성불에 이르는지에 대한 관심이 더 컸다. 이제 돈오설의 최초 제기과정에 대하여 알아보도록 하자.

돈오설은 먼저 소돈오와 대돈오로 성격을 규정하는 문제에서 출발한다. 일반적으로 중국돈오설은 축도생으로부터 시작된 것으로 알지만 도생 이전에 지둔·도안·혜원·승조 등이 소돈오로서 먼저 대두된다. 소돈오의 주요 사상은 대승보살의 범부에서 성현에 이르는 단계인 십지에 비추어 설명된 것이다. 십지는 환희지 → 이구지 → 발광지 → 염혜지 → 극난승지 → 현전지 → 원행지 → 부동지 → 선혜지 → 법운지까지의 열 단계다. 이 중에서 환희지·원행지·법운지가 중요하다. 지둔과 도안 등은 칠지 이상에서 무생법인을 깨닫기 때문에 돈오는 이 지점에서 시작된다는 것이다. 그러면서 이불가분(理不可分)이라 하여 법성은 지극한 이치이므로 나눌 수 없음을 깨닫게 된다고 한다.

이에 반해 축도생은 "이치는 오직 궁극의 하나이다"라고 하면서 반드시 십지에 이르러 금강심이 현현해야 비로소 깨달았다고 할 수 있다고 주장한다. 칠지에 돈오할 수 있다는 소돈오와 구분되는 것이다. 혜달은 『조론소』에서 도생의 뜻을 이렇게 설명한다.

돈오에는 두 가지 다른 해석이 있다. 하나는 축도생 법사의 대돈오에서 말하길, '돈이라는 것은 이치가 불가분임을 밝히는 것이고, 오는 완전히 비춤을 말한다. 불이의 깨달음으로써 나눔이 없는 이치에 부합하는 것이니, 이지에 걸림이 없음을 돈오라고 한다.

『고승전』 등의 기록에 의하면 도생이 돈오성불을 제창한 이후로부터 당시 대부분의 사람들이 "추앙하고 경탄하였다"라고 전한다. 유송 시기 도생의 돈오설은 이미 시대의 풍조가 되었음을 알 수 있다. 돈오설은 송의 도유·법애 등과 제의 유규 부자 및 법경 법사가 따르고 있다. 그리고 돈오의 뜻을 선양한 인물로서 가장 유명한 이는 남조 유송 시기의 대시인인 사령운을 꼽을 수 있다.

그러나 돈오설이 일방적으로만 흐르지는 않았다. 돈오설에 반대한 인물로 남북조 시기의 혜관이 있다. 그는 중국에서 최초로 교판을 한 명승으로 전체의 불설을 돈과 점의 두 교파로 나누었다. 중국불교의 산물 중의 하나는 교상판석이다. 방대한 불경의 가르침을 설법 시기나 경전의 성격별로 구분하는 일이다. 궁극적으로는 인도불교의 본질에 관한 일종의 포괄적인 사상체계를 마련하려는 취지에서 나온 것이다. 중국에 불교가 전래된 이후로 지역마다 혹은 시대마다 역사적으로 등장했던 다양한 견해들에 관한 검토와 이론화가 필요했다. 이는 불경과 그에 따른 이론들을 여러 범주별로 나누어 비판하고 다른 한편으로는 종합하여 그들 상호 간의 유기적인 관련성을 밝히기 위함이다.

중국의 교상판석에서 대표적인 것들은 혜관의 돈교와 점교의 교판·천태종의 지의가 확립한 오시팔교(五時八敎)의 교판·법상종의 규기가 세운 삼교팔종(三敎八宗)의 교판·화엄종의 법장이 세운 오교십종(五敎十宗)의 교판·종밀이 세운 오교판 등이 있다. 그리고 한국에서는 신라의 원효가 세운 사교판이 대표적인 것이라 할 수 있다. 특히 천태는 『마하지관』에서 점차·부정·원돈의 세 가지 지관법을 말하였고, 화엄종은 천태의 교판학설을 받아들여 소승교·대승교·종교·돈교·원교로 나눈다. 여기서 살펴볼 것은 점에서 돈으로 나아가고 돈 위에 원이 있다는 것이다. 즉 원교야말로 점·돈을 회통하는 논리로 시설하고 있음을 주목할 필요가 있다.

달마 이래 선종사에서 나타나는 사상특질은 전통의 선학을 여래선이라 한다는 점이다. 이는 불교경전을 근거로 삼기 때문에 자교오종(藉敎悟宗)이며 수행방법은 점수적으로 본다. 육조 혜능 이전의 능가사(『능가경』을 소의경전으로 하는 선법)들 대다수가 여기에 속한다. 반면 조사선은 교외별전을 표방하며 즉심즉불의 돈오성불을 말한다. 그래서 교내선과 교외선으로 달리 부르기도 한다. 혜능과 『단경』이 선종사에 이정표가 되는 이유가 여기에 있다. 혜능 이전에는 선학은 있어도 선종은 없었으며 혜능에 의해 선종이 창시되었다고 보는 것이다. 자심에 의거한 돈오견성 돈오성불이 혜능의 귀착점이다.

돈·점 논쟁에서 맞부딪치는 지점은 수습(修習)의 여부다. 일반적으로 공덕을 쌓고 닦아야 보살과 부처의 지위에 오른다고 보는 것이 불교의 공덕관이자 세계관이다. 그런데 달마에서 혜능 이전까지는 마음이 오염되지 않게 닦아 점차로 향상되어 편안하고 청정하게 하는 선법이 장려되었다. 그리고 깨달음에 이르렀을지라도 마음을 보임하는 것이 중요하다. 그러나 혜능의 돈오사상은 수습을 필요치 않는다. "여래선은 수행도 증득도 있고, 조사선은 증득도 수행도 없다." 이처럼 혜능 이후는 돈오사상이 선종 불성론의 기본원칙이 되었다. 혜능이 남쪽에서 높이 솟았다면 북쪽에서 법을 드날린이는 신수대사다. 이것이 훗날 선종사에서 남돈북점의 우열논쟁으로 치닫고 선종의 성격을 결정짓는 계기가 된다. 이 혜능선의 이론적 기초를 한 인물이 하택신회다. 학계에서는 신회가 혜능을 신격화하고 이론화하지 않았으면 혜능도 『단경』도 없었을 것이라고 한다. 이는 마지막 장의 오종가풍에서 더 자세히 기술하겠다.

　도생 이후 돈오설의 전개에서 중요한 이론은 이불가분이다. 선종에서 심·성·이 등의 명칭은 궁극적으로 마음이라고 하는 존재의 근원을 뜻하는 말이다. 심체이자 이체인 궁극의 이는 불가분의 통일체이기 때문에 단번에 한 덩어리로 깨닫고 들어가는 것이다. 어떤 분별도 설명도 붙일 수 없기에 수습이 남지 않는 문득, 몰록 등의 뜻인 돈(頓)으로 표현한다. 중국불성론 가운데 돈오설의 사유방법이 이와 같다.

　돈오의 강렬함에 대비되는 수행이 점수이다. 점수를 어떻게 대하는지를 보려면 혜능선의 이론가인 하택신회의 말을 들어보는 것이 우선이다. 그는 돈오는 수습에 의지하지 않는다는 말을 하면서도 돈오가 점수를 폐하지 않는다는 말도 자주 했다. 신회는 『보리달마남종정시비론』에서 다음과 같이 말한다.

　　우리의 육조대사는 모두가 단도직입하여 직료견성하다고 말했지, 단계와 점차를 말하지 않았다. 도를 배우는 자가 먼저 돈오하고, 이에 따라 점수하면 이생을 떠나지 않고서 해탈을 얻을 수 있다. 마치 어머니가 몰록 자식을 낳고, 젖을 주며, 점차 양육하면 그 자식의 지혜가 자연히 증장하는 것과 같다. 돈오하여 불성을 보는 것 또한 이와 같다.

신회는 이전의 선사들이 점수하여 돈오하는 것과 달리 돈오 후에 점수한다는 입장이다. 종밀은 "하택은 반드시 먼저 돈오하고 깨달음을 의지하여 수습한다"라고 하였다. 종밀은 선과 교 나아가 유·불·선 삼교의 회통까지 융합하는 방법에 천재적인 이론가이다. 그는 『선원제전집도서』에서 돈·점을 점수돈오, 돈수점오, 점수점오, 돈오점수, 돈수돈오 등으로 설명한다. 얼음이 물인 줄 알지만 햇볕에 녹이기 위해서는 시간이 걸린다는 등의 비유로 돈·점을 이해시킨다.

돈·점도 그렇지만 불경에서도 "부처님은 일음으로 법을 연설하였는데, 중생은 류에 따라 각양으로 이해한다"라고 함으로써 이해의 차이를 극복하는 난제에 대한 의론이 있다. 진-송 시기에 대두된 사람에게 차별이 있다는 사상은 수·당 이후 더욱 진일보하여 구체화되었다. 사람의 차별을 근성·근기의 유별로 명확히 하여 돈·점을 설명하는 것이다. 중국불교사에 "교에는 돈·점이 없고, 사람에게 이·둔이 있음"에 착안하여 즐겨 언급한 것도 선종이다. 즉 심즉불이 선종의 사상이지만 어쩔 수 없이 사람의 영리하고 둔함에 따라 이해가 달라짐을 무시할 수는 없기 때문이다. 선종뿐만 아니라 세상 모든 일에 있어서 사람마다 기량의 차이가 있기 때문에 그 우열을 극복하는 것이 여전히 난제로 남는다. 돈·점에 대한 『단경』의 말이 그것을 시사한다.

어리석은 사람은 점수하며, 깨달은 사람은 돈수한다. 만약 스스로 본심을 깨달아 자성을 보면 돈·점의 구분이 없을 것이다. 그러므로 돈·점은 모두 이름을 빌린 것일 따름이다.

유심정토, 간명함으로 승부를 보다

—

옛날 일본의 한 섬의 절에 사람들이 인산인해를 이루며 몰려들었다. 그해 환갑이 되는 주지스님이 보타락가산으로 떠나는 모습을 보기 위해서다. 이건 몇 대 전부터 관례로 내려오는 일이었다. 사람들 중에는 극락에 있는 가족친지들에게 소식을 전해달라며 편지를 들고 오는 이도 있었다. 드디어 도해 날이 되었다. 먼 바다에 인도하고 올 젊은 스님들이 주지스님을 배에 태우고 바다로 나갔는데 날이 좋지 않았다. 그들은 주지스님을 나무상자에 들어가게 하고는 움직일 수 없게 못질을 했다. 주지스님이 탄 배는 나뭇잎처럼 파도를 타고 흘러가기 시작했다. 그런데 풍랑이 심해지더니 집채만 한 파도가 배를 덮쳤고, 주지스님은 뒤집히는 순간에 상자 속에서 밖을 향해 몸을 던지고는 정신을 잃었다. 시간이 얼마나 지났을까? 눈을 떠보니 어느 섬의 백사장에 떠밀려 온 자신을 알 수 있었다. 살았구나 싶어 크게 다행으로 여겨 기뻐할 찰나 어디선가 소리가 들려왔다. 소리나는 곳을 향하여 고개를 돌려보니 그 젊은 스님들이 다가오고 있었다. 그들은 섬으로 풍랑을 피해 하루 쉬고 돌아가려던 참이었다. 주지스님은 바다로 가고 싶지 않았다. 그리고 그 감정을 솔직히 얘기했다. 그러나 젊은 스님들은 보타락가산의 극락정토로 가셔야 한다 하면서 기어이 다시 배에 태우고는 상자를 씌우려고 했다. 그래서 지필묵을 달라고 하여 한마디 적었다.

이 마음이 정토요, 이 몸이 아미타 아닌가.

정토를 구하는 자 바다를 찾지 않으며

보타락가산을 구하는 자 바다에 마음을 두지 않는다.

주지스님은 이 말을 남기고는 깊은 바다에 떠밀려 갔다. 대중들은 깨달았다. 설사 극락으로 가는 배편일지라도 내켜하지 않는다는 것을. 그 후 그 관습은 더 이상 이어지지 않았다.

이 이야기는 30대 때 읽었던 일본의 어느 단편소설집에 있던 이야기이다. 워낙 인상 깊게 읽어서 기억하고 있는 대로 쓴 것이니 책과 다를 수 있다. 보통은 극락정토라 해도 상상 속에서나 그리는 것인데 일본에서는 관세음보살이 계시는 상상의 섬으로 실제 사람을 보내는 일을 한 것이다. 세상의 다양한 믿음과 종교에서 이 같은 일들이 없지 않다. 그리고 정토는 과연 어디에 있는 것일까? 정토에 대한 관점도 달라서 중국은 유심정토이고 일본은 서방정토를 믿는다. 그렇기에 정토를 구하는 마음도 이렇게 극단적일 수 있는 것이다.

선종은 명심견성 돈오성불을 주창한다. 따라서 성불하기 위해서는 굳이 경서에 의지하지 않고도 참선수행을 통해 단번에 깨달음에 이를 수 있다는 사상이 당 중기를 넘어서면서 팽배해졌다. 간명하고 쉬우면 따라하기 좋고, 따라하기 좋으면 오래간다. 그래서 선종은 좌복 하나만 있으면 세상에 부러울 게 없다. 갓 스물에 출가한 나 자신도 그랬다. 인간사 좌복 하나면 그대로 세상의 종말이 온다 해도 여한이 없으리란 마음이었다. 중국불교는 송대에 이르면 거의 선종 일색이다. 세상에 선종보다 간단한 게 있을까? 화두 하나 생각하며 앉아 있으면 되는 일이다. 그런데 더 쉽고 더 간단하여 머리를 쓸 일도 없이 입으로 되뇌이면 되는 수행법이 풍미하기 시작한다. 바로 정토종이요 염불법이었다. 그래서 선종과 쌍벽을 이루며 사회 기층민들에게 현세의 아픔과 내세의 불안까지 위안을 주는 정토종이 선종과 함께 유행하기 시작했다. "실행하기가 매우 쉬우면서도 공을 이룸이 높으며, 적은 노력으로도 속히 효험을 얻을 수 있다"는 것이다. 이는 번잡함을 싫어하고 간명한 것을 좋아하는 중국인들의 입맛에 맞았다. 그리고 경론의 역경이 이루어지고 난 후에 더 간단하게 나아가는 추세에 부합하는 것이기도 했다. 선도가 정식으로 정토종을 창립하자 단번에 큰 종파로 성장하였다.

정토종의 간명하고 쉬움은 선종보다 심한 것이었다. 선종은 일심의 깨달음으로 모든 것을 귀결시키지만 쉽게 얻어지는 것은 분명 아니다. 그러나 정토종은 누세에 업을 지어도 임종시에 아미타불 명호를 몇 번 외우거나 생각만 해도 극락왕생이 된다. 그러니 사회에서 환영받지 않을 수 있겠는가. 당연히 바람을 일으킬 수 있다. 선종이 자심수행과 돈오성불을 주장하는 것과 달리 정토종은 부처님의 가피를 구하고 보살의 자비에 의지하는 승불원력이다. 그리고 세간 속에서 해탈을 얻는 선종과 달리 정토종은 삼품구급왕생이라 하여 실제의 극락세계를 염원한다. 그런 까닭에 선종을 수직으로 벗어나는 난행도로 간주하였다면 정토종은 횡으로 벗어나는 쉽고 간결함을 내세웠다. 수출삼계와 횡출삼계의 차이다. 정토종의 차별은 유심정토와 서방정토, 그리고 서방정토와 또 다른 미륵신앙의

에세이 선종사

도솔정토로 귀결된다.

유심정토는 선종의 즉심즉불의 사상논리에 응대하는 과정에서 발전하였다. 그 핵심사상은 즉심즉불과 다르지 않아 마음을 떠난 부처도 마음 밖의 정토도 없다는 입장이다. 그리고 유심정토 외에도 실제의 극락세계 혹은 극락정토를 시설하여 대중을 이끈다. 『정토삼부경』 같은 이론적 근거도 마련하면서 일체의 고통과 번민이 없는 청정이상세계를 말한다. 서방정토는 아미타불을 교주로 하고 좌우협시보살로서 관세음보살과 대세지보살이 있다. 관음보살은 오로지 고난과 어려움을 구제하고 중생을 이끌며 대세지보살은 지혜광명으로 인도하여 위신력이 끝이 없다. 이 삼자가 아미타삼존이라 하여 정토종의 성인이라면 서방정토는 정토교에서 마련한 피안의 극락세계다. "서둘러 아미타를 염하여 이 사바의 고통을 버리며, 빨리 아미타를 염하여 저 서방세계의 즐거움을 얻으라" 하는 것이 정토종의 선언이다.

정토종의 종지는 신·원·행이다. 이는 정토의 삼자량이다. 신심은 왕생극락에 대한 굳건한 믿음이고 원은 왕생극락의 염원이며 행은 염불과 적덕과 수선의 교학체계를 행하는 것이다. 정토종은 산처럼 행하여 바다 같은 원을 가득채움을 권장한다. 중국민간에서는 "집집마다 아미타불을 모시고, 집집마다 관세음보살을 모신다(가가미타불, 호호관세음)"는 말이 있을 정도로 거센 유행을 탔다.

정토종의 유심적인 면에서는 선종과 견주어 이해할 필요가 있다. 그래야 정토종의 의미가 드러난다. 선종사상에 깊은 영향을 끼친 『유마힐경』에서 유심정토가 나온다.

만약 보살이 정토를 얻고자 한다면 마땅히 그 마음이 청정해야 한다. 그 마음이 청정하면 곧 불국토도 청정하다.

선종에서 말하는 일체의 깨끗함과 더러움은 마음에 있고 국토에 있지 않다는 사상은 여러 전적에서 그 근거가 찾아진다. 그러나 정토종은 행이 청정하면 중생의 행이 청정하고 중생의 행이 청정하면 국토가 청정해진다는 것으로 사상원용의 폭이 넓어진다. 그리고 불보살마다 장엄하는 세계가 다르다. 『약사유리광여래본원경』은 약사불의 유리정토, 『대보적경』은 부동여래의 묘희정토, 『미륵상생경』은 도솔정토를 말한다. 미륵신앙은 내세불이기도 하여 혼탁한 시대의 구원신앙으로서 동아시아불교사에 그 연원이 매우 깊다. 정토종의 정토삼부경 중 하나인 『관무량수불경』에는 왕생의 품급이 삼품구급으로 정해지며 상품상생은 두 부류로 나뉜다. 하나는 세 가지 마음을 낸 중생이 얻는 상품상생의 지성심·심심·회향발원심을 가리킨다. 다른 하나는 세 종류의 중생이 상품상생할 수 있는 것으로 불살생 등의 계율을 지키고 경전을 외우며 육념을 수행하여 회향발원하는 것이다.

신앙은 자력과 타력을 말한다. 보통은 타력을 말할 뿐이지만 불교는 선종을 자력에, 정토종을 타력에 배치하여 난행도와 이행도로 그 실천의 쉽고 어려움을 구분한다. 이는 각 종파의 불성사상과도 관련이 있다. 선종은 자성자도가 해탈의 근거여서 자심자불이지만 정토는 왕생과 성불의 아미타 불보살의 원력에 의지하기 때문에 그 원력을 잃으면 희망도 잃는 것이 된다. 송대를 지나면서 선과

정토는 점차 합류의 길로 나아가기 시작한다. 수선과 염불이 둘이 아니라고 받아들이는 것이다. 송대의 명승 영명연수 선사는 "참선과 염불을 함께 닦으면 마치 뿔 달린 호랑이와 같다"라고 선정겸수의 사상을 내세웠다.

수·당 이후 불교의 중국화 과정에서 선종과 정토종이 불교를 대변하고 한편으로 중국의 전통사상과 융회하면서 유·불·도 삼교를 합일시킨 송·명대 이학의 탄생을 불러왔다. 중국불성사상의 발전은 이제 새로운 역사 시기에 들어서게 된다.

중국불성론의 전개가 시사하는 것
—

동한 시기 중국에 들어온 불교는 위·진 시기에 성공의 반야학이 현학과 어우러져 불학계를 풍미하였다. 그리고 진-송 시기 이후 묘유를 주장하는 열반불성설이 전해지면서 사상주류로 올라서서 수·당에 이르기까지 중국불성론을 형성한 과정을 알아보았다. 불교를 공부하거나 선종에 흥미를 가진다 해도 불성론까지 이해하는 경우는 많지 않은 현실에서 핵심주제를 쉽게 설명하려 하지만 여전히 어려움을 느낀다. 그래도 불성론을 주제와 시기별로 이해하면 공부에 도움이 될 것이다.

중국불성설의 특징은 심과 성을 중시하는 자신들의 문화가 반영된 측면이 있는데 이는 인도불교처럼 불성을 추상적으로 보는 것과는 차이가 있다. 중국화된 불교라는 평가를 받는 선종은 일체를 심성에 귀결시켜 논의를 편다. 여기서 넓은 대륙만큼이나 지방색도 달라서 같은 선종이라도 남과 북은 기질상으로도 많이 다르게 흘러간다. 선종과 어깨를 나란히 한 천태·화엄 등의 학설도 제법실상에 일심을 근간으로 하거나 심·불·중생을 본래 일심에서 출발한 하나로 보면서 즉심즉불의 선종과 융회되었다. 그리고 교외별전과 불립문자라는 독특한 돈오사상으로 교학을 뛰어넘어 자성청정심에 즉입하는 사상을 주장하였다. 그것은 교를 터득한 이후에 교를 놓고 선에 들어가는 사교입선의 일반 학습논리도 적용되지 않는 파격적인 사상이었다. 불성론이 주류학설로 올라설 수 있었던 이유는 무엇보다 중국인들의 전통문화나 도덕적사고에 이질감이 들지 않았기 때문이다. 그렇다면 어떤 기질이 서로 같은 방향을 보도록 한 것인지 정리할 필요가 있다.

우선 중국의 사상문화는 진·한 이후 인륜철학·도덕주체에 중점을 두고 있었다. 백가쟁명을 거쳐 한대에 우위를 점하여 국가통치와 사회 도덕철학으로 올라선 유가학설은 도덕주체가 되는 사람 간의 관계나 사람의 도덕을 연구함에 있어서 심성에 그 중심을 둔 것이다. 『맹자』, 『중용』, 『순자』, 『대학』에 이르기까지 무엇 하나 마음을 다하여 마침내 천도에 이르고 수심양성하여 성인에 든다고 말하지 않은 것이 없다. 선종의 명심견성도 있지만 중국인들은 우선 심성을 전제로 하여 삼강오륜의 유가적 질서를 수용하는 도덕주체를 놓지 않는다. 이는 인도의 추상적 자아와 많은 차이가 있다. 그리하여 일체중생 실유불성이 불성학설의 주류가 된 것이다. 이는 인도에서 유행하던 부파 시기의 오온이 공하다고 보는 불성 입장과는 다르고 반야의 공사상과도 다르다. 그리고 『열반경』이 진-송 시기에 널리 유행하면서 불성론을 확고하게 만든 이유도 있다.

한편 계급관계가 엄격하고 제도가 홍성했던 남북조 시기의 삼엄한 현실에서 불성의 평등론은 사회적 질서의 평등이라는 심리적 위안을 줌으로써 종교적 기능을 수행하였다. 주지하듯이 왕후장상의 씨가 따로 있지 않고 누구나 성불하여 성현이 될 수 있다는 설법은 귀천을 불문하고 희망을 갖게 하기에 충분하였다. 이런 평등사상은 사회를 순화하고 존귀하게 생각하는 안목을 기르는 계몽주의적인 입장에서도 대단히 유의미한 것이다.

그리고 인도불교의 수행이 숙세의 복덕과 수행을 거쳐 완성에 이르는 방식이라면 중국의 불성사상은 명심견성하는 좌선 하나면 일체가 통섭된다는 간명한 차이가 있다. 이는 인도인과 중국인의 기질상의 반영이자 수행의 목표를 설정하는 문제에 있어서도 간단하지 않는 논제다. 중국의 종파학설은 시기가 지난 것일수록 간단하고 쉽게 법을 세우는 특징이 있다. 선종이 돈오성불이라면 정토는 간이하게 명호만 외우면 되는 이행도를 내세운 것을 앞에서 설명하였다.

고대로부터 중국사상가들은 서구의 경우처럼 장편의 서사시적인 이론보다는 어록이나 산문 내지 시구의 형식으로 인생철학을 표현했다. 중국인들은 말한다. "앎이 간결하면 행이 쉽고, 간단하기 때문에 쉽게 알고, 쉽게 알면 쉽게 할 수 있다." 또는 "건은 평이한 지혜를 내고 곤은 간명한 공능을 내니, 평이한즉 쉽게 알게 하고 간명한즉 쉽게 따르게 한다"라는 것처럼 간명함을 숭상하는 사유방식이 유구한 역사를 지니고 있다. 따라서 직관을 중시하는 선종의 돈오적인 방식은 번다한 논리전개에 그다지 집착하지 않는다. 『장자』의 "고기를 얻으면 통발을 잊고, 토끼를 잡으면 올가미를 잊는다"라는 것처럼 그들은 뜻을 얻어 초월하는 삶을 경외한다.

그러면서도 현실을 중시하고 세간과 출세간의 경계도 허물어간다. 왜냐하면 일심에 모든 것을 귀결하기 때문에 세간과 출세간 같은 구별도 얼마든지 간단하게 뛰어넘을 수 있기 때문이다. 현세의 삶을 중시하는 태도도 그 연원이 깊다. 주공과 공자는 세속에 힘쓰고 보고 들음 밖의 것에는 관심이 없다. 노자·장자·도연명 같은 자연주의자들의 가풍은 자기의 본분을 중시한다. 불교는 이러한 사상전통과 심리습관에 맞춰 세간을 벗어나지 않고 해탈을 구하는 방향으로 나아갔다.

중국불교사의 전개에서 필연적으로 만나는 광경은 유·불·도의 경쟁과 보완학습이다. 유자와 도자들은 불교를 제어하고 배척하기 위하여 불법을 공부했고, 불교 또한 그들의 공격에 대처하고 불교의 확산을 위해 그들의 전적을 역시 연구했다. 이리하여 세 개의 큰 사상조류 사이에서 때로는 배척하고 투쟁하고 융합하면서 점차 하나로 합쳐지는 국면을 만들어갔다.

마지막으로 불성론이 유학의 발전에 영향을 끼친 내력을 알아봐야 한다.

본래 유가사상은 중국의 전통사상이었다. 한무제가 유가를 숭상하여 사회적 통치사상으로 올랐다가 현학 시기 이후 쇠퇴하였지만 왕도정치나 종법제도 등의 이론적 지주이자 전통적 사상문화로서의 기초였기 때문에 사회사조로서의 지위는 확고한 것이었다. 그러다 당대의 한유가 유가의 회복을 주장하고 나섰다. 당·송 시기 유학과 중국불성론 사이에서 주목되는 인물로 이고라는 유학자가 있다. 그는 『복성서』에서 성정과 성인, 수양하여 성을 이루는 법, 노력하여 수양할 것 등을 3편에 나눠 기술했다. 이는 유교의 언어로 불성론을 말했다는 평을 받는다. 송대 석실조수 선사는 "복성서를 보면 다 불경에 있는 것이다. 다만 문자가 다를 뿐이다"라고 말하기도 했다. 불교의 불성론을 가져다 사정인욕을 버리고 천명의 본성을 회복하는 것이 이고가 말한 인성론이다. 이는 수·당 이후 유가 윤리철학의 기본 발전방향이 되었다. 이어지는 송·명 이학의 사상적 취지는 천리를 존중하고 인욕을 멀리하는 것이라고 할 수 있다. 송의 유학은 주돈이에서 출발하여 천명을 중시하는 전통을 벗어나 천인합일의 우주관과 본성론을 근거로 하여 새로운 체계를 만들었다. 이는 주돈이가 천도의 윤리화와 윤리의 천도화를 꾀한 「태극도설」을 정점으로 한다. 그리고 장재의 천지지성·기질지성으로 구조를 이루며 명도·이천 형제의 천리를 거쳐 주희의 천리인욕지변으로 완성된다. 이들 유학가들은 모두 당시의 선사들과 교류하기도 하고 불서를 탐독하며 공부했다. 정이천은 "학자는 먼저 노력하여 심지를 굳게 하고, 근심과 어지러움이 있을 때 마땅히 좌선하여 선정에 들라"라고 말하였다. 특히 주자는 "나는 소년시절에 일찍이 선을 배웠다"라고 하며 "나에게 있어서 석가의 설은 다 스승이었고, 그 도를 존중했으며, 그 지극한 이치를 얻었다"라고 말하고 있다. 유학자들이 말하는 천리나 천명지성은 모두 불성의 다른 표현이고 천인합일의 사상은 자성이 곧 부처라는 설법에 다름 아니다.

송대 이학과 불학은 이렇게 교섭되어 갔다. 수심양성의 송·명 윤리철학과 선종 명심견성의 본질은 상호융회된다. 송·명 이학 자체가 심성론이기 때문에 불성론을 얼마든지 원용할 수 있는 것이다. 정이와 주희의 이학과 결을 달리하여 육상산에서 왕양명의 양명학으로 이어지는 학파는 이(理)·성(性)을 심으로 귀결하는 것이 맞다고 하여 성즉리와 달리 심즉리를 내세운다. 따라서 정이천에서 주희로 이어지는 이학보다는 육상산에서 정명도, 왕양명으로 이어지는 심학이 선에 더 접근하고 있다는 평가를 받는다.

불성론의 마지막 단계에서 송·명대 유학을 유표불리, 심학을 양유음불이라 말하기도 한다. 겉은 유학이요 속은 불학이라는 뜻이고, 드러난 것은 유학이요 감춰진 것은 불학이라는 뜻이다. 불학이 없었다면 송·명 이학도 없었을 것이라는 학계의 말이 무리한 것이 아님을 알 수 있다. 결론적으로 중국의 문화전통과 사상전개 속에 들어간 인도불성론은 중국화의 길을 걸었다. 중국화된 불성론은 그들의 전통사상과 융회되어 유·불·도 삼교의 합일을 이루었고 그 속에서 심성의리를 근간으로 하는 송·명 이학의 탄생으로 이어진 것이 중국불성사의 공헌이자 의의라고 하겠다.

VI

중국선종사

1

선종사의 개관,
선에 대해 말할 때 말하고 싶은 것

난 군대에 가기도 전에 해운대가 내려다보이는 한 선방에서 가을과 겨울을 살았다. 그러니 어려서부터 선방에 입적한 것이 지금껏 뿌듯하고 고마운 일로 여겨지는 것이다. 그래서 항상 빚을 느낀다. 지금부터 40여 년 전이니 지금의 선방과는 분위기가 많이 다르다. 무엇보다 참선하는 사람은 책을 보지 않았다. 80년대 초 정월의 어느 날, K시에서 막차를 타고 송광사 정류장에 도착하여 내리려고 하니 승객은 이미 나 혼자뿐이었다. 시간이 초저녁을 지나서인지 정류소 안의 톱밥난로가 저 혼자 톡톡 신바람을 내며 타는 소리가 유리창 너머까지 들릴 듯한 춥고 어두운 밤이었다.

허기가 져서 마지막으로 빵이라도 사 먹고 가면 서먹서먹한 기분이 가실 것도 같아 주머니를 뒤져보니 주민등록증 한 장과 10원짜리 동전 두 개뿐이었다. 그걸로 할 수 있는 것은 아무것도 없었다. 불현듯 돌아오는 길은 없다며 송광사 들어가는 차표를 사고는 수중의 돈을 다 써버렸던 것이 비로소 떠올랐다. 나는 못내 아쉬운 마음을 뒤로하고 칠흑같이 어두운 길을 더듬어 큰 절까지 올라갔다. 난 참선이 좋았고 참선을 하고 싶었다.

당시 선방에서는 '입을 열면 그르친다'는 것이 무슨 강령처럼 받들어지던 시절이었다. 그렇게 살다 보니 의문이 생겨도 쉽게 물을 수 있는 분위기가 아니었다. 답은 스스로에게서 찾아야만 하는 것이었다. 그래서 혼자 책을 보며 공부를 해나갔다. 다행히 책을 실컷 봤다. 그러니 실참수행하는 사람이 결코 들어갈 수 없는 지식의 창고를 열어본 것이고 심연의 우물 속으로 두레박을 내려볼 수 있었다.

실참과 이론을 겸비하기엔 일생이 너무 짧다. 그리고 자칫 시간을 흘려보내기에 좋은 것들은 얼마든 넘쳐난다. 그래서 개략에 그칠지언정 교학의 체계까지는 아니라도 불교와 선이 어떻게 전개되어 온 것인지 정도는 적어보고 싶었다. 그 염원이 헛되지 않았는지 선방을 사랑한 한 사람이 참선을 꿈꾸는 분들에게 헌상하는 마음으로 글을 쓸 수 있게 된 것이다. 이 책의 고갯길이자 절정은 선종의 오가칠종에 대한 기술이다. 그리고 그 산봉우리에 홀로 핀 꽃 한 송이는 조주무자(趙州無字)의 소식이라고 믿는다. 여기서는 선에 관한 역사적 사실이나 그 인물의 소소한 면보다는 선학체계 속의 선종전개과정을 중심에 두고 써나갈 것이다. 이제 선을 말해보자.

2

선종의 전등과 역사서

선을 설명하려면 선·선종·선학이라는 세 가지의 개념을 정의할 수 있어야 한다. 그리고 선종사는 이 개념들의 상호관계 속에 존재하는 사상특징 및 그 차이를 밝혀내는 일이기도 하다. 선이라는 말의 어원에 대하여 가장 일반적인 것은 디아나(dhyāna)의 속어형인 자나(jhāna) 혹은 그 어미의 모음을 떼어버린 잔(jhān)이다. 이들의 음사어가 선나 또는 선인데 여기에 그 말의 번역어로서 명상 또는 정신집중을 뜻하는 정(定)을 붙여 그 의미를 명료하게 한 합성어가 선정이다. 그렇다면 중국인들은 마음의 안정이라는 의미 정도인 가벼운 말에 어떻게 선(禪)을 대체어로 생각하였던 것일까? 중국에서는 선이 천자가 하늘에 대해 지내는 제사 혹은 천자가 양위하는 것 등을 의미한다. 이 글자는 단독으로 적확한 의미를 전달하기 어려워 정을 덧붙여 선정(禪定)이라는 술어를 만들어냈다.

『사기』의 주석서인 『사기삼가주』에 따르면 "정의(사기정의)에는 태산 꼭대기에 흙으로 단을 쌓아 하늘에 제사하고 하늘의 공에 보답하는 것이 봉(封)이며, 그 태산 아래에 있는 작은 산의 땅을 평평하게 골라 보답하는 것을 선(禪)이라고 한다"라고 적었다. 즉 천자가 흙을 쌓아 단을 만들어 하늘에 제사 지내고 땅을 정화하여 산천에 제사 지내던 일을 일컫는 것으로 신비롭고 존숭하는 마음으로 봉선에 임했음을 알 수 있다. 이밖에 선정이 삼매의 번역어로 전용된 예도 있다. 한편 좌선이라는 말은 선정할 때 앉은 모습인 좌(坐)를 보충한 설명적 용법이다. 어느 것이든 선은 번역어로서 일찍부터 중국의 역사와 문화에 등장하고 있음을 알 수 있다.

선종의 전등
—

선종은 엄격한 의미로 중국문화의 토양 위에서 형성된 중국불교의 한 종파다. 선정으로써 불교의 모든 수행을 총괄한다고 주장하여 얻은 명칭이며 명심견성하여 사자상승으로 역대전등을 이어가는 것이다. 선종에 직간접적으로 큰 영향을 준 전적은 『능가경』, 『금강경』, 『대승기신론』 등이 있고, 혜능의 『단경』은 선종의 가장 대표적인 전적이다. 불교사적으로는 사상논변에 따라 종파가 연이어 등장하는 것을 볼 수 있다. 한 종파의 사상이나 교학은 그 종파의 조사로서 숭앙되는 사람의 이름에 의해 전승되는 특질을 지닌다. 특히 선종은 불립문자와 교외별전을 종지로 하기 때문에 한 종파의 교학이 의존하는 경전이나 조사의 저서를 갖지 않는다. 대신 조사라는 큰 비중을 갖는 사람의 사상과 언행이 직접적인 규범이 된다. 물론 종파주의는 교조주의로 흐를 개연성이 없지 않다.

또 다른 문제는 어록에 전하는 일회적인 법문은 있지만 그나마 소량이고 논서가 드물다는 것이다. 따라서 종파를 대표하는 인물이 사라지거나 대를 이을 출중한 인물이 나오지 않는 경우에는 대중이 혼란에 빠질 위험이 있다. 그래서 선종사는 두 개의 부분을 놓치면 안 된다. 종파조사의 사적과 계보 및 선의 사상변천이다. 선종에서 "깨달음은 부처로부터 전해진 것이다"라고 하는 것은 공통의 신념이었다. 사자상승하는 법맥에 단절이 없어야 함을 중요하게 생각하기 때문이다.

달마 이래 전법의 계보는 절실한 문제였다. 이는 중국인들의 주대 종법제도가 상징하듯이 혈통에 대한 특유의 집착을 반영하는지도 모른다. 돌궐의 혈통을 이어받은 당의 제실도 이(李)씨라는 동성의 노자를 자신의 선조로 삼았던 것과 같은 맥락이다. 이런 종법의 관습은 홍인 문하의 혜능과 신수의 법맥전승을 둘러싼 흡사 쟁탈전 같은 이야기에서 절정을 이룬다. 누가 정계이며 누가 방계인가 하는 것은 조사와 그 문하의 노력에 의하여 집중되고 공인되며 시간이 흐르면서 역사의 정사가 되어간다. 이것은 사실 여부와 결을 달리하여 이런 전통을 만들어간다는 사실을 상징적으로 받아들여야 할 것이다. 그리고 선의 지도방법과 변천은 훗날 종파의 가풍으로 이식되어 하나의 정신으로 이어진다. 따라서 진정한 선종사의 의의는 시공을 초월한 자기 마음의 체험과 현실 속의 역사 가운데서 지도방법의 변천이 충분히 논의되어야 하는 것이다.

마지막으로 선학이 있다. 교와 결을 달리하는 선종에서 선을 학파적으로 연구하는 것이다. 이는 역사와 수행사상의 변천을 연구하여 시대에 부응하는 새로운 수행사상을 도출하는 일이다. 선학은 불교의 수행관에 대한 학문으로서 인도의 선관정려를 연구대상으로 삼고 중국 전래 이후 중국화 과정에서 나타난 그들의 전통문화와 반야학 및 불성론과 융회하여 선종으로 귀결되는 전말에 대한 연구이다.

불교의 수행은 고대인도의 요가행법에 그 연원을 둔다. 이 요가행법이 정좌·안심·수식관 등으로 불교에 흡수되었다. 베다와 우파니샤드에서 강조되는 일종의 소박한 몸과 마음의 수행방식이 선의 사상과 방법에 원용되어 선의 기원으로 받아들여졌다. 불멸 후 불교는 분화하고 발전하여 사상도 다양하게 나타난다. 인도와 중국에서 전개된 불교는 보통 소승과 대승이라는 구분으로 이해되어 왔다. 하지만 엄격하게 두 사상이 구분되기보다는 인도와 중국의 시기적 구분에 따른 상징적인 논변으로 봐야 한다는 학계의 주장도 있다. 편의적으로 기존의 방식에 따르면 소승의 선은 사선·팔정·구차제정 등이 고정된 수행방법으로 시설된다.

한 말기 중국에 전래된 불교는 역경과 함께 시작되었다. 불교 중국화의 성공은 역경의 성공에서 시작된다. 중국민족의 전통문화에 인도의 언어를 한자로 치환하는 격의의 과정은 이미 기술한 바다. 그리고 번역되는 경전마다 독특한 사상이 있어서 역경은 끊임없이 새로운 세계를 펼쳐보일 수 있었다. 그런 까닭에 천재적인 역경가가 번역한 불경과 논서는 그의 주장에 담겨 시기마다 새로운 종파의 탄생으로 이어지는 효과가 있었다. 중국에 선학을 전한 첫 역경가로 안세고와 지참이 있다. 중국선학의 초기 중요 인물의 사상도 차이가 있어서 안세고가 점오적이라면 지참이 돈오적 사상경향을 보이는 식으로 점차 발전하고 깊어져 갔다. 그 후 현학과의 교섭을 거쳐 불성학이 반야성공학에서 열반불성론으로 나아가며 수행이론도 교학과 차별화하여 돈오성불을 주장하는 단계로 발전하였다.

선종은 달마부터 혜능까지 6대 조사설이 나오고 혜능과『단경』의 등장, 나아가 혜능 남종 사상의 설계자인 신회의 등장 이후 남돈북점의 사상논쟁을 거쳐 오가칠종으로 분등한 것이 선종사의 대강이다. 여기서는 선종사가 논제의 중심이기 때문에 앞 장에서 소개한 역경사와 불교사상사 그리고 불성론과의 중복을 피하기 위해 가급적 언급을 줄이고 달마로부터 시작하여 오가칠종에서 마무리되는 과정을 기술하려 한다. 선종사는 논술의 여러 구분법이 있겠으나 편의상 여래선 → 조사선 → 분등선으로 변화하는 과정과 실제 선방이나 선학에서 익숙하게 설해지는 용어를 통해 시기구분을 하여 써나갈 것이다. 이제 선종과 관련한 역사서를 통해 그 사상의 근거를 살펴보도록 한다.

선종의 역사서

—

선종의 발생과 성립을 알기 위해서는 객관적인 근거를 활용해야 한다. 역사는 시간이 흘러가면서 과거는 묻히고 사라져 간다. 남아 있는 유무형의 유산마저도 어떻게 변모해 온 것인지 그 변천사는 사상을 규명하는 일에서 중요하다. 먼 과거의 사람과 사상과 문화를 파악하는 첫 단계는 남아 있는 사료에 의지할 수밖에 없다. 따라서 진위 여부와 별개로 그 어떤 사상전개의 맥락 속에서 상상하고 유추하고 증명하는 일이 흥미로운 측면도 있다. 그것은 연구자의 안목에 따라 의미가 드러나고 메타포를 풍성하게 읽어낼 것이기 때문이다.

선종의 분위기는 달마라는 한 인물로 상징되어 왔다. 그의 실체를 두고 학계의 많은 논란이 있다. 여러 사료와 역사적 시기 등을 변별할 때 창작된 인물이라는 입장부터 과장은 되었을지라도 실존에 대한 부정까지는 할 수 없다는 입장까지 관점은 다양하다. 그럼에도 달마라는 인물이 선종의 상징이 되고 달마라는 이름을 쓴 저술들이 세상에 유행할 수 있었던 원인은 무엇일까? 일반적으로 한 종파의 조사라고 숭앙될 정도의 인물은 그 전기에 대해서도 후세에 여러 가지 수식이나 증보가 덧붙여져서 점차 신비화되는 경향을 흔히 볼 수 있다. 여기에 선종 특유의 종파에 경도되는 분위기에서 후대에 조사의 이름을 빌린 저술이 이루어지기도 한다. 달마의 경우 달마전기와 달마논술까지 등장하기 때문에 후대에 갈수록 실체에 대한 논란은 사라지고 선종사의 초조로서 선종은 물론 동아시아의 문화일반에 이르기까지 달마는 선의 상징이 되었다. 여기서는 달마를 기점으로 하는 선종사의 방식을 따른다는 것을 밝힌다. 이제 선종의 성립과 관련하여 간략한 불교수입 초기의 전적을 알아보고 달마를 초조로 한 종파전개의 양상을 개관해 보도록 한다.

인도에서 전래된 불교가 중국의 전통사상과는 전혀 다른 이질적인 것이었음에도 불구하고 널리 수용된 것은 무엇보다 중화민족의 사상이나 문화전통과 맥락이 닿았기 때문이다. 당시 상층계급을 중심으로 노자를 신격화하여 신앙하는 황로사상이라는 신비적인 사상이 퍼져 있어서 부처를 노자와 비슷하게 생각했기 때문에 쉽게 안착할 수 있었다. 이윽고 후한의 안세고와 지루가참의 불경번역이 시작되면서 관심을 끌었다. 특히 주목받은 것은 인도불교의 수행기반인 선정에 관한 이론과 철학이었다. 안세고는 아함과 아비달마 같은 소승불교의 문헌, 지루가참은 대승 반야계 경전을 번역했다. 특히 선정에 관한 경전번역인 안세고의『안반수의경』과 지루가참의『반주삼매경』등이 후대에 큰 영향을 끼쳤다.『안반수의경』은 수식관의 호흡법이다. 이 경은 오대의 진혜·강승회와 전진의 도안 등에 의해 주석되며 천태지의의 수행법으로 채택되고 선종에서 실천되는 것이다.『반주삼매경』은 동진의 혜원이 정토신앙의 백련결사를 결행한 이론적 근거가 되었다.

선종을 위시한 수·당 시기의 종파불교 시작 이전단계는 317년부터 270여 년간 지속된 남북조 시기이다. 불도징이 335년에 후조의 왕 석호에게 청하여 중국에서 출가가 공인된 것도 이 시기의 일이다. 무엇보다 이 시기의 역경을 통한 학파불교의 형성을 간과해선 안 된다. 불교전적의 역경이 마무리되어 가면서 번역된 경론을 통해 연구하는 여러 학파가 나타나기 시작한다. 그 대표적인 학파를 간략히 소개하면 다음과 같다.

성실학파: 『성실론』을 근본으로 하며 사성제의 뜻을 밝히는 것을 목적으로 함
열반학파: 남북조 시기 가장 성행, 『열반경』과 도생의 불성사상이 근간
지론학파: 유식논서인 『십이지경』과 『섭대승론』이 근간, 아뢰야식과 여래장이 논점
섭론학파: 『섭대승론』과 『섭대승석론』이 근간

이 학파들이 활약하면서 자연히 남북의 양상도 다르게 나타났다. 남조에서는 강경(講經)을 비롯한 교학이 중시되고 북조에서는 선관이나 송경 같은 실천적 불교가 중시되었다. 북은 유목민들로서 정통 한족들이 주로 사는 남과 달리 이지적인 소양은 기대하기 어려운 실정이다. 그리고 남방의 『십송률』과 북방의 『사분율』이 주를 이루었지만 당 중종의 명으로 『사분율』이 중국 전역에 퍼지게 된다. 또 『범망경』과 함께 보살계가 유행하였다. 이처럼 각 경론을 둘러싼 학파들의 성립과 계율의 확립은 불교전래에서부터 시작된 역경과 해석이라는 긴 터널을 지나 본격적인 선종의 개화로 빛을 발할 인연이 충분히 성숙되었음을 알리는 소식에 다름 아니다. "국경의 긴 터널을 빠져나오자, 눈의 고장이었다. 밤의 밑바닥이 하얘졌다. …" 『설국』의 기차만 터널을 벗어난 것이 아니고 교학의 단계를 거

친 중국불교는 불립문자와 교외별전을 주창하며 즉심즉불의 횃불을 높이 쳐들었다. 선종의 횃불은 간명한 만큼 강렬하게 사람들을 사로잡았다.

선종에 관한 고대의 문헌은 많지 않다. 선종 특유의 불립문자·교외별전의 영향인지 아무튼 조사들의 저술이 별로 드러나지 않는다. 그나마 1900년 초 돈황석굴에서 전적들이 쏟아져 나오면서 사료를 대입해 볼 수 있게 되었다. 불교는 이심전심으로 부처님의 정법안장 등불을 옮기듯이 전승하는 교의를 신봉한다. 그래서 과거칠불이 있고 부처님도 마하가섭에게 법을 전하였으며 선종에서는 서천 28조, 동토 6조의 부법전등을 주창한다. 『조당집』에는 250여 선사들의 전등을 적고 있다. 따라서 달마 이후 혜능까지의 6조설과 선종의 전승관계를 알기 위해서는 그 전적들이 쓰인 시기와 성격을 파악하여 변별해 볼 수 있다. 그 전적들은 다음과 같다.

『낙양가람기』(547년)

『속고승전』(645년)

『능가사자기』(715년)

『전법보기』(720년)

『남종정시비론』(732년)

『역대법보기』(774년)

『보림전』(801년)

『조당집』(852년)

『송고승전』(988년)

『경덕전등록』(1004년)

『전법정종기』(1061년)

달마에 관한 가장 빠른 연대의 언급은 『속고승전』에 보인다. 보리
달마는 남천축 바라문 출신이며 혜가에게 『능가경』4권을 주고 심
요로 삼도록 했다는 기록이 그것이다. 또 『낙양가람기』에 보리달
마의 이름이 있다. 서역사문 보리달마는 페르샤인으로서 중국 땅
에 와서 스스로 150세라 하고 여러 나라를 편력하였다. 낙양에 있
는 영녕사의 장엄함에 감탄하여 "나무"라고 외우고 여러 날 합장하
였다고 적혀 있다. 영녕사는 위나라 희평 원년(516년)에 완성하고 11
년 후에 큰 바람으로 파괴되었다고 전한다. 달마가 실제로 영녕사
를 참배하였다면 이때였을 것이다. 달마에 대한 실존 여부를 두고
여러 논란이 있지만 작은 실마리라도 이처럼 찾아지는 경우가 있고
조그만 단서 하나로도 맥락이 맞춰지기도 한다.

선종사 가운데서도 초기의 달마·혜가·승찬·도신·홍인 등의
전기에 관해서는 옛부터 『경덕전등록』, 『전법정종기』 등이 권위 있
는 전적으로 인정받는다. 그러나 이 전적들은 역사서나 전기가 아
니며 주로 기연어구나 전설류를 모은 것이다. 『속고승전』과 『경덕
전등록』 사이에는 300여 년이 넘는 간격이 있다. 그리고 간격만큼
이나 두 전적에서 보여주는 달마의 전기 사이에도 차이가 많이 있
는데 돈황 출토 전적이 알려지면서 선종사의 연구에도 많은 기여
를 하였다.

선종은 종파에 따른 구분이 있고 선의 성격에 따라 구분을 하

기도 한다. 종파는 계속 설명이 이어질 것이기에 생략하고 대신 성격에 따라 구분하자면 여래선·조사선·분등선이 그 대강이 된다. 여래선은 달마 이래로 혜능 이전까지의 구분이며 북종의 신수를 포함하는 개념이다. 흔히 달마선의 계통을 여래선이라 부르고 혜능선계를 조사선이라 한다. 여래선은 자교오종이라 하여 교의 가르침에 의지하여 깨달음을 얻는다는 사상이어서 기본적으로 경전을 도외시하지 않는다. 이 용어는 중국화의 길로 접어드는 혜능 이후의 조사선과 구분하는 성격규정의 의미 정도로 이해하면 된다. 여래선은 초기선학이 선종으로 넘어가는 과도기이며 인도선이 중국선으로 변화하고 발전해 가는 중요한 단계이다.

　달마는 소림굴에서 9년 면벽을 하여 벽관 바라문이라는 별칭을 얻기도 한다. 구법의 표시로 단비를 한 혜가와의 문답은 안심법문이라 하여 법문의 한 틀로 자리 잡을 만큼 유명하다. 그리고 양무제와의 대화에서 생산된 확연무성은 종문의 제1서라고 일컫는『벽암록』의 제1칙,『종용록』의 제2칙에 나올 정도로 달마의 지위는 확고한 것이었다. 그러니 실제와 상관없이 달마를 부정하고서 선종사를 말할 수도 없다. 이런 드라마틱한 면이 대중의 관심을 받았는지도 모른다.

　여기서는 여래선·조사선·분등선 등으로 구분하여 그 안에서 다시 종파를 언급하는 방식으로 써나가려 한다. 초기선종이 주목한 경전은 여래장 계열의『능가경』이었다.

3

여래선의 전개

여래선의 정의
—

중국선은 인도에서 유래하였지만 인도선과는 다르다. 중국선의 많
은 용어와 방법 및 내용은 인도에서 왔지만 모두 중국사회의 역사
적 조건과 전통사상문화의 영향 아래에서 새롭게 변화·발전하였
다. 선종 역시 인도불교가 중국화된 산물이지만 인도에서 선종과
같은 방식으로는 존재하지 않았다. 중국선은 중국불교와 중국문화
의 주요 구성부분으로 자리 잡아 점점 사람들의 관심을 끌었다. 인
도는 종파가 될 때에도 학파의 성격에 따라 만들어지지만 중국의
종파는 인물을 중심으로 하여 생겨나는 경우가 있고 특히 선종에서
두드러지게 보이는 현상이다. 그리고 중국은 언어체계상 말의 함축

성이 강하고 논리의 비약도 그만큼 심하기 때문에 특정 용어가 생겨날 때의 사상의미를 알아야 한다. 사람의 생각과 문화는 시간이 지날수록 의미가 변형되거나 확장되기도 하기 때문에 그 변천과정을 알지 못하면 사상맥락을 이해하기 어렵게 된다. 왜 선이면 선 자체로 하나면 될 일이지 왜 그렇게 많은 종파와 용어가 존재하는지 선을 공부하는 사람은 혼란을 느낄 수도 있다. 하지만 다양성 측면에서 보자면 사상의 발전은 기존의 것과 차별화하는 과정 속에서 체계가 이루어지기 때문에 이런 차이는 도리어 경이롭게 다가오기도 한다. 세상이 일색(一色)이면 보지 못하고 일음(一音)이면 듣지 못한다고 하지 않던가. 생명의 본질은 다양성 속에서 더욱 가치가 드러나고 반짝일 수 있는 것이다.

여래선의 본뜻은 여래가 얻은 선 혹은 여실하게 여래의 지위에 들어가는 선이다. 여래는 처음에 석가모니불을 칭하는 십대명호 중의 하나였으나 뒤에 모든 불타를 부르는 칭호가 되었다. 아미타불은 아미타여래, 약사불은 약사여래라고 부를 수 있다. 여래가 불타이기 때문에 여래불이 된다. 선은 고대인도에서 일반적으로 유행하던 일종의 수행방법이다. 따라서 여래선은 여래가 되기 위해 닦는 선 혹은 여래의 가르침에 의지하는 선이라는 의미를 둘 수 있다. 이것을 후대의 선문에서 자신들의 가르침을 다소 전문성에 특징지어 조사선이라고 한 것이지 여래선과의 비교 우위를 말한 것은 아니고 배척하기 위함과도 다르다. 왜냐하면 불교수행의 그 누구도 석가모니 부처님을 뛰어넘는 지혜와 복덕을 구족하였다고 말할 수는 없기 때문이다.

교에 의지하여 깨닫는다, 『능가경』과 자교오종
—

선종 초기 보리달마가 전한 선을 선학적으로 정의하여 여래선이라 한다. 달마계의 선은 가장 초기에 『능가경』으로 법을 삼고 이 경전 속의 여래자성청정심을 수심의 근거로 하고 있다. 왜냐하면 『능가경』에 "여래선은 여래장 성질을 깨달아 여래법신을 얻는다"는 설명이 있기 때문이다. 달마의 법은 서천 28대 조사설에 의거하면 이조 혜가 → 삼조 승찬 → 사조 도신 → 오조 홍인에게 전해졌다. 이중 도신과 홍인 문하는 동산법문 또는 동산종이라고 칭해진다. 홍인 문하에서 남종 혜능과 북종 신수로 응대되는 양대 기본종파로 분화하기 시작한다. 혜능 문하에 하택신회·청원행사·남악회향의 세 줄기가 뻗었으며 청원계와 남악계는 더욱 분화하여 오가칠종의 선종사를 이루어냈던 것이다. 규봉종밀은 『선원제전집도서』에서 "달마 문하에서 전한 선을 최상승의 여래선"이라고 정의했다. 『능가경』에서는 4가지 선을 언급하면서 여래선에 대하여 이렇게 말한다.

> 무엇을 여래선이라고 하는가. 여래지에 들어가서 성지상의 세 가지의 기쁨이 머무름을 자각하여, 중생의 부사의한 일을 이루는 것을 여래선이라 한다.

즉 여래의 경지에 들어가 성스러운 지혜의 상에 머무르며 중생을 구제하는 묘용을 갖추도록 깨닫는 것이 여래선이라는 뜻이다. 여래장이 불성론과 같은 의미로 쓰이는 것은 일체중생이 모두 불성이 있어서 깨달음을 얻을 수 있다는 것에 근거한다. 여기에 활용되는 경전이 『능가경』이다. 이 경의 영향력이 지대해서 달마 이래 전승의 법도 『능가경』이고, 그 선사들을 능가사라고 하며, 능가종이라는 종파로서도 입지를 다졌다. 따라서 초기선종사를 이해하려면 『능가경』을 알아야 한다. 보리달마의 전법은 4권 본 『능가경』으로 심인을 전한다. 『능가경』은 여래장 문제를 전적으로 논하며 여래지에 들어가는 여래선은 여래장성을 증득하고 여래법신을 얻는다는 뜻을 가지고 있다. 달마의 문하에는 『능가경』으로 법의 전등을 삼는 사람을 능가사라 하고 그들이 닦는 선을 능가선이라 한다. 불교가 중국에서 널리 퍼질 수 있었던 중요 원인 중의 하나는 사람을 중심으로 하고 사람을 배려하는 학설이 중국인의 마음을 깊이 감동시켰기 때문이다. 남북조 시기 역경을 거친 불교는 경론을 강습하는 풍조가 성행하여 그 과정에서 학파가 형성되었다. 『능가경』이 주목받은 이유는 달마가 혜가에게 전법의 상징으로 이 경전을 전하면서부터이다. 『속고승전』의 「혜가전」에는 다음의 기록이 있다.

처음에 달마선사가 혜가에게 『능가경』 네 권을 주면서, "내가 한의 땅을 살펴보니 오직 이 경전이 있을 뿐이다. 그대가 이 경전을 따라 수행하면 저절로 해탈을 얻으리라"라고 말했다.

혜가의 문하에서도 이 경전은 역시 중히 여겨졌다. 삼조 도신은 "나의 이 법의 요지는 『능가경』에 의지한다"라고 하였고, 오조 홍인은 사원의 복도에 능가변상도를 그리려고 할 정도로 『능가경』을 중시하였다. 이렇게 하여 초기선종사에 능가계가 형성되기에 이르렀고 교에 의지하여 깨닫는다는 자교오종의 종풍이 이어졌다. 자교오종 안에서도 교를 중시하는 능가경사와 종을 중시하는 능가선사로 나뉜다.

달마가 서쪽에서 온 까닭은

—

내가 본래 이 땅에 온 것은
법을 전하여 미혹한 중생을 깨우치기 위함이니
한 송이의 꽃에서 다섯 잎이 피어
열매가 저절로 맺히리라.

위의 것은 달마가 혜가에게 남긴 전법게다. 일화개오엽은 달마 이후 혜능까지의 오대전승을 말하기도 하고 때에 따라서는 오가칠종의 분파를 암시하기도 한다. 달마는 선종에서 워낙 상징적이면서 신화적인 인물이라서 조사서래의(祖師西來意)가 화두의 대명사가 될 정도다. 달마도에서 그려지는 모습은 두 가지다. 하나는 소림굴에서 면벽하는 모습이고 다른 하나는 지팡이를 메고 서 있는 모습이다. 서 있는 모습을 자세히 보면 발밑에 갈댓잎을 깔고 있다. 이것이 갈대를 타고 (양자)강을 건넜다는 고사의 유래다. 달마에 대한 이야기로 양무제와의 문답, 그리고 혜가와의 소림굴에서의 문답 두 가지를 소개한다.

양무제: 짐이 즉위한 후, 수많은 절을 짓고 보시를 했거든요. 무슨 공덕이 있을까요?

달마: 아무 공덕이 없습니다.

양무제: 그렇다면 어떠한 것이 성스러운 제일의인가요?

달마: 툭 트여 성스러울 것도 없습니다(廓然無聖).

양무제: 지금 짐을 대하고 있는 사람은 대체 누구란 말이요!

달마: 모르겠습니다(不識)!

혜가: 저의 마음이 편치 않습니다. 어떻게 좀 편하게 해주십시오.

달마: 그 불편한 마음을 가져오게, 내가 편케 해주겠네.

혜가: 마음을 찾아봐도 구할 수가 없습니다.

달마: 그럼 이미 그대 마음을 편히 해준 거네.

양무제와의 문답에서 나온 확연무성은 『벽암록』의 제1칙, 『종용록』의 제2칙에 배치되었다. 『종용록』이 제1칙에 세존승좌를 넣은 것은 선법의 시작을 세존에 둔다는 의미다. 그리고 바로 이어서 달마의 문답이 제2칙으로 이어진다. 이것만으로도 선종에서 달마로 상징되는 이야기들이 얼마나 유의미한 것인지 잘 이해해야 한다. 달마는 숭산 소림사에서 하루 종일 면벽으로 지냈기에 붙여진 이름이 벽관바라문이다. 달마의 『혈맥론』에는 "밖으로 모든 인연을 쉬고, 안으로 헐떡임이 없어서, 마음이 흡사 장벽과 같아야, 가히 도에 들수 있다"라는 구절이 있다. 장벽은 스스로에게 거울이고 막다른 은산철벽이다. 어디서 활로를 찾을 것인가. 그래서 면벽은 자신을 스스로 구석으로 몰아넣는 것이다. 양무제에게 "모르겠습니다!"라고 한 것도 역시 벽이다. 선종에서는 이처럼 꾀부릴 틈을 주지 않는다. 선을 배우는 사람은 마음의 벽을 세울 줄 알아야 한다. 마음에 이처럼 단단한 벽 정도는 하나 가지고 있어야 만사 담담하게 바라볼 수 있다. 그래서 선이 강렬하고 이상하게 생명력이 있다. 인간의 깊은 잠재의식까지 단번에 흔들어버리는 것이다.

혜가가 달마의 소문을 듣고 찾아간 것이 소림 9년 면벽 그 시점이다. 혜가가 석굴 앞에서 아무리 매달려도 달마는 응해주지 않았다. 어느 날은 밤새 눈 내리는 마당에 서 있으니 무릎까지 눈이 차올랐다. 만나주지 않으면 차라리 죽겠다, 하며 혜가는 칼을 꺼내 팔을 잘랐다. 그랬더니 백설천지의 눈 내리는 새벽의 흰 눈 위에 붉은 피를 뿌리며 팔이 떨어지는 찰나에 파란 파초잎이 올라와서 팔을 받쳐줬다. 설중단비의 이야기는 이렇게 나왔다. 선방 뜰에 파초를 심는 이유가 혜가의 구법단비를 상징하기 때문이다. 그렇게 달마는 제자를 얻었고 위의 안심법문을 전했다. 그래서 달마의 선법이 안심법문이 되었다.

중국선의 첫 출발은 뜻밖에도 너무 쉽고 누구나 간절하며 누구나 꿈꾸는 마음의 편안함을 위한 안심이라고 선언한 것이다. 총체적으로 보면 달마의 선법은 안심을 둘러싸고 시작되었다. 거창하게 말하면 대승안심선법이다. 인도선과 초기중국선학이 공통적으로 가지는 내용인데 그것을 달마가 선학의 중심으로 끌어들여 부각하였다. 그는 안심법으로써 몸의 자세와 행법에 편중하는 전통선법을 대체하여 자세와 생각에도 장애가 되지 않는 안심에 새로운 의미를 부여한 것이다. 중국선문에 신선한 바람이 그렇게 일기 시작했다.

달마에게는 이입사행론이라는 수행법이 있다. 이입은 자교오종의 뜻이고 사입은 보원행·수연행·무소구행·칭법행 등이다. 이것이 달마사상의 이론적 깊이를 더하고 있다는 것을 언급하는 정도에서 마치고 다음 주제로 넘어가겠다.

달마 후대 전승과 능가종의 형성
—

달마가 『능가경』을 혜가에게 전하고 혜가 이후에도 『능가경』으로 전법하는 사자상승의 과정이 만들어지면서 능가계를 형성하였다. 이는 달마의 자교오종을 계승하는 과정에 나타난 두 가지 경향이기도 하다. 하나는 교를 중시하고 다른 하나는 종을 중시하는 것이다. 교를 중시하는 이들이 능가경사이고 종을 중시하는 이들이 능가선사가 된다. 여래선계는 능가선사 중에서 선종으로 향하는 과도기에 있던 이들을 가리킨다. 즉 선의 성격구분으로는 달마에서 홍인과 그의 문하에서 북종의 신수 계열이 여래선에 해당하고 혜능의 남종 계열이 조사선으로 달라진다. 그러나 종파는 인물이 중심이기 때문에 구체적으로 『능가경』을 수행의 근간으로 삼는 계열이 능가종이다. 『능가경』의 역경자가 구나발타라여서 그를 능가사 계보의 초조로, 달마를 제2조로 적은 이는 『능가사자기』를 쓴 정각이다. 『능가경』 주석서로는 중국의 정각이 저술한 『능가사자기』가 유명하다. 저자인 정각이 중국의 역대선사들의 전거를 수록하면서 그 초조를 구나발타라 삼장으로 한 것이다. 따라서 능가종의 초조를 보는 관점은 다르기도 하지만 이후 혜가~승찬까지 능가종, 도신~홍인은 동산법문 혹은 동산종으로 부르는 계보가 이어진다.

그렇다면 어떤 이유에서 『능가경』이 중시되었던 것인지 알아볼 필요가 있다. 능가(楞伽)라는 말은 여래의 심오한 경지에 도달하기 어렵고 들어가기 어렵다는 뜻이다. 이 경은 대승불교 중에서도 후기에 속하는 것으로서 여래장사상에 입각하여 여러 학파의 설을 풍부하게 채택하고 통합하고 있다. 그리고 달마가 중국에 처음 왔을 때 이 경을 여래심지의 요문이라 하여 이를 의지해 수행의 지침을 삼도록 하여 중시되었다. 미혹의 세계가 벌어지는 이유와 과정을 설명한 것이 유식사상이라면 미혹의 세계에서 깨달음의 세계로 갈 수 있는 가능성과 그 근거를 설명한 것이 여래장사상이다. 그리고 여래장사상과 아뢰야식사상을 결합시켜 설한 것이 『능가경』으로 후대 『대승기신론』 사상의 근거가 되기도 한다. 능가선은 중국 선종의 선구적 위치이기 때문에 혜능 이후 조사선으로의 주류가 형성되기 이전의 선의 경향이어서 그 특징을 간단히 변별하면 다음과 같다.

자교오종의 밀의전수를 중시
좌선에 의한 수심을 통해 해탈열반에 나아감
유식과 여래장인 공과 유를 융합하고 흡수함
사종선의 언급을 보듯 돈오점수적인 순차적이고 점진적인 수행

『능가경』을 존숭하는 이들을 능가종이라 하고 이론적 기초는 달마의 이입사행론에 입각한 수행이다. 이입사행론은 달마와 혜가를 연결하는 사상통로가 될 만큼 중요한 개념이다. 혜가와 승찬은 기록이 많지 않다. 다만 혜가는 달마와의 문답이랄지 향거사와 담림과의 서신왕래가 언급되는 정도이다. 특히 혜가의 단비와 관련하여 설중단비의 이야기도 있지만 실제로는 당시 도적들이 들끓어서 팔을 잘리는 일이 흔하였다고 한다. 『속고승전』「혜가전」에 담림과의 관계를 전하는 무비림 이야기가 다음과 같이 전해진다.

혜가는 일찍이 도적에게 팔을 잘리었지만, 관심의 법으로 고통을 잘 제어하고 스스로 상처를 불로 태워 지혈시키고 헝겊으로 싸매고는 이전과 같이 지냈다. 하루는 임법사가 도적들에게 팔을 잘리고는 밤새 소리를 지르며 고통스러워했다. 혜가가 음식을 그릇에 담아 먹으라고 권했다. 임법사가 화가 나서 자신이 팔이 없는 줄을 모르냐고 하면서 소리를 질렀다. 그러자 혜가가 소매로 감싸고 있던 자신의 잘린 팔을 보여주며 한마디 했다.
"그대만 팔이 없는 것도 아니잖아!"
그때서야 임법사는 혜가도 팔이 없음을 알고 부끄러워했다.

혜가를 이어 제3조가 된 이는 승찬이다. 『속고승전』에도 그에 관한 기록은 없다. 대신 '법충전'에서 혜가의 문인 가운데 '찬'선사의 이름이 거론된다. 그도 혜가와 같이 『능가경』 전승자였다. 『역대법보기』나 『경덕전등록』 등 비교적 후대의 사서에 승찬에게서 도신으로의 전등부법이 나타나고 4조 도신이 12년간 승찬을 모셨다는 말이 전해진다. 승찬 관련 이적으로는 여주 양정사에서 물이 부족한 것을 보고 분향하고 물을 구하자 지하에서 물이 용출하더니 승찬이 입적하자 물도 말랐다는 이야기가 전한다. 승찬의 저술로는 『신심명』이 공전의 전적인데 일찍이 '달마대사신심명'이 전해져 왔던 때도 있고, '우두법융심명' 및 영가의 「증도가」와 매우 합치된다는 점에서 그의 친설 여부는 논란의 여지가 있다.

결론적으로 말하여 선종은 달마·혜가·승찬의 시대에는 한결같이 『능가경』을 전승한 사자상승의 문파였다. 다만 당시의 사적을 쓰고 있는 『속고승전』이나 『능가사자기』에 선종이라는 명칭이 보이지 않는다. 선종이 과거에는 능가종으로 대변되었던 것이다.

동산법문, 선문의 초석을 놓다
—

달마에서 승찬까지 계승된 『능가경』 중심의 능가종 시기를 지나 도신~홍인에 이르면 선문은 뿌리를 깊게 내리면서 안착하기 시작한다. 활동지역으로 보자면 달마와 혜가는 북방의 업도에 있었고 승찬은 서주에 있었다. 도신은 쌍봉산에 들어가 30년을 하산하지 않았다. 홍인이 다시 동산에 들어가 문파를 형성하였기에 이를 일러 동산법문 혹은 동산종이라고 부르게 되었다. 동산은 기주 황매현의 빙무산을 가리키며 같은 지역에 주석하던 도신의 서산 쌍봉산에 응대하는 호칭이다. 측천무후가 "만일 수행을 문제로 삼는다면 동산법문보다 나은 것이 없다"라고 했으니 그 분위기를 짐작할 수 있다. 황매에서 발흥한 지 50여 년 만에(620~674년경) 동산법문은 중국선의 중심이 되었다.

이 시기는 초당(618~713년) 때로서 불교의 변혁기였다. 현장의 법상종, 지엄과 법장의 화엄종, 도작과 선도의 정토종, 도선의 남산율종 집대성 등 먼저 출발한 천태종과 더불어 중국적인 불교는 모두 무대로 올라온 중요한 시기이다. 이제 불교가 완전히 중국인의 것으로 성장했다는 의미이기도 하다. 또한 달마와 혜가 등이 유행 생활을 했던 것과 달리 정주생활을 시작했다는 점도 있다. 이제 탁발 등의 생활보다는 경작을 통한 자급자족을 해야 할 만큼 대중이 늘어가고 있었다. 이는 선수행과 노동의 병행이라는 새로운 사원의 형태였다. 수행법과 관련하여서는 깨달음을 총칭하여 수심(守心)이라 하고 염불이 호흡법과 정신집중에도 활용되었다. 후대의 선종과 관련하여서는 입실·부법·인가와 같은 도제양성과 전법의 규칙이 만들어졌다. 이에 집단적인 수행에 의해 어느 경지에 다다른 사람은 개인적으로 스승을 찾아가 인가를 받을 수 있었다.

흔히 선법남행이라는 평이 있듯이 이 시점부터 선은 남방과 북방으로 확연히 달라지기 시작한다. 북방은 수행을 중시하는 기풍이 강했고 남방은 근본을 파악하는 교의적인 분위기가 강했다. 남방과 북방은 각각 장강 유역과 황하 유역(당시는 중원이라 함)이다. 남방불교는 강동을 중심으로 하여 지금의 강소성·안휘성·절강성의 대부분이 포함되고 핵심도시는 지금의 남경으로서 정치의 중심이었다. 장강 상류의 중심은 형주이고 도신은 장강을 건너가 황매의 파두산에 머물렀다. 도신과 홍인이 이곳에서 50년 이상 법을 폈기 때문에 중국선의 주류가 될 수 있었다. 먼저 도신에 대하여 알아보도록 한다.

도신은 중국선종사에서 그 이전을 통합함과 동시에 후대의 초석을 구축하였다는 점에서 중요한 위치를 점한다. 도신이 길주에 있었을 때 사람들에게 마하반야바라밀을 염하게 하였다. 도신의 사상으로는 계율과 선의 통합, 『능가경』과 『반야경』의 통합, 염불과 성불의 통합을 들 수 있다. 달마 전통은 두타행에 있지만 도신은 선과 보살계를 결부하여 수행하도록 이끌었다. 보살계는 당시 남조에서 상당히 유행하여 양무제나 수양제 모두 보살계를 받았다. 도신은 쌍봉산에서 『능가경』의 제불심제일과 『문수설반야경』의 일행삼매를 융합하여 『입도안심요방편문』을 짓고 선에서도 이 둘을 통합하였다. 염불은 대승경전에서 중요한 개념이고 혜원의 염불결사 이후 염불삼매까지 그 의미가 확대되었다. 도신은 염불에 의하여 성불한다는 사상을 주창하여 동산의 선은 한층 깊어지고 널리 행해질 수 있었다.

도신은 일행삼매를 주창한다. 이는 염불삼매와 연결되고 관상이건 칭명이건 불심과 하나가 되는 것이다. 도신도 자교오종의 연장선상에서 수행방법을 채택하는데 "부처를 염하는 마음이 부처(염불심시불)"이며 "청정한 마음이 그대로 부처이다(정심시불)"라는 새로운 선법을 제시했다. 그는 『입도안심요방편문』에서 일행삼매를 원용하여 안심의 방법을 설한다. 안심법문은 달마 이래 핵심법문이고 도신 선법의 이념이라 할 하나를 지켜 거기서 움직이지 않는다는 수일불이(守一不移)가 마침내 완성되기에 이른다. 일행삼매인 수일불이가 도신의 선이념이라면 수본진심(守本眞心)은 홍인의 선이념이다. 따라서 안심법문 → 수일불이 → 수본진심으로 조금씩 개념이 달라지는 경향을 유심히 봐야 한다.

도신의 법통을 계승한 홍인은 제5조에 위치한다. 동산은 홍인이 주석한 빙묘산으로부터 지어진 이름이다. 선이 크게 흥한 것도 홍인의 시대였다. "천태지관은 일체 경의 교의를 총괄하고, 동산법문은 일체의 불승을 총괄한다"라고 이화가 지은 한 비문에 들어 있다. 홍인이 널리 선법을 전수할 수 있게 된 후부터 동산법문은 평이 높아지고 당시 수행의 중심이 되었다. 홍인은 동산법문의 중심교설인 『수심요론』을 지어 "완강히 마음을 지킨다", "본래부터의 진심을 지킨다"는 수심·수본진심을 가르쳤다. 홍인은 "수심의 일법이야말로 열반의 근본이고, 입도의 요문이고, 십이부경전의 종이 되는 것이고, 삼세제불의 조가 된다"라고 수심의 의의를 말한다. 홍인의 수심론은 도신의 일행삼매의 좌선과 수일불이의 선법을 계승하여 발전시킨 것인데 둘 다 『유교경』, 『관무량수경』을 인용하고 있다. 수본진심은 『유교경』의 "마음을 일처에 집중할 수 있으면 과히 이루지 못할 것이 없다"라는 구절의 인용이다.

홍인은 『관무량수경』의 일상관을 일자간(一字看)의 좌선법으로 활용한다. 하나의 해가 서쪽 하늘에서 넘어가려는 광경을 관상하는 방법인데 일몰의 태양을 심중에 두어 서방정토 및 아미타불, 관음·세지 두 보살을 관상하는 것을 설한다. 또 일자간의 선법이 있다. 좌선할 때 평면에 몸을 바르게 하고 정좌하여 신심을 관대히 놓아 멀리 하늘 끝에 一 자를 보라는 것이다. 마치 산상에 앉아서 지평

선의 저쪽에 ─ 자를 간하는 것처럼 심중에도 ─ 자를 간하는 것으로 『관무량수경』에서 일상관을 관하도록 하는 것과 같은 방법을 제시한다. 홍인의 심중일자는 단순히 기호로서의 의미에 그치지 않고 궁극의 세계를 뜻한다고 봐야 한다. 이는 "산상의 노지에 앉아서 사방을 둘러보아 멀리 간하니, 어디에도 한계가 없는 것과 같다"라는 홍인의 법문에서 잘 드러난다.

동산법문의 형성은 중국교단사적 측면에서도 의의가 있다. 원래 불교교단은 출가집단으로서 모두 탁발하여 생활했다. 그러나 500의 대중이 운집하여 살아가기 위해서는 사찰 자체적으로 작무하고 경작하지 않으면 안 되었다. 자급자족 형태의 이런 사원경제는 불교사에 전례가 없는 최초의 일이자 대변혁이었다. 육조 혜능이 홍인을 친견하고 8개월 동안 디딜방아를 밟으며 일을 하던 『단경』의 이야기에서 보듯이 노동이나 운력을 중시하는 선종의 문화는 이렇게 시작되었다. "나무하고 물 긷는 일이 도 아님이 없다"는 선종의 말이 바로 이런 것이다.

동산법문은 정주생활의 시작이며 사원경제의 수용이라는 면에서 기존에 볼 수 없는 새로운 선종문화의 개창이다. 후대 선원청규의 일일부작 일일불식(一日不作一日不食)의 정신도 여기에서 비롯한 것이다. 선종사적으로 보면 선종이라는 호칭은 이 당시에도 아직 나타나지 않고 있다. 선종의 사상은 동산법문에서 신수·혜능으로 옮겨지는 시대에 크게 변모하고 그 사이에 우두법융의 우두종이 있었다.

남종과 북종으로 갈라지는 선

—

선적을 말하는 자 숭산을 종으로 하고

신통을 말하는 자 청량산을 종으로 하고

계율을 말하는 자 형산을 종으로 한다

— 당 문인 유우석

도신~홍인으로 이어지며 동산법문을 형성한 달마 이래의 선법은
홍인에 이르러서 대도약의 분위기가 무르익어 갔다. 그 첫 이유는
문하에 걸출한 인물들이 많이 배출되었던 것을 들 수 있다. 선이 중
국인의 기질에 맞게 더욱 빠르게 체질을 바꿔가는 과정에서 사상정
립이 이루어졌기 때문이다. 신수의 북종은 여래선과 동산법문의 정
통을 이어가는 입장이었다. 반면 혜능의 남종은 신회라는 남종의
이론가이자 설계자인 인물의 활약으로 조사선으로 한 걸음 더 들어
갔다. 또 법지의 문하는 우두종을 형성하였다. 선종에 있어서 남종
·북종의 이름을 세우고 그 차별과 대립을 의도한 인물이 하택신회
다. 원래 남종은 하택종을 일컫는 말이고 하택종만이 정통의 남종
이라고 하였던 것에서 비롯된다.

　도신과 홍인의 활동에 의해 각광을 받게 된 동산법문은 그 후
중원으로도 전해졌다. 당시는 측천무후의 시대였으므로 동산법문
은 황실과 귀족 등 상층계급 사람들로부터 주목을 받았다. 이후에
도 중종·예종·현종으로 이어지는 성당(713~770년) 시기는 북종선
의 전성기였다. 신수는 당시의 두 수도인 장안과 낙양의 법주, 세 황

제의 국사라고 불렸다. 문하의 보적은 신수가 입적한 후 중원 지역
의 선종을 대표하였다. 남종과 북종이라는 대립적인 느낌의 이 개
념은 어떻게 시작되었으며 어떤 인식을 불러오게 된 것인지 먼저
알아볼 필요가 있다. 북종(北宗)이라는 용어는 천태종의 제5세 현랑
을 위해 지은 이화의 '좌계대사비'에 선종법계를 기술하면서 달마
에서 법융로 이어진 북종과 홍인·혜능의 남종이라는 언급에서 비
롯된 것으로 보인다. 이것은 법통의식이 아닌 편의적인 지형에 따
른 설명으로 봐야 할 것이다.

　일반적으로 남·북의 방위를 붙여 선을 설명하는 방식에서 유
래한 남능북수 혹은 남돈북점이란 말이 있다. 이는 홍인 이후 남방
은 혜능의 돈오법을 숭상하고 북방은 신수의 점수법을 숭상한다
는 것을 대비시켜 하는 말이다. 육조현창운동은 혜능의 제자 하택
신회가 개원 20년(732년) 활대의 대운사에서 벌어진 무차법회에서
"보리달마의 종통법계는 육조 혜능이며, 북종의 신수는 방계이다"
라고 공격하면서 시작되었다. 그러나 이 논쟁의 정설로 받아들여진
돈황본『육조단경』의 성립이 혜능 열반 후 70여 년이나 지난 뒤의
일이었음을 알아야 한다. 신회의 공격과 달리 신수계에서는 자파를
특정하여 부른 적이 없었다.

　홍인의 제자들 가운데 일찍이 장안·낙양 등의 북지에 교화를
편 사람들은 스스로를 동산법문의 주류라는 정통의식이 있었다. 홍
인의 가르침을 동산법문이라고 이름 붙인 것도 북종계의 사람들로
당시 그들의 정법불교로서 자긍심을 내포하는 의미도 있다. 즉 동
산법문이란 곧 북종과 상통하는 말이었다. 북종선을 대표하는 신수

를 비롯해 혜안·법여 등 홍인의 유력한 제자들이 잇달아 측천무후에게 초빙되어 입내설법하고 숭산과 낙양·장안의 두 수도를 중심으로 교화를 전개하였다. 그런 까닭에 이경(二京)의 법주와 삼황제의 국사라는 칭호가 붙을 정도로 예우를 받았다. 이처럼 홍인의 동산법문은 북종선의 사람들에 의하여 천하에 알려지게 되었다. 그렇기에 북종이란 『육조단경』에서 신수의 문하를 지칭하는 말이면서 장강을 중심으로 북지에서 활약한 사람들을 일컫는 말이다. 따라서 남종·북종은 어디까지나 교화행을 펼친 땅에 근거한 지리적 호칭이라는 표현이 적확해 보인다.

소림사가 있는 숭산은 예부터 도교의 도사나 출가자들의 은거지였으나 대가람이 조성되고는 역경과 수선의 산이면서 도교의 영지로서 유명한 곳이었다. 선종의 사찰은 점차 산악불교로 변해가면서 큰 산에 대중이 모여 수선하며 경작지의 노동을 기꺼이 수행하였다.

북종선의 주류를 구성한 신수·보적계의 사상을 살필 수 있는 전적으로는 『관심론』, 『대승무생방편문』, 『대승오방편』 등이 있다. 이 전적들은 북종선에서 관심(觀心)이라는 수행법을 절대적인 것으로 강조하여 그 밖의 다른 수행법들은 모두 그 속에 포함될 수 있다고 생각했다. 이 관심법은 동산법문의 수심을 계승한 것이며 염불이 중요한 수행의 방법으로 등장하여 둘 사이에 연속성을 보여준다.

4

조사선으로 더욱 깊어지는 선

조사선의 선종사적 의의

—

하늘에서 비가 내리면 초목만물이 반기며 자란다. 그리고 빗물은 하나이지만 약초도 좋아하고 독초도 좋아한다. 같은 조건 속에서도 각자의 성질에 따라 받아들이고 생장하는 것이 다르다. 같은 물도 소가 마시면 젖이 되고 뱀이 마시면 독이 되듯이 말이다. 자연 우주 만물의 이치를 보려면 그 드러난 바를 잘 봐야 한다. 형태로도 보고 성질로도 보는 법이 있다. 알기만 하면 그다음의 활용에서 묘법이 생긴다. 불교는 묘법을 보는 종교라고 해도 지나치지 않다. 만물만 자라는 게 아니다. 생각도 자라고 변한다. 사람이 성장기가 되면 몸만 자라는 게 아니라 마음도 자란다. 사상도 마찬가지다. 초석이 놓이면 그다음부터는 저절로 굴러간다. 그래서 근원은 하나지만 가지는 여럿 만들어지는 것이다. 말도 글도 아니고 마음길도 끊어진 것이 선의 세계인데 얼마나 치열했으면 그 들어가는 문이 같을 필요가 없다는 것을 선자는 깨달았다. 크게 보면 대도무문이지만 작게보면 그 문을 여는 키는 그 문만 열 수 있다.

중국선종사에는 남종과 북종, 여래선과 조사선이라는 두 쌍의 기본개념이 있다. 선사상에서 남종과 북종은 우선 육조 혜능이 살았던 중당 시대 선종 내부의 종파의식을 나타내며 종파의 의의나 구분을 이론적 의의와 차이보다도 더욱 중시했다. 하택신회에 의해 시작된 남돈북점의 논쟁은 선종의 적통을 세우는 간단치 않은 작업이었다. 신회는 혜능-남종-돈오라는 프레임으로 신수-북종-점수라는 대립각을 세워 시종일관 남종선양을 위해 노력했다. 이로 인해 중국의 선종은 남종을 근간으로 하여 오가칠종까지 흘러갔던 것이다. 선의 형태구분은 달마에서 신수까지 여래선의 연장선상으로 보고 혜능을 시원으로 하여 조사선이라는 보다 전문성을 띤 형태로 나아갔다.

여래선과 조사선은 명심견성 돈오성불이라는 선종의 기치에 의거하면 다르지 않지만 군이 구별을 할 수는 있다. 또 여래선은 『능가경』을 중시한 자교오종이고 조사선은 『금강경』으로 옮겨간 자사오종이다. 전자가 교에 의지하여 깨닫는다면 후자는 스승에 의지하여 깨닫는 것이다. 그래서 여래가 전한 선과 경전에서 전하는 선을 여래선이라 하고 선종의 조사들이 전한 선을 조사선이라고 한다. 보다 넓은 의미로 여래선은 인도불교의 선법 및 중국에 전래된 불교가 선종을 창립하기 전의 선법이자 혜능 이전까지 발달한 선을 아우른다. 조사선은 혜능 이후의 오가분등의 선법을 포괄하여 말하는 것이다. 따라서 조사선은 확실히 중국선의 범주에 있다.

신회 하택종의 제4조이자 선과 교의 이론적 체계를 세운 인물은 규봉종밀이다. 그는 선·교를 두루 통섭하여 불교의 이해를 도모하였다. 종밀은 선을 오종선 혹은 오미선으로 구분한다.

외도선: 불교의 전통사상과 다른 복덕을 구하는 것

범부선: 인과업보의 생각으로 추구하는 선

소승선: 소승불교의 부정관·수식관 같은 선법

대승선: 염불선과 실상선 등 대승불교의 선법

최상승선: 일행삼매를 닦는 여래선, 혹은 여래청정선

위의 구분에서 보듯 엄격한 의미로는 혜능을 분기점으로 하여 여래선과 조사선으로 구분하여 칭하지만 당시까지도 조사선의 개념은 없었고 크게는 여래선의 범주였다. 다만 남돈북점으로 가르기 시작하면서 조사선을 혜능까지 올려붙여 편의적으로 사상구분을 하는 것이다. 인문학 특히 문헌학에서는 특정 용어가 처음 쓰인 시기를 규명하고 용례를 밝히는 것이 중요하다. 따라서 조사선의 첫 등장을 찾아야 한다. 조사선이라는 명칭을 최초로 제시한 이는 앙산혜적이다. 그가 위산영우의 문하에 있을 때였다. 사제인 향엄지한이 밭일을 하다가 기와조각을 무심코 던졌다가 대나무에 부딪치는 소리에 놀라고는 문득 깨달음을 얻었다. 그러고는 앙산에게 오도송을 지어보이지만 만족을 시키지 못했다. 향엄은 다시 게송을 지었다.

작년 가난은 가난이 아니고
금년 가난이 비로소 가난이다
작년 가난은 송곳 세울 땅이 없었으나
금년 가난은 참으로 가난하여 송곳조차 없다

이 게송을 본 앙산이 한마디 했다.

사제가 여래선은 알았으나 조사선은 꿈에도 보지 못했네

바로 이 말을 선종에서는 조사선의 첫 용례로 본다. 그 이후 역대 선
사들의 문답에 여래선과 조사선의 명칭이 흔하게 등장하지만 두 선
사이의 명확한 구분보다는 종파·조사의 법을 드러내어 보이기 위한
것이라고 할 수 있다. 그 구분의 의미는 다음의 몇 가지를 들 수 있다.

여래선은 점수적, 조사선은 돈오적
여래선은 언설과 의리·사변을 중시하고, 조사선은 교외별전 직지
인심을 중시
여래선은 이사구·절백비의 언어모순 해결, 조사선은 이의 초월
여래선은 불경계가 이상이며 성불이 목표, 조사선은 초불월조가
이념
여래선은 안과 밖, 조사선은 중생의 자심을 초월

에세이 선종사

한편 조사선의 시기에 접어들면 법문도 훨씬 직접적이고 강렬해지는 것을 볼 수 있다. 화두를 참구하는 간화선이 등장하고 선문답과 함께 주장자로 치고 고함을 지르며 상징적인 비유를 들어 질문에 응대하는 것이다. 오가분등으로 넘어가는 시기는 불립문자에서 불리문자(不離文字)로 사상경향이 바뀐다. 문자를 떠나서는 선을 말할 수 없고 문자를 통해 선은 더욱 자신의 체계를 잡아간다. 특히 이 시기에 다양한 전적들이 쏟아져 나오기 시작하면서 옛 전적에서 문답의 근거를 찾는 방식으로 변해갔다. 다음의 향엄지한의 법문을 하나 들어보라.

이 일을 논하자면, 마치 사람이 나무를 오르는 것과 같다. 입으로는 나뭇가지를 물고, 발을 디딜 가지도 없으며, 손으로 잡을 가지도 없다. 이때 나무 아래서 어떤 사람이 갑자기 조사서래의를 묻는다고 하자. 만약 그에게 답하지 못하면 질문에 어긋나고, 그에게 답을 하려는 순간 목숨을 잃게 된다.

다시 정리하여 말하면 조사선은 여래선의 기초 위에 건립된 것이다. 즉 여래선이 100여 년 동안 힘겹게 창조한 선학이론이 없었으면 조사선도 중국문화의 무대 위에서 오랜 세월 풍미하기 어려웠을 것이다. 여래선은 중국선학사상의 중요한 발전단계이며 이 시기를 지나 본격적인 조사선과 분등선으로 선종의 꽃이 만개할 수 있었다. 주지하듯이 조사선은 만법이 자심에 있으므로 내 마음이 부처이고 일체의 모든 것은 마음의 현현이라는 주장을 폈다. 이는 송

·명 이학에서 정주 이학의 성즉리와 육왕 심학의 심즉리로 원용된다. 주희의 말을 들어보자.

> 우주의 사이에 하나의 이치가 있을 뿐이다. 하늘은 그것을 얻어서 하늘이 되고, 땅은 그것을 얻어서 땅이 된다. 또한 모든 것은 천지의 사이에서 태어나며, 다시 각각은 그것을 얻음으로써 성이 된다. 그것을 넓히면 삼강이 되고, 그것의 실마리를 잡으면 오상이 된다. 대개 모두 이 이치가 널리 행해진 것으로, 가서 머무르지 않음이 없다.

위에서 보듯이 이학은 이치의 근본범주를 제기한다. 이치에 본체의 의의를 부여한 것이다. 주희의 이학이 교의적인 여래선과 통한다면 육구연과 왕양명의 심학에 넘어가서는 마음이 곧 이치임을 주장하기 때문에 즉심즉불 내지는 심즉시불의 조사선과 결을 같이 한다. 육구연은 "사람은 모두 이 마음을 가지고 있으며, 마음은 모두 이 이치를 갖추고 있다. 따라서 마음이 곧 이치이다"라고 하였다. 또 왕양명은 "마음 밖에 사물이 없고, 마음 밖에 언어가 없으며, 마음 밖에 이치가 없고, 마음 밖에 뜻이 없다" 하면서 양지(良知)라는 본심에 귀결하였다. 이처럼 일념 중에 반야관조를 일으켜 돈오성불하는 선종과 송·명 이학이 융회될 수 있었던 것도 중국선종의 공헌이라 하겠다. 선종사에서 달마와 혜능을 빼면 집의 기초와 주춧돌이 없는 집과 같다. 그리고 그 기틀을 보면 이미 집은 정해진 것과 다름없다. 따라서 혜능이라는 소농의 나무꾼에서 선종의 별로 떠오른 인물의 생애와 사상은 이야기 자체로도 흥미롭지만 혜능현창의 설계자인 하택신회의 논변을 모르고서는 선종의 사상이 연결되지 않는다. 혜능과 선종사의 전적임에도 불경의 위치에 올려진 『단경』의 굳건한 위상 자체가 신회의 설계에서 비롯되기 때문이다.

남종선의 설계자 하택신회
—

하택신회는 호북성 양양현 사람이다. 어려서 5경과 노장을 배웠고 불교를 만나 출가했다. 공자를 닮았다 하고 출중한 용모에 변설이 남달랐다. 처음엔 신수 문하에 3년을 살다가 다시 혜능 문하로 들어갔다. 당시 낙양은 북종의 중심이었고 남양의 용흥사에 머물렀다. 신회는 개원 22년 정월 보름 활대 대운사에서 북종배격의 포문을 열었다. 이 대립은 남돈북점으로 선의 이념을 규정하고 신수의 북종을 방계라고 낙인찍으며 남종을 적통으로 하려는 의도에서 비롯된 것이다. 이 주장이 뜻밖에도 호응을 받아서 화북 지방을 시작으로 정론으로 받아들여졌다. 『보리달마남종정시비론』은 당시의 의론을 담아 대중을 향해 선언한다.

나는 지금 여기에서 무차대회를 마련하고, 또 도량을 장엄했지만 이것은 조금도 공덕을 구하려는 것은 아니다. 천하의 학도를 위하여 종지를 확정하고, 시비를 분명히 하려고 생각했기 때문인 것이다.

신회가 활대에서 대회를 개최한 것은 한 번만은 아니었고, 개원 20
년에 벌인 대회가 큰 성공을 거두었다. 그리고 이와 관련하여서는
"조계의 가르침은 낙양 등으로 크게 퍼지고 돈오의 가르침은 천하
에 유포되었다"는 『원각경대소초』의 기록이 있다. 당 무종의 파불
이나 만당의 혼란으로 북종과 하택종도 쇠퇴하기 시작하여 남방의
선이 활보하는 결과를 가져왔다. 특히 "일대는 일인에게만 한한다"
라는 부촉제를 주장한 이유도 남종에 정통성을 부여하려는 것이었
다. 이 운동은 본래 자신을 개조로 하는 하택종에 적통성을 두려는
의도로 보기도 하지만 종밀을 끝으로 하택종은 종말을 맞았다. 중
국의 선종은 북종도 하택종도 아닌 남종의 마조도일의 선과 나중에
조동종의 시초가 되는 석두희천의 선으로 흘러갔다.

　신회 활동기에는 안록산의 난이 있었다. 이 난은 안사의 난과
함께 당이 몰락하는 계기가 된 중요한 사건이다. 신회의 활동 중에
그가 얼마나 용의주도한 인물인지 보여주는 일이 있다. 당시 계단
에서 득도하는 것은 병역이나 노역을 피하는 수단이었다. 그런데
나라의 군비마련이 어려워지자 세금을 내고 득도할 수 있게 하였
다. 그리고 그 돈을 향수전이라 하였다. 임시로 단을 쌓아 거기서 얻
은 금전으로 군사비를 보충하여 대종과 곽자기가 낙양과 장안을 탈
환하는 큰 힘이 되었다고 기록하고 있다. 『송고승전』에 "숙종 황제
는 조칙을 내려 궁중으로 불러 맞아들여 공양했다. 장작의 대장에
임명하고 신회를 위하여 하택사에 훌륭한 선당을 건립하게 했다"
라는 것에서 그 내용을 알 수 있다.

　당시 신회는 여래선, 정과 혜, 무념과 견성을 강조했다고 『역대

법보기』에 전해진다. 신회의 저작은 돈황에서 전적들이 출토되면서 알려졌다. 특히『보리달마남종정시비론』이나『돈오무생반야송』이 그의 사상을 잘 보여준다. 중국불교에서는 양진 이래 경전을 강의하는 법회에서는 반드시 최초에 한 사람이 나와서 강사와 문답을 주고받는 것이 관례로 되어 있었다고 한다. 신회는 그 지방의 유명한 경전학자인 숭원과 문답을 하면서 종지를 밝혔다. 즉 달마 종지의 정통은 혜능의 돈오의 가르침이고 일세를 풍미하고 있는 신수 문하 쪽은 방계이며 점오라고 하면서 굳은 신념을 표명했다. 남북의 우열, 방계와 정계, 돈오와 점오라는 극명한 대비로 적통논리를 폈던 것이다.『단경』에도 나오지만 돈·점의 문제는 당초에 근기의 차이에 착안한 논변이었다. 다음의 내용이 그것을 잘 보여준다.

> 법 그 자체에는 돈도 점도 없지만 사람의 소질에는 영리하고 둔한 차이가 있다. 미혹한 사람은 단계를 밟아서 진리에 도달하려고 하지만 깨달은 사람은 곧바로 실행에 옮기는 것이다.

『단경』의 설은 대체로 신회의 주장과 일치하고 있다. 돈과 점은 기질의 문제이지 법 그 자체에 물을 수 있는 것도 아니고 법에 그것이 있지도 않다. 둔근의 사람은 오랜 겁에 걸쳐 단계를 거치면서 수행을 쌓아가지만 깨달음에 들면 동일한 자성반야에 드는 것이다. 동산법문이 즉심즉불의 돈오사상을 잇기 위해서는 돈법 일변도로 나아가지 않으면 안 되었다. 따라서 신회는 즉각 견성을 이루는 직료 견성만을 표방하여 남종 돈오의 사상을 천하에 알리고 싶었던 것이다. 『단경』이 신회의 저작이라는 논란은 다음 장에서 언급하도록 하겠다.

그 이름도 찬란한 조계, 육조 혜능과 『단경』
—

무릇 선을 말하는 자는 모두 조계를 근본으로 삼고 있다.

－조계제육조사익대감선사비, 유종원

혜능에 이르러 남과 북이라는 지형의 차이만큼이나 선사상도 남돈 북점으로 달라지고 사람도 홍인 문하의 두 갈래인 신수와 혜능으로 고착화되기 시작한다. 사람의 주장이란 것이 한쪽에서 치고 나갈 때 응대하는 쪽에서 효과적으로 반론을 펴지 않으면 시간이 흐름에 따라 우열이 정해지기 마련이다. 더욱이 시대상황이나 정치권력의 비호가 끼어들면 누구도 예측하기 어려운 방향으로 흘러가 버린다. 언로가 투명해진 요즘 세상에도 문중의 선사에 대한 비명은 대단히 자의적으로 지어지곤 한다. 사실과 다르고 오해를 살 수 있는 어구가 있다 하여 누가 그것을 바로잡을 수 있겠는가. 눈에 빤히 보면서도 침묵하게 되는 것이 사람의 일인데, 오랜 과거에 누군가 작정하고 전적과 문서의 기록을 곡해한다면 어떻게 할 것인가. 그런 의문은 여러 전적, 특히 인물과 사상에 관한 것들을 볼 때마다 드는 것이고 뒷맛이 개운하지는 않다. 그렇다고 전부 부정하거나 신뢰할 수 없다고 치부하여서는 의지할 데가 사라지고 만다. 따라서 의문은 의문대로 보고 기록은 기록대로 살피면서 오인된 부분을 가려가는 것이 현명한 방법일 것이다.

선종사에서 육조 혜능의 이야기에 감명받지 않은 이가 얼마나 될까? 후대에 살이 붙고 미화된 게 없진 않겠지만 특히 출가자의 경우엔 혜능처럼 봉양하는 노모를 놓고 떠나야 한다거나 행자생활의 작무 등 『단경』에 전하는 광경들이 남의 일 같지 않게 폐부에 다가온다. 그래서 예나 지금이나 나무꾼에서 출발하여 선종사의 절대고봉으로 남은 혜능의 전기는 사람들을 매료시킨다. 마오쩌둥은 『단경』을 '노동인민의 불경'이라 부르며 애독하고 혜능의 입지전적인 이야기를 좋아했다고 한다.

우리가 아는 혜능의 전기나 사상은 오로지 『단경』에 의존하여 논해진다. 그 이유는 이것 말고는 믿을 만한 전기도 없거니와 혜능의 사상을 밝힐 만한 사료도 적었기 때문이다. 여러 가지 전기도 오히려 『단경』에 기초하여 만들어지고 있는 것이 많다. 오늘날 중국 선종의 자료 중에 혜능의 전기나 사상 그리고 에피소드 등을 전하는 자료는 많지만 한결 같이 후대에 만들어진 것이어서 사실로서의 전기를 기술한 자료는 찾아보기 어려운 것이 현실이다. 친설 여부와는 별개로 혜능의 저술이라고 하는 『금강반야경해의』 2권이 있고 신회는 『금강반야경』을 수지하는 것이 혜능 남종선의 정통이라고 주장하는 식이다. 어찌되었건 신회의 현창 이후로 『금강경』은 달마 이후 동산법문까지의 소의경전인 『능가경』을 넘어서서 선종의 기본교의가 되었다. 여기서는 일반적으로 전하는 혜능의 이야기를 적어보도록 하겠다.

혜능은 영남의 신주(현 광동성 소주 곡강현) 출신으로 아버지가 일찍 돌아가시고 땔나무를 해서 팔아 홀로 어머니를 봉양하며 살아가고 있었다. 하루는 탁발승으로부터 『금강경』의 "응무소주 이생기심(응당 머무는 바 없이 그 마음을 내어라)"을 듣고 깨달음을 얻었다. 그리고는 황매산 오조 홍인의 이야기를 듣고는 출가하기로 결심한다. 하지만 어려운 처지의 어머니를 두고 갈 수 없다는 사정을 말하자 탁발승은 은 10냥을 꺼내 쥐어주고는 출가를 권하였다. 혜능은 홍인을 찾아가 참알한 자리에서 "영남의 오랑캐에게도 불성이 있느냐"라는 놀림을 받았다. 이에 혜능은 "땅에는 남북이 있지만, 불성에 남북이 있겠습니까?"라는 말로 놀라움을 안기고는 후원의 방앗간에서 공이를 밟는 일을 하였다. 송광사 승보전의 벽화에도 이 모습이 그려져 있다. 흔히 등에 돌을 지고 있는 자세로 그려진다. 몸이 작아서 공이를 누를 수 없기 때문에 돌을 지고 무겁게 하여 일을 하는 것이다. 이처럼 단편적인 이야기 하나만으로도 사람들을 매료시키는 묘한 힘이 있다. 그러던 하루는 홍인이 법을 전수하기 위해 대중들에게 게송을 지어와서 내보이도록 했다. 통과하면 전법을 받는 것이다. 당시 홍인문하의 상수제자는 신수였다. 당연히 그는 대중에게 잘 보이는 자리에 게송을 내걸었다.

身是菩提樹	몸은 보리수요
心如明鏡臺	마음은 명경대라
時時動拂拭	부지런히 털어내어
勿使惹塵埃	티끌이 일지 않게 하라

홍인은 자신의 제자들에게는 신수의 게송대로 수행할 것을 명하면서도 정작 신수에게는 따로 불러 "문턱에는 이르렀으되 이를 넘지는 못했다"라고 평하며 다시 지어오도록 했다. 그런데 다음날 아침에 대중들이 웅성거렸다. 누가 신수의 게송 옆에 다른 게송을 써 붙여놓았기 때문이다. 그것은 신수의 게송을 본 혜능이 밤사이 지어 붙인 거였다.

菩提本無樹	보리는 본래 나무가 없고
明鏡亦非台	명경 또한 받침이 없다
本來無一物	본래 한 물건도 없는데
何處惹塵埃	어디에 티끌이 있겠는가

이를 본 오조 홍인은 다른 제자들이 혜능을 해할까 염려하여 "이 게송에서 얻을 것은 아무것도 없다"라고 하면서 게송을 지우고는 밤에 혜능을 불러 의발을 전하였다. 그러고는 손수 노를 저어 강을 건네주고는 헤어졌다. 전법제자인데 두 번 다시 볼 날을 기약할 수 없다는 것을 서로 알고 있었다. 그런데 혜능의 게송에서 셋째 행의 본래무일물(本來無一物) 자리에 원래 불성상청정(佛性常淸淨)이나 명경본청정(明鏡本淸淨)이 들어간 두 가지의 게송이 존재한다. 물론 초기 시대의 『단경』에는 본래무일물이 들어가는 게송은 존재하지 않았다. 그러다 유포본으로 나오는 각 종류의 『단경』은 소위 모두 혜흔본(967년)에 기초하여 일부 내용에 개변을 가하고 있었다. 혜능의 게송이 본래무일물로 고쳐져서 등장하는 가장 오래된 문헌은 『완릉

록』과『동산록』이다.

개찬증보 이전의 형태는 10,300자 정도 분량의 고단경인데 그 중 15군데, 4,000자 정도가 삭제되어 전승된 것이『육조단경』혹은 『단경』이다. 따라서 어떤 내용이 얼마나 첨삭되었는지는 논란의 여지가 있다. 혜능보다 65년, 신회보다 13년 후에 입적한 혜충은 "어찌 언교를 이루랴. 괴롭도다. 우리의 종이 여기에서 망하다니" 하였고, 신회보다 66년 후에 죽은 위처후는 "추종자가 진실에 어두워 균과 탱자의 체를 변화시켰다"라고 탄식하였다. 특히 한결같이 반야바라밀을 설하는『단경』의 내용은 신회의『남종정시비론』과 너무나 합치되며 오직 신회만이 일치되는 것이라서 후세 선종사의 맥락과도 닿지 않는다는 평을 받는다.

혜능은 사냥꾼들 틈에서 16년(다른 전적에선 5년이라고도 한다)을 지내고는 광주의 법성사에 들어갔다. 마침 그곳에서는 인종법사가 『열반경』을 강의하고 있었다. 바람에 휘날리는 깃발을 보고 한 승은 "저것은 바람이 움직이는 것이다"라고 말하고, 다른 승은 "저것은 깃발이 움직이는 것이다"라고 말했다. 이에 혜능은 "움직이는 것은 깃발도 아니고 바람도 아니다. 움직이는 것은 그대들의 마음이다"라고 말했다. 인종법사와 대중이 놀라면서 정체를 궁금해했다. 혜능은 자신의 정체를 말하고는 홍인에게 전해 받은 의발을 보여주었다. 이에 대중들이 혜능에게 예를 표하였고 인종법사는 혜능의 머리를 삭발해 주고 정식으로 비구계를 내렸다.

신수의 북종에서는 황제의 부름으로 입궐하는 일이 잦았으나 혜능은 달랐다. 측천무후와 효화 황제가 청하였으나 응하지 않은 일은 왕유의 「육조능선사비명」에 있다. 혜능은 열반에 당도하여 남종의 법계를 과거칠불과 서천 28조, 동토의 6조까지 부법상승하여 전래된 불조의 이름을 낱낱이 열거한다. 그러고는 "금일부터 이후 서로 전수함에 반드시 의약이 있어야 한다. 종지를 상실치 말도록 하라"는 부촉을 남긴다. 본래무일물(本來無一物)이라는 뜻밖의 한마디가 혜능사상의 모든 것을 함축하는 것이자 완성된 것이라고 할 수 있다. 이로써 일화개오엽(一花開五葉)이라는 달마의 전법은 혜능에게서 완벽하게 마무리되었지만 혜능 이후는 전법의 표시인 가사와 발우를 더 이상 전하지 않았다.

혜능 문하가 남악회양과 청원행사 두 제자를 중심으로 하는 새로운 조사선의 계보로 재편되면서 일찍이 남종선의 설계자인 신회는 어느 순간 방계로 처지고 만다. 원화 11년(816년) 마조 문하의 많은 제자들의 활약에 의해서 당 헌종은 조계혜능에게 대감선사(大鑑禪師)라는 시호를 하사하기에 이른다. 혜능 열반 후 거의 100년이 지난 후에 있었던 이 일을 계기로 하여 남종은 선종의 적통으로 공인받는 효과가 있다. 그러한 경사를 기념하기 위하여 당시 문호였던 유완원이 지은 것이 「조계제육조사익대감선사비」이고 거기에 "대개 선을 말하는 자는 모두 조계를 근본으로 하고 있다"라는 명문이 빛나고 있다. 또 왕유의 「육조능선사비명」에도 "世界一花 祖宗六葉(세계는 한 송이 꽃이요, 조사는 여섯의 꽃잎)"이라는 일구가 있다. 이 문구는 한국선원의 조실채에 거의 모두 붙어 있을 정도로 사랑받는 명구다. 송광사가 조계산인 것도 그렇고 한국불교 최대 종단의 이름이 조계종인 것도 모두 과거칠불과 석가모니 부처님의 서천으로부터 달마서래의의 법이 육조 혜능으로 이어져 오늘에 이르고 있음을 천명하고자 함이다. 그 전승의 핏줄을 타고 흐르는 선종 정신의 한마디는 바로 본래무일물이 아닐까 한다.

『단경』으로 보는 혜능의 사상
—

『단경』은 혜능의 제자인 법해가 기록하고 편집한 것이라고 명언하고 있다. 학계에는 신회가 혜능을 제6조로 현창하면서 남종 적통을 주장하는 과정에서 『단경』이 만들어졌다는 주장이 있다. 또 무상계·반야삼매·7불29조설 등이 우두종 제6조 혜충의 설이라고 보는 학자도 있다. 이런 논의의 차이는 주로 일본과 중국의 학자들에 의해 제기되는 것이고 한국학자의 전문적인 문헌연구는 이들 연구를 인용하는 선에서 그치고 있다. 따라서 『단경』의 저작이 신회인지 아니면 기타 제삼자인지의 여부는 연구자에 따라 다르다는 정도만 언급하고 넘어가겠다.

　『단경』은 선사들의 전적으로는 유일하게 경(經)이라고 존칭되고 있다. 그렇다면 단(壇)의 뜻은 무엇인가. 『전법보기』에는 "법여선사가 죽은 후 학도들은 만리를 멀다 하지 않고 우리들의 법단으로 참가했다"라고 말하며 『역대법보기』에는 "하택사의 신회화상은 매월 단장을 구축하여 사람들을 위하여 설법했다"라고 적고 있다. 당시의 선찰에서 조사가 설법을 처음 시작하는 개법은 보통의 설법과는 다르며 참회·발원·귀의·수계 등과 함께 치러졌다. 이것이 법단,

단장 혹은 단경, 단어라고 불리게 된 이유이다. 단에는 계단·밀단·참단·시법단 등이 있다. 계단은 구족계를 받는 단장이고 밀단은 밀교의 비법을 전수하고 수행하는 도량이며 참단은 참회를 하는 단이다. 도량이라는 것도 행도 즉 참회·좌선 등을 실행하는 장소를 말한다. 단은 도량의 중심이며 거기에 불상이나 경전을 엄숙하게 설비하여 공양한 것이기 때문에 참회, 예배, 발원, 수계, 선의 전수 등을 행하는 장소였던 것이다. 따라서 『단경』은 단에서 이루어진 법회의 기록에 대한 통칭이라 해도 어긋나지 않겠다. 그렇다면 『단경』에 나타난 혜능 사상의 특징은 대략 다음의 것으로 순서를 정리할 수 있으리라 본다.

정혜를 근본으로 함

나의 이 법문은 정과 혜를 가지고 근본으로 삼고 있다. 첫째로 미혹하여 정혜는 다르다고 말하지 말라. 정혜는 체가 하나이며 둘이 아니다. 정은 바로 혜의 체이고, 혜는 바로 정의 용이 된다. 즉 혜가 작용할 때 정은 혜에 있고, 정이 작용할 때 혜는 정에 있는 것이다. 선지식들이여! 이 뜻은 곧 정혜가 함께하는 것이니 학도인은 작의로 정을 먼저 하여 혜를 발하거나, 혜를 먼저 하여 정을 발한다거나 정혜가 각각 다르다고 말하지 말라.

일행삼매

일행삼매란 일체시중에 있어서 행주좌와에 항상 직심을 행하는 바로 이것이다. 『정명경』에 말하기를 '직심이 바로 도량이며, 직심이 바로 정토이다' 했다.

반야바라밀법

선지식들이여! 나의 법문은 종래로 모두 무념을 세워서 종으로 삼고, 무상을 체로 하고 무주를 근본으로 삼는다. 무상은 모양에 있어서 모양을 여읜 것이다. 무념이란 생각에 있어서 생각하지 않는 것이요, 무주란 사람의 성품이 본래 생각마다 머무르지 않는 것이다. 그러나 전념과 금념과 후념의 생각생각이 상속하여 단절됨이 없는 것이다.

좌선

이 법문 중에 무엇을 좌선이라 하는가. 이 법문 중에는 일체 걸림이 없어 밖으로 일체의 경계에 생각이 일어나지 않는 것을 좌로 하고, 본성을 보아 산란하지 않음을 선이라 한다. 밖으로 상을 여의는 것이 선이며, 안으로 어지럽지 않음이 정이다.

무상계

선지식들이여! 모두 자기의 몸으로 무상계를 받도록 하라. 모두 함께 나를 따라 입으로 말하라. 자신의 색신의 청정법신불에게 귀의합니다. 자신의 색신의 천백억화신불에게 귀의합니다. 자신의 색신에의 당래원만보신불에게 귀의합니다.

사홍서원

지금 벌써 자신의 삼신불에 귀의를 마쳤으니 선지식들과 함께 사홍서원을 발원토록 하자. 선지식들이여, 다함께 나를 따라서 말하

라. 중생무변서원도 번뇌무진서원단 법문무량서원학 무상불도서
원성.

무상삼귀의계

선지식들을 위하여 무상삼귀의계를 수여하리라. 선지식들이여!
귀의각양족존 귀의정이욕존 귀의정중중존. 지금부터는 부처님을
칭송하여 스승으로 삼고 다시는 사마외도에 귀의하지 않겠습니
다. 원하옵건대 자신의 삼보, 자비로서 증명하소서.

예부터 선승들이 『단경』 한 권 정도는 걸망 속에 넣고 다닐 정도로 이
전적은 수행의 정석으로 숭앙받았다. 따라서 간략하나마 원문을 실
어 법문을 맛보도록 하였다. 정혜겸수·정혜쌍수는 선문에서 오래도
록 그 의미를 두고 회자되며 논의의 중심이 된 것이다. 당·송대를 지
나며 선종에서는 돈·점 논쟁을 지나 아예 간화선 일변도로 흐르면서
화두를 참구할 뿐 언설을 붙이지 못하게 할 정도였다. 정혜쌍수는 영
명연수가 선교일치를 주장한 이래 고려까지 영향을 미친 중요 논제
였기 때문에 혜능의 정혜관은 중요한 지침이 된다. 그리고 무념은 선
종에서 역시 핵심개념이고 무상계로써 계를 설하며 삼귀의와 사홍서
원도 자심과 자성에서 시작하고 귀결되는 선종 특유의 논리를 편다.
  특히 교단사에서 무상계의 수계의식은 위와 같이 자신의 삼신
불에의 귀의·사홍서원·참회·삼귀의 등의 절차로 끝나고 있다. 하
나의 단이 끝날 때마다 한결같이 다른 보살계의 수여의식과 같이
대중이 함께 수계사를 따라서 삼창하는 광경을 보여준다. 특히 수·

당시대 제종파에서는 보살계를 수계할 적에 반드시 사홍서원을 외우고 있었으며 여러 전적에서 사홍서원을 발하는 것을 권하고 있다. 한국사찰의 법회에서 끝머리에 사홍서원을 하는 의례가 여기에서 연유한 것인지는 알기 어렵지만 어쨌든 전통을 잘 계승한다는 측면에선 고마운 일이다.

중국에서는 고래로 생전에 관이나 묘를 만들어 두는 풍습이 있어서 탑을 만들어놓으면 장수할 수 있다고 하여 연수탑 혹은 수탑이라 불렀다. 또 선사들은 고택을 사원으로 개조하고 입적에 앞서 그곳에 수탑을 건립토록 하는 선례가 있는데 혜능도 제자들에게 명하여 신주용산의 자신의 고택으로 사람을 보내 탑을 건립토록 했다. 이런 풍습은 우리나라에도 있다. 큰스님들의 고향이나 생가터에 더러 절을 만들거나 탑을 세우기도 한다. 또 혜능은 십대제자를 불러 각 지방으로 나아가 불법의 수장이 되도록 하고 『단경』을 품수하는 것이 자신의 종지와 가르침을 받는 것이니 후대에 유행토록 하라는 부촉을 남긴다. 그 고택을 국은사라 하고 혜능은 76세의 한 생애를 조용히 마감하였다.

이야기를 마치면서 생각해 보니 문득 떠오르는 게 있다. 구산 스님의 남원 생가터 주변을 넓게 매입하여 절을 만들고 북한 태생의 효봉 스님 생가를 복원하거나 절을 만드는 것이 은사스님이 항상 말씀하신 바였다. 그러나 북한은 차치하고라도 남원에는 땅을 조금 매입한 것 외에 더 이상 진척을 보지 못하고 있는 터여서 더욱 송구한 마음이 든다.

시간이 흐르고 있다.

에세이 선종사

5

중국선종의 성립과 조사선의 전개

선은 조계를 근본으로 한다

보리달마를 시원으로 하여 시작되는 초기의 선종은 능가종·동산법문·북종선·남종선을 거치며 형태를 갖춰간다. 법문의 성격도 안심법문 → 수일불이 → 수본진심으로 진화하였다. 지금까지 남돈북점 혹은 남능북수라는 홍인 문하의 걸출한 두 인물인 혜능과 신수의 사상논쟁을 일으켜 적통의 지위를 획득한 일련의 과정이 하택신회의 주도하에 이루어진 것임을 알아보았다. 그리고 남종은 『단경』이라는 전적이 만들어짐과 동시에 확고한 선종의 주류로 올라설 수 있었다.

인도의 선은 명상의 실천행으로서의 선이며 삼매나 신비적인 면이 강하지만 실천적인 면을 강조하는 중국의 선은 일상생활과 분리하지 않고도 좌선수행을 할 수 있었다. 그리고 귀족중심에서 벗어나 기층민들에게도 출가의 자유와 함께 성불이라는 초월적 세계를 펼쳐보였다. 혜능이 나무꾼에서 선의 대종장이 되었다는 것은 여러 가지로 시사하는 바가 컸던 것이다. 선종은 교단적인 측면에서도 선원청규를 제정하는 등 사원경제의 자립을 꾀하였다. 선과 노동이 둘이 아니라는 정신은 농경사회인 중국에서 보다 친밀하게 대중과 융회될 수 있는 장치이기도 했다.

또 한편으로는 걸출한 인물들이 선종에 끊임없이 인입되면서 사상의 다변화와 불교전파에도 활력소가 되었다. 선은 여래선을 거쳐 조사선에서 다시 오가칠종의 분등선으로 분화하는 단계로 나아간다. 혜능 이후 중국선종의 성립에 기여한 사람은 육조 문하의 남악회양과 청원행사의 계보에 놓이는 강서의 마조도일, 호남의 석두희천이다. 오종가풍의 임제종과 위앙종은 마조의 계열이며 운문종·법안종·조동종은 석두희천의 계열이다. 여기에서는 이 시점부터 오종가풍의 성립시기까지를 먼저 다루면서 인물 외에도 당시 선종의 문화도 특기할 것은 기술하도록 하겠다. 다만 인물에 대한 것은 유명한 일담을 소개하는 선에서 개략해 나가도록 하겠다.

마조와 석두는 강서와 호남이라는 풍부한 곡창지대를 무대로 하여 관리나 호족들의 귀의와 더불어 교세를 확장해 갔다. 신수의 북종이나 신회의 남종을 포함한 전통적인 불교는 장안과 낙양의 두 수도를 중심으로 하는 중앙귀족과 왕실의 권위에 힘입은 것이다. 흔히 강호라고 하는 말은 여기에서 유래된 것인데, 강호는 천하라는 뜻이다. 규봉종밀은 마조계의 선종을 홍주종이라 명명하였고 정 승인 배휴는 강서종이라고 부르고 있다. 마조가 활약한 지역이 홍 주 개원사이기에 붙여진 이름이고 당시는 선풍을 크게 일으켰으나 육조 법계로는 방계로 치부하는 분위기였다. 초기부터 여러 차례의 법난을 거친 이유도 있겠지만 선승들은 산중에 거하는 일이 많았고 시정에는 잘 나오지 않았다. 마조·석두로부터 전개되는 새로운 강 호의 선불교는 중국선종의 역사를 본격적으로 기록하기 시작한다. 선종사서 중의 하나인 『보림전』은 석가모니 부처님의 전법 이래 혜 능 → 남악회양 → 마조도일에 전승되었다는 조사선의 계보를 완 성시키고 있다. 즉 중국선종의 완성은 조사선의 성립 그 자체이고, 『보림전』의 출현에 의하여 마조계 홍주종의 선불교가 조계혜능의 적통이라는 부동의 지위를 확보한 것이다.

특기할 것은 원화 11년(816년)에 남악회양에게 대혜선사 시호 가 내려졌는데 그 이듬해에 혜능에게 대감선사 시호가, 마조에게 대적선사 시호가 거의 동시에 내려진 것이다. 이 일련의 과정은 모 두 마조계의 활약에 힘입은 것임을 알 수 있다. 당대의 문호 유종원 이 "대게 선을 말하는 자는 모두 조계를 근본으로 하고 있다"라고 육조의 비명에 쓴 사정이 이를 잘 말해준다.

여릉의 쌀값이 얼마인가,
청원행사와 석두희천 계열의 선
—

승: 불법의 대요를 한마디로 말하면 어떤 것입니까?

행사: 여릉의 쌀값이 얼마인가.

여릉은 강서성 길안현에 있는 지명이고 곡창지대로서 청원행사가
태어난 곳이다. 선문답이 어느 순간부터 일상사를 대변하는 것으
로도 가능하게 되었다. 그리고 쉽고 친밀하고 흙냄새 가득 풍기는
대지의 것이 되었다. 어렸을 때 흑백텔레비전으로 펄벅의 『대지』
를 주말의 명화에서 본 기억이 있다. 그 흙먼지가 화면을 뿌옇게 가
득히 가리던 광경이 지금도 눈에 선하다. 중국은 그런 곳이다. 그들
은 땅을 모시고 땅에 살며 땅으로 돌아가기에 그렇게 죽음을 두려
울 정도로 심각하게 생각하지도 않는다. 행사의 전기는 그렇게 자
세하지 않다. 행사의 선은 밥을 먹는 것, 옷을 입는 것, 농사를 짓는
것, 작무를 하는 것에 있었다. 행사의 선은 대지를 얻었고 뿌리를 내
렸다. 선은 점점 자유로워지기 시작하면서 무엇이든 일상성 속에서
선의 실천적 의미를 찾으면 된다고 생각하였다. 사상이 자유로우면
이름과 명칭으로부터 벗어날 줄 알아야 한다. 그렇다면 행사의 선
은 농민선이고 대지선이고 쌀값을 묻는 미곡선이라고 못할 이유가
없다. 이 순수하고 진솔한 정신이 없으면 조사서래의를 물어 무엇
하겠는가.

행사의 문하에 석두회천이 들어왔다. 그는 혜능과 거북등을 타고 깊은 못을 헤엄치는 꿈을 꾸었다고 한다. 석두는 열두세 살 때 혜능의 입멸 전 2~3년간 시중을 들었다. 처음 혜능을 뵈었을 때다. 혜능이 기뻐하며 손을 잡고 나의 제자가 되면 나와 꼭 닮을 것이라는 말을 하였다. 석두는 남악에서 20여 년을 암자를 지어 지내고서 다시 호남성의 장사로 갔다. 비로소 강서의 마조, 호남의 석두라는 강호의 두 사람의 시대가 열린 것이다. 그는 「초암가」와 『참동계』를 지었고 조동종에서는 이것을 일용경전으로 독송한다고 한다. 석두는 문답도 평이하다. 누가 해탈은 어떤 것인지 묻자, "누가 그대를 묶고 있단 말인가" 한다. 또 누가 정토를 물으면, "누가 그대에게 때를 묻게 하던가" 하는 식이다.

"석두의 길은 미끄럽다"라고 한 사람은 마조다. 미끄럽다는 것은 그만큼 그의 경지가 높아서 올라가기 쉽지 않다는 뜻이다. 마치 서양에서 소크라테스가 헤라클레이토스에 대하여 "그의 생각의 밑바닥에 도달하기 위해서는 긴 밧줄이 있어야 할 것 같다"라고 한 것과 같은 맥락이다. 그는 서양에 처음으로 Logos를 가르쳤고, "나는 나 자신을 탐구했다"라고 한 사람이다. 헤라클레이토스는 어둠의 사람이라는 말을 듣기도 하는데, 행사와 석두로 이어지는 계보의 분위기에는 오후 3시의 잘 익은 햇살 속에서 즐기는 침묵 어린 충만함이 있다.

벽돌을 갈면 거울이 되는가,
남악회양과 마조도일

—

인류학자들은 강의 길이가 그 민족의 호흡을 좌우한다는 말을 한다. 비단 강뿐이겠는가. 땅도 마찬가지여서 섬사람이 다르고 반도의 사람이 다르고 대륙의 사람이 다르다. 중국의 선사들은 깊은 산악에 한 번 들어가면 10년은 기본이고 20년, 30년도 가뿐하게 지냈다. 그러고도 산속에서 자취를 감춰 아무도 찾지 못하게 하기도 한다. 수행은 절대고독이 아니면 키울 수 없는 그 무엇이 있다. 회양도 호북성 무당산에서 10년을 살고 나왔다. 처음 불문에 들었을 때의 일이다. 남악은 먼저 조계로 혜능을 찾아갔다.

"무슨 물건이 왔느냐!"

혜능의 말에 남악은 답을 내놓지 못했다. 8년이 지나서야 알게 된 것이 있다며 말했다.

"한 물건이라 하여도 맞지 않습니다."

이 말이 너무나 유명하여 『단경』에 들어갔다.

남악과 마조의 문답으로 유명한 것이 있다. 마조는 남악 회상의 전법원에서 좌선에 열중하고 있었다. 하루는 그런 마조를 보고 남악이 물었다.

"자네는 좌선을 해서 무엇을 하려는 건가?"

"부처가 되려는 겁니다."

이 말을 들은 남악은 깨진 벽돌 한 장을 들고 와서 좌선하고 있는 마조 앞에서 숫돌에 갈기 시작했다. 마조가 기이하게 여겨 물었다.

"스님께서는 뭘 하시는 겁니까?"

"응, 벽돌을 갈아서 거울을 만들려는 거야."

"벽돌을 갈아서 거울이 되겠습니까?"

"앉아 있다고 부처가 되겠는가."

마조가 깜짝 놀라 다시 물었다.

"좌선을 해도 성불하지 못한다면 어떻게 해야 합니까?"

다시 남악이 대답했다.

"수레가 가지 않으면 소를 때릴 것인가, 수레를 때릴 것인가."

나는 이 문답의 수많은 강설 중에서 가장 맘에 드는 것을 도겐선사의 법문에서 찾았다. 도겐은 말한다. "우리 선문에는 소가 아니라 수레를 때리는 법도 있다."

가장 움직이지 않는 곳, 이빨이 들어가지 않는 지점을 볼 줄 알아야 한다. 그렇지 않은가.

마조는 우보호시하고 혀가 콧등을 덮을 정도였다는 기록이 있다. 남악과 청원의 문하에 마조와 석두가 나오고 각자 강서와 호남에 교화를 베풀자 남종선은 급격히 퍼져나갔다. 마조는 죽음에 이르러서도 평소처럼 목욕을 하고는 좌선한 채로 열반에 들었다. 마조의 법은 즉심시불(卽心是佛)이다. 마음 밖에 달리 무엇이 없다. 진정으로 법을 구하는 자는 응당 아무것도 구할 것이 없어야 한다고 가르쳤다. 역대로 내려온 전법이라 해도 일심일체법이요 일체법일심이다. 달마선의 안심법문처럼 마조의 수행철학은 평상심시도!

이 한마디이다. 마조 이후 선이 주목한 것은 일상성이다. 나무하고 물 긷는 모든 작무가 무심에서 이루어지면 바로 도가 된다. 그래서 선종은 일체가 도 아닌 게 없다는 평이성으로 내려오고 일상성 속에서 수행과 생활의 갈등을 치워버린다.

마조의 법명은 도일이고 성씨는 마이다. 선사들의 호칭엔 머무르던 지방이나 수행하던 산의 지명이 쓰이기도 하고 속가 성씨를 애칭처럼 부르기도 했다. 마조는 마씨여서 마조로 불렸다. 그가 한 번은 사천에 있는 고향집을 들른 적이 있었다. 큰 스님이 되어 왔으니 동네가 시끌벅적했을 것이다. 그런데 시냇물가에 빨래를 하던 이웃집 노파가 한마디 했다.

"꼭 무슨 특별한 일이나 있는 줄 알았는데, 이게 뭔가. 이 사람은 마씨 농기구집의 작은 아들이 아닌가?"

마조는 훗날 설법을 하는 자리에서 제자들을 향해 이 일화를 전하면서 웃었다. 아니 아주 파안대소하셨을 것이다.

"자네들에게 권하노니, 고향에는 가지 말게나. 고향에 가면 도를 이루기 어렵다네. 세상에 시냇가의 옆집 할머니가 나를 보고 어릴 때의 이름을 부르지 않았겠나."

이 이야기는 송대에도 제법 널리 회자되고 여러 전적에도 기록되어 있다. 마씨 집은 농기구 만드는 일을 하던 집안이었던가 보다. 마조계나 석두계도 선문답에서 시골의 풍경이나 농가의 일상생활을 비유로 많이 활용한다. 그뿐만이 아니다. 마조의 제자인 남전보원·조주종심·위산영우 등의 승당에는 개, 고양이, 소, 말 등과 같은 가축이 함께 생활하고 있었다. 농사를 짓는 곳에서는 이런 가축들이 당연히 필요하다. 따라서 자연스레 문답에 등장하는 것이다.

실제 내가 출가하던 80년 초반의 송광사에는 농막이 있어서 소를 키우는 농감스님이 작업복을 입고 도량을 다니셨다. 구산 스님께서 그 스님을 끔찍이 챙기셔서 누구 하나 깍듯이 대하지 않는 이가 없었다. 일찍 산문에 들어 이런 광경을 볼 수 있었던 것이 얼마나 깊은 법연이었는지 감사한 마음뿐이다.

홍주종 문하 선의 종장들
—

주지하듯이 마조 행화지의 중심지는 홍주 개원사이다. 규봉종밀이 마조와 그 문하를 홍주종이라고 이름을 붙였다. 마조 문하의 제자들 숫자는 전적마다 수십에서 수백까지 말이 다르다. 그중 『조당집』의 입실자 88인 설이 일반적으로 받아들여진다. 그중에는 상수제자격인 서당지장이 있고 후에 백장회해나 남전보원이 산문의 번창을 이뤘다. 『경덕전등록』에는 서당지장의 법사로서 신라 입당승인 계림도의·혜철·홍직 등이 나온다. 훗날 도의는 가지산 보림사, 혜철은 동리산 태안사, 홍직은 실상산 실상사에 선문을 열어 통일신라 시기 한반도에 구산선문이라는 선종의 초석을 놓았다. 특히 도의는 784년에 입당하여 조계혜능의 탑을 참배하고 서당지장을 참문하여 법을 이었다. 그리고 후에 백장회해를 참알하니 "강서의 선맥이 모두 동국의 승에게 있구나"라는 찬사를 받았다고 『조당집』에 전한다. 한국은 일찍부터 선을 배우기 위해 당으로 유학을 갔다.

백장이 선원청규를 제정한 시기를 생각한다면 사원 내의 규율에 대한 선종문화도 함께 배웠을 것이라는 추측이 가능하다.

> 어느 날 마조 문하의 특급 제자인 삼대사(서당지장·백장회해·남전보원)가 마조를 모시고 달구경을 하게 되었다. 그때 문답이 이루어졌다.
> 마조: "정말 이럴 때는 무엇을 하면 좋겠는가."
> 서당: "공양을 하면 좋겠습니다."
> 백장: "수행을 하면 좋겠습니다."
> 남전은 소매를 털고는 말없이 가버렸다.
> 마조가 말했다.
> "경은 서당의 것이고, 선은 백장의 것이다. 오직 보원은 홀로 일 밖에서 초연할 뿐이구나."

물론 이 이야기는 원래 서당과 백장 두 사람만 등장한 것인데 후대의 전적에는 남전을 포함하여 기술되고 있다. 이는 남전보원 문하에 조주라는 걸출한 인물이 나오면서 대두되었으리라는 의견도 있지만 이것만으로도 세 선사의 기풍을 헤아려볼 수 있다.

선원청규를 제정하다, 백장회해
—

백장의 문하엔 위앙종의 위산과 앙산이 빼어나고 임제종의 황벽과 임제가 특출하다. 백장에게는 인재의 배출 외에도 백장청규를 제정하여 선문의 선윤리를 일깨워 반석에 올린 공덕이 있다. 동서고금의 사상가들 중에서 뛰어난 인물들을 보면 한결같이 윤리의 문제를 간과하지 않는다. 그리고 교육이 없는 집단과 사회는 오래가지 못한다는 것을 감각적으로 안다. 계몽을 망각하면 인재를 길러내지 못한다. 선종에서는 유난히 선의 윤리 측면이 공백으로 남는다. 백장의 청규나 고려 보조국사의 「계초심학인문」은 선의 윤리와 교육의 계몽이라는 점에서 남다른 안목을 보여준다. 동아시아선종의 윤리 측면에서 특기할 만한 인물을 들라 하면 난 개인적으로 중국의 백장, 고려의 보조지눌, 일본의 도겐을 꼽고 그만큼 경외한다. 일본 조동종의 본산이자 도겐의 근본도량이기도 한 영평사는 청소와 식당작법을 매우 중요하게 생각하는 가풍이 지금까지 엄격하게 내려온다. 한국은 「계초심학인문」 외에 청규와 관련한 문헌이 없다는 것이 못내 아쉽다. 일반인들이 보조국사의 저술을 교육학과 연결지어 연구한 논문들이 더러 있는 것을 보고 흥미롭게 생각했던 기억이 있다. 선종의 어두운 면이라면 보편적인 교육을 통해 이성적인 사고를 하는 문화를 정착시키기 어렵다는 것을 들 수 있다. 난 이점이 항상 마음 아프다.

백장은 인도불교와 달리 사원경제로 발전한 중국선종사에 일일부작 일일불식이라 하여 하루 일하지 않으면 하루 먹지 않는다는 선의 정신을 불어넣었다. 선종에서는 대중운력을 보청(普請)이라 한다. 그래서 함께 일하고 함께 먹는다. 그와 관련하여 전해오는 백장의 이야기는 이렇다.

매일같이 경작하는 운력이 지속됨에도 노령의 백장은 쉬려 하지 않았다. 하루는 대중들이 장난삼아 스님의 연장을 숨겨두고는 내놓지 않았다. 그렇게 하면 쉬시지 않을까 하고 생각했기 때문이다. 그런데 처소로 돌아간 스님은 다음 공양시간에 모습을 보이지 않았다. 대중들이 의아해하며 찾아갔더니 스님은 홀로 정좌하고 앉아서는 "오늘 일하지 않았으니 하루 먹지 않겠다"고 했다. 그래서 지금도 대중선원의 운력에는 누구나 예외가 없이 참여한다. 노동을 성스럽게 생각하는 연장선상인 것이다. 계율에 의지하는 불교교단의 전통적인 모습과 달리 백장은 선종의 계율이라 할 청규의 제정으로 생활윤리적인 전형을 선보인 것이다. 그래서 "마조선사가 도량을 열고, 백장선사가 청규를 세웠다"라고 하며 백장을 총림의 개벽조라 칭하기도 한다.

계율에는 출가자의 노동을 금하고 있지만 백장이 제창한 보청법에서는 오히려 노동을 필수적인 것이자 수행의 연장선으로 인식한다. 보청법으로 인하여 사원이 경제적 자급자족을 이루어 깊은 산속에서도 많은 선승을 배출하여 선종의 발달을 가져오는 초석이 되었다. 백장은 20년 동안 설법으로 많은 인재를 배출하였다. 제자 황벽희운은 훗날 임제종을 개창하고 임제종은 다시 양기파와 황룡파로 분기한다. 남송대가 되면 중국뿐만이 아니라 동아시아를 임제종 양기파가 석권한다. 남송까지 몰린 한족의 자존심은 강한 기질의 임제종과 케미가 맞았다. 원래 전시에는 매파가 득세하는 법이라서 그런 건지도 모르겠다. 그리고 제자 위산영우는 위앙종을 개창한다. 오가칠종 중에서 두 갈래의 선이 백장 휘하에서 탄생한 것이다.

차나 한 잔 마시게, 남전과 조주

—

하나의 가정으로 말해본다. 선문에서 조주가 빠진다는 것은 무엇일까?

동지 때 새해 달력을 받은 자리라면 누구나 한 장 한 장 빠르게 넘겨보며 빨강의 숫자가 얼마나 되고 또 얼마나 연이어 있는지를 살펴보는 것이 일반적인 정서일 것이다. 그런데 빨강이 사라진 검정색으로만 도배된 달력을 본다면 몹시 당황스럽지 않겠는가. 문득 조주 없는 선문의 이야기는 빨강이 사라진 달력과 같겠다는 생각을 한다. 조주는 거룩한 분이다. 120세를 사셨다는 전설적인 분이니 노년을 원숙하게 보내려면 조주를 배워보길 권한다. 그리스 속담에 "오랫동안 노인으로 남으려면 일찍 노인이 되라"는 것이 있다. 뭐든 하루라도 빨리 배우는 게 좋다. 노인으로 살아가기 위해서는 노인이 살아가는 법이 있지 않겠는가.

조주를 알려면 우선 조주의 스승인 남전부터 올라가서 내려와야 한다. 그러면 내리막길에서는 달리지 않아도 되듯이 저절로 굴러굴러 조주의 저수지로 떨어진다.

인도에서는 제자가 스승을 찾는 법은 없다고 한다. 제자가 눈이 없는데 어떻게 스승을 알아보겠는가. 그 대신 때가 되면 스승이 제자를 찾아온다는 것이다. 공부를 하고 살아보면 알겠지만 영혼의 길에는 이런 세계가 있다. 그리고 큰 스승과 제자 간의 첫 만남의 기록은 사람을 설레게 하는 무엇이 있다. 소크라테스는 플라톤이 찾아온 전날 밤에 흰 백조가 무릎에 앉는 꿈을 꾸었다고 한다. 서양에서 백조는 길몽이다.

조주는 큰 스승이 계시다는 말을 듣고 남전을 찾아갔다. 처소로 안내되어 내실에 들어가자 노선사는 옆구리를 옆으로 하여 팔을 베고 쉬고 있었다. 노선사는 누운 채로 인사를 받으면서 물었다.

"자네, 어디서 왔는가?"

"산동 서상(瑞像)에서 왔습니다."

"흐음! 그래, '서상'은 보았느냐?"

지명의 서상을 노선사는 상서로운 상으로 비틀어서 놀려본 것이다. 그런데 어린 사미승의 대답은 뜻밖이었다.

"서상은 보지 못했지만 누워계신 여래를 봅니다."

그 말을 듣는 순간 노선사는 자리에서 일어나 자세를 고치고는 다시 물었다. (속으로는 이놈 봐라 했을 것이다.)

"너는 주인이 있는 사미인가 없는 사미인가?"

"주인이 있습니다. 바라옵건대, 큰스님께서는 엄동설한에 존체 만복하소서" 하고는 큰 절을 올렸다.

조주 스님이 그런 분이다. 이 영민하고 기품 어린 사미는 이렇게 하여 선문의 생활을 시작했다. 선문에서 조주가 차지하는 위상은 공안집에 실린 스님의 비중에서도 드러난다. 조주의 공안은 운문문언의 공안과 함께 『무문관』, 『벽암록』에 가장 많이 실려 있다. 『무문관』 48칙 가운데 조주와 관련된 공안이 7칙, 운문 관련 공안은 5칙이 수록되어 있다. 또 『벽암록』 100칙 중에는 각각 12칙(조주)과 18

칙(운문)이 실려 있다. 그 외 『종용록』에도 조주와 운문이 각각 5칙과 8칙이 들어 있다. 조주는 산동성 조주의 학향 출신이며 속성은 학씨이다. 만년에 하북성 조주에 있는 관음원에 오랫동안 머물렀기 때문에 조주선사라 불린다.

남전의 문답은 온통 수고우(水牯牛)다. 수고우는 베트남이나 운남 지방 같은 따뜻하고 수량이 많은 지역의 논농사에 쓰이는 뿔이 큰 소를 말한다. 남전은 곧 수고우여서 스님의 상징으로 얘기된다. 죽은 후에는 시줏집의 소로 태어나겠다는 말을 할 정도로 모든 것이 수고우의 비유다. 대표적인 문답 하나만 예를 들어보자.

남전이 열반에 들려 하자 한 수좌가 물었다.
"화상께서는 백 년 후에 어디로 가시렵니까?"
"산 밑에 가서 한 마리의 소로 태어나겠다."
"저도 화상을 따라갈 수 있겠습니까?"
"그대가 나를 따라오려면 한 줄기 풀을 물어야 하리라."

이 문답은 간단히 생각해도 대단히 깊은 의미를 가진다. 사람은 뭐가 되고 뭐가 갖고 싶은지 각자의 바람이 있다. 큰스님을 따라서 소가 되겠다는 말은 쉽다. 하지만 모든 좋은 일에는 리스크가 있는 법이다. 그래서 그 틈을 찌른다. 소가 된다면 뭘 해야 할까? 우선 소의 주식이 무엇인가. 소는 짚풀을 먹는다. 물론 여름에는 싱싱한 풀을 뜯어 먹겠지만 긴긴 겨울밤은 밑간도 없는 빽빽한 풀을 먹고 되새김까지 한다. 이것을 생각하면 선뜻 따라나서기 어렵다. 그래서 남전의 수고우는 남전의 선의 경지만큼이나 역시 철벽인 것이다.

조주는 문답도 풍부하고 일단 품이 넓다. 누구라도 섭섭하지 않게 보듬어줄 맘씨 좋은 노스님의 모습이랄까. 어느 고을 하면 누가 있듯이 선문에 이런 분도 있답니다, 할 수 있는 한 분으로 난 조주 스님을 꼽겠다. 여기서는 조주 스님의 문답 두 가지만 소개하겠다.

조주가 한 납자에게 물었다. "이곳에 와보았는가?" 납자는 대답했다. "와본 적이 없습니다." "그래 차나 한 잔 마시게." 조주는 납자에게 차를 주었다. 또 한 납자가 왔고, 조주는 이곳에 와보았는지를 물었다. 그는 와보았다고 했다. 그래서 또 차나 한 잔 마시라고 했다. 원주가 이것을 보고 의문이 들었다. "큰스님께서는 와본 적이 있는지 물어서 와보았다거나 와본 적이 없다거나 간에 모두 차나 한 잔 마시라고 합니다. 그것이 무슨 뜻입니까?" 하고 물었다. 조주 스님이 "원주!" 하니, 원주가 "예!" 하고 대답했다. 그러자 조주 스님이 다시 말했다.
"원주도 차나 한 잔 마시게."

중국사회에서 당 말까지도 차가 일반화되지 않았다. 그런데 선문에서 이 화두가 유명해지면서 차를 많이 마셨고 일반인들에게도 차가 널리 퍼져나갔다고 한다. 이 문답은 꼭 깊은 의미를 두지 않아도 좋다. 그 당시 선종의 사원에 무슨 음식이며 간식이 남아돌았겠는가. 정진 틈틈이 차라도 한 잔 마시는 게 큰 위안이고 엄중한 선종의 분위기에서 따뜻하게 말 한마디라도 주고받을 수 있는 시간이었을 것이다. 수행하겠다고 선문에 든 젊은 출가자들에게 노스님이 건네주는 차 한 잔이라면 그는 평생에 기억되고 남을 일이다. 제자 사랑이 뭐 그렇게 대단한 일이라고 따뜻한 말 한마디 없이 일생의 인연을 공과하는 일들은 얼마든지 넘쳐난다. 선문의 법문이 피도 눈물도 없는 기계적인 것으로 일반인들에게 느껴지지는 않을까 하는 노파심에서 적어보는 것이다.

조주에게 한 승이 물었다.
"개에게도 불성이 있습니까?"
"무!"
조주는 그렇게 답했다.

이것이 그 유명한 조주무자(無字話頭)의 화두고 공안이다. 조주무자는 관용어구처럼 쓰인다. 이 공안은 『벽암록』에도 나오고 『종용록』에도 나온다. 선종전적에 어디 한군데 빠지는 곳이 없다. 『무문관』에서는 아예 제1칙으로 등장한다. 왜 그럴까? 그 이유가 있다. 중국인들 특유의 기질 중의 하나는 한 글자까지 사상을 축약하는 일이다. 간명하고 간이하게, 그러면서 입에 붙고 따라하기 좋아야 한다. 언어의 끝은 한 글자다. 한자는 이 느낌이 가능한 언어다. 글자 하나가 동사도 되고 명사도 되고 주어도 되고 술어도 된다. 생각의 끝까지 몰아가면 어떻게 될까. 말의 끝까지 조여가면 어떻게 될까? 세상의 유와 무, 있는 것과 없는 것의 근원을 송두리째 뒤집어 버리는 외통수가 있다. 無! 그래서 무는 있다와 없다의 무도 아니고 그 의미가 복잡하다. 선문을 공부하는 사람은 無字를 봐야 한다. 이 의미를 모르면 선종은 없다. 선종의 돈오며 점수며 모든 사량의 끝이고 절정은 이 한 글자다. 개인적으로 선종은 무자화두에서 장렬한 그 끝을 보는 것이라고 생각한다. 뒷장에 기술하겠지만 간화선의 주창자인 대혜 종고나 고려 보조지눌이 무자화두십종병이라고 하여 이 화두를 말한다. 나는 그것이 보조지눌의 천재성이요 감각이라고 생각한다.

하나 덧붙일 것은『보림전』에 대한 것이다.『보림전』은 중국선종의 교판이라 할 수 있는 전법계보를 밝히는 선종의 역사서와 같다. 당대에 혜거가 서천 28조에서 달마 이래 6조를 거쳐 마조와 석두에 이르는 전법게를 모은 것이다. 이는 후대 선종역사서의 서술 기초가 되면서 특히 사자상승의 상징인 전법게를 제시함으로써 모든 선문에 영향을 미쳤기 때문에 그 가치가 높다. 따라서 중국초기 선종의 전등설을 완성시킴과 아울러 남악회양과 마조도일의 계보에 정당성을 두고 그를 현창하는 목적하에 이루어진 것이라는 평가를 받는다.

정리하여 말하자면 마조의 평상심이 도라는 일구는 현장성에 그 가치를 두는 것으로 조사선이라는 선종의 지침이자 보청의 법이며 선의 생활화를 일깨운 일구다. 홍주종의 백장에 의한 청규제정은 선종사원의 자립과 존속에 기여한 중국불교화의 성공적인 변형이었다. 이제 선종을 필두로 한 중국불교는 계율보다 청규라는 현실적인 선윤리로 전환하여 활력을 띠면서 선불교는 본격적인 종파주의로 치닫게 된다. 이런 선문의 분위기는 유교와 도교에도 청규의 출현을 자극하여 유의미하게 원용되었다는 데 의의를 둘 수 있다.

6

분등선, 초불월조의 오가칠종

분등선의 의의

—

| 師唱誰家曲 | 선사는 누구 집의 노래를 부르며 |
| 宗風嗣阿誰 | 종풍은 어느 분을 이었습니까? |

명심견성 돈오성불을 지향했던 조사선은 시종일관 즉심즉불 위에서 수행을 전개한다. 선종의 저변이 확대되면서 이제 선불교는 산문을 중심으로 하는 종파가 형성되는 종파선의 시기로 접어들게 된다. 마조 이후 선종은 전법게를 필수적으로 전수하여 선문의 정통성을 인정받는 기준으로 삼았다. 선문은 달마 이후 홍인까지 『능가경』을 신봉했지만 혜능 이후로는 『금강경』이 중심에 놓인다. 남돈

북점의 종파논쟁을 거쳐 무게 중심이 남종선으로 급격히 쏠리면서 혜능 이후 마조와 석두의 두 갈래에서 오종가풍이 등장한다. 선종은 일대는 일인에 한한다는 전법의 원칙이 있다. 하지만 각 문파마다 세력을 형성하면서 더 이상 이런 굴레에 갇힐 수는 없는 일이었다. 결국 각 종파를 인정하고 각자 산문을 개창하여 선불교의 융성을 일으키는 것이 상구보리 하화중생이라는 대승불교의 이념에도 합당한 것이다. 일인에게 전법하던 관례에서 벗어난다는 것은 누구나 산문을 개창하여 대중의 추앙을 받으면 종파로서의 기능이 가능하다는 의미가 있다. 정통성보다는 어떤 이념을 창출할 것인가의 문제로 옮겨가는 것이다. 이때 선종은 기라성 같은 인물들이 끊이지 않고 배출되는 행운의 시기를 맞는다.

불교에서도 선종은 진리의 등불을 전해 받는다는 의미의 전등(傳燈)이 상징적인 의미를 갖는다. 이 역대전등이 혜능 이후 분화하기 시작하여 조사선의 시기를 지나서는 여러 종파가 태동했기 때문에 분등(分燈)이 된 것이다. 따라서 선의 명칭도 분등선이라 하여 종파 시대를 은유적으로 표현하였다. 분등선의 시기는 곧 오가칠종으로 흘러가는 단계이고 남송 이후는 종파보다는 선수행법인 간화선으로 선의 모든 것이 귀결되어 간다. 이제 분등선의 의의와 각 종파의 특징을 알아보자.

분등선은 당과 오대 시기에 선종의 발전과정에서 형성된 5개의 종파를 의미한다. 그 다섯은 위앙종·임제종·조동종·운문종·법안종 등이다. 등은 어둠을 밝히는 것으로 중생의 무명을 없애는 지혜광명이자 스승이 제자에게 법을 전하는 것을 비유적으로 말한 것이다. 오종은 혜능의 남종을 계승하지만 학인들을 제접하고 가르치는 방식인 종풍은 같지 않았다. 중봉명본 선사는 "달마가 단적으로 도를 전하였는데, 어찌하여 다섯 종파로 나뉘었는가. 그 다섯 종파는 사람이 다섯이지 그 도가 다섯은 아닌 것이다"라고 종파분등을 정의하였다. 그러면서 "종지가 결코 다른 것은 아니다. 다만 크게는 같지만 작게는 다르다"라고 하였다. 크게 같다는 것은 모두 하나의 일등에서 나왔기 때문이고 작게 다르다는 것은 표현과 그 경계가 때때로 다름을 말한다고 하였다.

선림의 설법에는 달마가 예견한 일화개오엽이 있다. 한 송이 꽃에 잎이 다섯이라는 뜻이다. 이것을 두고 혹자는 제2조에서 제6조 혜능까지를 말한다고 하며 혹자는 오종가풍을 의미한다고도 한다. 이 오엽에 국한하여 말한다면 혜능까지의 5대는 일대일인의 원칙이 분명하였다. 그 후 홍인이 혜능에게 더 이상 전법의 표시인 가사와 발우를 전하는 법을 두지 말라고 한 것을 보면 초기전법계보에 맞추는 것이 맞다는 생각을 한다. 물론 오종가풍을 이르는 것이라고도 할 수 있지만 이미 종파 시대에 접어들고 있어서 종파의 수를 특정하기 어렵게 되었다. 또한 훗날에야 그 다섯으로 한정하여 편의적으로 정의하는 게 가능하지만 전개과정에서 모범답안을 갖고 있는 것은 아니기 때문이다. 관점의 차이가 있을 수 있다는 정도에서 각설하고 오종에 대한 개괄적인 내용을 살펴보도록 한다.

혜능 이후 걸출한 인물은 서당지장·남악회양·석두희천 이 셋이고 남악과 석두가 문파를 크게 형성하였다. 남악문하의 마조는 평상심이 도라는 명제를 던지며 강서에서 널리 교화를 폈다. 다시 그 문하에 백장회해가 선종사에 큰 영향을 미친 것은 백장청규의 원류가 되는 선문규식을 만든 것을 들 수 있다. 이는 대·소승의 계율들을 선종의 총림제도에 적합하도록 원용한 것으로 일일부작 일일불식이라는 불멸의 이념을 창출한 공덕이다. 그의 제자인 영우가 위산에서 법을 펴고 다시 앙산에 이르러 형성된 것이 위앙종이다. 백장의 또 다른 제자인 황벽희운은 임제의현에게 법을 전하였는데 임제의 선법이 동아시아를 석권하다시피 할 정도로 임제종은 선의 대명사가 되었다.

혜능에서 갈라지는 또 하나의 선문은 청원행사의 계열이다. 청원행사는 곡창지대인 여릉 사람으로 석두희천에게 법을 전하였다. 그리고 그 종파가 커지면서 석두종이라 이름하여 강서 마조의 홍주종과 함께 성행하였다. 석두의 법은 약산유엄과 동산양개를 거쳐 조산본적에 이르러 조동종이 만들어진다. 석두 문하의 한편은 천황도오·덕산선감·설봉의존을 거쳐 운문문언 대에 운문종을 형성하였고, 다른 한편은 현사사비·나한계침을 거쳐 법안문익 대에 법안종을 형성하였다.

다시 정리하여 말하면 혜능 이후 남악과 석두의 두 갈래에서 남악의 위앙·임제, 석두의 조동·운문·법안의 5종이 혜능의 남종을 계승하여 전개되는 것이 선종사의 대강이다. 이들 종파는 각각의 문파를 형성하였고 학인을 제접하는 방식도 달랐다. 이 기질과 가풍이 종파로 명명된 것이다. 즉 선사의 사활과 그 기질의 쓰임이 같지 않음을 착안하여 선문에서는 후대에 오종가풍에 대한 평들을 하였다. 오종의 기질을 가장 간결하게 표현한 이는 원나라 고봉원묘가 시원이다. 오종의 성격규정에 대하여 일본의 토레 엔지가 「오가참상요로문」에서 비유를 들어 설명한 것이 또한 유명하다. 그는 각 종파의 기질에 대하여 임제 장군, 위앙 공경(대부), 운문 천자, 조동 사민, 법안 상인 등으로 표현하였다. 다음의 구분을 살펴보도록 하자.

위앙종: 근엄: 공경(대부)

임제종: 통쾌: 장군

운문종: 고고: 천자

조동종: 세밀: 사민

법안종: 상세: 상인

사람의 기질을 파악하는 방법은 여러 가지가 있다. 현대의 첨단과학 시대에는 더욱 정교하게 인간의 신체와 정신을 분석하고 있다. 우선 가장 쉽게 사람을 구별할 수 있는 방법 중의 하나는 혈액형에 의한 구분이다. 확실히 O형과 A형은 다르다. 그뿐만이 아니다. B형도 다르고 AB형도 또 다르다. 개인적으론 오종가풍을 혈액형에 비유하여 생각해 보곤 한다. 동국대에서 간화선수업 강의를 여러 학기 했었다. 그때마다 오종가풍을 설명하고 개인의 성향에 맞는 종파와 그렇게 생각하는 이유에 대해 기술하라는 레포트 과제를 줬다. 그런데 신기한 것은 예측한 대로 학생과 종파선택이 들어맞았다. 참선을 하는 사람은 반드시 오종가풍을 이해하고 또 그것에 따라 지도하는 것이 맞겠다는 생각을 그때 했다. 이렇게 오종가풍을 쓰게 된 동기는 그때 부여된 것이다. 이제 각 종파의 형성과 그 종풍의 특질을 알아볼 차례다.

위앙종, 방원묵계 체용쌍창
—

위앙종은 오종 중에서 가장 일찍 형성되었다. 시조는 영우와 그의
제자 혜적이다. 위산 지역에서 활약하였기에 위앙종으로 불린다.
형성 시기는 당 말 오대이고 개종이 가장 빨랐으나 쇠퇴도 마찬가
지여서 존속기간은 150여 년 정도이다. 종파가 형성되면서 각 종파
를 비교하여 평하는 분위기가 일어나고 전적도 나타났다. 법안종의
창시자인 문익이 「종문십규론」을 지어 가장 이른 시기에 위앙종의
종풍을 방원묵계(方圓默契) 체용쌍창(體用雙彰)이라 하였고 『인천안
목』에 나오는 설명은 다음과 같다.

> 위앙종은 아비는 자애롭고 자식은 효도하며 윗사람은 명령하고
> 아랫사람은 따른다. 네가 밥을 먹고 싶으면 나는 곧 숟가락을 받
> 쳐 들고, 네가 강을 건너고 싶으면 나는 곧 배를 젓는다. 건너 산에
> 연기가 보이면 곧 불이 있음을 알고, 담 너머 뿔이 보이면 곧 소가
> 있음을 안다.

위의 인용문에 보듯이 위앙종은 친절하고 자애로우며 기미를 알아
차리는 법문이다. 조그만 표징으로도 전체를 보는 실마리를 얻는
다. 그래서 위앙종은 선을 가르치거나 배울 때 또는 학인을 제접할

때 소박한 가운데 묵묵히 계합함을 말한다. 『오가종지찬요』에서는 "위앙종은 부자가 일가를 이루며, 스승과 제자가 서로 화합한다. 말이 없어 드러내지 않으며, 명암이 서로 치달아서 체용을 모두 밝힌다. 혀 없는 사람을 으뜸으로 하고 원상으로써 그것을 밝힌다"라고 하였다. 이를 종합하여 위앙종의 종풍을 방원묵계 체용쌍창이라 평한다. 방은 네모이며 원은 동그라미다. 그 둘이 서로 잘 계합한다는 뜻이다. 일과 이치, 이치와 일이 다를 수 있는가. 둘은 적확하게 맞아야 한다. 사물의 이치는 서로 맞게 쓰면 잘 돌아간다. 작동이 안 되는 것은 맞게 세팅이 되지 않았기 때문이다.

선종에서 말하는 대기대용(大機大用)도 마찬가지 논리다. 기틀은 그 자체의 질이다. 대용은 잘 활용하는 것이고 크게 쓰는 것이다. 체와 용의 등식은 중국불교나 선종의 기본공식이다. 본체와 활용의 묘를 찾는 것이 자연의 이치이고 도를 터득하는 것이다. 유교도 그렇고 도교도 그렇게 생각한다. 체와 용은 이와 사이고 이사원융은 화엄철학의 핵심이지 않던가. 상반되는 두 개념은 이처럼 다양하게 나타나고 설명되기 때문에 이 순환관계를 이해하지 못하면 중국불교를 알 수 없다. 그래서 학설에 따라 체와 용이 구별되기도 하고 서로 합치시켜 설명하기도 한다. 예를 들어보자. 위·진 시기 현학가인 왕필의 귀무론은 무를 본체로 하고 유를 용으로 본다. 배위는 숭유론이라 하여 오히려 유를 본체로 한다. 그런데 승조는 즉체즉용이라 하여 체용의 관계를 무너뜨리며 혜능의 남종에 이르러서는 체용으로 정혜를 해석하는 것을 생각하면 이해에 도움이 될 것이다.

위앙종은 체용의 관계를 체용상즉이라 하여 그 둘의 간극을 메워버린다. 방과 원은 네모와 원인데 이것도 체용을 비유한 것이다. 묵묵히 계합한다는 것은 다름을 극복하여 하나로 회통시켰다는 뜻이다. 위앙종은 하나의 동그라미 안에 다른 글자나 기호를 넣는 방식으로 97개의 모양으로 문답에 활용하는 가풍이 있다. 상(象)으로 말을 대신하고 상으로 뜻을 나타냄으로써 학인을 제접하는 것이다.

위앙종은 깊고 깊어 은밀함을 감추고 신중하게 살펴 세밀하다는 분위기가 있다. 영우가 백장을 모시던 때의 문답이 있다. 어느 날 백장이 영우에게 아궁이에 불이 있는지 없는지 살펴보도록 했다. 영우가 아궁이를 뒤적여도 불이 보이지 않았다. 그래서 불이 없다고 말했다. 그러자 백장이 친히 아궁이를 뒤적거리더니 불씨를 하나 찾아냈다. 백장은 곧 영우의 면전에 불씨를 보이면서 "이것이 불씨가 아니면 무엇이냐?" 하였다. 불씨는 작지만 있는 것을 없다고 하면 일이 커진다. 영우가 여기서 크게 깨닫고는 스승에게 감사의 절을 올렸다. 위산이 활동하던 시기에 회창법난이 있었다. 그는 백성들과 뒤섞여 모습을 감췄다가 법난이 지난 후에 다시 위산으로 돌아가 법을 펼쳤다.

위앙종의 분위기는 말없는 가운데 보살피고 배려하는 부자지간, 사제간의 두터움이 있다. 우리가 사물을 알려면 일단 묵묵히 지켜보는 것에서 시작해야 한다. 사물도 그렇고 마음도 그렇다. 내가 좋아하는 글귀 가운데 어무설(魚無舌)이 있다. 물고기는 혀가 없다는 뜻이다. 혀가 없으니 어떤가. 말을 못한다. 말을 잊어버리거나 말을 놓아버리는 것이고 생각을 끊으면 말도 사라진다. 40대에 포교당의 주지를 살면서 수 없는 법문을 하고 살았으니 그 노트도 두꺼운 것으로 여러 권이 만들어졌다. 난 그 노트함의 박스 뚜껑에 魚無 舌이라고 써넣었다. 혀가 없으면 시비도 사라지는 것이고 내 인생 의 어느 때인가는 혀가 없는 사람처럼 어무설의 경지에 들어가 볼 까 한다. 그래서 위앙종을 생각하면 곧 폐교가 멀지 않은 어느 섬 분 교에서 아이들을 가르치는 초등학교 선생 같은 이미지가 그려진다.

임제종, 기봉준열 오역문뢰
—

> 시인이 아니면 시를 말하지 말고
> 검객이 아니면 검을 바치지 말라

선종의 남악계는 백장 문하에 위앙종이 있다면 황벽 문하에는 임제 종이 있다. 오종 가운데 영향력이 가장 크고 가장 오랫동안 지속된 종파가 바로 임제종이다. 선문에서는 '임천하 조일각(臨天下 曹一角)' 이라 하여 임제종이 천하를 휩쓸었고 조동종은 일각 정도만 드러났 다고 말한다. 명심견성의 어려움은 집착을 깨뜨리는 일에 있다. 집 착은 아집·법집·공집이 있다. 아집은 나에 대한 집착으로 내가 자 연법칙의 산물임을 모르는 것이고, 법집은 객관세계에 대한 집착으 로 만물이 공허함을 모르는 것이며, 공집은 공허에 대한 집착으로 공허도 공허함을 모르는 것이다. 아집이 깨지면 나한의 경계고, 법 집을 깨면 보살이며, 공집을 깨야 부처의 지위에 들어간다. 그래서 불교의 인식론은 부정의 부정이다. 모든 것을 부정으로 끌고 가면 더 이상 부정할 수 없는 지점이 나타날 것이다. 그러면 긍정은 저절로 드러난다.

사람들이 이 단계를 거치는 것은 대단히 어렵지만 깨달은 이들은 부정을 통하여 대긍정으로 나아간다. 불교는 부처와 중생의 차별도 없고 성과 속도 없으며 유·불·선 삼교의 다름도 일심에 귀합하여 일상의 모든 것이 도 아님이 없다는 논리를 편다. 불교는 부정을 통한 긍정으로 입지를 굳히면서 중국화의 완성을 이루었고 특히 선종은 중국문명으로 인정받게 되었다. 선진 시대 제자백가의 사상이 바로 세상 속의 철학이었듯이 불법과 세상이 둘이 아니라는 방식은 생활 속의 실천이라는 의미에서 중국인의 전통에 부합하였다. 중국의 윤리관은 행동을 호소하는 실천이성과 실용철학이기 때문이다. 선종의 성립은 이렇듯 다양한 관점에서 읽어내야 한다. 마조와 백장 이후 노동이 선종의 중요한 일상사가 된 것은 의미가 있다.

선문의 한편에선 제자를 가르치는 방법에도 전통의 교학에 의존하는 방법과 달리 즉각적인 촉발을 유도하는 방식이 선종의 문화로 발전하였다. 문답 중에 소리를 질러 할(喝)을 하거나 주장자로 내려치는 방(棒)이 새로운 방식으로 떠올랐다. 선문에 "임제할 덕산방"이 하나의 관용어구가 되었을 정도다. 지위의 높고 낮음에 상관없이 도를 묻는 자리라면 언제 어느 자리에서건 이런 광경이 펼쳐진다. 공부인의 의식을 깨는 이런 충격요법은 직관적으로 깨달음에 들게 하는 것이므로 누구나 이해하고 따라하고 흉내를 냈다. 이를 기봉(機鋒)이라 한다. 임제의 가풍을 기봉준열(機鋒峻烈) 오역문뢰(五逆問雷)라고 하는 이유가 여기에 있다. 기(機)는 기밀·우연·민첩

함이라는 뜻이고 봉(鋒)은 예리하다는 뜻이다. 우연의 일치를 이용하여 기밀이 담긴 언어나 동작 또는 방할처럼 상식을 벗어난 수단을 빌려 일거에 집착을 깨고 마음의 등불을 밝히도록 한다. 선기(禪機)라고도 할 수 있는데 기는 굳이 설명하자면 개인 고유의 끼와 같다. 기틀은 부동의 정해진 것이고 끼는 상황을 만나면 발동하는 그 무엇이다. 따라서 끼를 보면 그의 진면목인 기틀을 알 수 있다. 용은 더 적극적인 활용이니 기는 용으로써 외부로 드러나고 용은 기가 있어서 각자의 다름이 존재한다. 따라서 기봉준열은 기틀의 예리함이 매우 엄하고 격렬하다는 뜻이 된다. 또 오역문뢰는 오역죄를 지은 죄인이 벼락소리를 듣는 것과 같다는 뜻이다. 죄를 지었으니 얼마나 놀라겠는가. 임제종은 그렇게 벼락 치듯 사람 생각의 틀을 부숴버린다.

선종의 대기대용도 그렇고 이 機 한 글자의 의미를 이해하는 것이 중요하다. 그래서 일반적으로 선을 붙이면 모든 것이 성스럽고 거룩하게 변모한다. 선풍·선화·선어·선시·선열·선다·선식·선농 등 선의 어휘활용이 당·송 이후 지식인들의 생활에서 중요한 부분을 차지하여 대유행이 되었다. 제자백가 이후 중국문명의 가장 중요한 사상문화적 성과는 현학과 선종이라고 평가하듯이 사유와 담론뿐만이 아니라 생활방식에도 변화를 가져왔다. 약용이나 파·생강과 함께 식용되던 것이 선종의 차문화가 확산되면서 모든 사람이 차를 마시기 시작했다. 육우의 『다경』이 만들어진 것이 당 덕종 때인 것에서 알 수 있듯이 좌선에 필요한 차 마시기가 일반인에게도 널리 퍼졌다. 문화의 힘이 이렇다.

다소 장황하게 대기대용의 기에 대해 설명하는 이유는 선종은 점차 종파에서 개인으로 옮겨가면서 개인의 성향이나 기질 혹은 됨됨이를 살펴보기 시작했기 때문이다. 방과 할이 즉각적으로 기틀을 흔들어 촉발할 수 있다고 믿었다. 그리고 분등의 시기와 남송 시기의 간화선에 이르면 모든 주제가 온통 개인에게 집중된다. 이제 부처도 죽이고 조사도 죽이고 부모도 죽이고 친족도 죽이라. 만나는 모든 것을 남김없이 쓸어버리는 임제의 진면목을 알아보자.

임제는 황벽 문하에서 공부했다. 당시의 선문은 스승에게 공부를 묻기 위한 절차로 입실과 독참의 법이 있었다. 5일 간격으로 입실하여 스승을 참알하고 독참을 통해 공부를 점검받았다. 입실은 의무적이었다. 임제가 황벽에게 무엇이 도의 요긴한 것인지를 세 번 물었고 세 번 다 20방을 맞았다. "세 번 묻고, 세 번 맞다"라는 것이 선문의 문답형식처럼 인식되었다. 이제 선문은 말 대신 방으로 치고 고함을 질러서 전광석화처럼 즉각적으로 응하는 방법을 쓰기 시작했다. 덕산은 조금 더 후대의 사람이지만 아예 30방을 쳤다. 이처럼 덕산 30방은 임제할과 더불어 선문의 아이콘이 되었다. 방할의 법은 이미 마조 시기에도 활용되던 것이다.

선종 여러 종파의 선사들이 점차 모든 관념을 파하는 방식으로 뼈와 살을 발라내듯이 철저하게 묻고 또 물었다. 그중에서 가장 격렬하게 선기를 쓴 이가 바로 임제다. 이제 선문에서는 부처·보살·나한·스승·부모 등등을 욕하고 쓸어버린다. 선사들은 부처를 "마른 똥막대기"라고 하거나 보리열반을 "나무에 매달린 풍뎅이와 같다"라고 하는 등 생각으로는 헤아릴 수 없는 파격적인 의리의 끝으로 몰아갔다. 이런 방식의 압권인 임제의 법문을 들어보라.

> 사람의 미혹을 받지 말며, 안팎으로 향하여 만나면 바로 죽여라.
> 부처를 만나면 부처를 죽이고, 나한을 만나면 나한을 죽이고, 부
> 모를 만나면 부모를 죽이고, 친가 권속을 만나면 친가 권속을 죽
> 여라.

임제는 이렇게 할 수 있어야 비로소 해탈을 얻고 사물에 구속되지 않고 해탈자재할 수 있다고 가르쳤다. 말이 쉽지 삼강오륜과 종법 질서를 금과옥조처럼 떠받드는 유가중심의 중국사회에서 임제는 이런 극한의 법문을 외치고 다녔다. 분명 간단치 않은 일이다.

임제의 법요

임제는 호기 어린 선법과 달리 그 시기의 다른 선사보다 법문의 체계를 다양하게 갖추고 있다. 임제의 법요를 간략히 소개하면 다음과 같다.

삼현삼요(三玄三要): 체중현·구중현·현중현
사료간(四料簡): 탈인불탈경·탈경불탈인·인경구탈·인경구불탈
사조용(四照用): 선조후용·선용후조·조용동시·조용불동시
사빈주(四賓主): 빈간주·주간빈·주간주·빈간빈

임제는 삼현삼요를 구체적으로 설명하지는 않았다. 체중현은 사람의 통상적인 어구는 진실한 심체에서 나오기 때문에 진실한 이치를 드러낸다는 의미다. 구중현은 이서방이 마시고 김서방이 취하는 식으로 언어에 구속되지 않고 체에 걸리지 않아 교묘히 활용하는 것이다. 현중현은 언어 밖의 도리를 깨닫는다는 뜻이다.

사료간은 서로 다른 기틀에 근거하여 시설한 법문이다. 사람과 경계를 응대의 개념으로 시설하여 뺏거나 빼앗지 않거나 둘 다 뺏거나 둘 다 빼앗지 않는 방식이다. 사실 선종이나 중국불교의 교설은 대부분 이 같은 공식에 대입하여 설하는 것임을 눈여겨보면 흥미로울 것이다.

사조용도 똑같다. 비춤과 쓰임을 교환하고 합치하는 등식이 사료간과 같다. 다만 개념이 다를 뿐이다.

사빈주는 주인과 손님의 관계로 비유하여 응기접물을 호환한다.

임제의 법맥과 종풍

임제는 일찍 출가하여 선종을 좋아했다. 계율을 정밀하게 연구하고 경론을 폭넓게 보았으며 사방으로 유행하였다. 만당에서 오대 시기에 혜능의 남종은 강서 지방에서 활약했다. 선림에는 "임제가 제방을 유행하자 제방의 기가 죽었다"라는 말이 있다. 당시 임제의 선풍이 얼마나 강렬한 것이었는지 짐작할 수 있는 말이다. 임제의 법맥은 홍화존자 → 풍혈연소 → 수산성념으로 이어지고 분양선소는 문자선을 제창하였다. 그 후 양송 시기에 양기와 황룡의 두 파로 나뉘면서 중국불교사에 "임천하"라는 호칭을 얻을 만큼 임제종은 다른 종파와 비교할 수 없게 큰 영향을 미쳤다.

임제의 선풍은 오역문뢰 같다고 오조법연이 평했다. 오역죄를 범한 죄인이 우렛소리에 무너지듯이 일할에 생각이 끊어지고 만다. 임제의 기풍을 적은 전적을 보자.

『오가종지찬요』에서는 "임제의 가풍은 기를 온전히 하여 크게 쓰고, 방과 할을 베풀기를 호랑이가 도망치듯 용이 달아나듯 하고, 별이 질주하듯 우레가 치듯이 한다. 충천된 의기를 안고 격외를 사용하여 제시하고 지킨다. 부정과 긍정, 놓아주고 잡아들임, 죽이고 살림이 모두 자재하였다"라고 하였다. 또 『인천안목』에서는 "임제종은 대기대용으로 그물과 굴레에서 벗어나 둥지에서 나왔다. 호랑이가 도망치듯 용이 달아나듯 하고, 별이 질주하듯 우레가 격노하듯 한다. 천관을 바꾸고 지축을 돌려 충천된 의기를 안고, 격외를 사용하여 제시하고 지킨다. 임제를 알고 싶은가. 푸른 하늘에 뇌성벽력이 치고, 육지에 파도가 인다"라고 말한다.

천여유칙은 오종가풍을 설명하면서 "통쾌하다"라고 임제종의 특질을 적었다. 선을 가르치고 학인을 제접할 때 화통하여 불꽃이 튀고 우레가 치며 천군만마를 지휘하는 장군과 같이 천하를 뒤흔든다. 그래서 "조동은 선비와 같고 임제는 장군과 같다"라는 말이 나온 것이다.

조동종, 면밀회호 묘용친절

—

조동종은 동산양개와 조산본적으로 만들어진 종파다. 선종사에 미친 영향은 임제종 다음간다.

양개는 회개 사람이다. 선지식들을 찾아다니며 공부하다가 다리를 건널 때 물에 비친 자신의 모습을 보고 도를 깨달았다. 본적은 천주 보천 사람이다. 양개 문하에 입실하여 배웠다. 조동종은 본적에 이르러 더 발전되었다. 동산양개를 생각하면 『치문』을 배울 때 외웠던 「동산양개화상 사친서」가 떠오른다. 출가 후 모친과의 서간문이 실려 있어서 알게 되었다. 사친서는 동산양개의 사친서와 후서의 두 편이 있고 「랑 회답」이라 하여 모친의 글이 실려 있다.

우선 사친서는 "엎드려 들어보니 여러 부처님께서 세상에 나오실 때 다 부모를 의탁해서 생명을 받으시고, 만물들이 세상에 나오는 것도 다 하늘과 땅이 덮어주고 실어줌을 입음이라. 그러므로 부모가 아니면 태어날 수가 없고, 천지가 없으면 성장할 수가 없습니다. 모두가 양육하는 은혜에 젖었으며, 하늘이 다 덮었고 땅이 실어준 덕을 받았습니다. 삼가 편지 올려 깊은 사랑 하직하고 큰 법을 밝혀서 자친께 보답하기를 원합니다. … 부디 눈물을 뿌려서 자주 생각하지 마시고 애당초 저를 없는 것 같이 보소서"라고 마친다. 이어서 후서가 나오는데 모친의 서신에 대한 답신이다. 그 후서에서 남방으로 지팡이를 짚고 돌아다닌 게 벌써 10년이 되었다는 것, 그리고 더 이상 문에 기대어 기다리지 마시라는 당부와 함께 마지막에 "어머님께 드릴 말씀은 슬픈 눈물 쉬실지니, 죽은 듯 생각하시고 없는 듯이 여기소서!" 하는 말로 매듭을 짓는다.

어머니의 서신은 길지 않아 전문을 소개하겠다.

나는 너와 더불어 예로부터 인연이 있어 비로소 에미와 아들로 맺어짐에 애욕을 취하여 정을 쏟게 되었다. 너를 가지면서부터 부처님과 하늘에 기도를 드려 아들을 낳게 해달라고 원하였더니, 회임한 몸에 달이 차자 목숨이 마치 실 끝에 매달린 듯하였으나 마침내 마음에 바라던 것을 얻게 되어서는 마치 보배처럼 아낌에 똥오줌도 그 악취를 싫어하지 않았으며 젖먹일 때도 그 수고로움을 게을리하지 않았다. 차츰 성인이 되면서부터 밖으로 보내어 배우고 익히게 함에 간혹 잠깐이라도 때가 지나 돌아오지 않으면 곧장 문에 기대어 바라보곤 하였다. 보내온 글에는 군이 출가하기를 바라지만 아버지는 돌아가셨고 에미는 늙었음에, 네 형은 인정이 메마르고 아우도 성격이 싸늘하니 내가 어찌 기대어 의지할 수 있겠느냐. 아들은 에미를 팽개칠 뜻이 있으나 에미는 아들을 버릴 마음이 없다. 네가 훌쩍 다른 지방으로 떠나가고부터 아침저녁으로 항상 슬픔의 눈물을 뿌림에 괴롭고도 괴롭구나. 이미 맹세코 고향으로 돌아오지 않는다 하였으니 곧 너의 뜻을 따를 것이로다. 나는 네가 왕상이 얼음 위에 누운 것이나 정란이 나무를 새긴 것과 같이 하기를 기대함이 아니라 단지 네가 목련존자 같이 나를 제도하여 고해의 바다에서 벗어나게 하여주고 위로는 불과에 오르기를 바랄 뿐이다. 만일 그렇지 못할 것 같으면 깊이 허물이 있을 것인즉 모름지기 간절하게 이를 체득하여 알아야 할 것이다.

이 글을 외워가며 배운 지 40년이 되는데 지금도 기억 속에 있는 단어는 비여사자비여무(譬如死子譬如無) 하소서, 하는 스님의 거듭된 말씀. 또 모친의 신불천에 빌었으며 … 의문지망 하였다, 라는 내용이다. 죽은 자식처럼 생각하고 본래 없던 자식으로 생각하시라는 말씀이 후대의 출가자인 우리에게 어찌 마음 깊게 새겨지지 않겠는가. 보통 누구를 기다릴 때 문에 기대어 서 있는 모습은 시골에 살아본 사람에게는 익숙한 그림이다. 『정법안장』100권을 쓴 도겐선사의 어머니가 궁중의 서기였다고 하듯 문장을 다루는 어머니의 모습은 자식들에게 큰 영향을 미치는 듯하다. 보고 배우는 게 아이들이니까.

물질의 특성이란 다른 물질과 구별되는 고유한 특성으로 냄새·맛·밀도·색깔, 끓는점·어는점·녹는점 등 여러 가지로 파악된다. 인간도 하나의 물질인 이상 기질이 있어서 사람마다 같지 않다. 선종의 종풍도 결국은 창시자의 성향이 배태되기 마련이어서 그 차이를 확연히 구분해 낼 수 있는 것이다. 조동종을 조동 사민이라 하여 선비 같고, 농사일하는 사람 또는 농사짓는 일로 그 성격을 밝혔다. 임제 장군과는 역시 다르다. 일본 유학 다녀온 분에게 들은 바로는 임제종 사찰은 분위기부터가 누구 하나 따뜻이 맞아주는 사람이 없이 싸늘하고 냉랭하더라는 얘기를 들은 적이 있다. 일본은 조동종이 기질에 맞았고 한국은 임제종의 분위기가 강한 것은 어쩔 수없다. 한겨울에 눈보라 속에서도 아이스 아메리카노를 즐겨 마시는 한국인의 급한 성격을 임제가 아니면 누가 잡아둘 수 있겠는가.

조동종의 종풍은 훗날『인천안목』에 "가풍이 세밀하고, 언행이

상응하며, 시연에 따라 사물을 통하고, 언어로 접인한다"고 하였다. 또『오가종지찬요』에서는 "군신이 도를 합하고, 정과 편이 서로 도우며, 험준하여 아득한 길이고, 금침옥선이며, 안과 밖이 회호하고, 이와 사가 함께 혼융한다"라고 하였다.

조동종은 학인을 제접하는 몇 가지 장치가 있어서 자세하게 가르친다. 그 기풍도 임제종처럼 기봉준열이나 방할제시하지 않고 흡사 농사짓는 농부처럼 한다. 임제종의 기봉은 예봉과 비슷한 뜻으로 기질상 공격이나 언변의 예리함을 뜻한다. 그리고 준열은 엄하고 격렬함을 말한다. 그러나 조동종은 비교적 온화하고 면밀함이 서로 잘 들어맞으며 묘용을 친절하게 베풀어 마음을 궁구하는 분위기가 있다. 그래서 조동종은 언행이나 사물을 보는 관점도 찬찬하고 세밀할 것을 가르친다. 두 종파의 가르치는 방식도 같지 않다. 조동종이 편(偏)·정(正)과 명(明)·암(暗), 임제종은 주(主)·빈(賓)과 체(體)·용(用)으로 설명하듯이 종파에 따라 사용하는 언어의 개념을 달리하기 때문에 이런 것이 선을 이해하기가 쉽지 않은 이유이기도 하다. 조동종의 제접법은 다음과 같다.

삼종삼루(三種滲漏): 견삼루·정삼루·어삼루
사빈주(四賓主): 주중빈·빈중주·빈중빈·주중주
삼로접인(三路接人): 조도·현로·전수
삼종타(三種墮): 류타·수타·존귀타
정편오위(正編五位): 정중편·편중정·정중래·겸중지·겸중도
공훈오위(功勳五位): 향·봉·공·공공(共功)·공공(功功)

군신오위(君臣五位): 정위·편위·정중편·편중정·겸대

왕자오위(王子五位): 탄생·조생·말생·화생·내생

오위공훈도(五位功勳圖): 정편오위·공훈오위·군신오위·왕자오위
등을 묶어 배치

삼종삼루는 견해·감정·언어의 세 가지로서 학인의 서로 다른 근기
와 그 집착하여 얽매인 측면에 근거하여 타파하는 가르침이다.

사빈주는 임제종의 주빈관계가 일대일 대응관계의 형식이라
면 조동종의 사빈주는 청산백운·체용·이사의 관계로 보는 차이가
있다.

삼로접인은 나는 새가 종적이 없듯이 무심무사하고 임운자재
하며[鳥路] 현로(玄路)는 행동에 사사로움이 없는 것, 전수(展手)는
손을 펼쳐 환영하여 선문에 들게 한다는 뜻이다.

삼종타는 피모대각(뿔을 달고 가죽을 걸친다는 것으로, 세상 속으로 들
어간다는 은유)이라 하여 중생을 구제하기 위해 수고로움을 마다하지
않겠다는 것이다. 남전의 수고우 법문이 이와 같다.

정편·공훈·군신·왕자 등의 오위설은 동산과 본적이 설한 조
동종의 특색이다. 『종문십규론』에서 조동종풍을 고창위용(敲唱爲
用)이라 칭하는데 학인을 제접하거나 검증할 때 오위의 설법을 서
로 배합하는 것이 마치 장단을 맞추며 노래하는 것과 같아 학인으
로 하여금 편정을 분별해 낼 수 있도록 하기 위함이다.

조동종은 일에서 이치를 봄으로써 일 자체를 원융한 진실로 보
는 즉사이진(卽事而眞)의 가풍이다. 특히 동산은 효순의 관념과 선

법을 결합함으로써 유학을 이끌어 선문에 들어가도록 하는 것이 큰 특색이다. 주지하다시피 중국인들은 사문이 부모의 은혜를 저버리는 불효와 군신의 예의를 저버리는 불충을 저지른다고 보았으며 주로 이런 관점에서 사문을 공격했다. 조동종은 이런 공격에 대응하기 위해 충효의 변을 편 것이다. 사친서의 내용이 이를 잘 말해준다. 특히 "출가하면 구족이 하늘에 난다"는 말로 출가가 결국은 효도 중에서도 큰 효도임을 주장했다. 동산은 「보경삼매가」에서 말한다.

> 신하는 임금을 받들고, 아들은 아비에 따른다. 따르지 않으면 효가 아니요, 받들지 않으면 보좌가 아니다. 드러나지 않게 행하고 은밀히 써서 어리석은 듯하고 미련한 듯하다. 그러나 서로 이을 수 있으며, 이름하여 주인 가운데 주인이다.

조동종으로 양송 시기 가장 유명한 인물은 굉지정각이며 묵조선을 창도하여 정좌간심을 설하였다. 조동종의 번성은 임제나 운문에 미치지 못하나 그 쇠함은 위앙이나 법안과는 달라서 양송 이후에도 면면히 끊이지 않고 이어졌다. 조동종 법계에 속하는 운거도응의 도량이 남달랐다. 그는 출가인이 안분·무쟁·심족 등을 닦도록 가르쳤다. 도응은 제자에게 말했다.

> 내 집에 솥 하나가 있는데, 항상 밥을 지으니 세 사람이 먹기에 부족하지만 오히려 천 사람이 먹고도 남음이 있다. 그 이유는 무엇인가. 다투면 부족하고, 양보하면 남음이 있다.

사람은 본분이 편안하면 다투는 마음이 생기지 않고 무쟁이면 곧 마음이 족하며 천하가 곧 태평해진다. 『조당집』에는 군인들이 운거산을 침입하자 모두 도망갔지만 운거만이 움직이지 않았다는 이야기가 나온다. 대장이 "세계는 언제 태평할 것인가?"라고 물었다. 운거는 태연한 얼굴로 "너의 마음이 족하기를 기다리면 곧 태평할 것이고, 천하가 불안한 이유는 바로 사람에게 쟁심이 있기 때문이다"라고 하였다. 조동종의 가풍이 이와 같다.

조동종은 묵조선과 상통하여 좌선법이 닮은 점이 많다. 특히 일본 조동종의 좌선법을 눈여겨볼 필요가 있다. 일본 조동종에서는 지관타좌(只管打坐)·신심탈락(身心脫落)·현성공안(現成公案)을 말한다. 오직 앉으라는 이 말은 의미심장하다. 사물이 오래되면 가짜는 떨어져 나간다. 사람의 마음도 부동으로 앉아 있으면 가짜인 번뇌망상이 탈락되고 본체가 드러난다는 의미이다. 쉽고 간명하면서도 함의가 깊다. 일본 조동종의 개조인 도겐선사는 송나라 천동산에서 천동여정을 만나 지관타좌 수행으로 깨달음을 얻었다. "참선은 곧 심신탈락이며, 지관타좌로 시작해서 얻는다." 이 말은 삼라만상 모든 존재는 이미 성립되어 있으며 절대진리이자 절대진리에 의해 살아간다는 것으로 현성공안이다. 공안이 이미 눈앞에 완성되어 있다고 보는 것이다. 현성공안이야말로 정전(正傳)의 불법이며 오가칠종 불법 이전의 불법이라고 선언한다. 결론적으로 좌선수행 자체는 부처님의 행이라는 본증묘수(本證妙修)의 입장이다.

운문종, 홍기섬삭 고위험준

—

운문종은 운문문언이 창시자다. 운문은 출가 후 설봉의존 회상에서 깨달음을 얻었다. 만년에 운문산에서 도량을 열었기 때문에 운문종이 되었다. 오종 중에서 기풍이 험준고고하다. 홍기섬삭은 붉은 깃발이 번쩍인다는 말이다. 『오등회원』에는 오종의 성격을 다음과 같이 구분한다.

> 위앙종: 끊어진 비석이 옛길에 질러 있음(碑斷橫古路)
>
> 임제종: 오역의 죄인이 우렛소리에 무너짐(五逆聞雷)
>
> 조동종: 속달편지가 집에 이르지 못함(馳書不到家)
>
> 운문종: 붉은 깃발이 번쩍임(紅旗閃爍)
>
> 법안종: 야경꾼이 도둑질을 함(巡人犯夜)

당 말 오대는 군웅이 할거하고 내란이 빈번한 혼란의 시기였다. 특히 당 무종의 회창법난과 후주 세종의 법난은 불교 각 종파에 큰 영향을 미쳤다. 강남의 제국은 이 시기에 상대적으로 안정되어 있었고 경제는 발전하고 있었다. 이런 분위기에서 강남의 제국은 고승을 받아들여 사회안정을 도모하였다. 운문종의 창립은 이런 분위기 속에서 만들어졌다. 그리고 오대와 북송 시기에 오종 중에서 가장 영향력이 있었다. 운문종에는 운문삼구가 있다.

함개건곤(函蓋乾坤)

절단중류(截斷衆流)

수파축랑(隨波逐浪)

운문문언의 제자인 덕산연밀이 운문종에서 수행자를 지도하는 방법을 세 구절로 정리한 것이 운문종의 종풍이 되었다. 함개건곤은 함의 뚜껑을 닫듯이 하늘과 땅을 덮어 포용한다는 것으로 전체를 한 덩어리로 감싸서 안아버린다는 뜻이다.

절단중류는 모든 생각이나 번뇌유전하는 모든 망념의 흐름을 끊어버리는 것을 말한다.

수파축랑은 물결을 따라 파도를 쫓는다는 뜻으로 학인의 기질이나 능력에 따라 자유자재로 이끌어 들인다는 것이다. 운문의 가풍은 천자에 비유하여 고고함을 그 특질로 한다. 따라서 운문종의 문답은 한 글자로 답하는 것이 많다. 그만큼 함축적이고 이지적이어서 소양이 없으면 헤아리기 어렵다. 그래서 이름도 일자관(一字關)이다. 한 글자의 뜻으로도 관문을 타파하여 넘어가야 한다. 그다음은 삼자지(三字旨)가 있다. 운문은 법당에 들어가면 학인들을 둘러보고 "고[顧]", 바로 이어 "감(鑒)"이라 한 후에 의아해하는 대중을 향해 "이(咦)"라고 했다. 이를 문인들이 세 글자로 학인을 시험하는 법이라 칭했다. 고는 스스로를 돌아봄이고 감은 스스로를 감찰하고 징계하는 것이며 이는 말과 책과 뜻으로는 미치지 못하는 깊은 경지를 말한다.

일자관의 문답의 예를 들어보면 다음과 같다.

"무엇이 부처의 뜻입니까?"

"보(普)."

"운문의 하나의 길은 무엇입니까?"

"친(親)."

"도란 어떤 것입니까?"

"거(去)."

"무엇이 부처를 초월하고 조사를 뛰어넘는 말씀입니까?"

"호떡(餠)."

호떡이라는 답은 운문의 아이콘이다. 차를 말하면 조주가 떠오르듯
이 호떡은 운문이다. 그래서 아름다운 게송이 있다.

山頭月掛雲門餠   산머리에 걸린 달은 운문의 호떡이요
門外水流趙州茶   문밖에 흐르는 물은 조주의 차로다

운문종은 질문에 대하여 전혀 관련이 없는 은유와 비유로 답을 한
다. 이것이 운문의 가풍이고 운문 계열의 가장 이지적인 인물이 설
두중현이다. 그는 북송 문자선의 대표적 인물로서 송고 사대가 중
의 한 사람이다. "종문 제1서"라는 평을 받는 『벽암록』은 설두중현
이 가려 뽑은 『송고백칙』이 저본이다. 여기에 원오극근이 평창을

하여 공안집이 된 것이다. 운문종의 문답은 고상하고 비단결처럼 무리가 없다. 글줄이라도 봐서 서권기가 있어야 운문의 향기를 맡을 수 있다. 그래서 운문종 계열의 전적을 보면 고아하고 영롱하여 한 글자도 없이 만들어진 책일지언정 광명이 인다. 고고한 한 마리 학이요, 저 멀리 히말라야 고봉의 티베트 사원에 걸린 깃발과 같다. 그 깃발에는 글자가 박혀 있어서 바람을 따라 세상에 흘러가라는 의미로 펄럭이게 한 것이다. 히말라야에 바람 없는 날이 있겠는가. 하늘에서 부는 바람도 있지만 깊은 계곡에서 올라오는 바람도 있다. 깃발이야 바람에 몸을 맡기면 되고 그 깃발 속의 경구는 바람이 알아서 데려갈 것이다. 운문의 법문이나 듣자.

好事不如無　　　좋은 일이라도 없는 것만 못하다

법안종, 문성오도 견색명심

—

법안종은 남당 오월 등지에서 상당히 큰 발전을 보았으며 오대 말기에 가장 영향력 있는 종파였다. 오종 중에서 성립시기가 가장 늦으면서 쇠락도 빨라서 수명이 길지는 않았다. 법안종의 가르침은 기존의 불립문자·교외별전이라 하여 선과 교를 분리하던 관점에서 벗어나 오종 중에 유일하게 교학을 포괄하는 선교일치의 종지를 폈다. 그 영향이 심원하여 법안종은 선종의 발전과 중국문화에 끼친 영향이 적지 않다는 평을 듣는다.

법안종은 법안문익에 의해 형성된 종파이지만 그 초석은 현사 사비가 놓았다. 법안은 『종문십규론』에서 다른 종파는 논하면서 자신의 법안종은 말하지 않았다. 법안종은 "모든 것이 드러나 있다"라는 일체현성이 주 이념이다. 『오가종지찬요』에서는 "법안의 가풍은 바로 소리를 듣고 도를 깨달으며, 색을 보고 마음을 밝힌다. 언구 속에 예리함이 숨어 있고, 말속에 울림이 있다. 삼계유심으로 종을 삼아 불자를 세워 보임으로 그것을 밝힌다"라고 하였다. 문성오도 견색명심이 그것이다. 또 『귀심록』에서 "법안의 종풍은 증상에 따라 약을 베풀고, 기틀을 드리워 날카로움에 달라 알음알이를 소제한다"고 적었다. 법안의 가풍은 상세하다[法眼詳明]. 따라서 일반적으로 법안종풍은 간명한 것은 운문종과 유사하고 은밀하기로는 조동종과 비슷하다고 본다.

　　법안은 스승인 나한계침으로부터 "만약 불법을 논하고자 한다면, 일체가 현성한다"는 말을 듣고 크게 깨달았다. 법안은 여기에 "삼계유심 만법유식"으로 통괄하여 설했다. 사람은 일에서건 사람에서건 진지하게 보지 않기 때문에 촉발이 없다. 그러나 상세히 보면 모든 것이 다르고 각자 본분을 가지고 있음을 알게 된다. 존재하는 모든 것은 이미 그 자체로 온통 드러난 것이다. 장미꽃은 장미의 모든 것을 보여주고 있다. 바람도 그렇고 물도 그렇고 나는 새도 그렇다. 그래서 법안종의 법문을 가만히 들여다보면 빠져든다. 쉽고… 알 것 같고… 느낌이 온다. 그러면서 '이렇게 말하면 될 것을 왜들 그렇게 어렵게 만들지?' 하는 생각이 드는 것이다. 다음의 문답을 보자.

현사사비에게 경청이 물었다.

"학인이 총림에 들어왔으니 선사께서는 도에 들어가는 길을 지시해 주십시오."

현사선사가 말하였다.

"개울물이 흐르는 소리를 듣는가?"

"예, 듣습니다."

"여기에서부터 들어가느니라."

경청 스님이 이 말에 들어가는 곳을 얻었다.

문익법안선사에게 지장선사가 물었다.

"상좌는 어디로 가는가?"

법안선사가 말하였다.

"이리저리 다니면서 행각합니다."

지장선사가 말하였다.

"행각하는 일이 어떤가?"

"모르겠습니다."

"그 모르는 것이 가장 가까운 것이다."

법안선사가 활연히 깨달았다.

귀가 있으면 듣고 눈이 있으면 본다. 이 자체가 세상의 모든 것이다. 법안종의 설법에 무정물의 소리를 듣느냐는 것이 있는데 자연의 모든 것은 소리를 내고 색깔이 있다. 도에 들어가는 길이란 곧 보고 듣는 것에서 시작하라는 의미다. 하긴 세상의 일도 생각이 일어난 그

곳에서 시작해야 한다. 그다음의 문답은 '모르는 것이 가장 가깝다'
는 의미다. 안다고 생각하면 정작 깊은 속은 모르는 경우가 많다. 만
약 모른다는 것을 확연하게 안다면 아는 것에 가장 가까이 있게 된
다. 법안종의 문답은 종지를 일관하는 분위기가 있다. 천태덕소의
시에 다음의 것이 있다.

通玄峰頂	통현봉 정상에는
不示人間	사람이 없구나
心外無法	마음 밖에 법이 없나니
滿目靑山	눈앞에 가득한 건 청산뿐이네

법안이 이 게송을 듣고 "이 게송만으로도 우리 종파를 일으킬 수 있
다"고 했다. 높은 산봉우리에 올랐는데 사람이 하나도 없다. 보이는
것은 온통 푸른 산이다. 그 산과 산의 푸르름이 눈을 가득 채워준다.
이 충만함이 누구 것인가. 나와 청산뿐이다. 그러면 청산을 보고 바
람을 사는 데 돈이 필요치 않다. 법안종 천태덕소의 제자에 영명연
수와 승천도원이 있다. 연수는 『종경록』 100권을 저술하여 선교일
치의 체계를 세우는 한편 선과 염불을 함께 닦을 것을 권장한 『만선
동귀집』을 저술하여 송 이후 염불선의 터전을 확립하였다.

　　법안은 종파난립의 폐해를 고치고자 『종문십규론』을 지어 선
교일치와 이사원융의 화엄사상을 끌어들였다. 화엄의 육상인 총·
별·동·이·성·괴를 화엄의 법계연기에 활용하고 이와 사의 관계를
밝힌다. 법안은 종파의식에 대하여 "종을 감싸고 조사에 무리를 지

어 참다움에 의거하지 않아 마침내 많은 가지가 나와 창과 방패처럼 서로 공격하여 흑백을 구분하지 못한다. 사람들을 속이고 성현을 기만하고 어둡게 하며 방할을 어지럽게 베푼다"라고 지적한다. 법안은 여타의 종파와 달리 독경을 중시하여 이렇게 말한다.

사람으로 하여금 옛 경전을 보게 하면
마음속에 흐트러짐을 면하지 못하나
마음속에 흐트러짐을 면하려거든
다만 옛 경전을 보는 거라네

법안의 선교일치사상은 제3대인 영명연수에서 절정을 이룬다. 그는 "일심을 들어 종으로 삼아 만법을 거울처럼 비춘다"는 이념으로 『종경록』100권을 짓는다. 여기에는 대승경전 120권, 조사어록 120권, 현성집 60권 등 모두 300종을 인용하고 있다. 연수의 선교일치는 선종과 화엄교학의 상호원융이다. 따라서 이 책의 기본경향은 "선은 달마를 존중하고, 교는 화엄의 현수를 존경한다"는 것이다. 연수는 선과 교 외에도 선과 정토의 조화를 시도하기도 하였다.

당·송 시기는 시와 사가 번창하여 많은 문장가들이 나왔다. 가장 대표적인 인물은 당송팔대가를 꼽는다. 당의 한유와 유종원, 송의 구양수·소순·소식(동파)·소철·증공·왕안석 등인데 소순·소식·소철이 부자지간이다. 한 집안에서 세 사람이 당·송 양대에 걸친 팔인에 들었으니 경이롭기 짝이 없다. 당시 사대부 지식인들은 선사들과 교류하며 참선을 익히는 게 하나의 풍미였다. 그중 동파거사

소식에 얽힌 이야기가 있다.

　소동파는 어느 날 동림의 상총선사에게 법을 청하였다. 상총
선사가 "거사는 유정설법(有情說法)만 들으려 하지 말고 무정설법
(無情說法)을 들으라" 하는 말에 가슴이 꽉 막혀 집으로 돌아오는 길
에 어느 폭포 밑에 이르게 되었다. 문득 폭포가 우레와 같은 소리를
내면서 떨어지는 것을 보다가 문득 깨달은 바가 있어서 시를 한 수
읊었다.

溪聲便是廣長舌	개울물 소리는 부처님의 설법이요
山色豈非淸淨身	산빛이 어찌 청정법신이 아니리오
夜來八萬四千偈	밤이 되니 팔만사천 게송을 읊는 듯하니
他日如何擧似人	다른 날 어떻게 사람들에게 들어 보이리오

이 게송은 절의 기둥 주련에 많이 걸려 있는 천하의 사랑받는 게송
이다.

　무정물의 설법.

　그래서 법안종은 이지적인 풍류를 자극하는지도 모른다.

7

양송 시기의 선풍,
문자선에서 무자화두까지

달마 초전 이후 혜능까지의 선법은 자교오종의 여래선과 능가종으로 시작되었다. 교의도 달마 안심법문에서 도신의 일행삼매인 수일불이, 다시 홍인에서 수본진심으로 나아갔으며, 육조 혜능에게서 돈오성불의 조사선으로 발전해 가는 과정이었다. 특히 하택신회가 남돈북점이라는 활대에서의 사상논쟁을 거친 선종은 마조와 석두 두 계열로 분화하고 다시 오종가풍이 만들어졌다. 선은 일상성 내에서의 평상심을 중시하고 선종은 자급자족의 사원경제를 취하였다. 백장청규는 이 시기에 제정된 것이라는 점에서 의의를 찾을 수 있다. 당 말과 오대를 거치는 시기의 선종은 중국불교를 완성시킨 것으로 평가된다. 이 시기 각 산문에서는 뛰어난 선의 종장들이 배

에세이 선종사

출되었다.

송대에 접어들면 다시 유학이 정치·사회의 지배적 위치를 점한다. 그러나 북방유목민들에게 쫓긴 한족은 북송에서 남송으로 위축되고 결국 왕조의 문을 닫고 만다. 이 시기에 유교에서는 성리학이 발전하고 불교에서는 대혜종고 간화선과 함께 선종의 등사와 공안집이 쏟아져 나왔다. 그리고 화두를 참구하는 공안선은 더욱 간결하게 발전하여 무자화두가 간화선의 절정에 올라서게 되었다. 이제 양송 시기 선문의 동향을 알아볼 차례다.

분등선의 오종은 개종과 쇠망이 같지 않았다. 위앙종은 가장 빠르게 산문을 개창하였으나 쇠퇴도 가장 이른 시기에 이루어졌다. 법안종은 가장 늦게 개창하였으나 쇠망도 빨랐다. 반면 운문종·조동종·임제종은 영향력을 이어갔다. 선종은 불립문자를 표방하여 출발하였으나 점차 불리문자라 하여 문자와 떨어질 수 없는 방향으로 변모해 갔다. 이 시기의 선종은 대혜종고의 간화선과 굉지정각의 묵조선으로 재편되기 시작한다.

문자선

—

불립문자에서 불리문자로 방향이 바뀌는 문자선의 국면이 만들어진 것은 시대의 분위기가 초래한 것이기도 하다. 첫째는 선승들이 사대부 식자층과 교류하면서 문자로 선의를 설명할 필요가 있었다. 둘째는 과거 선사들의 사상을 이해하여 다음 세대로 이어지게 하는 전법교화의 측면에서도 선은 더욱 정교해질 필요가 있었다. 과거 선사들의 문답을 해석하여 그 뜻을 밝히는 공안선의 분석방법이 유행하면서 어록과 공안집이 대량으로 출현하였다. 선종 문자화의 흐름에 나타난 현상은 대략 세 가지가 있다.

> 어록의 대량출현
> 등록의 편찬
> 공안에 대한 해석

첫째, 어록의 대량출현을 들 수 있다.

선종의 어록은 대다수가 선사들의 현장설법이다. 어록은 당사자가 아닌 제삼자에 의해 필록되어 편찬된 것이다. 어록은 당대에 이미 만들어져왔던 것이고 선종의 문체를 이루었다. 운문문언의 입실제자인 향림징원이 "종이로 옷을 삼고, 들은 바에 따라 그것을 기록하였다"라고 한 것이 있다. 어록은 선사법문과 방편시설, 선승 간의 문답 등 다양하고 풍부하게 담고 있어서 각 선문이나 선사들의 사상을 이해하는 기본적인 자료가 된다.

송대는 어록편찬의 황금기였다. 어록편찬의 붐이 일어 대량의 전적들이 나오게 되었다. 원오극근·대혜종고·굉지정각·황룡혜남·양기방회 등이 편찬한 선승들에 대한 어록이 유명하다. 어록은 개인의 것으로 편찬되기도 하지만 종합적으로 편찬되기도 한다. 송 이장이 편찬한 『고존숙어록』은 당·송의 40여 각 선문의 어록을 모아서 만든 것이다. 후에 송 사명은 『속고존숙어록』에 70여 선사의 어록을 수집하여 편찬하였다.

둘째, 등록의 편찬이다.

선종은 법의 등불을 전하는 것을 상징으로 한다. 이 전등은 각 산문의 정통성을 주장하는 좋은 도구여서 경쟁적으로 등록을 편찬하기 시작한다. 이 중 가장 유명한 것은 경덕 년간에 도원이 편찬한 『경덕전등록』이 있다. 그 외에도 『천성광등록』, 『건중정국속등록』, 『연등회요』, 『가태보등록』 등이 연이어 편찬되었다. 이들 5부 등록은 모두 150권에 달한다. 이 중에서 중복된 것과 번다한 것을 정리하여 송대의 보제가 『오등회원』 20권을 편찬하였다. 등록은 말을 기록하는 위주로 행해졌기 때문에 개인의 사상을 변별하기에는 충분치 않은 면이 있다. 등록과 유사한 전적은 역사편찬류가 있다. 당대의 『조계대사별전』은 혜능의 전기를 상세히 적은 것이다. 그 외 송대 찬령의 『송고승전』, 담영의 『오가전』, 혜홍의 『선림승보전』과 『임간록』, 계숭의 『전법정종기』 등이 있다.

셋째, 공안에 대한 해석이다.

공안은 원래 관청의 공문서 혹은 공문서를 처리하는 자리인 정방형 큰 탁자를 의미하기도 한다. 선문은 이를 차용하여 조사들의 언행범례를 가리켜 옳고 그름을 판단하고 형량하는 준칙으로 하였다. 공안(公案)이라는 용어는 황벽의 『전심법요』에 "만약 일개 대장부라면 하나의 공안을 보라"라고 한 것에서 그 첫 용례를 찾을 수 있다. 그러다 송대에 이르러 폭넓게 활용되기 시작한 것이다. 선종에서는 공안을 선을 가르치는 기본공식으로 삼았으며 문자의 해석과 고증이 따랐다. 초기 불립문자로 출발한 선은 이제 문자에 몰두

하여 해설하는 이지적인 분위기로 넘어간 것이다. 공안에 대한 주를 다는 형식도 마련되면서 문자선은 틀을 갖추어갔다. 주를 넣는 4가지 규칙은 다음과 같다.

염고(拈古): 고칙을 들어 산문투의 형식으로 하는 비평이나 해석이다.

송고(頌古): 염고 뒤에는 반드시 송고가 있어야 한다. 고칙에 대한 평송이다.

평창(評唱): 공안과 송문에 대한 문자적 고증과 해석이다.

대별(代別): 대어와 별어다. 대어는 문답의 부족한 부분을 대신 답하고, 별어는 고인을 대신하여 답하는 형식이다.

문자선의 주창자
—

분양선소

분양선소는 어릴 때부터 "모든 문자에서 스승의 가르침을 거치지 않고 스스로 환히 꿰뚫었다"라고 한다. 그는 "천 번 만 번 설함이 자기가 분명한 것만 같지 못하다"고 하여 수행상의 확고한 체험과 인식을 강조하였다. 그를 문자선의 제창자라고 하는 근거를 살펴보자.

첫째, 삼현삼요로 선을 밝힌다.

선소는 임제의 오세 적손이기도 하거니와 천하의 학자들이 으

뜻으로 숭앙했다고 하니 그 출중함을 헤아리기 어렵지 않다. 그는 동산의 오위와 임제의 삼현삼요의 법을 중시했다. 혜홍은 「임제종지」에서 "홀로 분양무덕 선사가 임제의현의 삼현삼요 종지를 묘달할 수 있다"라고 하였다. 선소는 삼현삼요의 법을 "삼현삼요의 일은 나누기 어려우니, 뜻을 얻고 말을 잊어 도와 쉽게 친해지고, 한마디로 이 만상을 밝히니, 중양절에 국화가 새롭다"라고 설명한다. 이는 언외의 의미로 파악하여 말한 것으로 위·진 시기의 득의망언사상에 이입하여 볼 수 있다.

둘째, 요로선설이다.

분양선소는 100개의 공안을 골라 각각에 송고의 형식으로 해석을 넣어 『송고백칙』을 지었다. 이는 공안의 본의를 직접적으로 해석하기보다는 돌려서 이해하기 쉽게 한다는 뜻이다. 송고는 공안보다 친절하게 해석하기 때문에 사람들에게 도움이 되었다. 원오극근이 "대개 송고는 다만 선의 요긴한 길을 둘러싸고 선을 말한다"라고 그 의미를 정의하였다. 그가 자신이 모은 『송고백칙』에 대하여 "선현의 일백 칙이 천하에 기록되어 내려와 전한다. 어렵게 앎과 쉽게 깨달음은 분양의 송에서 분명하다. 빈 꽃은 빈 과일을 맺으니 뒤도 아니고 또 앞도 아니다. 뭇 선비들에게 널리 알려 함께 제1현을 밝힌다"라고 한 것이 『문양무덕선사어록』에 나온다. 즉 선소의 일백 공안은 이전 선사들에게 널리 유전된 것들이고, 송고의 목적은 공안의 쉬운 해석을 통해 그 의미를 사람들이 깨달을 수 있게 하는 것이라는 의미다.

예를 들어 혜가가 달마에게 안심을 구하는 장면을 놓고 "9년 면벽 동안 근기를 기다림에 눈이 허리에 차도록 눈썹도 까딱 않는다. 공손하게 안심의 법을 원하나, 찾을 마음도 얻을 것이 없고서야 비로소 의심이 없었다"라고 이해하기 쉽도록 기술한다.

셋째, 공안의 대별이다.

선소는 공안 해석의 형식에 대하여 완전함을 시도하여 통일된 답을 주고 그렇게 함으로써 공안의 의미가 보다 잘 드러나도록 하였다. 공안의 말에 격을 갖추지 않음과 그 뜻을 모두 드러내기 어려움을 극복하기 위하여 대별의 형식을 빌린다. 말로는 해석을 다할 수 없기 때문이다. 또한 근기에 따라 설하는 것이 병을 보고 약을 주는 것과 같이 일정할 수 없는 고민도 있는 것이다. 따라서 후대에 공안을 보는 눈 밝은 사람이 있다면 그 부족함을 채워야 한다는 당부의 뜻도 읽을 수 있다.

설두중현

분양선소에 의한 송고의 형식이 선림에 빠르게 퍼져나가면서 송대의 선사들은 이를 모방하기 시작했다. 『선종연주통집』은 공안 325칙, 송 2,100수와 함께 송고를 한 선사 122인을 수록하였다. 『선종송고연주통집』은 818칙에 송 5,150수, 548인으로 확대된다. 확실히 송고의 형식은 선문의 관심을 끌었다. 양송 시기 유명한 송고의 인물로는 설두중현·투자의청·단하자순·굉지정각을 꼽는다. 종파로는 설두만이 운문종이고 나머지는 조동종이다. 이 중 설두중현이 가장 두드러지는데 그의 『송고백칙』은 분양선소의 기초 위에서 발전되었다. 분양선소와 달리 설두중현의『송고백칙』은 대략 세 가지 특징이 있다.

첫째, 운문종 위주로 공안을 선택한다.

설두가 운문종 출신이니 자신의 종파를 현창하려는 노력은 당연한 것이다. 그는 운문의 공안 13개, 운문 계열 선사의 공안 6개, 운문종이 언급한 공안 3개를 100칙에 넣었다.

둘째, 요로선설의 방법으로 송고를 한다. 공안에 대하여 송문을 지을 때 최대한 문자를 함축하고 언어의 현묘한 맛을 수반하는 것이다. 설두는 문학적 소양이 높아서 "시단의 이두(이백과 두보)"라는 별명이 있었다. 그는 예술적 표현에 열의를 가졌다. 함축적이고 미려한 문장은 사람들에게 또 다른 상상력을 주었다.

셋째, 불경과 유교경전 등을 폭넓게 인용하고 경전에 근거하여 공안을 해석한 것이 또 하나의 특징이다. 요즘 말로 하면 그는 인문학적 소양이 있었던 것이다. 당시의 설두에 대하여 "설두의 송고백칙은 총림에서 도를 배우는 요긴한 것이며, 그 사이에 경론을 취하고 비유하기를 혹 유가의 문서로써도 이 일을 밝혔다"라고 평하고 있어 그의 식견을 높이 사는 것을 볼 수 있다.

원오극근

송고를 짓는 일은 선문에서 날로 중시되어 갔다. 공안의 의미를 해석하고 그 속의 선리를 찾는 일이 용이하도록 돕는 것이 본래 송고의 목적이었지만 문화적 소양이 떨어지면 이해하기가 여전히 난해했다. 그 비유를 모기가 철우 등에 앉아 무는 것을 들었다. 쇠로 된 소의 등에 모기의 침이 들어가겠는가. 따라서 당연히 누군가는 다시 형식의 변화를 꾀하여 공안과 송문에 대하여 재해석을 시도하였다. 이른바 평창과 격절인데 이를 수용한 사람은 원오극근이었다. 그는 『벽암록』을 평창하여 선문에 길이 이름을 남기게 되었다. 주지하듯이 『벽암록』은 설두의 『송고백칙』을 평창한 것이다. 그렇다면 원오극근의 평창이 가지는 특징은 무엇인지 몇 가지로 이야기할 수 있다.

첫째, "설두가 백칙을 송고하고, 원오가 다시 주각하였다"라는 것이 『벽암록』의 배경이다. 원오는 단순히 해석을 붙이는 정도가 아니라 자기의 뜻을 가지고 공안본칙과 송고의 문장을 지었다.

둘째, 형식이다. 설두의 송고는 한 칙의 공안에 대하여 한 칙의 송문으로 공안과 송문을 응대한다. 반면 원오는 100칙의 공안을 10권으로 나누고 각 권마다 10개의 공안과 송문을 해석하였다. 그리고 각 칙의 머리에 수시(垂示)를 붙인다. 이 수시는 공안해석의 길잡이로서 학인이 들어가야 할 목표를 지시하는 의미를 갖는다. 따라서 이 공안집을 보는 사람은 수시에서 각 칙을 이해하는 실마리를 얻는 것이다. 수시 다음엔 공안의 본칙을 적고 이어서 설두의 송문을 기록한다. 그다음은 착어 또는 하어라고 한다. 공안본칙과 설두 송문의 매 문구 아래 만든 해석과 평론 등에 주석을 붙여넣는 것이다. 착어는 형식이 다양하고 문자가 생동적이며 당시의 구어·속어 등으로 그것을 나타내었다. 여기에는 표준적인 언어도 있지만 반어·역어·악어·풍자 등으로 어느 하나에 구속되지 않고 종횡을 달린다. 마지막은 평창이다. 공안본칙과 송문에 대하여 총평을 하고 공안과 설두 송문의 뜻을 게시한다.

셋째, 사상경향이다. 『벽암록』은 한마디로 직지인심 돈오성불을 지향하는 혜능 남종의 연장선상에 있다. 그리고 공안을 묻고 답함으로써 그 깊은 뜻을 온전히 밝히려고 한다.

다시 정리하면 공안의 각 칙은 이 순서를 따른다고 알면 되겠다.

수시 → 본칙 → 송 → 착어 → 평창

『벽암록』은 양송 시기 문자선의 대표작이다. 선종은 공안의 대별과 송고의 형식에서 『벽암록』 이후 수시를 붙이고 주석을 넣어 다시 평창이라는 총평을 통해 공안의 뜻이 드러나게 한다. 그리고 말이 돌아가는 법이 없이 직설적으로 찌른다. 이 공안집은 나오자마자 선문의 열렬한 환영을 받으면서 단번에 종문제일서로 올라섰다. 그런데 이 천하의 『벽암록』을 해롭다고 하여 불을 지른 인물이 나타났다. 그는 원오극근의 제자 대혜종고였다. 중국인들은 문자와 문장을 사랑하는 사람들이다. 그래서 뭐든 적고 외우고 다니는 것을 대혜는 두고 볼 수 없었다. 문자로부터 벗어난다는 선종의 정신을 일깨우겠다는 궐기였다. 그는 오직 공안 문답의 답어를 반복하여 참구하는 간화선을 제창하기 시작한다. 이제 공안과 화두도 이것저것 널려 있는 것을 쓸어버리고 오직 무자화두로 통섭하여 전례 없이 특출한 방식으로 참선을 주장한 것이다. 이제 대혜와 간화선, 그리고 무자화두로 중국선종사의 대단원을 이루는 과정을 살펴보도록 한다.

8

간화선과 대혜종고

간화선은 이렇게 한다

—

간화선(看話禪)은 양송 선종에서 성행한 참선방법이다. 간화선의 사전적 의미는 화두를 지니고 본다[看]는 것인데 화두의 무엇을 보느냐면 답어(答語)를 보는 것이다. 화두와 공안은 선의 문답이라는 측면에서는 같지만 참선의 실천적인 측면에서는 다르다. 화두는 참선에서 놓치지 말아야 할 도구와 같기 때문이다. 화두는 문답에 근거하여 선사가 질문에 답한 언구를 참구하는 법이다. "개에게도 불성이 있느냐"는 질문에 대한 조주의 답은 "無"였다. 그러면 이것이 화두가 되려면 답어인 무에 마음을 두어 의정이라는 의문의 덩어리로 만들어야 한다. 압력이 높아지면 폭발하는 것은 물리의 법칙이다.

 에세이 선종사

마음도 터지는 것이다. 그런데 아직도 선을 하면서도 정확히 어떻게 하는 것인지 모르는 경우가 적지 않다. 다시 강조하여 말하면 화두는 문답 중의 답어를 참구해야 한다. 참(參)이라는 글자는 처마 끝의 물방울이 돌을 뚫듯이 의식을 모으고 생각을 집중하여 삼매라고 하는 집중에서 나오는 힘을 키워간다는 의미다. 그리고 다른 생각이 일고 번뇌가 생기면 화두를 돌이켜 집중해야 한다.

사람이 어떤 행위에 대해 말하려면 육하원칙으로써 논리적으로 설명한다. 그러면 육하원칙 중의 '왜'는 명심견성하여 고에서 벗어나기 위한 참선의 당위성으로 설명된다. 또 '어떻게'는 수단과 방법론이고, '무엇'은 목적이 된다. 개인적으로 선종이 성공할 수 있었던 이유로 방법론이 분명하여 참선의 실체화가 가능한 것에 주목하고 싶다. 즉 화두를 참구하는 것이라는 간화선의 정의는 선을 다음 단계로 끌어갔다는 뜻이다. 한국에서는 현재 선이 간화선이고 간화선이 선으로 인식되고 있다. 명상이나 기도를 한마디로 응축하기는 어렵다. 그런데 선은 화두를 보임으로써 생물화를 했다고 봐도 무방하다. 화두 자체가 뭘 가능하게 하여 중요한 게 아니라 선에 대해 간명하게 말할 수 있다는 것이 핵심이다. 한 민족이 존속하려면 신화부터 만들어내듯이 선종의 간화선에서는 화두가 신화고 예술이고 종교인 것이다.

선의 발전단계는 여래선 → 조사선 → 분등선을 지나 문자선을 더욱 정제한 간화선을 정점으로 하는 과정이라 할 수 있다. 특히 송대에 이르러 공안집과 등록·어록 등이 대량으로 출현하면서 선종은 체계를 잡아갈 수 있었다. 하지만 불립문자 교외별전의 돈오성불을 제시하던 선종은 양송 시기에 문자를 벗어나서는 존립하기 어려운 불리문자로 들어갈 수밖에 없었다. 이건 사상의 전개와 시대의 변천에 따른 필연적인 면도 없지 않다. 왜냐하면 공안집이나 어록에서 이미 현묘한 경지를 드러내고 있어서 마치 모범답안을 이미 펼쳐놓은 수험생처럼 깨달음을 흉내 내는 것이 가능하게 되었기 때문이다. 그 결과 선이 문자를 벗어나기 어렵게 되었다. 대혜종고가 『벽암록』을 불사른 속내는 바로 문자선으로의 필연적인 귀결이 못내 마음에 걸렸기 때문이다. 대혜는 "선은 문자를 없애니, 이것을 구하는 것이 깨달음의 시작이다"라고 하였다.

「삼교노인서」에서는 "원오는 아들을 보고 손자를 생각하는 마음이 많기 때문에 거듭 설두의 송을 염하였고, 대혜는 불살라 빠진 것을 건지려는 마음이 많았기 때문에 『벽암록』을 훼손하였다"라고 적고 있다. 이 사건은 당시 선종계에서 뜨거운 문제였음을 알 수 있다.

활구와 사구

—

대혜종고가 주창한 간화선은 공안 가운데의 답어를 화두로 삼아 참구한다. 그러다가 의정이 극에 달하면 꽃망울이 터지듯 미망이 터진다. 양송의 선풍은 공안에 대한 해석을 둘러싸고 전개되며 추진되고 전파되었다. 간화선의 정점은 무자화두다. 그러면 화두를 참구하는 방법을 이해할 필요가 있다.

대혜는 사구(死句)를 읽지 말고 활구(活句)로써 간할 것을 제시한다. 이 표현이 대혜의 작어는 아니다. 만당·오대 이래로 남종의 발전 가운데 나타난 사제간의 응대에 대한 분류이다. 학인이 언급한 질문에 대해 정면으로 답하거나 글자 자체로 의미를 파악할 수 있도록 열어놓으면 사구가 된다. 대신 학인의 질문에 정면적인 대답을 피하고 숨겨진 말과 반대되는 답이나 의외의 말로 답하는 것이 활구다. 사실 그 자체로는 별다른 의미가 없는데 뜻을 감춤으로써 의심을 촉발하기 위한 상징적인 대치를 들어 시설하는 것이다. 오종가풍에 들어가면 선사들이 더욱 능숙하게 문답을 활용하고 있었다.

대혜는 사구와 활구에 대해 "해석함에 있어 가히 참할 말은 바로 사구이고, 해석할 수 없는 말로 참해가면 비로소 활구이다"라고 하였다. 또 석문혜홍은 『선림승보전』에서 "무릇 말 가운데 말이 있으면 사구라고 이름하고, 말 가운데 말이 없으면 활구라고 이름한다"고 설명한다. 간화선이 공안을 핵심으로 하기 때문에 화두에 있어서 사구나 활구로 그 가르침을 정형화하는 측면이 있다. 문답에서 답을 하는 중에 말이 있거나 해석이 가능하면 문자로 의심을 풀어버리기 때문에 사구가 된다. 반대로 말 가운데 말이 없고 해석 가운데 해석이 없어야 의정을 유지하는 활구가 된다. 선종의 문답이 어떻게 흘러갈지 예단이 되는 대목이다. 방과 할을 쓰고 기어와 기행으로 뜻을 모호하게 하는 것이 진정으로 선을 말하는 것으로 받아들여진 것이다. 그러니 선법이 일반적인 상식이나 이성적인 사고의 범위를 넘어설 것임은 너무나 자명한 일이 되었다.

시시제시

—

주지하듯이 간화선은 공안의 답어를 화두로 삼아 참구한다. 참선이 전통적인 선실 안에서의 좌선에 고정되어 왔는데 간화선이라는 화두를 참구하는 선법이 나오면서 머릿속에 어떤 생각을 하고 있느냐가 중요해졌다. 이제 선은 선실을 나와 행주좌와 어묵동정 간에 언제 어디서건 어떤 자세와도 상관없이 화두에 골몰하면 그것이야말로 진정한 선이라는 논리가 가능해졌다. 화두가 잊힐 만하면 다시 화두를 생각하는 것이다. 참선하는 사람들은 흔히 화두를 든다거나 화두를 들라고 한다. 든다는 것이 무엇인가. 바로 화두를 제시한다는 뜻이다. 따라서 간화선은 화두를 계속 떠올리기 위해 묻고 또 묻는 것이고 들고 또 드는 것이다. 화두를 어떻게 들 것인지에 대한 황벽희운의 법문이 『고존숙어록』에 실려 있다.

> 다만 스물여섯 때를 가는 중에 무자화두를 보고 밤낮으로 참구하여, 다니고 머물고 앉고 누우며, 옷 입고 밥 먹는 곳에서, 똥 싸고 방귀 뀌는 곳에서, 마음 마음이 서로 돌아보니 용맹이 정밀하고 다채롭게 나타난다. 무자화두를 지켜서 날이 가고 달이 깊어 한 조각을 이룬다.

참선은 밤과 낮도 상관없고 앉고 눕는 것과도 상관없다. 틀린 말은 아니다. 간화선은 이 화두참구법으로 새로운 지평을 열었다고 봐도 틀린 말은 아니다. 선종이 이렇게 좌선에서 탈피하여 다시 한 차원 넘어선 것이다. 그리고 승속을 막론하고 지위고하에 상관없이 선이 가능하게 되었다. 이제 다음 문제는 하루 24시간 머릿속에 화두일 념을 유지하는 방법이 있어야 한다. 그래서 나오는 것이 시시제시 (時時提撕)다. 매 순간순간 화두를 참구하고 있는지 각성하고 다시 화두를 머리에 붙여야 한다. 스스로도 시시제시하고 스승도 시시제 시하여 이끌어야 한다. 대혜의 간화선 수행법은 이러한 제시의 노력과 작용이 중요하다. 이게 없으면 선은 없는 것이다. 그는 학인을 제접할 때 70여 개 가까운 화두를 말하였지만 화두의 총합은 조주 무자였다. 가장 향기로운 향수는 항상 가장 작은 병에 담긴다고 하 듯이 조주무자는 공안의 엣센스요, 마지막 한 방울까지 응축된 선 의 신화라고 할 수 있겠다. 『대혜보각선사어록』에는 화두참구법에 대한 법문이 나온다.

> 한 승이 조주에게 묻기를 "개는 불성이 있습니까 없습니까?"라고 하자, 조주는 "무"라고 했다. 무자를 간할 때 널리 헤아릴 필요가 없고, 주해할 필요가 없고, 나누어 깨달음을 얻어야 할 필요가 없 고, 입을 여는 곳에서 맡을 필요가 없고, 들고 일어난 곳에서 도리 를 지을 필요가 없고, 공적처에 떨어질 필요가 없고, 마음을 평등 하게 깨달을 필요가 없고, 종사가 있는 곳에서 간략할 필요가 없 고, 일 없는 상자 속에서 흔들 필요가 없다. 다만 행주좌와에 시시 제시한다.

대혜는 화두 중에서도 무자화두를 슬로건으로 하여 자주 설명한다.

실질적 참구를 독려하는 시시제시는 간화선의 생명이다. 시시제시가 없으면 흙이나 나무로 된 사람에 다름 아니다. 이를 악물고 화두를 놓지 않는 간절함이 또한 요구된다. 대혜는 "그렇게 하여 날이 가고 달이 가서 비로소 힘을 더는 곳이 오히려 힘을 얻는 곳이다"라고 설한다. 생력처(省力處)에서 득력처(得力處)를 보라는 것이다. 『벽암록』을 불사른 이유도 문자를 파고들어 문자 속에서 답을 얻으려는 것을 경계했기 때문이다. 이 정도 이해하면 간화선과 화두를 이해하기 어렵지 않다.

의정이 선의 생명이다

—

간화선은 화두를 시시제시하여 돈오성불에 이르는 방법이라고 앞에서 말했다. 그래서 "언구를 의심하지 않음이 큰 병이 된다"라고 하였다. 언구의 의심이 곧 화두다. 참선의 삼요법은 대신근·대분지·대의정이다. 의심은 믿음을 체로 하고 깨달음은 의심을 용으로 한다. 믿음이 십분이면 의심도 십분이고 의심이 십분이면 믿음도 십분이어야 한다. 둘은 상즉상입하기 때문에 둘이 아니다. 간화선은 과연 어떻게 의정을 일으키고 그것을 유지하느냐에 승부가 갈린다. 화두라는 장검의 끝에 묻은 꿀은 의정이다. 섣부르게 핥으면 혀가 온전하지 못하다. 이 단계에서는 문자나 교설도 도움이 되지 않는다. 책도 보지 말아야 하는 지점이 여기다. 대혜는 다시 말한다.

만약 화두를 버리고 도리어 다른 문자 위에 의심을 일으키고, 경교의 위에 의심을 일으키고, 고인의 공안 위에 의심을 일으키고, 날마다 쓰는 진로 가운데 의심을 일으킨다면 모두 사마의 권속이다.

무자화두가 화두의 아이콘이 된 이유는 단구로써 말의 번거로움을 물리칠 수 있기 때문이었다. 그리고 無는 중국의 노장사상과 위·진 시기 현학에서 중점적으로 다루어진 개념이었기에 중국인들에게는 공보다 더 피부에 와닿았다. 무는 시간도 닿지 않고 생각도 닿지 못한 미발이자 미결정인 천지만물의 근원으로 이해되기 때문이다. 이제 간화선은 오직 無! 하나로 축약되어 의정을 일으키고 득력처를 만나게 된다. 대혜는 "의정을 깨치지 못하면 삶과 죽음이 서로 더하고, 의정이 깨진다면 삶과 죽음의 마음이 끊긴다"라고 하면서 "천 가지 만 가지 의심이 다만 하나의 의심이다. 화두 위에서 의심이 깨지면 천 가지 만 가지 의심이 일시에 깨어지고 화두 위에서 깨지지 못하면 또한 그 위에서 그와 함께 절벽을 가른다"라고 하였다.

승속융회
—

종교는 기본적으로 승속을 구분하고 이 세상보다는 초월적인 세계를 시설한다. 그 초월은 죽은 후에 가는 세계일 수도 있고 살아서 초탈을 얻는 것일 수도 있다. 불교는 후자의 것이지만 정토에서는 타방정토를 말하기도 한다. 선종은 일상성을 번뇌와 분리하여 도의 차원으로 끌어올린다. 인륜이나 도덕, 관습적인 선악의 문제도 이 일상성 속에 융회하면 누구나 도의 경지에 활보할 수 있다는 사상이다. 선수행에서 경험하는 경지 중에 깊은 지점에서 만나는 것은 삼매 곧 임성소요라는 부동심의 세계다. 마음이 임성소요가 되면 차별과 시비가 끊어진다. 승속과 자타와 시비와 득실과 범성이 소멸된다. 대혜의 법문에 이 의미가 잘 나타난다.

> 만약 힘을 얻는다면, 유가는 바로 석가요 석가는 바로 유가이며, 승은 속이요 속은 승이며, 범부는 성인이요 성인은 범부이며, 나는 너요 너는 나이며, 하늘은 땅이고 땅은 하늘이다. … 도를 얻으면 이 밭이 나로 인하여 지휘된 이른바 내가 법왕이 되어 자재한다. 얻고 잃고 옳고 그름이 어찌 걸리고 꺼리며, 억지로 되는 것이 아니니 법이 이와 같은 까닭이다.

대혜는 또 "세간법이 곧 불법이고, 불법이 곧 세간법이다"라고 하여 일체 모든 것을 임성소요의 세계로 귀결시킨다. 이는 간화선의 긍정적인 의미를 확대하여 현실생활 속에서 평범한 삶을 영위하도록 하는 것이다. 특히 천리와 천성에 역행하는 것을 "기름을 뿌려서 불을 끄려는 것일 뿐이다"라고 하여 유가의 삼강오륜의 정신을 배제하지 않고 적극적으로 수용한다. 대혜는 한족이 북방의 유목민들에게 쫓겨 남송으로 내몰린 위급한 시대에 활동했다. 따라서 그로서는 국가와 왕실, 귀족층이 처한 현실을 외면하기도 어려웠을 것이다. 선종도 시류에 부합하였는데 임제종과 그 분파인 양기파·황룡파의 득세는 우연이 아니다. 전시엔 매파의 목소리가 높지 않을 수 없다. 그리고 선종에서 대혜만큼 적극적으로 승속을 융회하여 선을 파급한 인물을 찾기도 쉽지 않다. 그를 간화선의 창시자라 평하는 이유도 여기에 있다.

한편 남송대는 대혜종고(1089~1163년), 육상산(1139~1193년), 주희(1130~1200년), 보조지눌(1158~1210년), 진각혜심(1178~1234년)의 생애에서 보듯이 불교와 유교가 모두 중요한 시기였다. 보조국사가 대혜어록을 보고 깨달음을 얻은 것이 40세 때의 일이다. 스님은 빠르게 중국의 전적을 받아들여 열람하고 있었음을 알 수 있다. 보조지눌은 대혜의 어록에서 무자화두를 중점적으로 다룬 것에 착안하여 무자화두십종병을 설했다. 그리고 제자인 진각은 『구자무불성화간병론』을 지어 자신이 편찬한 『선문염송』과 함께 고려 선문에 간화선을 선보였다.

무자화두는 중국 원대의 몽산덕이가 활용한 '무자십절목'에서 다시 다루어진다. 무문혜개가 『무문관』을 편찬한 때가 1228년 7월의 일로서 『벽암록』보다는 101년, 『종용록』보다는 4년 늦게 만들어진다. 여기서 주지할 것은 『무문관』의 제1칙이 무자화두로 시작된다는 점이다. 이는 단적으로 대혜종고가 제창한 간화선의 영향을 보여주는 것이자 무자화두가 얼마나 사람들의 주목을 받았는지 알수 있게 해주는 대목이다. 그리고 남송의 멸망이 1279년임을 감안하면 간화선 제창시기가 남송의 대혼란기와 겹친다는 사실은 눈여겨볼 필요가 있다. 이제 중국선종사의 말미에 묵조선에 대하여 기술하겠다.

9

묵조선,
오직 앉으라는 철학

양송 시기에는 선에 이름만 붙여도 그 성격을 규정하는 의미가 될 정도였다. 노파선·갈등선·무사선 등이 그런 예의 일면이다. 선사들은 특히 법문에서 비판을 가할 때에 이런 방식을 썼다. 대혜의 간화선과 더불어 양송 선종의 주요한 형식 가운데 하나가 된 것은 굉지 정각이 주창한 묵조선(黙照禪)이다. 정각은 보리달마의 소림면벽에서 근거한 안심벽관을 묵연정좌에 대입하여 묵조선을 주창했다. 묵은 묵연하다는 뜻으로서 부동심 내지는 묵묵히 정좌하는 모습 자체를 상징적으로 보여준다. 그리고 비춤을 대비하였다. 따라서 묵과 조는 체와 용의 관계가 성립하여 중국불교나 선사상의 거의 모든 것이 체와 용의 등식으로 풀이가 된다. 묵은 조로서 드러나고 조는 묵을 근거로 하여 중심을 잡는다. 『굉지정각선사광록』에는 묵조에 대한 설명이 있다.

묵묵히 말이 없고, 밝고 밝게 앞에 나타나, 너를 보고 너를 두르며, 몸이 있는 곳에 신령스러운 듯하다.

일에 부딪치지 않고도 아는 것은 그 미미한 것으로부터 안다. 인연을 대하지 않고도 비추는 것은 그 묘한 것으로부터 비춘다.

확연하고 신령스러움은 본래 빛이 스스로 비추고, 적연하면서 응하는 것은 큰 쓰임이 앞에 나타난다.

문자선의 성행에 반발하여 일어난 선의 교의는 간화선과 묵조선이다. 간화선이 문자를 배격하였듯이 묵조선도 문자를 벗어나 묵묵히 자성의 신령스러운 빛을 비추고자 했다. 대혜는 묵조선에 대하여 "마음을 포섭하고 고요히 앉아 일에 관여하지 않고 그치고 쉬어간다"라고 성격을 규정한다. 이 말속에는 간화선의 시시제시하여 의정을 일으키는 방식과 달리 묵묵히 앉아 있는 것으로는 혼침과 무기에 떨어질 수 있다는 차이를 강조하기 위한 비교의 뜻이 숨어 있다. 그래서 예부터 화두를 참구하는 종파에서는 묵조선의 이런 분위기를 "흑마의 귀신굴에 앉아 있다"라는 식으로 폄훼하였다. 그러나 정각은 "묵조는 밝고 밝아 면벽과 비슷하다"라고 하면서 달마 소림의 9년 면벽과 묵조선의 묵조정좌와 다르지 않다고 주장했다. 묵조정좌는 관조

본심과 같아서 자성을 근본으로 하는 선법과 궤를 동일시한다.

굉지정각은 양송 조동종 중흥의 공신이며 계보로는 남종에 속한다. 선종이 남북으로 분화한 이유 중의 하나는 좌선의 방법에 대한 견해차이다. 신수의 관심간정과 달리 혜능은 정혜균수의 선법이었다. 좌선 외에 지혜를 중시한 것이다. 따라서 남종은 남악과 마조의 벽돌을 갈아 거울을 만든다는 문답처럼 도는 앉고 서는 것에 구애되지 않음을 설했다. 정각은 「묵조명」과 「좌선잠」을 지어 묵조선법을 드날렸다. 묵조의 사상은 "묵묵히 앉아 마음을 비우고, 묘하게 전하여 도가 귀하다"는 것으로 함축된다.

정각은 자신의 종지를 펴면서 양무제가 달마에게 묻는다는 공안을 설명할 때 이런 표현을 썼다. 즉 침묵을 강조하면서 "쓸쓸히 소림에 차갑게 앉아 묵묵히 바르게 이끈다"라고 하였다. 즉 묵연냉좌(默然冷坐)인데 차갑다는 말이 묵조의 쉽게 휩쓸리지 않는 적연부동한 마음이자 반석 같은 평정의 심리를 의미한다. 누구든 매사에 평정심을 가지고 대한다면 마음은 저절로 일과 사람을 비춰주지 않겠는가.

지금까지 중국선종사의 전개를 종파와 선의 성격이라는 측면에서 살펴보았다. 그리고 중국선종의 귀결인 간화선의 무자화두가 어떻게 종착역에 이르게 되었는지 그 사상적 특질도 함께 밝혔다. 이제 이 책의 대단원으로 고려의 선불교를 살펴봄으로써 인도의 아트만을 시작으로 중국불교의 완성이라는 선종 간화선의 무자화두, 그리고 고려 보조지눌의 수선결사까지 그 전등의 교화를 완성하도록 한다.

VII

한국선불교의 전개

한국에 처음 불교가 전래된 것은 중국 위진남북조시대의 중간 무렵
이요, 한반도에서는 삼국시대이다. 최초의 전래는 고구려 소수림왕
2년(372년)에 전진의 순도가 불상과 불경을 전한 것에서 비롯된다.
고구려의 전래보다 12년 뒤인 침류왕 원년인 384년에 동진의 마라
난타가 와서 백제에 불교를 전하였다. 신라의 불교전래는 자못 수
난을 겪은 바 많았으나 법흥왕 14년(527년)에 이차돈의 순교를 고비
로 하여 공인되었다. 삼국시대의 불교는 불교의 전래와 발전이 민
간이 아닌 왕권을 강화하기 위하여 이루어졌기 때문에 호국적인 성
격을 강하게 띠었다.

　불교의 전래 직후인 4~5세기에는 대체로 종교의식과 불경 및
논서의 보급에 그쳤다. 이후 6세기에 들어와서야 비로소 불교사상

이 이론적으로 탐구되었으며 6세기 말에 이르면 삼국을 통틀어 불교가 주도적인 사상으로 자리 잡는다. 6세기와 7세기에는 여러 고승들이 각 분야에서 불후의 업적을 남겨 7세기 후반에는 한국종파불교의 윤곽이 나타난다. 한반도에 선이 수용되기 시작한 것은 신라 헌덕왕(809~826년) 이후이다. 도의와 홍척이 당에 유학하여 마조도일 문하인 서당지장의 선법을 전해 받아 각각 821년과 826년에 귀국한 이후부터 신라에서 선이 활기를 띠기 시작했다. 그 후 당에서 조사선을 전해 받은 유학승들이 계속 귀국하면서 구산선문(九山禪門)을 형성했다. 구산선문은 신라 말과 고려 초에 형성된 선종의 구파를 말한다. 그들의 계보는 다음과 같다.

가지산문: 도의가 장흥 보림사에 개창

실상산문: 홍척이 남원 실상사에 개창

동리산문: 혜철이 곡성 태안사에 개창

성주산문: 무염이 보령 성주사에 개창

사굴산문: 범일이 강릉 굴산사에 개창

사자산문: 도윤이 화순 쌍봉사에 개창

희양산문: 도헌이 문경 봉암사에 개창

봉림산문: 현욱이 창원 봉림사에 개창

수미산문: 이엄이 해주 광조사에 개창

이 가운데 도의는 직접 가지산문을 세운 것이 아니다. 도의는 당에서 귀국한 이후 설악산 진전사에 은거하며 40년 동안 수도하다가 제자 염거에게 가르침을 전하고 입적했다. 이후 염거의 제자인 체 징이 가르침을 이어받아 가지산문을 세우면서 그를 종조로 삼았 기 때문에 개산조의 반열에 들게 된 것이다. 당에 유학하여 달마의 선법을 배운 통일신라의 유학승들이 귀국하여 각기 산문을 개창함 으로써 선문의 역사가 시작되는 것이다. 고려 태조 왕건이 「훈요십 조」의 첫머리에 "첫째, 우리 국가의 왕업은 반드시 부처의 도움을 받아야 한다. 그래서 절을 짓고 주지들을 파견하여 불도를 닦게 한 다. 둘째, 모든 사찰은 도선의 의견을 따라 국내 산천의 좋고 나쁜 것을 가려서 창건한 것이다. ⋯"라고 불교에 전적으로 의지할 것을 말하였다.

특히 광종은 과거제와 승과를 설치하고 국사와 왕사 제도를 정 비하였다. 연등회는 부처님의 탄신일을 기념하여 등불을 켜 공덕을 기리는 행사다. 고려시대에는 전국 각지에 등불을 밝히고 나라의 안녕을 기원하는 국가적인 행사가 되었다. 불교가 국교였기 때문에 국사와 왕사제가 도입되었다.

고려 초기에는 국가의 지원을 받은 교종 세력이 강화되기 시작 한다. 고려 중기에는 의천이 교단통합운동을 전개하였고 화엄종을 중심으로 교종을 통합하였다. 또한 천태종을 창시하여 교종의 입장 에서 선종을 통합하려고 했다. 무신집권기에는 보조국사 지눌이 불 교의 세속화를 비판하면서 교단의 자기정화를 이념으로 하는 정혜 결사운동을 수선사를 근본도량으로 하여 전개하였다.

1

조계산문의 개창

보조지눌은 고려 의종 때의 사람으로 사굴산문의 종휘 문하에 출가하였다. 호는 목우자로 1182년 창평 청원사에 머물며 경전공부에 매진하여 『육조단경』을 읽고 처음 깨달음을 얻었다. 1185년 보문사에서 3년간 『화엄경』 「여래출현품」을 보면서 선과 교가 서로 다르지 않음을 알고 두 번째 깨달음을 얻었다. 1190년에는 거조사에서 결사를 실행했다가 지리산 상무주암에서 『대혜어록』을 보는 중에 깨달음을 얻은 것이 세 번째가 된다. 그 후 1200년 송광산 길상사로 옮겨 수선결사를 이끌다 1210년 법당에서 문도들과 대화를 나눈 직후 입적한 것이 대강의 생애이다. 여기서는 교단정화를 지향하는 지눌의 수선사 정혜결사운동과 『간화결의론』에서 설해진 무자화두에 한정하여 기술하려고 한다.

2

삼문수행과 정혜결사

보조지눌의 사상은 일반적으로 다음의 세 가지로 정의된다. 보조비명에 적힌 이 삼문사상에는 각각 대입되는 저술이 있고 그 핵심사상을 연관 지어 설명하면 다음과 같다.

성적등지문:『정혜결사문』·『수심결』　　　: 정혜쌍수
원돈신해문:『원돈성불론』·『화엄론절요』　: 화엄 성기사상
간화경절문:『간화결의론』　　　　　　　　: 간화선 수행

이 삼문수행은 보조지눌의 사상을 정리하여 보여준다. 보조지눌이 일생에 걸쳐 가장 염원한 것은 고려불교의 혁신이자 교단의 자기정화라는 순수불교의 제창이다. 그는 출가 후 개경의 보제사 담선법

회에 갔다가 교단의 현실을 보고 선과 교의 대립을 통합하는 정혜결사를 생각한다. 『정혜결사문』에는 당시의 소회를 이렇게 적었다.

나는 임인년 정월에 보제사의 담선법회에 갔다가 동학 십여 인과 더불어 약속하기를, 이 법회가 끝나면 응당 명리를 버리고 산림에 들어가 함께 한마음이 되어 항상 선정을 익히고 지혜 닦기를 힘쓰며 예불하고 간경하며 운력하는 데 이르기까지 각자 소임에 따라 경영하여 인연 따라 성품을 기르며 평생을 걸림 없이 살면서 멀리로는 달사와 진인의 높은 행을 따른다면 어찌 통쾌하지 않겠는가, 하였다.

결사는 중국에서 남북조 시기 혜원의 백련결사, 송대 사명지례의 염불결사가 유명하다. 그리고 고려에서는 진억의 수정사결사, 보조지눌의 수선사결사를 이은 원묘요세의 백련결사가 강진의 백련사에서 이루어졌다. 보조지눌이 동행들과 처음 결사를 다짐하고(1188년) 결사문을 지은 곳은 팔공산 거조사였다. "땅에서 넘어진 자 땅을 인하여 일어나야 한다"라는 글로 시작하는 이 선언문은 다음의 내용으로 되어 있다.

서분
정토업
신통
정혜쌍수 논리 근거

수심과 근기의 상관성

수행계위와 정혜

수심과 이타행

유심정토

유통분

결사문의 간행이 이루어진 때는 송광산 길상사로 거처를 옮겨 운집한 대중을 이끌고 법을 베풀기 시작한 1200년 때의 일이다. 1205년 수선사의 낙성법회와 함께 「계초심학인문」이 간행되는데 짧은 분량이지만 여기에는 결사체 내에서의 행동지침과 기본규범을 정하고 있다. 한국불교사에 거의 유일한 수행윤리이자 행동규약이라 할 수 있다. 더 자세한 내용은 필자가 동국대에서 박사학위를 받은 『수선사 연구』가 도움이 될 것이라 믿고 약하겠다. 지눌의 저술은 『권수정혜결사문』, 『수심결』, 『진심직설』, 『원돈성불론』, 『간화결의론』, 『화엄론절요』, 『법집별행록절요병입사기』, 「계초심학인문」 등이 있다.

무자화두 인식

필자는 『수선사 연구』에서 "수선사의 선사상적 이념은 간화선주의, 방법은 근기수용, 이론적 배경은 선교일치의 지성불교라고 정의할 수 있다. 간화선 수용은 중국선종 변천사에서 중요한 위치를 점하는 대혜종고 간화선법의 인입이다"라고 기술한 바 있다. 그러면서 대혜에 이르러 모든 공안이 무자화두로 집중되는 상황에 대한 의견을 이렇게 밝혔다.

보조국사의 무자십종병은 대혜가 '답부추밀'에서 무자화두 참구법을 말하는 중에 나오는 것이다. 여기에 참다운 무라는 견해를 내지 말고, 미혹을 가지고 깨달음을 기다리지 말라는 것을 붙여 열 가지로 도식화하였다. 이것은 보조국사의 탁월한 감각으로 여겨진다. 혜심은『구자무불성화간병론』을 지어 더욱 정교하게 다듬었고, 조선시대의 백파는『선문수경』에서 혜심의『간병론』을 과목으로 분리하여 해석하였다. 중국에 몽산의「무자십절목」이 있는 것처럼, 동아시아 선수행법상 무자화두도 그 자체의 선법이 다시 이론화하는 경향을 보인 것이다. 지눌과 그의 제자 혜심이 수선사에서 이같은 추이를 적극 수용하였음을 알 수 있다.

참고로 몽산덕이의 선사상은 수선사의 10세 사주인 만항과의 교류에서 알 수 있듯이 수선사 선사상에도 직접적인 영향을 미쳤다. 이처럼 무자화두는 한반도에 직접적으로 작용하였음을 알 수 있다. 같은 선사상이라도 일본은『무문관』이 집중적으로 간행되고 한국은『몽산법어』,『육조단경』,『선요』등이 압도적으로 많이 간행되었다. 그 외에도 임제 12세 법손인 곽암이 십우도(十牛圖)를 제시하여 선수행 과정을 그림으로 도식화하는 등 선을 쉽게 이해하고 알리기 위한 노력들이 이 시기에 표출되었다. 몽산덕이로 대변되는 원대 임제종의 간화선 특징과 여말삼사를 통해 한반도에 들어온 법맥중심의 간화선사상은 당시의 동아시아 선수행 풍토의 전반적인 흐름과 궤를 같이하고 있었음을 알 수 있다.

이제 본 장의 주제인 무자화두와 관련한 지눌의 간화선 주창의 전모는『간화결의론』의 인용문으로 대신한다.

화두를 하나 들자면, 어떤 승이 조주에게 '개도 불성이 있습니까?' 하고 물었을 때, 조주는 '없다'라고 한 것이 있다. 이 '무'라는 한 글

자는 바로 저 많은 나쁜 앎과 나쁜 깨달음을 부수는 무기이다. 그러니

1. 있다, 없다로 알려 하지 말고
2. 어떤 도리로도 알려고 하지 말고
3. 뜻의 밑뿌리를 향해 생각하거나 헤아리지 말고
4. 눈썹을 치켜올리고 눈을 깜박거리는 곳을 향해 숨을 곳을 삼으려고도 하지 말고
5. 말의 길을 향해 살 꾀를 찾지도 말고
6. 일이 없는 갑옷 속에 떠 있지도 말고
7. 화두 드는 곳을 향해 알려고 하지 말고
8. 문자로 인증하지도 말라. 다만 하루 내내 다니거나 서거나 앉거나 눕거나 항상 이끌고 항상 들되, '개도 불성이 있습니까', '무' 하는 말을 일상생활에서 여의지 말고 공부하라. 목우자는 말한다. 이 법어는 다만 여덟 가지 병만을 밝힌 것이다. 그러나 만일 앞뒤의 말을 검토해 보면,
9. 진실로 없다는 없음과
10. 미혹으로서 깨닫기를 기다린다는 두 가지이니, 그러므로 모두 합해 열 가지 병이 되는 것이다.

위의 인용문을 통해 대혜의 여덟 가지 무자화두를 참구하는 법에다가 보조지눌이 2가지를 붙인 이유를 함께 열거하고 있다(참고로 숫자 표기는 편의상 추가한 것이다). 대혜와 지눌의 연대는 그다지 차이가 나지 않는다. 이는 고려의 지눌이 상당히 적극적으로 중국에서의 불

교의 동향을 살피면서 그에 따른 전적을 구해보고 있었음을 알 수 있다. 이처럼 중국선종의 사상경향에 맞춰 수선사의 제2세인 진각 혜심은 『선문염송집』을 편찬하고 「구자무불성화간병론」을 지어 무자화두 간화선법을 더욱 정교하게 다듬는다. 그 과정을 살펴보자.

4

『선문염송』 간행과
간화선 체계정립

혜심이 수선사 제2세 사주에 오른 때는 고려 무신정권의 주체가 최
충헌에서 최우로 넘어가는 시기였다. 최씨 무신정권 입장에서는
여전히 정권안정을 위해 혜심 같은 명망 있는 고승의 지지가 필요
했다. 최우는 불심이 있어서 만종과 만전(훗날 최항) 두 아들을 혜심
문하에 출가시킬 정도였다. 당시는 거란과 몽골의 연이은 침략으
로 어려움이 가중되고 있었다. 그리고 사원경제는 매우 궁핍하여
혜심이 "지금 이 수선사는 창건이래로 항상 사방으로 탁발하느라
편안할 겨를이 없으며 …"라는 서신을 최우에게 넣어 상주보를 통
해 사원의 어려움을 극복할 수 있도록 해달라는 사정을 말하기도
하였다.

혜심이 모친의 49제를 지내고 출가를 결행하는데 혜심이 출가하기 전날 밤 보조지눌은 설두중현 선사가 일주문을 걸어 들어오는 꿈을 꾸었다고 한다. 이 기록이 전해지는 것을 보면 수선사가 불조의 도량이자 선문의 대인연터라는 긍지를 가졌을 것이다. 혜심은 보조지눌의 계승자라는 측면에서도 소임을 충실히 하였다. 그는 지눌 입적 후에 발견된 『원돈성불론』과 『간화결의론』을 유고집 형태로 간행하면서 발문을 썼다.

> 아아 슬프다. 머지않은 예부터 불법이 매우 쇠퇴하였다. 혹은 선을 숭상하여 교를 배척하고 혹은 교를 숭상하여 선을 비방하면서, 선은 부처님의 마음이요 교는 부처님 말씀이며, 교는 선의 그물이며 선은 교의 벼리임을 알지 못하고 있다. 그리하여 선과 교의 두 종이 오랜 원수처럼 보게 되고 법과 의의 두 학문이 도리어 모순의 종이 되어 마침내 무쟁문에 들어가 참된 도를 실천할 수가 없다. 이러한 까닭으로 지눌이 그것을 애석하게 여겨 원돈성불론과 간화결의론을 지은 것이다.

이 당시는 선·교의 갈등을 해소하고 병행하도록 하는 것이 불교계의 중요한 과제이면서 한편으로는 간화선의 무자화두 정립과 고려의 입장에서 편찬한 공안집이 필요한 상황이었다. 혜심은 이런 난제들을 정확히 인식하여 실제적인 노력을 경주하였다. 그것은 수선사 계보로서도 그렇지만 고려불교의 중심을 잡는 일로도 유의미한 것이었다. 따라서 그의 『선문염송』 편찬은 불후의 전적이라 할 수 있다. 이는 옛 선사들의 염송을 수집·편찬한 것으로, 창작은 아니지만 그 가치가 높다. 이 전적은 고화 1,125칙과 이에 대한 여러 선사의 징·염·대·별·송·가 등의 요긴한 법어를 채집하여 만들어진 30권 분량의 전적이다. 혜심은 서문에서 그 의의를 스스로 밝히고 있다.

> 내가 학도들의 간곡한 청을 받고 선왕들의 본뜻을 생각하여 국가에 복을 더하고 불법에 도움이 되게 하고자 문인 진훈 등을 데리고 옛이야기 일천 일백 스물 다섯 대목과 여러 스님네의 염과 송 등 요긴한 말씀을 수록하여 삼십 권으로 꾸며 전등록과 짝이 되게 한, 바라는 바는 요풍과 선풍이 영원히 나부끼고 순일과 불일이 항상 밝으며, 바다는 편안하고 강은 맑으며 시대는 화평하고 수확은 풍년 들어 만물이 각각 제자리에 안정되고 집집이 모두 무위의 법을 즐기게 하려 함이니 구구한 마음 이에 간절할 뿐이다. 다만 한스러운 일은 여러 대가들의 어록을 다 보지 못했으므로 빠진 바가 있을까 염려함이니, 다하지 못한 부분은 후일의 현명하신 분에게 기대를 해본다.

혜심이 진훈 등을 데리고 『선문염송』을 편찬한 것은 1226년이었다. 하지만 초조본은 몽골의 침입 때 소실되었고, 재조본은 혜심 입멸 후 1243~1248년 사이에 수선사 제3세 청진국사 몽여가 347칙을 추가하여 만들었다. 현재는 1,463칙이 전해오고 있다. 여기에 각운이 고칙 전체에 해설을 붙인 『염송설화』를 지었고 현재 동국역경원에서 한글로 풀이되어 나왔다. 이 『선문염송』과 『구자무불성화간병론』은 한국불교에 지대한 영향을 미쳤고 『선문염송』은 조선 중기 이후 강원교육인 이력과정에 편입이 되었다. 혜심의 법문은 우리나라 최초의 어록인 『조계진각국사어록』으로, 또 그의 시문은 『무의자시집』으로 각각 정리되어 전한다. 이처럼 한국불교는 보조지눌과 진각혜심의 2대 기간 동안 진행된 간화선과 결사운동, 공안집과 어록의 편찬 등을 통해 다방면으로 체계를 갖추었다. 후대의 공부인들은 이 사실을 길이 기억해야 할 것이다.

한국선불교는 여말삼사로 칭하는 태고보우·나옹혜근·백운경한 등이 중국에 들어가 석옥청공·평산처림·지공 등에게서 인가를 받고 고려에 선법을 펼치는 과정이 이어진다. 한국선종사는 그 자체로 기술되어야 하는 문제이기도 하거니와 이 책이 간화선과 무자화두에 방점을 두고 쓴 것이라서 수선사의 보조지눌과 진각혜심에게서 대단원을 보도록 하는 맥락을 흔들고 싶지 않았다. 따라서 미진한 부분은 훗날 또 다른 공부인에 의한 저술이 이뤄지길 기대하며 아쉬운 대로 양해를 구하면서 선종사를 종결지으려 한다.

이야기를 하다 죽은 사람은
다시 돌아온다

자연에 살아가는 모든 것은 나이를 먹는다. 그래서 자신도 모르는 사이에 세월이 주는 무게가 쌓여간다는 것을 알아가기도 한다. 인생에는 희로애락이 있지만 그것도 이해하고 받아들일 수 있을 만큼 그 사람에게 문을 연다. 연륜이란 게 묘한 것이라서 젊어서는 삶의 열정이 지배하고 나이가 들어서는 삶의 회한이 짙게 그림자를 드리운다. 그리고 그렇게 져간다.

나는 일찍부터 60이란 나이에 나는 어떤 사람이 되어 있을까, 하는 생각을 항상 하고 살았다. 그때가 되면 절집의 나이로도 40년이 될 터이니 내가 꿈꾸고 가꿔갈 세계도 어느 정도는 정리가 되어 있을 듯했다. 내가 갓 스물에 불문에 들어 제일 먼저 깨달은 것은 시간을 잘 보내야 한다는 것이었다. 그리고 공부는 반드시 빛을 발할 때가 있다는 민음이 이날까지 나를 지탱해 준 힘이 되었다.

시인들이 말하길 시가 가까이 다가올 때가 있다, 하듯이 고맙게도 나에겐 시간이 왔고 책이 왔고 글이 왔다. 운명의 여신은 뒷머리가 없다. 아차 싶어 잡으려고 하면 운명은 벌써 다음 역을 향해 발차한 후이고 머리채라도 잡을라치면 뒷머리가 없어서 잡을 수 없다는 것이다. 한 번 온 기회를 의미 있게 살려내는 것도 삶의 재주라면 재주일지. 내가 느끼는 나의 운명은 약간은 그런 면이 있었다. 그래서 내 인생을 생각하면 고맙고 다행이라는 생각이 드는 것이다.

이 책을 구상하면서 생각한 집필 방향은 에세이로 쓴 이해하기 쉬운 선종사였다. 그랬더니 자연스레 '에세이 선종사'라는 책 이름이 되었다. 그리고 더 구체적으로는 인도의 아트만에서 시작하여 중국의 조주무자로 절정을 보고 지눌의 수선결사에서 마무리를 하는 거였다. 집필도 결과적으로 이 골격을 근간으로 하여 이뤄졌다. 이제 옷만 잘 입히면 되는 일이어서 시기와 사상의 폭이 넓어도 감당 못 할 만큼 부담스럽지는 않았다.

이 책은 고대 아리안들의 인도 인입부터 시작하여 외부의 신에서 내부의 마음으로 시선이 바뀌는 우파니샤드 시기와 맞물려 불교가 태동하는 시점에서 인도불교사상의 전개과정을 앞부분에 적었다. 인도에서 중앙아시아를 거쳐 거의 500여 년이 지나 중국으로 전래되어 성공적으로 안착한 불교는 기실 중국인들이 이해하고 받아들인 불교이다. 다시 말해 그들의 문화에 불교가 그다지 이질적으로 느껴지지 않았다는 것이다. 그렇기에 중국고대사에서 시작하여 백가쟁명의 시기를 지나 한대 유학이 정립되어 가는 과정과 함께 위·진 현학 → 수·

당 불학 → 송·명 이학으로 주도권이 바뀌어 가는 이면을 들여다보았다. 그리고 역경과 불성에 대한 논의가 마무리되고는 중국불교의 완성이라 평가하는 오종가풍의 선종사의 전개, 그리고 무자화두로 그 절정을 맞이하는 사상사적 의의를 함께 밝혀보려 했다. 책의 말미에는 보조지눌과 진각혜심이 중국선종의 사상을 잇대어 가는 배경을 간략히 소개함으로써 전체적으로 인도 → 중국 → 한국으로 연결되는 선종사 ROAD를 그릴 수 있게 되었다.

이 책을 쓰면서 새롭게 다가온 몇 가지를 소개하면 다음과 같다.

* 만물은 증식하려는 의지가 있다는 우파니샤드의 내용
* 무상이기 때문에 고이고 무아라는 발상의 전환
* 모든 존재는 단순히 있는 것이 아니라 있어야 할 모습으로 있다는
  유가의 理철학
* 제발 나 좀 내버려둬! 하는 현학과 도가의 무위자연 의미
* 선은 무자화두에서 절정을 보았다

결론적으로 유가는 명분을 중시하면서 현실세계를 등지지 않고 나라를 존속시키는 것에 무한한 책임감을 갖는 점이 이채로웠다. 도가는 자연만물은 저절로 잘 굴러가니까 제발 좀 가만 놔두라고 한다. 문득 젊어서 읽었던 『좀머씨 이야기』가 떠올라 혼자 웃기도 했다. 또한 불교는 이 무상하고 불안정한 세상이 전부가 아니니 이생에 모든 것을 걸지 말라고 한다. 그리고 불교는 자성청정심에 의거한 돈오성불의 본론적 입장을 강조하는 반면 유가는 궁극의 자리는 무극으로서 무욕이라

는 관점을 명확하게 제시하는 차이가 있다. 어떻게 생각하면 유가-도가-불가의 세계관이 가지는 미묘한 긴장감에 매료되어 지칠 줄 모르고 책을 써나갈 수 있었던 것인지도 모르겠다.

지금 큰절에서는 구산 큰스님 열반 40주기를 기념하기 위한 다채로운 행사를 치르는 중이다. 큰스님 입적 마지막 해에 출가했으니 내 절집 나이도 40이요, 내가 살고 있는 탑전이 구산 큰스님의 사리탑을 모신 곳이라서 더욱 각별하게 느껴지는 이즈음이다. 나는 재주라고는 없는 사람이어서 별 쓸모도 없이 사라지고 말 운명일 수도 있는데, 어찌어찌 파별천리의 마음으로 살다 보니 인생의 큰 분수령에 이르러서는 나의 공부를 정리해 볼 수 있게 되어 감회가 벅차오른다.

지난겨울에 이 책을 쓰느라 얼마나 진을 뺐는지 아직도 손끝에 힘이 없어서 다음 책이 머릿속에서만 빙빙 맴돌 뿐 시작을 못하고 있다.

난 어느 세상에서건 이야기를 하며 살아가는 운명이고 싶은 바람이 있다. 그렇기에 이야기를 하다 죽은 사람은 다시 돌아온다는 말이 틀리지 않는다면 난 이미 영원을 얻은 것이니 벌써 인생이 이만큼 지났다고 시들거릴 이유도 없다.

가을은 나뭇잎들의 축제라던가.
감사해요 EVERYTHING!

에세이 선종사

에세이 선종사

고대인도에서 중국을 거쳐 한국에 이르기까지
불교와 선종의 장대한 사상 전개

ⓒ 보경, 2023

2023년 11월 30일 초판 1쇄 발행

지은이 보경
발행인 박상근(至弘) • 편집인 류지호 • 상무이사 김상기 • 편집이사 양동민
책임편집 양민호 • 편집 김재호, 김소영, 최호승, 하다해 • 디자인 쿠담디자인
제작 김명환 • 마케팅 김대현, 이선호 • 관리 윤정안
콘텐츠국 유권준, 정승채, 김희준
펴낸 곳 불광출판사 (03169) 서울시 종로구 사직로10길 17 인왕빌딩 301호
　　　　대표전화 02) 420-3200 편집부 02) 420-3300 팩시밀리 02) 420-3400
　　　　출판등록 제300-2009-130호(1979. 10. 10.)

ISBN 979-11-93454-11-4 (03220)

값 30,000원

잘못된 책은 구입하신 서점에서 바꾸어 드립니다.
독자의 의견을 기다립니다. www.bulkwang.co.kr
불광출판사는 (주)불광미디어의 단행본 브랜드입니다.